Eduard Hanslick

W0324954

Aus dem Tagebuch eines Rezensenten

Gesammelte Musikkritiken

Mit einem Nachwort
herausgegeben von Peter Wapnewski

Ausgewählt von Reinhard Ermen
und Peter Wapnewski

Bärenreiter Kassel · Basel

Die Vorlage für das Frontispiz wurde dem ersten Band der Memoiren von Eduard Hanslick (Aus meinem Leben, Berlin 1894) entnommen.

© 1989 Bärenreiter-Verlag Karl Vötterle GmbH & Co. KG, Kassel
Umschlaggestaltung: Wiebke Schinköthe, Hamburg
Gesetzt aus der Janson-Antiqua
Gesamtherstellung: Clausen & Bosse, Leck
Printed in Germany
ISBN 3-7618-0959-X

Inhalt

Aus dem Konzertsaal

Neue Opern

Aus dem Konzertsaal

Julius Rietz, Konzertouvertüre
Robert Schumann, Symphonie in B-Dur
Richard Wagner, ›Eine Faust-Ouvertüre‹
1856

Die Gesellschaft der Musikfreunde gab nach längerer Unterbrechung ihr drittes Konzert. Eine Konzertouvertüre von Julius Rietz machte den Anfang. Wie alles, was wir von diesem Komponisten bisher kennenlernten, gehört auch die ›Konzertouvertüre‹ unter die Kategorie: geistreiche Impotenz. Wohlgeschulter und geschmackvoller Musiker, zugleich vortrefflicher Dirigent, ist Rietz im freiesten Besitz aller Mittel, mit welchen man komponiert; nur was man eben komponieren soll, ist ihm von der Natur sehr sparsam verliehen. An die Stelle der Erfindung tritt bei Rietz die Kombination, statt eigener Ideen bringt er geistreiche Umschreibungen fremder. So freundlich einzelne Züge ansprechen, das Ganze bleibt unerquicklich, wie jede Grübelei in der Kunst.

Den Schluß machte R. Schumanns Symphonie in B-Dur (Nr. 1), dieselbe, die im Jahre 1846 unter persönlicher Leitung des Komponisten hier aufgeführt worden war. Dies reizend erdachte und meisterwürdig ausgearbeitete Werk steht zwar der c-Moll-Symphonie (die wir im verflossenen Winter gehört) an Großartigkeit nach, gewinnt aber durch ihren freundlicheren Ausdruck und ihre Faßlichkeit. Nachdem das gerade die Vorzüge sind, welche im großen Publikum gelten, und bei der gegenwärtig für Schumann so günstigen, verständnisvollen Stimmung wäre der geringe Erfolg der Symphonie uns kaum glaublich erschienen, wenn wir nicht der Aufführung selbst beigewohnt hätten. Es tut uns herzlich leid, dem Dirigenten Herrn Hellmesberger nachsagen zu müssen, daß er wesentliche Teile der Symphonie geradezu vergriffen habe. Das erste Trio im Scherzo, dessen synkopierter Rhythmus ohnehin etwas Stockendes hat, wurde so langsam genommen, daß die Totalstimmung des Scherzos gleich unrettbar verloren ging. Das Trio setzte sich förmlich auf jeden guten Taktteil nieder, anstatt flüchtig (*mindestens* so rasch als der erste Satz) vorüberzugleiten.

Ebenso empfindlich war uns das zu beschleunigte Zeitmaß des Larghetto, dessen weit ausschreitendem edlem Gesang man keine Zeit gönnte, ruhig auszutönen. Der erste und der letzte Satz waren wenigstens korrekt in den Umrissen, entbehrten jedoch im Detail der feinen Schattierung, welche diesem, stets in heimlichem Treiben und Blühen begriffenen Tonspiel unentbehrlich ist. Wer unsere diesjährige Musiksaison aus einem höheren Standpunkt überschaut, wird ihre Bedeutung hauptsächlich darin finden, daß zum erstenmal Schumanns Werke eine anständige, ja vorzugsweise Vertretung fanden. Dieser reiche und tiefe Geist gewinnt endlich auch bei uns allmählich Verständnis und Verehrung. In den musikliebenden Privatkreisen der Residenz beginnt für Schumann bereits eine Vorliebe, ja ein Kultus sich zu bilden, wie ihn bisher nur Mendelssohn erfahren. Angesichts solcher Zeichen einer erfreulichen Vertiefung des Musikgeschmacks in Wien kann man gelassen über die bodenlose Unverschämtheit hinweggehen, mit welcher hie und da Schumann entweder spöttisch verworfen oder vornehm mit den landesüblichen Ratschlägen und Aufmunterungen erwähnt wird. Solche Literatur-Kommis pflegen ihre Unfähigkeit, Schumann zu verstehen, hinter einem wohlfeilen, allgemein gehaltenen Witz auf die »Zukunftsmusiker« zu verschanzen. Sobald aber jemand Schumanns Kompositionen mit der sogenannten »Zukunftsmusik« zusammenwirft, so hat er auch schon seine Ignoranz in musikalischen Dingen an den Tag gelegt. Jene mißverständliche und abgeschmackte Benennung datiert sich von dem Erscheinen eines Buches von Richard Wagner, welches den Titel ›Das Kunstwerk der Zukunft‹ führte. In diesem Buche suchte Wagner die Künste der Gegenwart, wie sie als Musik, Malerei, Poesie, Tanz gesondert bestehen, als grobe Verirrungen darzustellen, welchen er das Ideal eines »Kunstwerkes der Zukunft«, worin alle Künste sich zu einem Ganzen vereinigen, entgegensetzt. »Zukunftsmusiker« können also im besten Falle diejenigen genannt werden, welche Wagners Theorien verfechten oder zu realisieren suchen. Weder das eine noch das andere ist unserem Schumann jemals beigefallen. Schumanns reifste Werke waren längst geschrieben, seine künstlerische Richtung längst unablenkbar festgestellt, ehe (vor einem halben Dezennium) Richard Wagner seine politische Mißvergnügtheit auf ästhetischen Boden ableitete und mit seinen Theorien ein Häuflein Musikfreunde begeisterte, die das Unglück haben, geistreich zu sein, ohne musikalisch schaffen zu können. Schumann, der jede redliche Persönlichkeit gern schonte, hat sich niemals öffentlich für oder gegen Wagner geäußert; man braucht aber nur seine Schriften und seine Kompositionen studiert zu haben, um zu erkennen, wie sehr die Grundsätze beider Männer sich entgegenstehen. Die Musik zum Wechselbalg poetischer Vorstellungen zu machen oder Opern zu schreiben, welche ideale Zwecke mit Meyerbeerschen Mitteln erstreben wie Wagner, stand niemand ferner als eben Schumann, der so echte, reine, auf sich selbst ruhende Musik schrieb als nur jemals Mozart oder Beethoven. Aus letzterem ist eigentlich Schumann direkt hervorgegangen; niemand – auch nicht Mendelssohn, wie man häufig glaubt – steht als notwendiges Mittelglied zwischen jener organischen Beziehung.

Nach der Art seines Talentes verhält sich Schumann zu Mendelssohn ungefähr wie Beethoven zu Mozart. Von einer Wertvergleichung, wie sie doch stets unfruchtbar und mißdeutsam ausfällt, soll hier keine Rede sein, ebensowenig als ein Versuch geschehen, die Existenz von Schattenseiten in Schumanns Werken zu leugnen. Jeder große Meister namentlich in der subjektivsten Kunst, der Musik, darf uns zumuten, daß wir, seine Herrlichkeit genießend, auch mit seinen Launen und Eigenheiten uns allmählich befreunden. Diese Eigenheiten fehlen selbst im schlimmen Sinn fast nirgends, nur andere sind es überall, und wenn wir bei Mozart und Mendelssohn manchmal einen kühlen Formalismus, ein tonseliges Ausbreiten, ein altgoethisches Abschwächen und Mildern des Ausdrucks gerne hinnahmen, so haben wir bei Beethoven und Schumann das grelle Nebeneinander der Gegensätze, das eigensinnige Festhalten und Hervordrängen von Einzelheiten, das tiefsinnige Horchen und Versenken geheimnisvoller Laute zu lernen und zu gewöhnen. Daß Beethovens genialem Eigensinn gegenüber die Aufgabe des Hörers auch nicht klein war, sollte man doch nicht schon vergessen haben. Hat man doch die dunklen Augenblicke Beethovens nicht bloß zu begreifen, sondern im Namen des »Humors« eigens zu verherrlichen gesucht, bis man endlich an die Parallelisierung Beethovens mit Jean Paul (im Gegensatz zu Mozart, dem der schmeichelhaftere Vergleich mit Goethe zufiel) gelangte; eine Idee, die noch heutzutage das Entzücken mancher schönen Seele bildet. Wenn ein Vergleich zwischen Charakteren verschiedener Kunstsphären überhaupt zulässig, so kann Beethoven nur mit Shakespeare verglichen werden, der den Geist der modernen Poesie überhaupt im Gegensatz zur griechischen am vollkommensten und anschaulichsten verkörpert hat.

Den tiefen inneren Unterschied zwischen der musikalischen Begabung Schumanns und jener Wagners konnte man jüngst an einer Novität des Letzteren klar genug wahrnehmen. Es ist dies Richard Wagners Ouvertüre zu Goethes ›Faust‹ oder, damit wir genau zitieren, ›Eine Faust-Ouvertüre‹ von R. Wagner. Wagners schreibende Ritterschaft hat die feine und tiefsinnige Unterscheidung, die in dieser Benennung der Ouvertüre liegt, so eingehend gewürdigt, daß eigentlich auf die Musik selbst kaum mehr viel ankommen kann. Die poetische Bedeutung ist bekanntlich die Hauptsache. Damit der Hörer sich in dem dichten Nebel dieser Musik einigermaßen zurechtfinde, hat der Komponist folgendes Motto als Leuchtturm der »Bedeutung« vorangestellt:

> »Der Gott, der mir im Busen wohnt,
> Kann tief mein Innerstes erregen;
> Der über allen meinen Kräften thront,
> Er kann nach außen nichts bewegen;
> Und so ist mir das Dasein eine Last,
> Der Tod erwünscht, das Leben mir verhaßt.«

Wenn man nun von einem Musikstück nichts weiter verlangt, als daß es in seiner Gesamtstimmung, mit was immer für Mitteln, den in den Schlußzeilen geschilderten Seelenzustand ausdrücke und das Publikum lebhaft in eine Situation versetze, wo ihm »das Dasein eine Last« usf., so läßt Wagners ›Eine Faust-Ouvertüre‹ nichts zu wünschen übrig.

Sollte aber jemand noch so antediluvianisch denken, von einem großen Instrumentalwerk auch musikalische Vorzüge zu verlangen: Kraft und Originalität der Erfindung, Reichtum und Klarheit in Anordnung und Durchführung, dann widerfährt ihm recht, wenn er in Wagners Ouvertüre wie in einer endlosen Sandwüste sich vorkommt. Er tröste sich dann mit der im Motto versteckt lauernden Ironie auf diese Tonsetzer, welche nur mit der poetischen Intention komponieren: die Intention kann tief ihr Innerstes erregen, allein nach außen kann sie nichts bewegen.

Richard Wagners Konzert
1862

Im Theater an der Wien gab Richard Wagner eine große »Musikaufführung«, welche aus Bruchstücken seiner unvollendeten Werke ›Die Meistersinger‹ und ›Der Ring des Nibelungen‹ bestand. Es dünkt uns auffallend, wie gerade Wagner ein solches Potpourri außer Zusammenhang und ohne szenische Zurüstung aus Werken veranstalten konnte, deren Inhalt dem Publikum kaum oberflächig bekannt ist. Hat doch Wagner unzähligemal ausgesprochen, daß in der Oper die Musik für sich nichts ist, nichts sein darf, sondern ihre Bedeutung lediglich aus dem Zusammenhang der ganzen Handlung, der Worte, der Mimik, der Szenerie erhält. Auch die einzelne Szene darf nach seiner Theorie aus dem musikalisch-dramatischen Organismus, dessen lebendigen Teil sie bildet, nicht losgetrennt werden können. Der Verfasser von ›Oper und Drama‹ hat mit seiner Konzertaufführung unstreitig eine Inkonsequenz gegen sich selbst begangen. Sie ihm verdenken zu wollen, fällt uns nicht ein. Ein Künstlergemüt hat noch andere Bedürfnisse als das, konsequent zu sein.

Wagner, der in Wien eine große Zahl enthusiastischer Anhänger zählt, mochte das Bedürfnis empfinden, sich ihnen noch vor dem bedenklich zögernden Erscheinen seines ›Tristan‹ ins Gedächtnis zu rufen, seinen Wiener Verehrern gleichsam ein glänzendes musikalisches Lever zu geben. Auch wir verdanken Wagners »Musikaufführung« die reichhaltigste Anregung und Anspannung, zwar keinen reinen, aber doch einen größeren Genuß, als die Komposition irgendeiner soliden schulgerechten Mittelmäßigkeit uns zu gewähren vermöchte. Die eigentümliche Zusammensetzung des Programms legt der Kritik eine große Reserve auf. Sie muß sich sehr bedenken, über komplizierte, zum Teil schwer faßliche Fragmente zu urteilen, die aus dem Zusammenhang noch unveröffentlichter Werke herausgerissen sind. Der Konzertgeber Wagner hat, wie wir eingangs konstatieren mußten, gegen seine eigenen Gesetze verstoßen; für uns bestehen diese Gesetze noch, und wir möchten nicht gegen sie verstoßen. Wagners Musik wurzelt wirklich vollständig in seinen dramatischen Intentionen, sie ist wirklich untrennbar verwachsen mit der Aktion, mit dem szenischen Bilde, mit allem Vorhergehenden und Nachfolgenden. Die schildernde, malende Tendenz, die dramatische Abhängigkeit der Musik erscheint überdies in Wagners neuesten Opern noch ungleich größer als im ›Tannhäuser‹ oder ›Lohengrin‹. Aus diesen Opern haben unsere, unter dem Namen Leierkasten bekannten musikalischen Straßenräuber wenigstens den Pilgerchor, den Einzugsmarsch, das Brautlied heraus-gekriegt; ›Siegfried‹ und die ›Walküren‹ können vor ihren Angriffen ruhig sein. Die von Wagner aufgeführten Fragmente können als solche nach ihrem Wert und Bedeutungen unmöglich abgeschätzt werden. Selbst nach ihrer rein musikalischen Wirkung müssen sie im Zusammenhang des Ganzen sich anders darstellen; sie sind gewiß besser oder schlechter, als sie im Konzert einzeln uns vorkommen. Besser: wenn alles Vorhergehende in der Oper weise darauf vorbereitet, wenn es Höhepunkte sind, vor welchen und nach welchen die Nerven des Hörers Ruhe finden. Schlechter: wenn ihr Stil der der ganzen Oper ist, und zum täglichen Brot machen will, was nur als seltenes Reizmittel dient. Was uns im Konzert durch fünf bis zehn Minuten als geistreiches blendendes Experiment interessierte, müßte, auf einen Theaterabend ausgedehnt, zur unaushaltbaren Nervenfolter werden. Wer könnte den glänzenden theatralischen Effekt des ›Walkürenrittes‹, des ›Feuerzaubers‹ etc. leugnen? Wer aber, fragen wir weiter, vermöchte diesen Sturm des Außersichseins auch nur eine Minute länger zu ertragen? Wagners Verehrern kann es nicht entgangen sein, wie müde und abgespannt selbst das enthusiastische Publikum »an der Wien« nach der letzten Nummer war. Als wesentliche Teile eines großen, dramatischen Organismus entziehen sich die vorgeführten

Fragmente jeder nicht ganz oberflächlichen Beurteilung. Sie auf ihren musikalischen Wert allein anzusehen, würde der Komponist gewiß noch unstatthafter finden. Als spezifischen Musiker vermochten wir Wagner niemals hoch zu stellen. Die neuesten Proben haben hierin unsere Meinung nicht geändert. Der eigentliche Kern ihrer musikalischen Erfindung erschien uns dürftig, ja dürftiger als in Wagners früheren Opern. In den ›Nibelungen‹ ist das rein musikalische Erfinden und Entwikkeln so gut wie aufgegeben, was sie uns bieten, ist potenzierte Deklamation oder musikalische Dekorations-Malerei. In der Technik dieser stets meisterhaft gehandhabten Dekorations-Malerei hat Wagner noch entschiedene Fortschritte gemacht. Die effektvollen Orchesterbilder im ›Tannhäuser‹ und ›Lohengrin‹ erblassen gegen die Farbenglut der vorgeführten Nibelungen-Szenen. Der ›Walkürenritt‹ mit seinen Peitschenhieben, Pferdegepolter und Sturmessausen überschreitet weit die Grenzen des Charakteristisch-Schönen, aber er ist mit einer genialen Keckheit gemacht, die den Zuhörer förmlich niederwirft. In dem ›Feuerzauber Wotans‹ umflutet uns ein Meer von fremdartigen Klängen. In das fieberhafte Tremolieren der Geigen tönt das Rauschen und Pizzikieren dreier Harfen, brüllen Posaunen und Ophykleiden, klirren die hellen Rufe gestimmter Glöckchen.

In jedem der Wagnerschen Fragmente schlagen eigentümliche, mitunter blendende Orchester-Effekte an das betroffen lauschende Ohr des Hörers. Freilich führt Wagner zu diesem Zweck fortwährend einen unermeßlichen Haushalt: das ganze (namhaft verstärkte) Orchester in fortwährender, flutender Bewegung, Streicher und Bläser in den fremdartigsten Kombinationen, Posaunen und Bombardons, Paukenwirbel, große Trommel, Becken, Triangel, Glöckchen. In dem Raffinement ungewöhnlicher Klangmischungen wie in der Wucht des materiellen Lärms scheint uns Wagner an dem Punkt angelangt, wo er nicht mehr weiter kann. Wenn wir aus diesen Fragmenten uns Wagners gegenwärtigen Standpunkt abstrahieren dürfen, so steht die betrübende Wahrheit fest, daß dieser Komponist nicht mehr anders als mit den kolossalsten Mitteln zu wirken vermag. Am auffallendsten zeigt dies das ›Vorspiel‹ zu den ›Meistersingern‹. Es schließt mit einem Instrumentenlärm, der jedenfalls mehr Verwandtschaft mit dem Untergang von Pompeji hat als mit der ehrsamen Nürnberger Sängerzunft. Die Vereinigung der drei Themen der Ouvertüre mag auf dem Papier recht stattlich aussehen, in Wirklichkeit ist sie ein betäubendes Durcheinander: Das gleiche Kunststück in Meyerbeers ›Nordstern‹ steht wie ein Meisterwerk dagegen. Den reinsten Eindruck hat uns »Pogners Anrede« aus den ›Meistersingern‹ gemacht. Das Deklamatorische fügt sich darin sehr hübsch dem Melodischen, der Gesang atmet Innigkeit, die Begleitung hält sich bei großer Wirksamkeit doch mäßig. So weit wie in den Gesang »Pogners« wagt sich in den übrigen Stücken die Melodie selten hervor. Wagner legt sie bekanntlich als eine »unendliche« ins Orchester, wo sie als sehr endliche, vorübergehende, allerdings von reizendem Effekt sein kann. Mit dem Vorwurf der Melodien-Armut darf man Wagner wohl nicht mehr kommen, seit er in den ›Meistersingern‹ so beißenden Spott darüber ausgegossen. Es kommt eben nur auf den Begriff von Melodie an. Nach unserer einfältigen Meinung ist die Melodie verschieden von Eisenfeilspänen und unser Ohr kein Magnet.

Über den Inhalt von Wagners für vier Theaterabende berechneten ›Nibelungen-Ring‹ gibt uns eine eben erschienene »Studie« von Franz Müller in Weimar erwünschte Aufschlüsse. Das rasche Erscheinen dieser apologetischen Schrift hat uns nicht erstaunt. Die Kompositionen Liszts und Wagners wirken wie Armeebefehle. Es braucht ein Werk eines dieser beiden Herren nur zu erscheinen, und eine kleine Literatur von erklärenden Artikeln, Broschüren, Übersetzungen etc. folgt auf dem Fuß. Herrn Franz Müllers Frühgeburt hat nicht einmal so lange warten können: die Musik zu Wagners ›Nibelungen‹ ist noch nicht fertig, das Textbuch noch nicht veröffentlicht, und schon halten wir diese 118 Seiten starke ›Einführung in die Dichtung Richard Wagners‹ in Händen. Sie beschäftigt sich lediglich mit dem Text; die Musik wird, der Vorrede zufolge, ein zweiter Band von »kundigerer Hand« beleuchten. Das Buch selbst ist geistlos und bombastisch. Das ist schlimm; aber noch schlimmer, daß das Buch notwendig ist. Wer nicht die ganze nordische Mythologie mit allen Helden- und Göttersagen wohlgeordnet im Kopfe hat, versteht von Wagners viertägiger Riesen-Oper so gut wie nichts. Und doch soll dies »Bühnenspiel« ein Fest für das *deutsche Volk* sein. Welch ein schwerer Irrtum, es seien jene Göttersagen fortlebend im deutschen Volk, weil dessen Urahnen sie erdacht! Wagner kann in den gebildeten Kreisen Wiens leicht die Probe machen, wie viel von den Erzählungen der ›Edda‹ seinen Verehrern und Verehrerinnen bekannt sei. Und vollends das »Volk«! Angenommen nun dies hole sich die vollständige Kenntnis dieser Sagen (aus Büchern, woher denn sonst?), so fehlt doch der innere lebendige Zusammenhang der Nation mit jenen alten Göttergestalten. Wir halten diese Gebilde einer mächtigen naiven Volkspoesie hoch: im Epos. Auf der Bühne aber wollen wir Menschen vor uns sehen, lebendiges Fühlen, Denken und Handeln, das wir verstehen und das uns im Innersten bewegt. In Wagners ›Lohengrin‹ ist das Mythische des Helden schon bedenklich; seine Zwitternatur vermischt und verfälscht in den entscheidenden Augenblicken jedesmal die Motive seines Handelns. Im ›Nibelungenring‹ sind die wenigen handelnden Menschen lauter Lohengrine, nicht Gott, nicht Mensch. Im ›Rheingold‹ treten nur Götter und Halbgötter auf. Die Handlung spielt abwechselnd in den Fluten des Rheins und in der Götterburg Walhalla; also unter dem Wasser und über den Wolken. Auch in den folgenden Teilen ist das unmittelbare Eingreifen der Götter in die Handlung und ihre direkte Verbindung mit den Hauptpersonen so vorherrschend, daß Siegfried, Brunhild, Hagen sich weit mehr als überirdische, denn als menschliche Wesen geben.

Die modernen Dramatiker, welche den Mut hatten, die Siegfried-Sage auf die Bühne zu bringen, waren vor allem bedacht, sie uns durch rein menschliche Motivierung näher zu rücken; sie hielten sich deshalb an das ›Nibelungenlied‹, welches im Vergleich zu den älteren Sagen und Heldenliedern die Charaktere und Begebenheiten schon überwiegend in dramatische Bewegung setzt. Wenn Wagner im Gegensatz dazu aus der ›Edda‹ schöpft, so heißt dies, das Rad zurückzudrehen. Mit Vorliebe auf rein epischen Motiven verweilend, geht Wagner den Nibelungenhelden bis in das tiefste Dunkel ihres Ursprungs nach. Siegfrieds Taten füllen das dritte und vierte Stück; im zweiten handeln Siegfrieds Eltern, im ersten die Götter, von denen diese abstammen. Man muß froh sein, daß Wagner den göttlichen Stammbaum nicht noch weiter bis zu der Kuh Andhumbla verfolgt hat, welche durch Belecken salziger Eisblöcke den Ahnherrn des Götterkleeblattes Odin, Wili und We hervorrief. Wie die szenische Aufführung des ›Nibelungenrings‹ möglich werden soll, wie sich Wagner den Walkürenritt, den Feuerzauber, den Kampf mit dem feuerspeienden und dabei noch singenden und sprechenden Lindwurm und ähnliches vorstellt, darüber gibt uns Herr Müller in Weimar leider gar keine Auskunft. Es war einmal von einem eigens dafür zu bauenden Theater in Weimar die Rede; wir fürchten, man wird auch eine von der gegenwärtigen Art verschiedene Generation von Sängern und Zuhörern brauchen.

Wir würden hier mit dem Bedauern schließen müssen, daß eine so glänzende dramatische Kraft sich durch das Streben nach dem Ungeheuersten und Außerordentlichsten in so unfruchtbaren Kreisen festhalten läßt. Zum Glück eröffnet uns Wagner selbst gleichzeitig eine neue Aussicht, die uns nach der qualmenden Glut der ›Nibelungen‹ wie eine freundliche Landschaft entgegenlächelt. Wir meinen die ›Meistersinger‹, eine dreiaktige Oper, deren Text wir in dem Hause eines der liebenswürdigsten Kunstfreunde Wiens von Wagner selbst vorlesen hörten. Was man auch im einzelnen dagegen einwenden muß (die Diktion ist schauderhaft), das Ganze bleibt doch ein ansprechendes, bald heiteres, bald rührendes Sittenbild aus dem deutschen Städteleben, auf einfachen Verhältnissen ruhend, bewegt von Leid und Freud schlichter Menschen. Mit den leicht faßlichen und leicht zu szenierenden ›Meistersingern‹ wird Wagner dem deutschen Theater zuversichtlich einen größeren Dienst leisten als mit den ›Nibelungen‹; während diese einer geträumten Zukunft harren, wartet auf jene die dankbare, opernlose Gegenwart. Wagner hat sich gleichzeitig zwei entgegengesetzte Wege geöffnet. Der deutschen Kunst kann es nicht gleich gelten, welchen von beiden Wagner in Zukunft erwählen und ob er es vorziehen wird, seiner Nation ein Meistersänger zu sein oder ein Nibelung.

Johannes Brahms, ›Ein deutsches Requiem‹, ›Rhapsodie für Altsolo, Männerchor und Orchester‹ 1875

Welch großartigen Erfolg feierte heute das ›Deutsche Requiem‹ von Brahms! Ich mußte der ersten, bruchstückweisen Aufführung dieses Werkes im Jahre 1867 gedenken und der Opposition, die es im Publikum wie in der Kritik fand. Damals war es namentlich der lange Orgelpunkt im dritten Satz, der, von einem Paukenwüterich erbarmungslos gehämmert, das Publikum verdroß und eine Anzahl grauer Fanatiker zu impertinentem Zischen begeisterte. »Brahms«, so schrieb ich damals, »braucht sich darob nicht zu grämen. In wenigen Jahren wird das Publikum sein Requiem mit ungeteilter Würdigung aufnehmen, und werden selbst die Konzertdiener vom Hörensagen hinlänglichen Respekt dafür haben, um etwa aufzischende musikalische Vipern vor die Tür zu setzen.« Das war sehr zuversichtlich gesprochen, aber der Erfolg hat mir Recht gegeben. Selten habe ich ein so andächtig lauschendes, so tief ergriffenes Auditorium gesehen. Welch seltsames Zusammentreffen, daß knapp nacheinander, in demselben Saale Szenen aus Wagners ›Götterdämmerung‹ und Brahms' ›Deutsches Requiem‹ gespielt wurden; die Hauptwerke der beiden hervorragendsten Tondichter der Gegenwart! Größere Gegensätze in der Musik zweier Zeitgenossen gleicher Nation sind kaum denkbar. In Brahms' Requiem sehen wir mit den reinsten Kunstmitteln das höchste Ziel erreicht, Wärme und Tiefe des Gemüts bei vollendeter technischer Meisterschaft, nichts sinnlich blendend und doch alles so tief ergreifend; keine neuen Orchester-Effekte, aber neue, große Gedanken und bei allem Reichtum, aller Originalität die edelste Natürlichkeit und Einfachheit. Bei Wagner jeder Satz in Manier getaucht, bei Brahms kein einziger. Wagner fängt auf den Trümmern aller früheren Musik die seinige ganz neu an; Brahms glaubt anständiger Vorfahren, wie Bach und Beethoven, sich nicht schämen zu sollen. Während die Musik bei Wagner die Innerlichkeit ihrer Herrschaft aufgegeben hat, um Malerei zu werden, bleibt sie bei Brahms die eigenste Sprache eines starken Gemüts und zeigt uns, wie eine Tondichtung alle Herzen erschüttern kann, ohne die Grundfesten der Musik zu erschüttern. Man darf es heute ruhig aussprechen, daß seit Bachs h-Moll-Messe und Beethovens ›Missa solemnis‹ nichts geschrieben worden, was auf diesem Gebiete sich neben Brahms' ›Deutsches Requiem‹ zu stellen vermag. Ja, unserem Herzen steht letzteres noch näher, schon deshalb, weil es jedes konfessionelle Kleid, jede kirchliche Konvenienz abstreift, statt des lateinischen Ritualtextes deutsche Bibelworte wählt, und zwar so wählt, daß die eigenste Natur der Musik und damit zugleich das Gemüt des Hörers in intimere Mitwirkung gezogen wird. Der Glücklichste, der nie einen Verlust erfahren, wird das ›Deutsche Requiem‹ mit jener inneren Seligkeit genießen, welche nur die Schönheit gewährt. Wer hingegen ein teures Wesen betrauert, der vermesse sich nicht, bei den überwältigend rührenden Klängen der Sopran-Arie trockenen Auges zu bleiben. Aber er wird erfahren, wie verklärend und stärkend der reinste Trost aus dieser Musik fließt. Brahms soll das Requiem, selbst in tiefster Gemütsbewegung, nach dem Tode seiner zärtlich geliebten Mutter geschrieben haben. Ein schöneres Denkmal hat kein Sohn seiner Mutter gesetzt- und sich selbst.

Ein neues bedeutendes und ganz eigentümliches Werk von Brahms: ›Rhapsodie für Altsolo, Männerchor und Orchester‹ (op. 53), konnte unmöglich günstiger eingeführt werden als durch Frau Amalie Joachim, welche mit unvergleichlichem Wohllaut der Stimme und ausdrucksvollster Deklamation diese schwierige Aufgabe löste. Der düstere Ernst der Komposition und das musikalisch spröde, ohne Kommentar kaum verständliche Goethesche Gedicht (es beginnt fragend mit den fragwürdigen Worten: »Aber abseits wer ist's?«) erschweren die Aufnahme dieses Werkes im großen Publikum. Brahms, der auch in der Wahl seiner Texte sich »abseits« von der breiten lyrischen Heerstraße hält, hat aus Goethes ›Harzreise im Winter‹ jenes Fragment herausgerissen, das nach Goethes Erklärung selbst eine eigene, »sentimental-romanhafte« Geschichte hat.[1]

Die Brahmssche ›Rhapsodie‹ wirkt durch die überaus düstere Stimmung anfangs befremdend; recht musikalisch wird das Gedicht eigentlich erst mit der Schlußstrophe, welche Trost und Versöhnung bringt. Der Eintritt des Männerchors, durch den sich die Frauenstimme wie ein weißes Band leuchtend durchschlingt, ist von ergreifender Schönheit. Der eigentümlich ethische Charakter, welcher der Brahmsschen Musik im großen und ganzen aufgeprägt ist und sie in so nahe Verwandtschaft mit Beethoven bringt, tritt in der ›Rhapsodie‹ mit fast tendenziöser Stärke auf und läßt sie als ein Seitenstück zu seinem ›Schicksalslied‹ erscheinen.

Giuseppe Verdi, ›Messa da Requiem‹
1875

Viermal – im Juni 1875 – dirigierte Verdi sein Requiem in Wien, jedesmal siegend über die Ungunst heißer Sommerzeit und hoher Eintrittspreise. Das Publikum empfing das Werk mit ungewöhnlicher Wärme; unsere feinsten Kenner und Liebhaber, worunter ein stattliches Kontingent geschworner Verdi-Gegner, stimmten rückhaltlos in den allgemeinen Beifall. Verdi, schon im Opernfach so schlecht angeschrieben in deutschen Landen, mußte als Kirchen-Komponist auf schneidigste Opposition gefaßt sein, um so mehr, als es ja zu den Lieblingspassionen teutonischer Kritik gehört, dem Publikum seine Freuden nachträglich durch ein gnadenloses Mäkeln an Nebendingen und Kleinigkeiten zu verleiden. In unserer Zeit der lauen Achtungserfolge ist aber ein rechter Herzenserfolg so selten, daß auch der Kritiker ihn gerne mitfeiern mag, sollten auch einige Ungehörigkeiten bei dem Fest unterlaufen und etliche Enthusiasten allzu schwärmerisch toastieren. Verdis Requiem ist ein schönes, tüchtiges Werk, vor allem merkwürdig als Markstein in der Entwicklungsgeschichte Verdis. Mag man es nun höher oder tiefer stellen, der Ausruf »das hätten wir von Verdi nie erwartet!« wird nirgends ausbleiben. In diesem Sinne bildet das Requiem ein Seitenstück zu ›Aida‹, die mir gleichwohl in Erfindung und Ausführung viel bedeutender erscheint.

Wie weit entfernt ist dieses Requiem von ›Ernani‹ oder ›Trovatore‹! Und doch ist es unverkennbar Verdi, gehört ihm ganz und vollständig an. Das Studium älterer römischer Kirchenmusik und deutscher Meister leuchtet hindurch, aber nur als Schimmer, nicht als Vorbild.

Freilich, das muß gleich hier gesagt sein – das Theater hat diesen Komponisten nötiger und lieber als die Kirche. Verdi ist geborener Theater-Komponist; wenn er in einem Requiem beweist, was er auf fremdem Boden vermag, so bleibt er doch weit stärker auf seinem eigenen. Er kann auch im Requiem den dramatischen Komponisten nicht verleugnen; Trauer und Bitte, Entsetzen und hoffende Zuversicht, sie sprechen hier eine leidenschaftlichere und individuellere Sprache, als wir sie in der Kirche zu hören gewohnt sind.

Die »Kirchlichkeit« des Verdischen Requiems ist es zunächst, was Anfechtung erfährt. Und doch gibt es wenig Forderungen, über welche zu richten so bedenklich, so unsicher wäre wie diese. Die subjektive Religiosität des Künstlers muß man von vornherein aus dem Spiele lassen; die Kritik ist keine Inquisition. Zudem bietet die Gläubigkeit des Tondichters keineswegs Gewähr für die religiöse Würde seines Werkes und umgekehrt. Kann man die Frömmigkeit Haydns und Mozarts anzweifeln? Gewiß nicht. Und dennoch dünkt uns ein großer Teil ihrer Kirchenmusik sehr, sehr weltlich. Verglichen mit dem Jahrmarktsjubel in so manchem »Gloria«, mit den Opernschnörkeln in so manchem »Benedictus« und »Agnus« dieser Meister, klingt Verdis Requiem noch heilig. Ähnlich verhält es sich mit der Kirchenmusik vieler berühmter älterer Italiener, deren »Klassizität« auf Treu und Glauben angenommen und, mit jedem Dezennium weniger geprüft, weitergegeben wird. Pergolesi, Lotti, Jommelli, Salieri und so viele andere Zelebritäten Italiens, deren großes Talent und deren Kunstfertigkeit wir hochschätzen – was für zopfigen Zierrat und weichliche Opernmelodien haben sie nicht bona fide in ihre Kirchen-Kompositionen aufgenommen! Wir müßten, um auf die ungetrübte, unverweltlichte Reinheit katholischer Kirchenmusik zu gelangen, bis auf Palestrina zurückgehen, oder vielmehr – da ja auch Palestrina vom streng kirchlichen Standpunkt manchen Vorwurf erfahren – bis auf den nackten gregorianischen Kirchengesang. Die Hauptsache bleibt, daß der Komponist mit der Ehrfurcht vor seiner Aufgabe die Treue gegen sich selbst bewahre. Dieses Zeugnis der Ehrlichkeit muß man Verdi zugestehen; kein Satz seines Requiems, der leichtfertig, erlogen oder frivol wäre. Er verfährt ungleich ernster, strenger als Rossini in seinem ›Stabat mater‹, so wenig die Verwandtschaft dieser zwei Werke zu leugnen ist. Beide Tondichter haben sich eben bis in ihre alten Tage ausschließlich im Opernstil bewegt; daß Rossinis eigentliches Feld stets die komische Oper gewesen, Verdis hingegen die ernste, pathetische, gedeiht dem Letzteren zum Vorteil in seinem Requiem. An süßem Reiz der Melodien ist Rossinis ›Stabat‹ dem Verdischen Requiem überlegen, wenn man diesen Ausdruck gebrauchen darf, wo eigentlich von einem Unterliegen zu sprechen wäre. Verdi hat, an die bessere neapolitanische Kirchenmusik anknüpfend, weder die reicheren Kunstmittel seiner Zeit noch das lebhaftere Feuer seines Naturells verleugnet; er hat, wie so mancher fromme Maler, auf dem Heiligenbild sein eigenes Porträt angebracht. Auch die religiöse Andacht wechselt in ihrem Ausdruck; sie hat ihre Länder, ihre Zeiten. Was in Verdis Requiem zu leidenschaftlich, zu sinnlich erscheinen mag, ist eben aus der Gefühlsweise seines Volkes heraus empfunden, und der Italiener hat doch ein gutes Recht zu fragen, ob er denn mit dem lieben Gott nicht Italienisch reden dürfe?

Spricht aus einem modernen Kirchenstück ehrliche Überzeugung und ernste Schönheit, dann mögen wir uns zufrieden geben; die Frage nach der spezifisch kirchlichen Qualifikation wird täglich immer bedenklicher und haltloser. Es ist Zeit, sich einmal darüber klar zu werden. Angesichts von geistlichen Kompositionen denken wir heutzutage doch vor allem an das *Kunstwerk*; was die Kirche als solche daran zu loben und zu tadeln findet, ist uns sehr gleichgültig. Das Interesse der Kirche wird immer auf die Unterordnung des künstlerischen Ausdrucks unter den dogmatischen abzielen und von dem Künstler verlangen, daß er durch die selbständige Schönheit seines Werkes nicht die Aufmerksamkeit der Gemeinde allzusehr ablenke von dem kirchlichen Vorgang. Wir Kinder der Zeit erblicken hingegen in dem ›Stabat mater‹, dem Requiem, selbst im Meßtext eine Dichtung, allerdings eine durch Inhalt und Tradition geheiligte Dichtung, welche der Komponist als Stoff für seine Kunst verwendet. Was er daraus schafft, gilt uns für ein Werk freier Kunst, welches das Recht seiner Existenz in sich selbst, in seiner künstlerischen Größe und Schönheit trägt, nicht in seiner kirchlichen Zweckmäßigkeit. Wir denken mit einem Worte bei solchen Schöpfungen unserer modernen Meister an den Musiksaal, nicht an die Kirche, und diese Meister denken ebenso. Das war ganz anders in früheren Zeiten. Haydn und Mozart kam es niemals in den Sinn, daß ihre Messen anderswo als im Gotteshaus aufzuführen seien. Sie schrieben ihre Kirchenmusik für den Gebrauch der Kirche. Erst Beethoven, mit dem auch auf diesem Punkte eine neue Zeit hereinbricht, hat – 1824 – drei Sätze seiner ›Missa solemnis‹ zuerst im Kärntnertor-Theater in Wien aufführen lassen. Er hatte zwar die Messe, wie bekannt, ursprünglich für eine große kirchliche Feier bestimmt, aber der musikalische Reichtum der Komposition wuchs ihm so mächtig über den kirchlichen Rahmen hinaus, daß er damit selbst seine Zuflucht zum Konzertsaal nahm. Und so wie Beethovens Festmesse haben auch die leicht aufzuzählenden Kirchen-Kompositionen, welche wir von namhaften modernen Meistern besitzen, ihre Heimat im Konzertsaal gefunden: Rossinis ›Stabat‹, Liszts ›Graner Messe‹, die Requiems von R. Schumann, Brahms, Lachner und Verdi. Auf zwanzig Konzert-Produktionen dieser Werke kommt vielleicht eine Kirchenaufführung, und diese gilt dann ausdrücklich als Konzert in der Kirche, das sich zunächst an die Musikfreunde wendet, nicht an die Beter. In dem Maße als die Kirche ihre führende Macht im Leben eingebüßt und ihre Autorität auf einen immer kleineren Kreis von Geistern eingeschränkt hat, entwickelte sich auch in den Künstlern, vielleicht halb unbewußt, die Überzeugung, daß sie mit ihren geistlichen Kompositionen die ästhetische Andacht, nicht die kirchliche erwecken wollen. Die Kirche, die sich der Tonkunst als wichtigstem Kultusmittel jederzeit bedient hat, konnte es natürlich nur zufrieden sein, daß ihre Gläubigen *ästhetische* und *kirchliche* Andacht verwechselten. Aber die Kunst arbeitete immer spärlicher für die Kirche. Die Zeit ist vorüber, da jeder große Komponist der Kirche bedurfte, um für voll zu gelten. Heute täuscht man sich nicht mehr darüber, daß weder die Kirche für ihre gottesdienstlichen Zwecke genialer Tondichter bedarf noch umgekehrt. Man gesteht sich ein, daß für die Kirche das Alte ausreicht und das praktisch Tüchtige, ja Gewöhnliche oder Alltägliche ihr denselben, wo nicht besseren Dienst leiste als Neues. Speziell für die Kirche und nur für die Kirche komponiert heutzutage der musikalische Lehr- und Nährstand, die Chorregenten, Domkapellmeister und sonstigen halbgeistlichen Musikbeamten, deren kleines Talent die große Öffentlichkeit nicht verträgt. Unsere ersten Tondichter komponieren wohl hin und wieder ein Stück aus der Kirche, aber im Grunde nicht *für* die Kirche.

Auch Verdi hat sein Requiem, nachdem es einmal zu Ehren des berühmten Dichters der ›Promessi sposi‹, Alessandro Manzoni, im Mailänder Dome seine Schuldigkeit getan, auf Reisen genommen, um es in den Konzertsälen von Paris, London und Wien derjenigen Gemeinde vorzuführen, welcher es in Wahrheit gewidmet war: der musikalischen. Die besten Partien des Werkes sind jene, in welchen Verdi seinem Gefühl und Talent am wenigsten Zwang auferlegt hat; am schwächsten geriet alles dasjenige, was sich der strengen Observanz gewisser kirchlicher Traditionen anbequemt: das Kontrapunktische und vor allem die Fugen. Es standen ihrer ursprünglich drei in dem Requiem; die erste, auf die Worte »Liber scriptus«, hat der Komponist, sehr zum Vorteil des Ganzen, nachträglich kassiert und durch ein sehr wirksames Solo für Mezzosopran ersetzt. Die zwei anderen Fugen: »Sanctus«, doppelchörig, und »Libera me« (Schlußfuge), stechen von den übrigen Sätzen des Requiems schon durch die sehr unbedeutende, wohlfeile Erfindung ihrer Themen ab, sodann durch das Steife und Trockene der Ausführung. Sie kommen nie in einen frischen, freien Fluß, erreichen nirgends einen mächtigen Höhepunkt. Es ist kein Wunder, wenn ein italienischer Opernkomponist, der bis zu seinem sechzigsten Jahr an keine Fuge gedacht, solcher Aufgabe gegenüber einige Ängstlichkeit empfindet und etwa von vier zu vier Takten in seinem Schema nachsieht, »was jetzt kommt«. Etwas von solchem Zwang atmen die meisten modernen Fugen im Gegensatz zu jenen von Bach und Händel, welche fast immer schon in der Erfindung der Themen eine geniale Freiheit offenbaren und in der Durchführung eine überzeugende Gewalt und Natürlichkeit. Jenen Meistern war der fugierte Stil eine vollkommen natürliche Sprache (ähnlich wie manchen älteren Dichtern und Dichterschulen die schwierigsten antiken Versmaße), sie konnten mit souveräner Freiheit darin denken und dichten. Wer von Haus aus polyphon denkt und erfindet, hat gut fugieren. Später ist die Fuge immer mehr zum bloßen Formalismus eingeschrumpft, aber ihn auszufüllen gilt in der Kirchenmusik noch immer als unerläßliche Pflicht des Komponisten. An sich hat die Fugenform nicht das Mindeste zu schaffen mit dem Ausdruck religiöser Andacht (wie das Jahn in seiner Mozart-Biographie sehr hübsch ausgeführt hat), trotzdem machen unsere Komponisten keine Kirchenmusik ohne Fuge; das klingt oft recht widerwillig, wie ein Zitat aus Cicero: ›De officiis‹. Selbst Mendelssohn, der die Künste gelehrter Musik mit größerer Meisterschaft, jedenfalls mit mehr Klarheit und Anmut handhabte als die meisten Modernen, scheint immer etwas von dem spezifischen Gewichte seines Talentes zu verlieren, wenn er ausgeführte Fugen schreibt. Über seine fünfstimmige B-Dur-Fuge im ›Paulus‹ äußerte Mendelssohn selbst zu M. Hauptmann, er habe sie geschrieben, »weil die Leute in Oratorien immer eine ordentliche Fuge hören wollen und glauben, der Komponist könne es nicht, wenn er keine bringt«. Aus ähnlichem Grunde hat sicherlich Verdi die Fugen in seinem Requiem geschrieben, nur sind sie nicht so gut ausgefallen wie die Mendelssohnschen. Diese kleinen Sandstrecken in Verdis Requiem liegen glücklicherweise inmitten eines blühenden Gartens. Gleich der a-Moll-Satz zu Anfang (»Requiem aeternam«) ist ungemein schön in dem Ausdrucke ruhiger, gefaßter Trauer, und wie ein milder Sonnenstrahl fällt das A-Dur-Motiv »et lux« ein. Das »Dies irae«, effektvoll mit ziemlich grellen Farben gemalt, erinnert an die bekannten Fresken im Campo Santo zu Pisa, welche alle Schrecken des Jüngsten Gerichtes, des Fegefeuers und der Hölle mit so erbarmungsloser Anschaulichkeit darstellen. Das »Tuba mirum« durcheinander antwortende, an die vier Ecken des Orchesters postierte Trompeten- und Posaunenrufe zu versinnlichen, ist eine Idee, die Verdi dem Requiem von Berlioz verdankt. Ihm gebührt jedoch das Verdienst, sie nicht nur selbständig behandelt, sondern durch maßvolle Reduzierung erst möglich gemacht zu haben;

denn Berlioz' Requiem verwendet zu diesem Effekt vier verschiedene Orchester von Blechinstrumenten und acht Paar Pauken! Von dem rollenden Donner des »Rex tremendae majestatis« hebt sich die innig flehende Melodie »Salve me« ungemein schön ab; es folgt das durch den bezaubernden Zusammenklang der beiden Frauenstimmen so einschmeichelnde Duo »Recordare«, ein Strom von Wohllaut, wenn auch knapp an dem Gestade der Oper fließend – dann schlagen wieder die Flammen des »Dies irae« lodernd in die Höhe. Ein Tenorsolo in Es-Dur (»Qui Mariam absolvisti«) erinnert durch seinen Wechsel zwischen der großen und übermäßigen Quinte in der Begleitung an ähnliche Wendungen in der ›Aida‹; dieser unschuldige Anklang ist aber auch die einzige Reminiszenz an jene Oper, die mir in Verdis Requiem auffiel. Beide Werke stehen so selbständig und eigentümlich nebeneinander, wie es eben zwei Kompositionen desselben Autors vermögen. Es sei noch das vierstimmige Offertorium »Domine Jesu«, mit dem einfachen und doch rhythmisch so belebenden Mittelsatz »Quam olim Abrahae«, als ein Satz von schön gegliederter Architektur und ungemeinem Klangzauber hervorgehoben; dann das »Agnus Dei«, dessen etwas psalmodische Sopran-Melodie durch das Mitsingen der Altstimme in der tieferen Oktave ein sehr stimmungsvolles Halbdunkel gewinnt; endlich das rührende, sanfte Ausklingen des ganzen Werkes auf die immer leiser hingehauchten Worte »Libera me«!

Verdis Requiem enthält neben großen Schönheiten auch manche schwache Stelle, sogar einiges Unschöne (wie die mit sonderbarer Absichtlichkeit angebrachten Parallel-Quinten in dem Baßsolo »Confutatis«); allein der überwiegend günstige Eindruck des Ganzen trägt darüber hinweg. Dieses Requiem bleibt doch ein echtes und schönes Stück italienischer Kunst. In der Physiologie dieser Kunst und im Charakter des Katholizismus ist ein gewisses Überwiegen der Sinnlichkeit und des glänzenden südlichen Pathos begründet. Genug, daß in Verdis Requiem nicht, wie in so vielen mitunter hochgefeierten italienischen Kirchenmusiken, der Geist in der Fülle blühenden Fleisches erstickt. Italien darf sich dieses Werkes rühmen und wir uns dessen aufrichtig mitfreuen, ohne darum in Übertreibungen zu verfallen wie die, es sei dieses Requiem »die bedeutendste Tondichtung dieses Jahrhunderts«. Nicht einmal die bedeutendste Kirchenmusik dieses Dezenniums! Denn so kindisch wird wohl niemand sein, Verdis Manzoni-Messe mit dem ›Deutschen Requiem‹ von Brahms auf eine Höhe zu stellen. Zum Glück nötigt uns nichts zu solcher Vergleichung, und wir können jedem in seinem eigenen Stile ehrlich und bedeutend Schaffenden seine Ehre geben.[2] –

Mit Verdi selbst war ein Gesangsquartett nach Wien gekommen, das einen Strom von Wohllaut in das Requiem ergoß und in Ausführung dieses Werkes bereits europäische Berühmtheit erlangt hat. Es sind dies die Sängerinnen Stolz und Waldmann (beide Österreicherinnen), die Sänger Masini und Medini; im Ensemble sind sie ein Herz und eine Kehle. Nur in einem Punkte fand ich deren Leistungen nicht vorwurfsfrei: ihr Vortrag war häufig zu theatralisch. Gewisse Schluchzer, Bebungen und leidenschaftliche Akzente passen (selbst im Konzertsaal) nicht für kirchliche Musik, nicht zu dem Text des Requiems. Wenn eine Sängerin Jesum Christum anruft, so darf man nicht meinen, sie schmachte nach ihrem Geliebten. Ich erinnere nur an das herzbrechend sentimentale Schluchzen, mit welchem Fräulein Waldmann die einfachen Worte »Liber scriptus proferetur« vortrug. Auch der Tenorist Masini gefiel sich einigemale in dem unvermittelten Aufsetzen eines Pianissimo auf ein Forte u.dgl. Man wird vielleicht einwenden, daß Verdis Musik dazu verleite; dann wäre es Pflicht der Sänger, durch strengeren Vortrag die Melodie zu festigen, anstatt sie durch theatralische Sentimentalität noch zu lockern und zu verweltlichen.

Philharmonisches Konzert – Mozart, Beethoven, Tschaikowsky 1881

Mozarts D-Dur-Serenade Nr. 9 gehört, wie die ganze halbverschollene Gattung der Serenaden, einer mehr begleitenden, dekorativen Art von Musik an. Am rechten Orte – einem alten Schloßpark womöglich – und zur rechten Zeit, in duftiger Sommernacht, mag sich solche Musik wie Balsam um unsere halbwachen Sinne und Empfindungen legen. Heute, ein Jahrhundert nach ihrer Entstehung, bietet sie als selbständige Konzertnummer unserem musikalischen Nachdenken und Nachfühlen zu wenig substantiellen Gehalt; sanft und sachte rieselt sie ohne tieferen Eindruck an uns herab.

Eine neue Bekanntschaft, die wir dem Philharmonischen Konzert verdanken, ist der königliche Hof-Pianist Herr Heinrich Barth aus Berlin. Die echt germanische, kraftstrotzende Erscheinung dieses blondvollbärtigen Künstlers mochte in ängstlichen Gemütern die Besorgnis erregen, er werde vielleicht das Klavier zusammenschlagen. Um so angenehmer war man überrascht, als Herr Barth ein überaus zartes, elegantes und geschmackvolles Spiel entfaltete, das, ohne weichlich zu werden, doch gerade durch seine Mäßigung und ruhige Anmut gefiel. Herr Barth spielte Beethovens G-Dur-Konzert, wohl das schwierigste des Meisters, mit großem Erfolg.

Gegen ein Mozartsches Divertimento (Nr. 1) müssen wir dieselben Bedenken, sehr verstärkt, aussprechen, welche die Mozartsche D-Dur-Serenade uns abgenötigt hat. In dem Divertimento ist Mozartscher Klang und Mozartsche Form, aber nicht Mozarts Geist, wie er hell und stark aus des Meisters reifen Schöpfungen uns entgegenleuchtet. Fanden wir in jener ›Serenade‹ anmutige Gesellschaftsmusik, die wir uns in stimmungsvoller Umgebung als wirksam wenigstens vorstellen können, so entlockt uns das Divertimento aus Mozarts fünfzehntem Lebensjahre (1771) nicht einmal dieses Zugeständnis. Bei aller Bewunderung für die märchenhaft frühe Entwicklung seines Talentes fühlen wir doch heute keinerlei Bedürfnis, auf die verschollenen Anfänge des fünfzehnjährigen Mozart zurückzugehen; sie sind Sache des Musikhistorikers, nicht des Konzertpublikums. Jede Mozartsche Symphonie wäre uns willkommener gewesen als diese Klänge einer verblichenen Geselligkeit, mit der uns kein intimes Band mehr verknüpft. Das Divertimento hat vier Sätze, glücklicherweise kurze Sätze, die nicht Zeit haben, langweilig zu werden. Einen günstigeren Stand hätte Mozarts Jugendwerk gehabt, wäre es unmittelbar nach dem Tschaikowskyschen Violinkonzert gespielt worden, statt vor demselben: wem eben Branntwein eingegossen worden, der heißt einen Trunk klaren Wassers gewiß willkommen. Der Violinvirtuose A. Brodsky war übel beraten, indem er sich mit dieser Komposition dem Wiener Publikum zuerst vorstellte. Der russische Komponist Tschaikowsky ist sicherlich kein gewöhnliches Talent, wohl aber ein forciertes, geniesüchtiges, wahl- und geschmacklos produzierendes. Was wir von ihm kennengelernt, bot (etwa mit Ausnahme des leichtfließenden pikanten D-Dur-Quartetts) ein seltsames Gemisch von Originalität und Rohheit, von glücklichen Einfällen und trostlosem Raffinement. So auch sein neuestes, langes und anspruchsvolles Violinkonzert. Eine Weile bewegt es sich maßvoll, musikalisch und nicht ohne Geist, bald aber gewinnt die Rohheit Oberhand und behauptet sie bis ans Ende des ersten Satzes. Da wird nicht mehr Violine gespielt, sondern Violine gezaust, gerissen, gebläut. Ob es überhaupt möglich ist, diese haarsträubenden Schwierigkeiten rein herauszubringen, weiß ich nicht, wohl aber, daß Herr Brodsky, indem er es versuchte, uns nicht weniger gemartert hat als sich selbst. Das Adagio mit seiner weichen slavischen Schwermut ist wieder auf bestem Wege, uns zu versöhnen, zu gewinnen. Aber es bricht schnell ab, um einem Finale Platz zu machen, das uns in die brutale, traurige Lustigkeit eines russischen Kirchweihfestes versetzt. Wir sehen lauter wüste, gemeine Gesichter, hören rohe Flüche und riechen den Fusel. Friedrich Vischer behauptet einmal bei Besprechung lasziver Schildereien, es gebe Bilder, »die man stinken sieht«. Tschaikowskys Violinkonzert bringt uns zum erstenmal auf die schauerliche Idee, ob es nicht auch Musikstücke geben könne, die man stinken hört.

Johannes Brahms, Vierte Symphonie in e-Moll 1886

Sie hat seit ihrer ersten Aufführung in Meiningen (25. Oktober 1885) bereits eine kleine Triumphreise hinter sich, und wer die entzückten Berichte aus Frankfurt, Köln, Elberfeld etc.

gelesen (oder wer sie auch nicht gelesen hat), mußte von Brahms' neuestem Werke Großes und Eigenartiges erwarten. Welche Symphonie aus den letzten dreißig bis vierzig Jahren vermöchte sich den Brahmsschen auch nur annäherungsweise zu vergleichen? Und doch werden in jüngster Zeit mehr Symphonien komponiert, als man gemeiniglich glaubt. Die dankenswerte Rückschau der Leipziger ›Signale‹ verzeichnet nicht weniger als *neunzehn* Symphonien, die im Laufe des vorigen Jahres zur ersten Aufführung gelangt sind. Es scheint fast, als hätten auf die längere Stockung, die nach Mendelssohn und Schumann auf diesem Gebiete geherrscht, die Erfolge Brahms' plötzlich wieder eine lebendigere Produktion hervorgerufen. Aber nicht jedes hübsche Talent, dem einige Klavierstücke und Lieder geglückt sind, darf sich auf diesen Kampfplatz wagen. Die Symphonie verlangt vollendete Meisterschaft; sie ist der unerbittlichste Prüfstein und die höchste Weihe des Instrumentalkomponisten. In der Energie echt symphonischer Erfindung, in der souveränen Beherrschung aller Geheimnisse der Kontrapunktik, der Harmonie und Instrumentation, in der Logik der Entwicklung bei schönster Freiheit der Phantasie steht Brahms ganz einzig da. Diese Vorzüge finden wir in seiner vierten Symphonie vollständig wieder; ja sie scheinen – zwar nicht in der melodischen Erfindung, doch jedenfalls in der Kunst der Ausführung – noch höher emporgewachsen. Individuelle Vorliebe mag sich mehr der einen oder andern von Brahms‹ Symphonien zuwenden; unser spezieller Liebling ist die dritte. Aber wir möchten nicht verschwören, daß sie es noch bleiben wird, wenn uns einmal ihre jüngere Schwester ebenso bekannt und vertraut geworden. Auf den ersten Blick wird sie keinem ihren reichen Gedankenschatz erschließen, ihre keusche Schönheit enthüllen; ihre Reize sind nicht demokratischer Natur. Männliche Kraft, unbeugsame Konsequenz, ein ans Herbe streifender Ernst – diese Grundzüge aller größeren Werke von Brahms – treten auch in seiner neuen Symphonie bestimmend auf. Sie schaffen sich hier ihre eigene Form, ihre eigene Sprache. Unabhängig von jedem direkten Vorbild verleugnen sie doch nirgends ihren idealen Zusammenhang mit Beethoven; ein Moment, das bei Brahms ungleich stärker hervortritt als bei Mendelssohn und Schumann. Sollen wir nun die neue Symphonie schildern? Der Leser wird wissen wollen, wie der illustre, noch von keinem Verleger photographierte Gast ungefähr aussieht. Aber selbst einen anständigen Steckbrief wird unsere Wortbeschreibung nicht erreichen, denn wer vermag die »besonderen Kennzeichen« einer Komposition aufzuzählen, in der jeder Takt ein solches ist? Die e-Moll-Symphonie – doch halt! schon die Wahl der Tonart gehört hier zu den besonderen Kennzeichen; denn seltsamerweise haben weder Mozart, Beethoven und Schubert noch Mendelssohn oder Schumann je eine Symphonie in e-Moll geschrieben. Also die e-Moll-Symphonie beginnt ohne jede Einleitung mit einem sehr einfachen, etwas nachdenklich idyllischen Thema, das sich allmählich steigert, entfaltet und in einem strammen, trotzigen Motiv seinen Gegensatz findet. Der Satz (Alla breve, Allegro non assai) schließt stark und stürmisch. Bei aller Fülle kunstreicher Verschlingungen bleibt das Stück durchwegs klar und übersichtlich; der Hörer, fortwährend lebhaft angeregt, merkt gar nicht und braucht nicht zu merken, daß gleich das Thema mit seinen sanft schluchzenden Noten sich kanonisch im Basse wiederholt. Noch tiefer und unmittelbarer wirkt das Adagio (E-Dur, Sechsachtel-Takt), der köstlichste Satz des ganzen Werkes und eine der schönsten Elegien, die Brahms je geschrieben. Es herrscht darin eine ganz eigene, süße, warme Stimmung, ein schwärmender Zauber, der in immer neuen Klangfarben wunderbar aufblüht, bis schließlich alles in sanftem Dämmerlicht leise verhallt. Das Thema des Scherzo (Allegro giocoso, C-Dur, Zweiviertel-Takt) tritt sehr derb auf – »hanebüchen« würde Schumann sagen –, bis sein verwegener Humor durch eine zweite, etwas alltäglich klingende Melodie gezähmt wird. Eine lebensvolle Sechzehntel-Figur der Violinen durchschlängelt reizend den Dialog dieser beiden Themen. Zu den früheren Instrumenten treten im Scherzo Piccolo und Triangel mit dem Effekt fein aufgesparter Lichter hinzu. Das Finale (E-Dur, Dreiviertel-Takt) »Allegro energico e passionato« hebt zwar sehr »energisch« an, scheint uns jedoch in seinem geistreich kombinierenden Wesen mehr einen sinnenden als einen »leidenschaftlichen« Zug zu haben. Zum ersten Male in der ganzen Symphonie treten hier Posaunen auf, gleich anfangs mit einer Reihe mächtiger, kurz abbrechender Akkorde. Sie leiten unmittelbar in das

Thema, das, achttaktig, ganz nach Art der alten Chaconne oder Passacaglia, fortwährend variiert wird. Es geschieht dies hier mit unerschöpflichem Gestaltungsreichtum, mit einer staunenswerten harmonischen und kontrapunktischen Kunst, welche sich doch nirgends als trockene Gelehrsamkeit vordrängt. Ganz neu ist diese Form für ein großes Symphonie-Finale und ganz neu jedes Detail darin. Der kunstreichste Satz von allen ist dieser letzte, doch der am wenigsten populäre, wozu auch seine breitere – im Verhältnis zu dem melodischen Grundstoffe wohl zu breite – Ausdehnung beiträgt. Für den Musiker wüßten wir kein zweites modernes Stück, das ihm einen so ergiebigen Schatz fruchtbaren Studiums erschlösse. Wie ein dunkler Brunnen ist dieses Finale; je länger man hineinschaut, desto mehr und hellere Sterne glänzen uns entgegen.

Liszt-Feier in den Konzertsälen 1886/87

Einige Monate nach des Meisters Ableben wetteiferten unsere Musiker und Dirigenten – wie es ja voraussichtlich und schicklich war – in Ausrüstung von allerlei Liszt-Konzerten. Den Reigen eröffnete ein nur aus Lisztschen Kompositionen zusammengesetztes Konzert der »Gesellschaft der Musikfreunde«. Es hat die glühendste Pietät für den Verstorbenen mit einer erhabenen Gleichgültigkeit gegen die Lebenden glücklich vereinigt. Fürwahr eine harte Prüfung, in rascher Folge eine symphonische Dichtung, ein Klavierkonzert, einen großen Psalm und eine Ungarische Rhapsodie von Liszt nacheinander zu hören. Auf das letzte Stück, und nur auf dieses, hatten wir uns eigentlich gefreut; lieben wir doch die Ungarischen Rhapsodien als das Beste, was Liszt geschaffen. Lustige, glänzende Improvisationen, zu welchen ein naturwüchsiges Volk den Stoff und Liszt die reizende Stickerei geliefert hat – und noch keine Spur von Geschichts- und Religionsphilosophie. Aber das Schicksal wollte es anders. Die drei vorausgegangenen Tongewitter hatten uns total aufgerieben, für alles weitere unempfindlich gemacht. Atemlos verließen wir nach dem 13. Psalm den Konzertsaal. Unsere Sitznachbarn – sie hatten kurz vorher die ›Euryanthe‹ gehört – schienen den Chor »Wir alle wollen mit dir gehn« anstimmen zu wollen; sie blieben aber sitzen, entweder um ihre Pietätspflicht oder um ihr Eintrittsgeld völlig abzudienen. In den Gängen jedoch strömten uns zahlreiche Fluchtgenossen von allen Seiten entgegen, darunter Konzertlöwen von geräumigstem Magen, Schwärmer für Bilder- und Gedankenmusik, persönliche Freunde Liszts. Sie hätten alle gern die Ungarische Rhapsodie noch gehört, fühlten sich aber bis auf die Knochen verbrüht von dem siedenden Wasser, das durch zwei Stunden sturzweise oder in tückischen Fäden auf uns niedergegangen war.

›Die Ideale‹, eine jener zwölf symphonischen Dichtungen, welche teils durch heftige Überraschungsschläge, teils durch unabsehbare Wiederholungen sich den Anschein außerordentlichen Tiefsinns geben – ›die Ideale‹ übersetzen bekanntlich Schillers Gedicht in die Sprache des Orchesters. Liszt teilt das Poem in Abschnitte, gibt diesen eigene Titel (wie: ›Aufschwung‹, ›Enttäuschung‹, ›Beschäftigung‹) und fügt schließlich, ganz wie in unseren Balletten, die unentbehrliche ›Apotheose‹ hinzu. Wir Zuhörer suchen nun entweder, mit dem Programm in der Hand, Schillers Gedanken aus den Lisztschen Tonreihen herauszuklauben und ärgern uns über die anmaßende Hilflosigkeit der Musik – oder wir sehen von dem Gedicht gänzlich ab und schwimmen »trostlos im weiten Meer« einer bald ekstatisch aufgestachelten, bald kraftlos zusammensinkenden und nach Ausdruck ringenden Musik.

Kaum sind die Ideale entschwunden – nicht die unseren –, so pocht schon ein Lisztsches Klavierkonzert an unser besorgtes Ohr. Leider nicht das brillante in Es-Dur mit seinem energisch hämmernden Hauptmotiv, seinem klangschwelgerischen Adagio und dem kokett klingelnden Finale – sondern das geschwätzige, erfindungsarme A-Dur-Konzert. Herr Alfred Reisenauer – Lisztianer, Wagnerianer, aber, nach seiner lieblichen Körperfülle zu urteilen, kein Vegetarianer – spielt es glatt, virtuos, ohne sonderlich belebenden Geist.

Es folgt der ›13. Psalm‹ für Tenorsolo, Chor und Orchester; eine breite, echt Lisztsche Melange von Kirchen- und Opernstil. Auch von dieser Komposition wird uns, wie von der ›Graner Messe‹, versichert, Liszt habe sie nicht »komponiert«, sondern »gebetet«. Wohl möglich. Es kommen Millionen Menschen, welche andächtig beten können, auf einen, der gut komponiert. Fräulein Louise Ramann hat kürzlich ihrem schweren biographischen Frachtwagen ein eigenes Separat-Wägelchen ›Franz Liszt als Psalmensänger‹ nachgeschickt, worin sie die Beweise für Liszts Überlegenheit über andere Psalmkomponisten (Bach, Händel, Schubert, Mendelssohn) aufstapelt und schließlich den großartigen Satz verkündigt: »Unter den bisherigen Psalmenkomponisten steht Liszt dem Urbilde aller Psalmendichtung, den Psalmen Davids, am nächsten. Bei ihm dichtet sich die Musik zum Psalm!« Aus den Orakeln von Brendel, Nohl und Konsorten wissen wir bereits, daß Liszt in seiner ›Dante-Symphonie‹ dem Dante am nächsten steht, in seinen ›Idealen‹ dem Schiller, in seinem ›Faust‹ dem Goethe, in seiner ›Hunnenschlacht‹ dem Kaulbach. Einem Aufsatze des Herrn K. Abranyi in Pest entnehmen wir die Neuigkeit, daß Liszt »Sieben musikalische Porträts« (für Klavier) fertig hinterlassen hat, Bildnisse der berühmten Ungarn Batthyanyi, Deak, Eötvös, Petöfi, Szechenyi, Vöresmarty und Mosonyi. Sobald dieses »monumentale Werk«, an welchem nach Abranyis Versicherung »Liszt nur bei dem innern Lichte der Pietät arbeitete«, veröffentlicht ist, werden wir ohne Zweifel lesen, daß Liszt als Porträtmaler Van Dyck und Rembrandt am nächsten gekommen sei. Allen großen Dichtern, Philosophen, Malern ist Liszt abwechselnd »am nächsten gekommen«. Warum nicht auch den Musikern Bach, Mozart, Beethoven? Der 13. Psalm, mit welchem Liszt dem König David so nahe kommt, daß wir das Weite suchen mußten, beginnt mit den Worten: »Wie lange, Herr, willst du mein vergessen?« Der Ausruf »Wie lange!« durchjammert in endloser Wiederholung die sehr umständliche Komposition. Herr Winkelmann, welcher das Tenorsolo mit eindringlicher Kraft vortrug, dehnte dabei jedesmal seinen beneidenswert langen Atem so inbrünstig aus, daß es wie ein Echo in den Zuhörerreihen nachseufzte: Wie lange noch, wie lange, wie la-a-aange!

Dieses und ähnliche Liszt-Monstrekonzerte, wie sie ein untadeliger Totenkult jetzt allerwärts organisiert, könnten immerhin einen guten Einfluß haben – freilich nicht denjenigen, welchen die Veranstalter wünschen. Ich meine, wenn die Zuhörer eines solchen Konzertes sich ehrlich und unbefangen auf den Eindruck desselben prüfen, so müßten sie das durchaus sterile, gekünstelte, äußerliche Wesen dieser symphonischen Dichtungen, Psalmen usw. sich doch endlich eingestehen. Es ist unwahre, falsche Musik, deren Eigenheiten handgreifliche Symptome des Verfalles und nicht Blüten einer höheren Kunstordnung sind. Liszt war eine geniale Natur, die ihr Bestes in bezaubernder Reproduktion, in einer Virtuosität ohnegleichen aussprach. Für alles Übrige besaß er Talente, Geist, Ehrgeiz, aber weder innere Sammlung noch schöpferisches Genie. Sollte der freie Blick, der zu Liszts Lebzeiten durch allerlei Medien zugunsten seiner Werke beirrt ward, nicht endlich erkennen, daß sie Produkte einer geistreich kombinierenden und kolorierenden Impotenz sind? Alle »Liszt-Vereine«, die sich jetzt als Propaganda konstituieren – ein böses Zeichen für die eigene Lebenskraft von Liszts Kompositionen! –, werden die Wahrheit, werden die gesunde Empfindung des Publikums nicht auf die Dauer unterdrücken. Wen haben wohl die jüngst gehörten Tondichtungen im Innersten bereichert, erhoben, beglückt? Und kann eine Musik, welcher solche Wirkung versagt ist, Anspruch auf Gleichstellung mit unseren großen Kunstschöpfungen, Anspruch auf Fortdauer machen? Wieviel große Kompositionen Liszts gibt es überhaupt, welche die bescheidenste aller Anforderungen erfüllen: nicht langweilig zu sein?

Noch eine andere Liszt-Feier spielte sich jetzt in Wien – auf zwei Klavieren. Die Herren August Stradal und August Göllerich, zwei verwegene junge Virtuosen, die ihr Freiwilligenjahr unter Liszt in Weimar, Rom und Pest rühmlich absolviert haben, veranstalteten zusammen einen drei Abende umfassenden Vortrag *sämtlicher* Symphonischer Dichtungen ihres Meisters. »Gehen Sie jedenfalls hin«, riet mir nach dem ersten Abend ein Liszt-Verehrer, »es ist wirklich unerhört, wie diese beiden Auguste zusammenspielen – riesenhaft! Das reine Donnerwetter; man glaubt, daß einem die Klaviere leibhaftig um den Kopf herumfliegen!« Gewiß, höchst verlockend. Aber »unjung und nicht mehr ganz gesund, wie ich es bin zu dieser Stund'«, singt Heine, durfte ich mich einem so übermenschlichen Genuß leider nicht aussetzen und kann demnach nur berichten, was Glücklichere mir davon rühmten.

Auch das letzte »Philharmonische Konzert« war eine große Liszt-Feier, der man seltsamerweise als einzige nicht-Lisztsche Komposition eine kleine dreisätzige Symphonie von – Mozart vorgespannt hatte. Dieses Jugendwerk (D-Dur, 297 bei Köchel) ist in Paris 1778 komponiert. Von etwas leerer Klangschönheit im Andante, rauscht es in den beiden äußeren Allegrosätzen recht lebendig an uns vorüber, ohne einen tieferen Eindruck zu hinterlassen. Ans Ende des Konzerts gestellt, nach der Lisztschen Faust-Symphonie, hätte es uns wahrscheinlich erquickt. Zwei Lieder mit Orchester-Begleitung von Liszt wurden von Frau Papier effektvoll vorgetragen: ›Die drei Zigeuner‹ und ›Mignon‹. Liszt hat aus beiden förmliche kleine Opern gemacht. In den ›Drei Zigeunern‹ kann man fünf ganz selbständig ausgeführte Opernakte en miniature unterscheiden: Der erzählende Dichter füllt den ersten Akt, jeder der drei Zigeuner – der schlafende, der rauchende, der geigende – einen der drei folgenden Akte, die Schlußmoral endlich den fünften. Auch das Mignonlied Liszts, noch üppiger orchestriert, ist ein vollständiges Theaterstück. Als Haupt- und Schlußnummer des Konzerts folgte Liszts Faust-Symphonie. In der Oper die beiden Faust von Gounod und Boito, im Konzertsaal die Faust-Ouvertüre von Wagner, Faust von Berlioz, Faust von Schumann, Faust von Liszt – wir gestehen, musikalisch faustmüde zu sein. Wenn irgend etwas uns Goethes Dichtung zu verleiden vermöchte, so wäre es die unersättliche Passion der Komponisten, diesen hohen Mast zu erklettern, um ihre eigene Fahne darauf zu pflanzen. Am unangenehmsten berührt uns die prahlerisch souveräne Miene, mit welcher Liszt dieses Kunststück produziert. Er hat es sich freilich leichter gemacht, oder sagen wir, klüger angestellt als Schumann. Anstatt die dunklen, reflektierenden Reden, mit denen sich Schumann geplagt, in Gesang umzuwandeln, verlegt Liszt die Goethesche Tragödie kurzweg ins Orchester. Den ersten Satz seiner Symphonie betitelt er »Faust«, das Andante »Gretchen«, das Scherzo »Mephistopheles«. Sehr einfach. Im Finale »Fausts Verklärung« läßt er sich die Gelegenheit nicht entgehen, ein wenig Beethoven zu spielen und die Irrlehre von der »ihre eigene Unzulänglichkeit fühlenden und notwendig zur Wortsprache drängenden Instrumental-Musik« zu predigen. Die Schlußverse »Alles Vergängliche« werden gesungen, von einem Männerchor mit Tenorsolo gesungen. Wien hat schon im Jahre 1875 die Bekanntschaft dieser ›Faust-Symphonie‹ gemacht, welche zugleich ein glänzendes Dirigenten-Debüt Hans Richters bildete. Die gestrige, ebenfalls von Richter mit gesteigerter Meisterschaft geleitete Aufführung vermochte mich jedoch dem Werke nicht zu bekehren. Liszt spekuliert nicht unrichtig darauf, daß der von Goethes Dichtung ausstrahlende Glorienschein auch die Musik vergolden werde. Wirklich pflegt ein großer Teil des Publikums einer Orchesterkomposition von vornherein günstiger entgegenzukommen, wenn es sich verhalten sieht, fortwährend Gedanken an Goethes ›Faust‹ damit zu verbinden. Mir widerfährt leider das Gegenteil. Wenn ich den ersten Satz der Lisztschen Symphonie höre und mir sage, dieses entsetzliche Flickwerk soll den Faust vorstellen; wenn ich bei diesen geplagten Akkordfolgen, diesen stolpernden Rhythmen, diesen kläglichen Melodienbrocken, diesen endlosen Wiederholungen eines Motivs, das schon einmal scheußlich ist, an Fausts ersten Monolog oder an den Osterspaziergang denke, dann berührt mich solche Musik noch widerwärtiger. Zum Glück wirken die Verzerrungen dieses Genialitätskrampfes endlich auf die Lachmuskeln. Der erste Satz »Faust« ist geradezu komisch; ein verpfuschter Berlioz, der sich für Goethe hält. Das »Gretchen« Liszts beträgt sich im Andante allerdings feiner, hat Momente der Anmut und Zärtlichkeit; aber seine Naivität ist die gewisser Makartscher Kinderbilder, auf welchen halbwüchsige Mädchen uns mit gekniffenen Augen und begehrlich unter verkürzter Oberlippe vorglänzenden Zähnen anschmachten. Der musikalisch freundlichere Eindruck dieses Liszt-Makartschen Gretchens wird alsbald totgeschlagen von der nackten Häßlichkeit des Scherzos »Mephistopheles«. Boito ist ein Mozart dagegen. Will man den Teufel überhaupt musikalisch darstellen, so muß er furchtbar oder er muß humoristisch wirken. Bei Liszt gelingt ihm weder das eine noch das andere. Da soll er als der »Geist, der stets verneint«, auftreten, und zu diesem Zweck muß das Scherzo die Themen der beiden früheren Sätze »Faust« und »Gretchen« verdrehen und verspotten! Dieser Satz, welcher am handgreiflichsten zeigt, durch was für dürre Verstandes-Operationen Liszt »Musik« hervorbringt, ist von unbeschreiblicher Abgeschmacktheit. Er mündet unmittelbar in die »Verklärung«, zu welcher Feierlichkeit außer dem Chor auch die Orgel als Schlußeffekt aufgespart ist. Die unmittelbare Aufeinanderfolge des Schumannschen und des Lisztschen Faust in dieser Konzertwoche bot uns vielfache Anregung und Belehrung. Sie hat unsere Sympathien für den ersteren gesteigert. Daß neben der herrlichen dritten Abteilung des Schumannschen Faust die beiden ersten den Geist des Tondichters nicht mehr in seiner alten Kraft und Fülle zeigen, haben wir zugestanden. Aber es ist doch immer der edle, keusche Geist unseres Schumann. Meistens grau in der Farbe, müde im Ausdruck, stehen doch die schwächsten Partien seines Faust noch immer herzgewinnend und vornehm da neben Liszts Zerrbildern. Bei Schumann überall das treue, nur zu bescheidene Streben, den Sinn des Dichters richtig zu fassen und in jedem Worte wiederzugeben; überall die Sorgfalt, vordringlichen Reiz des Klanges zu verhüllen und mit den einfachsten, geistigsten Mitteln zu wirken. Dagegen bei Liszt die unersättliche Großtuerei, die prahlerische Ohnmacht und tolle Farbenverschwendung – an ein Nichts.

Liszts Symphonie fand eine ziemlich laue Aufnahme; nach dem ersten und zweiten Satz flüchtete das Publikum in hellen Haufen. Der angestrengte Applaus der Zurückgebliebenen, die da gekommen waren, um anzubeten, verhallte wirkungslos. Nach der letzten Note stürzten wir anderen beglückt aufatmend ins Freie. Wie lautet doch die Schlußstrophe aus Vischers köstlicher Faust-Parodie?

»Das Abgeschmackteste
Hier ward es geschmeckt,
Das Allervertrackteste
Hier ward es bezweckt,
Das Unverzeihliche
Hier sei es verzieh'n,
Das ewig Langweilige
Zieht uns dahin!«

Brahms' neueste Instrumental-Kompositionen
1889

Zwei neue, noch ungedruckte Sonaten von Brahms in einer Saison kennenzulernen, gehört schon zu den Glücksfällen. Und daß wir beide so rasch nacheinander hörten (im Dezember 1886), hat uns jede von ihnen bedeutender und werter gemacht. Die Violoncellosonate in F-Dur und die Violinsonate in A-Dur erschienen uns so als Gegenstücke, die einander heben und ergänzen.

In der Violoncellosonate (op. 108) herrscht die Leidenschaft, feurig bis zur Heftigkeit, bald trotzig herausfordernd, bald schmerzlich klagend. Wie kühn setzt gleich das erste Allegrothema ein, wie stürmisch flutet das Scherzo! Allerdings besänftigt sich die Leidenschaft im Adagio zu sanfter Trauer und klingt versöhnt aus im Finale. Aber der Pulsschlag der früheren Sätze zittert doch nach, und das Pathos bleibt der entscheidende psychologische Grundzug des ganzen Tonstückes. Hören wir hierauf die neue Violinsonate (op. 100), so wird uns ungefähr zu Mute, als sei nach prächtig sich entladendem Gewitter die köstliche Stille eines würzigen Sommerabends eingezogen. Eine himmlische Zufriedenheit durchströmt den ersten Satz mit seinem schlichten, etwas zu merklich an das Preislied in den ›Meistersingern‹ anklingenden Thema. Der folgende Satz ist eigentlich Andante und Scherzo zugleich. Ein langsamer Gesang in D-Dur scheint sich wohlig zu dehnen und zu strecken, da unterbricht ihn ein scherzendes Vivace in h-Moll; das Andante tritt wieder in den Vordergrund, aber nur mit einem Bruchstück, worauf ein kleinstes Bruchstückchen des Scherzos, das gleichsam das letzte Wort haben will, den Satz lakonisch abschließt. Wie dieser zweite Satz harmonisch aus der Stimmung des ersten quillt, sie nur weiter ausführt, so auch das Finale, in dessen Bezeichnung »Andante grazioso quasi Allegretto« schon sein Charakter angedeutet liegt. Das Ganze ist ein fast ununterbrochenes Singen der Violine. Ich wüßte keine zweite Sonate, die in solchem Maße auf das scharfe Kontrastieren der einzelnen Sätze verzichtete. Die drei Sätze bilden einen reinen Dreiklang einheitlich wohltuender Stimmungen; ein friedliches Selbstgenießen und heiteres Ausruhen des Gemüts. Das unterscheidet diese Komposition auffallend von der neuen Violoncellosonate, welche gerade durch die starken Gegensätze so mächtig ergreift. Von beiden ist die Violinsonate die lichtere, populärere; sie singt sich unmittelbarer ins Herz der Hörer ein als die Violoncellosonate, deren aufgeregtes und musikalisch verwickelteres Wesen uns langsamer, aber ebenso sicher und nachhaltig erobert. Die Brahmsschen Sachen sind uns ja nicht alle von Anfang an so lieb gewesen – aber geworden sind sie es fast alle. Als Kunstwerke sind beide Sonaten Kinder desselben männlich starken, gesunden Geistes, der in schöner Mischung mit innigem, nicht allzu weichem Gemüt den Grundzug aller späteren Werke von Brahms bestimmt und auszeichnet. Das Unvorhergesehene der Wendungen bei streng einheitlichem Charakter bildet einen unerschöpflichen Reiz dieser neuen Tondichtungen. Bemerkenswert ist dabei die knappe Form. Junge Komponisten, die keinen Unterschied mehr zwischen einer Sonate und einer Symphonie kennen, mögen hier erfahren, daß tiefe Gedanken, leidenschaftliche Empfindungen sich auch in gedrängtem Vortrag, ohne breite Geschwätzigkeit aussprechen lassen. Wortbeschreibungen sind hier freilich ganz müßig. Wollten wir selbst, wie die englischen Konzertprogramme tun, die Themen der einzelnen Sonatensätze in Noten hier beidrucken – was weiß man von Brahms, wenn man nur seine nackten Themen kennt? Das Hauptmotiv des ersten und des dritten Satzes der neuen Violinsonate, des Finales der Violoncellosonate, könnten sie nicht fast von Haydn sein?

Zu Brahms' vollkommensten Schöpfungen in der Kammermusik gehört die neue (dritte) Violinsonate in d-Moll, zum ersten Mal von Joachim und Brahms im Februar 1889 vorgetragen. Aus jedem Takt blickt unverkennbar Brahms' Charakterkopf, und doch hat diese dritte Violinsonate wieder ein ganz anderes Gesicht als ihre beiden Vorgängerinnen. Sie ist mächtiger, inhaltsreicher, größer, auch äußerlich größer, indem sie – verschieden von jenen dreisätzigen – aus vier Sätzen besteht. Das erste Allegro beginnt mit einem leisen, langgezogenen Gesang der Violine, in jener anscheinend gefaßten, beschaulichen Stimmung, welche die meisten Anfangssätze von Brahms zu charakterisieren pflegt. Aber bald vernehmen wir halb unterdrücktes Schluchzen der Geige und heftiges Aufstürmen des Klaviers; die Leidenschaft ist unter der trügerischen Ruhe durchgebrochen und behauptet das Feld. Der zweite Teil (nach dem nicht repetierten ersten) steigt empor aus einem merkwürdigen Orgelpunkt auf A, der sich durch 46 Takte hinzieht und über welchem sich ein wunderbar reiches Gewebe von Modulationen ausbreitet. Der Schluß des Satzes bringt, gleichsam als Antwort auf jenen Orgelpunkt in A, einen etwas kürzeren auf dem Grundton D, über welchem chromatische Sextengänge des Klaviers und allmählich verhallende Seufzer der Geige sich tief und tiefer herabsenken. Das Adagio (D-Dur 3/8-Takt) eröffnet gleichfalls die Violine mit einem getragenen Gesang auf der G-Saite, welcher, bis zum Schluß durch keinen Zwischensatz unterbrochen, den Charakter einer edlen, gefaßten Klage einhält. Das Stück ist schön, klar und, im Gegensatz zu den meisten Adagios von Brahms, sehr kurz. Als reizendes Detail wirkt der chromatisch aufsteigende Triller der Violine vor dem Schluß. Eigentümlicher ist das folgende Presto in fis-Moll, eines der genialsten Stücke von Brahms. Es behauptet den Platz des Scherzo, doch ohne die geringste Lust zum Scherzen. Ein unruhig intermittierendes Pochen pulsiert wie ängstliches Herzklopfen durch das Hauptmotiv und die ganze Stimmung des durchaus einheitlichen Satzes. Dieses Thema ist das originellste, prägnanteste in der Sonate, sein Rhythmus läßt uns nicht los, folgt uns lange in der Erinnerung. Die nervös aufgeregte Bitterkeit des Scherzos schlägt im Finale (d-Moll 6/8) zu flammender Leidenschaft aus. Der Komponist bringt hier *zwei* Prestosätze nacheinander; die Überschriften: »Presto assai e con sentimento« auf dem Scherzo und »Presto agitato« auf dem Finale verraten schon einigermaßen die verschiedene Stimmung der beiden. Das Hauptthema des Finales frappiert nicht durch Neuheit, es erinnert an Verwandtes bei Brahms. Aber wie das Adagio, von dessen Thema Ähnliches gilt, sich mit jedem Takt eigenartiger, reicher entwickelt und in streng organischem Zusammenhang doch fortwährend Unerwartetes produziert, so auch, in noch viel höherem Grade, das Finale. Es ist der längste und am stärksten durchgearbeitete Satz. Unter dieser wie heiße Lava hinströmenden Tonflut wird man beim ersten Hören nur den kleinsten Teil der darin steckenden modulatorischen und kontrapunktischen Kostbarkeiten wahrnehmen, welche bei näherer Betrachtung immer fesselnder hervortreten; aber die fast dramatische Leidenschaftlichkeit des Satzes reißt auch den unvorbereiteten Hörer mit fort. Bewunderungswürdig ist wieder die einheitliche Stimmung, welche die ganze Sonate wie in einen goldenen Ring faßt. Jeder der vier Sätze erzählt uns ja etwas anderes, aber wir empfinden die Vorgänge dennoch als zusammengehörig und als untrennbar von der Persönlichkeit des Erzählers.

Daß die neue Violinsonate größer, leidenschaftlicher, reichhaltiger ist als die beiden ersten, wurde bereits gesagt; ich füge hinzu, daß sie die Virtuosität der beiden Spieler mächtiger aufruft, also konzertmäßiger, glänzender wirkt. Was das relative Wertverhältnis der drei Sonaten betrifft, so lassen wir uns niemals gern fragen, welches von drei verschiedenen schönen Dingen das schönste sei? Die in ihrer anspruchslosen Freundlichkeit so anheimelnde zweite Sonate wird sicherlich überragt von der dritten. Auch die erste in G-Dur, die sogenannte Regenlied-Sonate, ist viel einfacher und kürzer als die neue; ob deshalb geringer? Ich fühle zu parteiisch, um das zu entscheiden. Mir ist die Regenlied-Sonate wie ein lieber bewährter Freund, den ich für keinen andern hergebe. In ihrer weichen, nachdenklich träumenden Empfindung und ihrer wundersam tröstenden Kraft steht sie ganz für sich allein da. Sie wirkt auf mich ungefähr wie Goethes Gedicht ›An den Mond‹ und ist, gleich diesem, unvergleichbar, unersetzlich, fast wie die eigene Jugend, die ja wie aus dämmernder Ferne uns daraus anblickt.

Das Jahr 1889 brachte uns eine neue Orchesterkomposition von Brahms, das Konzert für Violine und Violoncello, op. 102. Joseph Joachim, der Geigerkönig, und der jüngere, kaum geringere Violoncello-Virtuose Robert Hausmann waren zur Ausführung dieses Werkes eigens von Berlin hierhergereist und spielten es mit jener souveränen Beherrschung und vollendeten Noblesse, die wir an ihnen zu bewundern gewohnt sind. Komposition und Ausführung fanden außerordentlichen Beifall. Brahms, nach dem Andante stürmisch gerufen und lange vergeblich gesucht, wurde endlich von Hans Richter in einem Versteck hinter den Kontrabässen aufgespürt und mit sanfter Gewalt vor das unermüdlich applaudierende Publikum gezogen.

Der tatsächliche Erfolg der Novität in Wien ist somit unwidersprechlich. Es tut mir leid genug, gestehen zu müssen, daß sie mir persönlich keinen so hohen Genuß gewährt hat wie die früheren großen Werke von Brahms. Gedenke ich seiner Symphonien, seiner beiden Klavierkonzerte, seiner Kammermusiken, so vermag ich das ›Doppelkonzert‹ nicht in die erste Reihe von Brahms' Schöpfungen zu stellen. Schon die Gattung hat von Haus aus etwas Bedenkliches. So ein Doppelkonzert ähnelt einem Drama, das anstatt eines Helden deren zwei besitzt, welche, unsere gleiche Teilnahme und Bewunderung ansprechend, einander nur im Wege stehen. Wenn man aber von einer Musikform behaupten darf, daß sie auf der Übermacht eines siegreichen Helden beruht, so ist's das Konzert. Haben wir nicht etwas Ähnliches in der Malerei? Die Künstler wehren sich gegen Doppelporträts, mögen nicht gern Mann und Frau auf einer Leinwand verewigen. Gleiche Instrumente (zwei Violinen, zwei Klaviere) fügen sich, wie die ältere Musikliteratur uns zeigt, schon leichter zu einem Konzert als zwei Prinzipalstimmen von so verschiedener Tonhöhe wie Violine und Violoncello. Ist bereits gegen das Violinkonzert von Brahms die Bemerkung gefallen, es sei darin der Sologeige nicht die ihr zukommende Herrscherstellung eingeräumt, so verschärft sich noch dieser Einwand gegen das Doppelkonzert, worin *beide* Solo-Instrumente nicht bloß vom Orchester, sondern obendrein voneinander in den Schatten gedrängt werden. Das Violoncello ist gegen die Violine mit einiger Vorliebe bedacht; doch scheinen mir hier dem Instrument Dinge zugemutet, die von Virtuosen zwar ausführbar, aber nicht in der eigensten Natur des Instrumentes gelegen sind. Die Solovioline wird gleich im ersten Satz von den dreifach geteilten Geigen des Orchesters, welche wie Feuergarben die Luft durchschneiden, verdunkelt. Beide Solisten haben keine entscheidende, führende Rolle in dieser ganz symphonistisch behandelten Komposition, nur selten schwingen sie sich für einige Zeit siegreich über die mächtige Orchesterflut, in welche sie alsbald wieder untertauchen. So gleicht das Doppelkonzert mehr einer Symphonie, welche von einer Geige und einem Violoncello mit feinem Passagenwerk ausgeschmückt wird. Es scheint mir mehr die Frucht eines großen kombinatorischen Verstandes zu sein als eine unwiderstehliche Eingebung schöpferischer Phantasie und Empfindung. Wir vermissen daran die Frische und Ursprünglichkeit der Erfindung, den melodischen und rhythmischen Zauber. Wie geistreich Brahms jedes Motiv zu wenden, zu variieren, auszunützen versteht, ist bekannt; auch in seinem Doppelkonzert bewundern wir die Kunst der Durchführung. Allein das, was durchgeführt wird, der thematische Stoff, erscheint mir für ein so großes Werk nicht bedeutend genug. So empfangen wir denn nachgerade den Eindruck eines Theaterstücks, in welchem alle Personen sehr gescheit und geistreich sprechen, wo es aber zu keiner Handlung kommen will. Dies gilt vornehmlich von den beiden äußeren Sätzen. Der erste Satz, der kunstreichste von allen, kommt aus der halb trotzigen, halb gedrückten Stimmung und aus der a-Moll-Tonart nicht hinaus. Durch seine vielen Vorhalte, Synkopen und rhythmischen Rückungen, seine übermäßigen und verminderten Intervalle bricht nur selten das helle Tageslicht. Fast werden wir an Schumanns spätere Manier erinnert. Auch das Thema des letzten Satzes steht nicht auf der Höhe von Brahms' Genius; ein kleines, in engen Maschen zappelndes Motiv, mehr verdrießlich als heiter. Der Hörer hofft nach diesem kleinlichen Anfang auf eine kräftige, glänzende Steigerung; aber wo diese Miene macht einzusetzen (F-Dur, fortissimo), erlahmt der Rhythmus und bewegt sich, von den Bleikugeln schwerer Triolen gefesselt, nur stockend vorwärts. Wir werden an ähnliche Hemmungen im ersten Satz der E-Dur-Symphonie erinnert. Ein Labsal zwischen diesen beiden Sätzen ist das Andante in D-Dur. Das Thema, eine lieblich einfache Melodie, von beiden Solo-Instrumenten all'ottava gesungen, breitet ein wohliges Behagen über Spieler und Hörer. Das knapp begrenzte Stück zählt zwar nicht zu den bedeutenderen Andantesätzen von Brahms, gewiß aber zu den gefälligsten; es dürfte überall entscheidend werden für den Erfolg des ganzen Werkes. In Wien hat dieser Erfolg sich so glänzend eingestellt, daß mein bescheidenes Separatvotum, welches keinen anderen Anspruch als den der Aufrichtigkeit macht, bereits tatsächlich kassiert erscheint.

Neue Quintette von Brahms und Dvořák
1890

Rosés Quartettgesellschaft brachte gleich in ihrer ersten Produktion ein neues, noch ungedrucktes Streichquintett (mit zwei Bratschen) von Johannes Brahms. Man kann nicht besser anfangen. Das neue Werk ist von jener süßen, klaren Reife, welche nur die Vereinigung vollendeter Meisterschaft und ungeschwächter Erfindung mit einer harmonisch abgeklärten Lebensanschauung hervorbringt. In Stimmung und Gehalt schließt es sich Brahms' jüngsten Kammermusiken an, denen wir so gern die schöne, warmherzige Tüchtigkeit des Inhalts, die Kontinuität der Stimmung und die bewunderungswürdige Knappheit der Form nachrühmen. Immer mehr scheint sich Brahms zu konzentrieren; immer bewußter findet er seine Stärke im Ausdruck gesunder, verhältnismäßig einfacher Gefühle. Ein reiches Seelenleben webt darin, ohne Überhebung, ohne Überspannung. Da ist nichts von der selbstgefälligen Zerrissenheit, der mysteriösen Tonmalerei und den »dramatischen« Schilderungen, womit anspruchsvolle Halbgenies uns heute auch in der reinen Instrumentalmusik heimsuchen. Die Schönheit, die sich ja mit dem Herben wie mit dem Leidenschaftlichen verträgt, tritt bei Brahms immer bewußter, immer reiner in den Vordergrund. Darin bildet er den Gegensatz zu der Liszt-Wagnerischen, samt der jungrussischen und norwegischen Schule, auf die ein treffendes Wort über die »Impressionisten« in der Malerei paßt: sie fürchten fortwährend, etwas Schönes zu machen. Brahms' Kammermusiken aus den letzten zehn bis fünfzehn Jahren mahnen mich in ihrer Wirkung vielfach an den Beethoven der zweiten Periode; die Ähnlichkeit liegt nicht in Einzelzügen, sondern in dem Gesamtcharakter, in der ganzen Atmosphäre, welche mit so wohltuend milder Kraft uns daraus anweht. In diesem Stimmungskreis dürfte Brahms nach aller Voraussicht auch beharren. Er ist den umgekehrten Weg von Beethoven gegangen: vom Sturm zum Frieden, von Nacht zum Licht. Als Beethoven seine letzten Quartette schrieb, diese grandiosen Dramen des Pessimismus und des unversöhnten Humors, war er gerade so alt wie der Brahms von heute. Welche Gegensätze bei unleugbarer innerer Verwandtschaft! Vielleicht ist es nur individuelle Vorliebe, die auf Allgemeingültigkeit keinen Anspruch macht, daß mir Brahms stets am vollkommensten erschien in seiner Kammermusik. Immer abgesehen vom ›Deutschen Requiem‹, das ganz obenan und für sich allein steht, finde ich Brahms als erfindende und ausführende Kraft, als innigste Verschmelzung eigenartigen und doch allgemein menschlichen Inhalts mit schöner Form, am glücklichsten in seinem B-Dur-Sextett, seinen Streichquartetten und Klavierquartetten, dem F-Dur-Quintett, den Violinsonaten. Zu den Werken, in welchen ich nicht den originellsten und kühnsten, aber gleichwohl den besten Brahms erblicke, zählt auch das neue Quintett. Ganz herrlich ist der erste Satz, ein »Allegro con brio« in G-Dur, 9/8-Takt. Wie siegesfreudig schwingt sich das Thema aus dem Violoncello hervor unter dem rauschenden Tremolo der Geigen! Hierauf die süße Melodie des Seitensatzes, von beiden Bratschen gesungen, und die Antwort der Violinen, dieses anmutige Neigen und Beugen in die große Septime herab! Wie sind die Motive und Motivchen des ersten Teiles so kunstvoll und doch so zwanglos verwertet in der Durchführung; fast immer überraschend und doch wieder, als konnte es gar nicht anders kommen! Sanft und innig klagt das Adagio, ein schwermütiger, etwas slavisch angehauchter Gesang in d-Moll. Es folgt ein Allegretto in g-Moll, mit einem lieblich wiegenden Trio in G-Dur; nach Art der meisten Brahmsschen Scherzos nicht eigentlich scherzend oder lustig, sondern in behaglichem Humor schlendernd, gleichsam vor sich hinsingend. Das Finale, das aus einem leicht verschleierten h-Moll sich rasch zur Haupttonart G-Dur emporarbeitet, ist ein scharf rhythmisierter Zweivierteltakt von leicht ungarischer Färbung. Es wirkt weniger durch die Bedeutung seiner Themen als durch sein Temperament, das in fröhlicher, zuletzt ganz volkstümlich ausklingender Lust alles mit sich fortreißt.

Es fügte sich schön, daß zwei Tage nach dem Brahmsschen Streichquintett ein neues Klavierquintett (A-Dur, op. 81) von Anton Dvořák zur Aufführung gelangte. Die Instrumentalmusik von heute muß sich oft genug als unproduktiv schelten lassen, aber eine Zeit, die zwei neue Werke, wie das Quintett von Brahms und jenes von Dvořák, gleichzeitig hervorbringt und alljährlich hervorbringt, ist wahrlich nicht arm zu nennen. Der Jüngere von den beiden arbeitet nicht so gleichmäßig und skrupulös wie Brahms; er bringt zwischen Gutem und Vorzüglichem gelegentlich auch Geringeres, insbesondere an Liedern und Klavierstücken, gleichsam eine Nachlese »zwischen den Garben«. Das neue Quintett gehört aber zu seinen schönsten Stücken. Es ist ein echter Dvořák: originell, unmittelbar empfunden und frisch herausgesungen. Von dem wilden Ungestüm und den unvermittelten grellen Kontrasten seiner ›Slavischen Rhapsodien‹ hat er sich längst losgesagt; ebenso von dem übertriebenen Vorandrängen des slavischen Charakters. Seine neueren Werke, darunter das A-Dur-Quintett, zeigen bei aller Freiheit der Phantasie logische Entwicklung der Gedanken, Einheit der Form, schließlich einen echt internationalen Stil, der nur durch flüchtige, reizende Anklänge an das Heimatland des Komponisten mahnt. Dvořáks Kompositionen sind ohne Frage mehr allgemeingültig, allgemeinmenschlich, als die seiner russischen und norwegischen Kollegen. Die deutsche Schule, aus der sie ja alle hervorgegangen, verleugnet *er* am wenigsten. Beethoven, Schubert, Brahms sind seine einzigen Vorbilder. Der Geist des Letztgenannten rinnt gleichsam unterirdisch durch Dvořáks spätere Werke, ohne ihrer Eigenart Abbruch zu tun. Sein Klavierquintett begrüßen wir als eine der duftigsten neuen Blüten am Baum unserer Kammermusik. Es verliert sich hin und wieder etwas in die Breite, aber die vielen reizenden Einfälle, welche diesen Komponisten fast niemals im Stiche lassen, halten unser Interesse stets lebendig. Das erste Allegro bringt kräftige gesangvolle Themen von langem Atem. Das Adagio in fis-Moll, eine wehmütige Elegie (»Dumka«) mit einem köstlich singenden Mittelsatz in D-Dur, scheint uns der bedeutendste von den vier Sätzen. Das Scherzo, in welchem eine flüchtige Schubert-Reminiszenz nicht stört, und das Finale wirken mehr durch den rasch hinströmenden Zug ihrer Fröhlichkeit als durch absolute Neuheit der Erfindung. Im Finale zeigt sich Dvořák nebenbei als tapferer Kontrapunktist, ohne trocken oder langweilig zu werden. Das ganze Werk trägt den Stempel der Gesundheit und Ursprünglichkeit.

Hector Berlioz, ›Requiem‹
1890

Einer der ersten und feurigsten Anhänger von Berlioz war der unglückliche Dr. Alfred Becher in Wien. In einem langen Essay verherrlichte er (1846) Berlioz als das musikalische Genie, welches alle Geistes- und Gemütskräfte in höchster Fülle vereinige. Nur ein einziger Mangel sei ihm an Berlioz aufgefallen. »Ich glaube«, sagt Becher, »es fehlt ihm *das religiöse Gefühl.* Zwar vermag Berlioz die Frömmigkeit in anderen täuschend wiederzugeben, aber sie klingt nicht wie selbstempfunden. Auch weicht er ihr oft aus, wo doch der poetische Gedankenzwang sie fast notwendig bedingte.« Dieses von Becher zuerst und allein erhobene Bedenken, »der Mangel an religiösem Gefühl«, ist sehr bemerkenswert. Hätte Dr. Becher das ›Requiem‹ gekannt und die Veröffentlichung der Memoiren erlebt, es würden ihm aus beiden Quellen neue Beweisgründe für seine Ansicht zugeflossen sein. In den Memoiren erzählt Berlioz selbst, daß er trüben Jugenderlebnissen einen bleibenden tiefen Widerwillen gegen alles Kirchliche verdanke. Sein Requiem aber zeigt unter allen bekannten Tonwerken dieses Namens die allergeringste Spur von religiösem Sinn. Mit souveräner Willkür und Weltlichkeit verarbeitet Berlioz den altehrwürdigen Kirchentext zu einer Art phantastischem Drama. Was er darin nicht zu unerhörten Klangeffekten verwenden kann, das läßt ihn gleichgültig und gelangweilt; er behandelt es auch gleichgültig und langweilig. Lassen wir jedoch die religiöse Frage völlig beiseite und stellen uns ganz auf den Standpunkt des freien Künstlers. Mag ihn in der ›Totenmesse‹ immerhin nur die starke, allgemein menschliche Lyrik und vor allem das dramatische Element angelockt haben. Aber gerade vom musikalischen Standpunkt erscheint mir dieses angebliche Meisterwerk des Franzosen als dessen unzulänglichste und bedenklichste Arbeit. Der Leser kennt meine lebhafte Empfänglichkeit für die zahlreichen hohen Schönheiten der ›Symphonie phantastique‹, der ›Romeo‹- und der ›Harold‹-Symphonie; habe ich doch das Publikum schon in jener Urzeit dafür zu gewinnen versucht, als man noch häufig Berlioz mit Bériot verwechselte. An eine Kritik des Requiems jedoch gehe ich nur mit peinvollen Empfindungen. Es gähnt darin eine trostlose Leere und Ideenarmut, welche durch eine Armee von Lärminstrumenten ebensowenig verdeckt werden kann wie die große technische Unbeholfenheit des Komponisten. Das Requiem gehört zu Berlioz' Jugendwerken; die Kunst des musikalischen Satzes im weitesten Sinn, die zeitlebens seine schwache Seite geblieben – sie steckt hier noch in den Kinderschuhen. Schwerlich stößt man in irgendeiner großen geistlichen Komposition auf ähnliche Unfähigkeit, ein Thema zu entwickeln, einen vierstimmigen Chorsatz zu führen, ein Motiv kontrapunktisch zu verwerten und was sonst noch den Musiker macht. Jeden Augenblick muß, wie in einer italienischen Oper, der Notbehelf des Unisono-Singens herhalten; jeden Augenblick zerbröckelt die Form, stolpert und überschlägt sich der melodische Fortgang. Berlioz muß nie zuvor ein Chorwerk von Bach studiert haben, geschweige denn von Palestrina, dessen Ruhm er ja einen schlechten Spaß nennt. Das sind aber die ehernen Fundamente aller geistlichen Musik. Wo nicht seine oft blendend geistreichen, oft auch nur wunderlich barocken Klangeffekte unser Interesse erregen, erschlafft dieses; denn nirgends entzückt, nirgends erhebt uns die Schönheit eines ausgereiften musikalischen Gedankens. Wie matt und stockend beginnt nicht das »Dies irae«, wo der Komponist doch mit ganzer, erschütternder Kraft einzusetzen hat! Dieser »Tag des Zornes« scheint für Berlioz ein Tag wie jeder andere zu sein. Aber das ist nur eine diplomatische Finte. Berlioz will sich den Kontrast einer urplötzlich hereinbrechenden gewaltigen Eruption für das »Tuba mirum« offen halten, und dieser kolossale Schalleffekt ist's im Grunde, was sein Requiem berühmt gemacht hat. Vierundzwanzig Posaunen, zwölf Hörner und zwölf Trompeten stürzen sich gleichzeitig mit dröhnendem Fortissimo auf uns, dazu lärmen Becken, Tamtam, große Trommel und sechzehn Pauken! Ist es ein Wunder, daß der Zuhörer förmlich niedergeworfen wird? Ist es eine Kunst, mit so brutalen Mitteln eine beängstigend erschütternde Wirkung zu erzielen? Zur Zeit freilich, als Berlioz diesen musikalischen Massenmord ausführte, gehörte der Mut eines Titanen dazu; heute macht das ein geschickter Regimentskapellmeister. Berlioz hat bekanntlich über Mozart gespottet, der das »Tuba mirum« von *einer* (!) Posaune intonieren läßt. Das war fürs erste ganz korrekt, da der kirchliche Text nur von einer »tuba« spricht; sodann aber gab Mozart dieser *einen* ein großartig einfaches Motiv, das uns zwar nicht im buchstäblichen Sinne zu Boden schleudert wie Berlioz' Posaunenchor, aber unvergleichlich tiefer ergreift. Bei Mozart: ästhetische Wirkung, bei Berlioz: physische Gewalt. Der Klang der Posaune ist an sich schauerlich, markerschütternd, wie kein anderer; der junge Mozart fiel dabei in Ohnmacht. Unsere Zuhörer bewiesen stärkere Nerven; sie brachen nach dem ersten Schreck in nicht endenwollenden Jubel aus. Wahrscheinlich waren keine Mozarts unter ihnen. Mit dem »Tuba mirum« und dem »Rex tremendae majestatis« sind bei Berlioz gleichsam alle Feuergarben des Vulkans ausgeschüttet; es folgt wieder musikalische Asche und Dunkelheit. Gibt es etwas Kläglicheres als den Chor »Quid sum miser« oder das Offertorium in d-Moll, wo die Stimmen der Verdammten im Fegefeuer von Anfang bis zum Ende auf zwei Tönen, a und b, winseln? Und der Chor »Quaerens me« mit seiner abschreckenden Stimmführung – ist er nicht ein Musterbeispiel für angehende Komponisten, wie man *nicht* »a capella« schreiben soll? Schließlich die zum Überdruß wiederholte Melodie »Lacrymosa«, im Unisono von Sopran und Tenor – wirkt sie nicht erheiternd? Sie erinnert so hübsch an italienische Opern, speziell an die Stelle aus Donizettis ›Lucia‹, wo der (zum Ausgelachtwerden) »bestimmte Bräutigam« sich den Kavalieren und Damen des Schlosses vorstellt. Wenn man diese Trivialität hört, so möchte man Rossini gleich alles abbitten, was man je gegen seine Kirchenmusik eingewendet hat. Rossinis Weltlichkeit war doch stets in Schönheit getaucht, aus seinem Schönheitsbedürfnis geboren. Wo findet man aber in Berlioz' Requiem eine sangbare Melodie, die nicht ganz ordinär wäre?

Befremdend wie das ganze Requiem war mir auch die jubelnde Bereitwilligkeit, mit welcher das Wiener Publikum sich diesem Blendwerke hingab. Dasselbe Publikum, das so oft erhoben, entzückt dem Requiem von Mozart, von Cherubini, von Brahms gelauscht hat! Selbst Verdis Requiem wächst, gegen das Berliozsche gehalten, zu einem musikalischen Meisterstück. Und noch an ein anderes, bescheideneres Werk dieser

Gattung möchte ich erinnern: an Schumanns Requiem. Aus dem Spätherbste des Meisters stammend, steht es ziemlich unbeachtet im Schatten seiner früheren Werke. Und trotzdem, wie wahr und gesammelt, wie menschlich schön spricht es zu uns! Daß ein Werk von der Berühmtheit des Berliozschen Requiems den Wienern nicht vorenthalten bleiben durfte, steht außer Frage. Daß seine geistreichen Einzelheiten den Hörer interessieren, seine unerhörten Klangkombinationen überraschen und blenden müssen, ist ebenso begreiflich. Aber die Ernüchterung, dachten wir, würde schnell auf den Rausch folgen, so schnell, daß ein allgemeines Bedürfnis nach einer zweiten und dritten Aufführung kaum zur Sprache käme. Und doch lesen wir, daß bereits eine vierte, obendrein mit noch verstärktem Orchester, geplant sei. Es wäre traurig, wenn die ›Gesellschaft der Musikfreunde‹, dieses einzige Asyl großer klassischer Musik in Wien, das Berliozsche Spektakelstück in ihre regelmäßig wiederkehrenden Aufführungen einreihen wollte. Der Konzertzyklus der ›Gesellschaft‹ ist eng begrenzt und jeder Fußbreit dieser schmalen Area kostbar. Wir haben Berlioz' Requiem vor seiner ersten Aufführung als einen interessanten berühmten Fremdling gastfreundlich begrüßt, daß aber dieser »tote Gast« sich bleibend hier ansiedle, können wir im Interesse des ästhetischen Geschmacks und des musikalisch guten Rufes der Wiener unmöglich wünschen.

Anton Bruckner,
Dritte Symphonie in d-Moll und anderes
1890

Es ist dieselbe, die 1877 unter der Leitung des Komponisten gespielt worden ist. Bruckner unterzog das Werk später einer Umarbeitung, in welcher es jetzt in Partitur und Stimmen bei Th. Rättig in Wien erschienen und von den Philharmonikern gespielt worden ist. Diese Neubearbeitung unterscheidet sich nicht wesentlich von der ersten Fassung. Sie weist einzelne kleine Striche auf und an manchen Stellen Änderungen in den verbrämenden Violinpassagen. Einen einzigen ausgiebigen Strich bemerken wir im Finale; derselbe war aber schon in der ersten Ausgabe durch ein »Vide« dem einsichtsvollen Dirigenten nahegelegt worden. Nur die Schlußpartie des letzten Satzes hat der Komponist gründlich geändert. Der beste Satz ist jedenfalls das Scherzo, ein rasch fortströmender Dreivierteltakt, von einer bei Bruckner seltenen Konsistenz der Form. Auch dem gesangvollen Adagio in Es-Dur können wir eine geraume Zeit mit Vergnügen folgen, so lange es sich klar und ohne unmotivierte grelle Absprünge entwickelt. Diese bleiben später nicht aus und trüben, zusammen mit der unleidlichen Ausdehnung des Satzes, den guten Eindruck der ersten Hälfte. Der erste Satz, in welchem die Nachklänge aus der Neunten Symphonie mit etlichen Venusbergmotiven kreuzen, dann das lärmende Finale sind Stücke, die sich in lauter falschen Kontrasten bewegen und zersplittern. Sie haben mir denselben unkünstlerischen Eindruck gemacht wie die übrigen in Wien gehörten Kompositionen von Bruckner, in welchen geistreiche, kühne und originelle Einzelheiten mit schwer begreiflichen Gemeinplätzen, leeren, trockenen, auch brutalen Stellen, oft ohne erkennbaren Zusammenhang wechseln. Wie helle Blitze leuchten hier vier, dort acht Takte in eigenartiger Schönheit auf; dazwischen liegt wieder verwirrendes Dunkel, müde Abspannung und fieberhafte Überreizung. Und alles zu einer Länge ausgedehnt, welche dem geduldigsten Gemüt zur Qual wird. In Bruckners Kompositionen vermissen wir das logische Denken, den geläuterten Schönheitssinn, den sichtenden und überschauenden Kunstverstand. Daß die d-Moll-Symphonie lebhaften Beifall fand, wäre viel zu wenig gesagt. Es wurde gestampft, getobt, geschrien; nach jedem Satz mußte der Komponist wieder und wieder dankend vortreten.

Auch ein Streichquintett von Bruckner (F-Dur) wird von der Wagner-Gemeinde grenzenlos bewundert und als Meisterwerk gepriesen. Bruckner ist neuestens Mode geworden, was ich dem jahrelang unbeachtet gebliebenen bescheidenen Künstler herzlich gönne, wenn ich auch die Mode nicht selbst mitmachen kann. Es bleibt ein psychologisches Rätsel, wie dieser sanfteste und friedfertigste aller Menschen – zu den jüngsten gehört er auch nicht mehr – im Moment des Komponierens zum

Anarchisten wird, der unbarmherzig alles opfert, was Logik und Klarheit der Entwicklung, Einheit der Form und der Tonalität heißt. Wie eine unförmige glühende Rauchsäule steigt seine Musik auf, bald diese, bald jene groteske Gestalt annehmend. An genialen Funken fehlt es nicht, selbst nicht an längeren schönen Stellen. Aber man reiße aus dem ›Hamlet‹ und ›König Lear‹ die tiefsinnigsten Gedanken heraus, meinetwegen noch einige aus ›Faust‹ dazu und bringe sie in den willkürlichsten Zusammenhang mit allerlei platten, konfusen, endlos langen Reden und frage sich dann, ob das ein Kunstwerk gibt. Fast gleichzeitig mit dem bei Hellmesberger enthusiastisch applaudierten F-Dur-Quintett von Bruckner ist ein neues Buch von Ludwig Nohl: ›Die geschichtliche Entwicklung der Kammermusik‹, erschienen, das sehr merkwürdig ist. Nicht etwa durch irgendeine neue Forschung oder Idee – keineswegs –, wohl aber durch die tragikomische Stellung, in welche der Autor hier zu seinem Gegenstand gerät. Nohls Spezialität ist bekanntlich die Wagneromanie; er kann über keinen noch so entlegenen Stoff schreiben, ohne plötzlich in ein Halleluja auf Wagner (und Liszt) auszubrechen, worauf er erleichtert wieder in sein Häuschen zurückkehrt. Nun soll der Ärmste über Kammermusik schreiben! Wagner und Liszt haben keine Quartette komponiert, somit kann selbst Nohl nicht ausrufen, ihre Quartette seien die schönsten. Vergebens warteten wir beim Durchblättern seines neuen Buches auf den Augenblick, wo er den üblichen Wagner-Blutsturz bekommen werde. Nohl muß sich damit begnügen, allerlei Aussprüche von Wagner über Beethoven in entzücktem Tone zu zitieren. Nachdem er in seinen früheren Schriften den allmächtigen Einfluß Wagners auf alle Gebiete der Kunst, auf die Politik, die Philosophie, die Religion nachgewiesen – vor der Kammermusik stockt diese Beweisführung; bisher war die Kammermusik von Wagner unberührt geblieben. Wir können Herrn Nohl helfen: er sehe sich Bruckners Quintett an. Da findet er den reinen Wagner-Stil auf fünf Streichinstrumente abgezogen, die unendliche Melodie, die Emanzipation von allen natürlichen Modulationsgesetzen, das Pathos Wotans, den irrlichterierenden Humor Mimes und die in unersättlichen Steigerungen sich verzehrende Ekstase Isoldens. Was Herrn Nohl so schmerzlich gefehlt, es ist gefunden, und eine zweite Auflage seiner ›Entwicklung der Kammermusik‹ kann das Schlußkapitel in jener Verklärung erglänzen lassen, ohne welche ja doch Entwicklung und Kammermusik nur »Wahn« bleiben würden.

Eine andere Symphonie von Bruckner (in E-Dur) hat im Jahre 1886 denselben tumultuarischen Erfolg errungen. Für die Wagnerianer ist Bruckner einfach »der zweite Beethoven«. Mir erscheint diese Musik krankhaft, unnatürlich aufgeblasen, verderblich. Wie jedes größere Werk Bruckners, enthält auch die E-Dur-Symphonie geniale Einfälle, interessante, ja schöne Stellen – hier sechs, dort acht Takte –, zwischen diesen Blitzen dehnt sich aber unabsehbares Dunkel, bleierne Langeweile und fieberhafte Überreizung. Einer der geachtetsten Musiker Deutschlands bezeichnet (in einem Briefe an mich) Bruckners Symphonie als »den wüsten Traum eines durch zwanzig ›Tristan‹-Proben überreizten Orchestermusikers«. Das scheint mir bündig und treffend.

Friedrich Smetana, ›Die Moldau‹
1890

Große Wirkung machte eine Novität: Smetanas symphonische Dichtung ›Vltava‹. So nennt sie der Anschlagzettel. Ich hatte geglaubt, daß wir in Wien noch deutsch sprechen und hier niemand verpflichtet sei zu wissen, daß »Vltava« die *Moldau* bedeutet. Wahrscheinlich war Hofkapellmeister Richter gleich vielen seiner Zuhörer der Meinung, »Vltava« sei der Name irgendeines unbekannten großen Helden tschechischer Nation. Die erste Schuld trifft den Musikverleger, der auf der Partitur zwar den Gesamttitel und sogar alle Vortragsbezeichnungen in deutscher Übersetzung beifügt, aber die für das Verständnis entscheidende Aufschrift »Vltava« nicht. Und doch wollen die Tschechen Smetanas Werke auch in ganz Deutschland verbreitet wissen. Warum also auf dem Titelblatte den Namen »Moldau« verschweigen, den ebensoviele Millionen Menschen kennen als etwa Hunderte das Wort »Vltava«. Mit solchen

»patriotischen« Kindereien haben tschechische Verleger ihren Musikheroen schon mehr, als sie glauben, geschadet. Die Komposition selbst ist das Werk eines echten und glänzenden Talentes. In erster Linie Naturschilderung, gehört sie zu jenen Programm-Musiken, welche im Grunde keiner gedruckten Gebrauchsanweisung bedürfen und nirgends über die Grenzen des musikalisch Verständlichen oder Zulässigen hinausgehen. Von Liszts Symphonischen Dichtungen angeregt und beeinflußt, ist Smetanas ›Moldau‹ doch viel einheitlicher gedacht und natürlicher entwickelt. Ein Hauptgedanke, eine Grundstimmung, beinahe eine Begleitungsfigur beherrscht das ganze Stück. Der Anfang ist reizend. Wir stehen am Ursprung der Moldau, die im Böhmerwald aus zwei Quellen entspringt. Eine einzelne Flöte meldet sich mit einer raschen, schüchternen Wellenfigur; versprengte Pizzikatotöne der Geige und Harfe blitzen wie Sonnenstrahlen darein. Das Wässerchen schwillt an: zwei Flöten bringen das Wellenmotiv in Sexten, die Klarinetten in Terzen, endlich nimmt auch das Streichquartett es auf. Auf dieser gleichmäßig auf- und niederwogenden Begleitung erhebt sich in den Holzbläsern das eigentliche Thema, eine volkstümliche, ruhige Liedweise in e-Moll. Da ertönen Waldhörner; eine Jagd zieht vorüber, während die Wellenbegleitung unter glitzernden Triangelklängen ruhig weiterflutet. Allmählich verhallen die Hörner, die Jagd entfernt sich; ihr folgt, zwischen Marsch und Polka schwebend, eine ländliche Hochzeitsmusik. Nach dem Verschwinden der Bauernhochzeit taucht die wogende Begleitungsfigur wieder auf, diesmal bloß in den Flöten und Klarinetten. Die Geigen, mit Sordinen, führen dazu eine sanfte, getragene Melodie, deren Abschnitte kurze Harfenarpeggien markieren. »Mondschein, Nymphenreigen« heißt es in der Partitur – ein gleichmäßig die Malerei wie die Poesie streifender Vorwurf, der hier mit echt musikalischen Mitteln reizend ausgeführt ist. Allmählich beschleunigt sich der Wogentanz, immer lauter und wilder schäumen die Wasser: wir sind in die »St. Johannis-Stromschnellen« geraten. Das ganze Orchester mit Becken und großer Trommel gerät in Aufruhr und vollführt ein patriotisch übertreibendes Getöse, das den Moldauwirbel für einen zweiten Niagarafall ausgeben möchte. Durch die Stromschnellen gelangen wir in die breiteste Strömung des Moldauflusses, der nun majestätisch am Fuße des Wyschehrad dahinfließt. Das erste Thema ertönt nun in hellem E-Dur, die Begleitungsfigur wird ruhiger, mächtiger, und das Ganze schließt in stolzer, vielleicht nur zu lärmender Pracht. Smetanas ›Moldau‹ ist ein schön gedachtes, einheitlich und doch ohne Monotonie durchgeführtes Stück, das ein originelles Talent und in der Instrumentierung einen der eminentesten Schüler Liszts und Berlioz' verrät. Auf einen tiefen musikalischen Ideengehalt, auf polyphone und kontrapunktische Kunst in Verarbeitung der Motive macht es keinen Anspruch; es wirkt durch liedmäßige (nicht »unendliche«) Melodie, durch klare, symmetrische Form und reizvollen Klang. Als Naturschilderung hat Smetanas ›Moldau‹ den Vorzug, der Phantasie nur ganz typische Bilder vorzuzaubern, die keines detaillierten Programms bedürfen und den Komponisten nirgends zu geschmackloser Grenzüberschreitung nötigen.

Friedrich Smetana ist 1824 in Leitomischl geboren. Er leitete anfangs eine Musikschule in Prag, folgte dann einem Ruf nach Gothenburg (Göteborg) in Schweden als Musikdirektor, kehrte nach zehn Jahren in seine Heimat zurück und übernahm daselbst 1866 die Kapellmeisterstelle am tschechischen Nationaltheater. Er hatte das Unglück, die letzten zehn Jahre seines Lebens in vollständiger Taubheit zu verbringen und schließlich in Wahnsinn zu verfallen. Smetana ist 1884 im Prager Irrenhause gestorben. Näheres über seine Werke und die aller übrigen großen und kleinen Sterne des Prager Musikhimmels erfahren wir aus einer bei Urbanek in Prag erschienenen Broschüre: ›Ein Vierteljahrhundert böhmischer Musik‹ von Emanuel Chvala. Nachdem der Verfasser mit liebenswürdiger Aufrichtigkeit selbst gesteht, daß »unter dem Eindruck der frischen Taten ein oder das andere Ergebnis *überschätzt* werden konnte«, so erscheint es ratsam, Chvalas enthusiastische Urteile wie den Part einer B-Klarinette, nämlich um einen ganzen Ton tiefer, zu lesen. Chvala datiert die böhmische Musik erst »von dem raschen Aufblühen des nationalen Geistes nach dem Erscheinen des Oktober-Diploms«. Nach dieser, aber auch *nur* dieser Zeitrechnung darf er allerdings Smetana den »*ersten* böhmischen Tonkünstler und Begründer der böhmischen Musik« nennen. Ein Bewunderer von Smetanas Symphonischen Dichtungen stellt Chvala doch zuhöchst dessen *Opern* und bezeichnet überhaupt die *dramatische* Musik als dasjenige Gebiet, in welchem seine Landsleute »auf der Höhe der zeitgenössischen Kunst« stehen. Meinesteils finde ich die besten Erzeugnisse der tschechischen Musik weit mehr in der Instrumentalmusik als in der Oper. Allerdings verraten zwei kleinere komische Opern aus Smetanas früherer Zeit – ›Der Kuß‹ und ›Die verkaufte Braut‹ – ein echtes, melodiöses und charakteristisches Talent, das sich glücklich mit dem Geist der Volksweisen befruchtet hat. In diesen Singspielen war Smetana noch naiv, melodiös und national. Sie entzücken heute noch die tschechische Bevölkerung Prags. Auf fremden Bühnen dürften sie aber ebensowenig heimisch werden als Dvořáks in ähnlichem Stil gehaltene komische Singspiele ›Der Bauer als Schelm‹ und ›Dickschädel‹. Später hat Smetana als Opernkomponist Richard Wagner nachgestrebt. In seiner großen tragischen Oper ›Libussa‹ (die ich in Prag gehört) vermißte ich die frühere Naivität und Natürlichkeit Smetanas und fand ihn, seiner besten Eigenart beraubt, als Adepten des spätwagnerischen Stils. Die berühmten dramatischen und deklamatorischen Feinheiten in der ›Libussa‹ vermag natürlich nur ein genauer Kenner des tschechischen Idioms zu würdigen; rein musikalisch machte mir die Oper, wie alle Wagner-Nachbildungen, den Eindruck des Ungesunden, Ergrübelten und peinlich Ermüdenden. Sie reicht, meines Erachtens, an Smetanas ›Moldau‹, an sein Streichquartett und seine ›Lustspielouvertüre‹ ebensowenig hinan als Dvořáks große Opern ›Dmitri‹ und ›Jakobin‹ an dessen Orchester- und Kammerkompositionen. Aus Smetana und Dvořák können unsere Philharmoniker noch manches sehr wirksame und interessante Stück für ihr Repertoire gewinnen. In bezug auf die Titel wünschen wir dann nicht schlechter behandelt zu sein als die Oberlandesgerichtsräte in Prag, die nach dem neuesten Ausgleich auch nicht mehr alle tschechisch zu verstehen brauchen.

Anton Bruckner, Achte Symphonie in c-Moll
1892

Die Philharmoniker füllten ihr ganzes Konzert mit einer ur- und neudeutschen Symphonie von Bruckner. Sie ist die achte in der Reihe und seinen früheren in Form und Stimmung sehr ähnlich. Diese neueste hat mich, wie alles, was ich von Brucknerschen Symphonien kenne, in Einzelheiten interessiert, als Ganzes befremdet, ja abgestoßen. Die Eigenart dieser Werke besteht, um es mit einem Worte zu bezeichnen, in der Übertragung von Wagners dramatischem Stil auf die Symphonie. Bruckner verfällt nicht nur alle Augenblicke in spezifisch Wagnersche Wendungen, Effekte, Reminiszenzen – er scheint sogar gewisse Wagnersche Stücke als Vorbild für seinen symphonischen Aufbau vor Augen zu haben. So namentlich das Vorspiel zu ›Tristan und Isolde‹. Bruckner setzt mit einem kurzen chromatischen Motiv ein und wiederholt es auf immer höherer Tonstufe ins Endlose, bringt es vergrößert, verkleinert, in Gegenbewegung, solange, bis wir von diesem monotonen Jammer trostlos niedergedrückt sind. Neben diesen hinauflamentierenden Rosalien oder »Schusterflecken« sind es die hinablamentierenden (nach dem Rezept in der ›Tannhäuser‹-Ouvertüre), welche Bruckner mit beharrlicher Vorliebe pflegt. Wagnerschen Orchester-Effekten, wie das Tremolo der geteilten Violinen in höchster Lage, Harfen-Arpeggien über dumpfen Posaunen-Akkorden, dazu noch die neueste Errungenschaft der Siegfried-Tuben, begegnen wir auf Schritt und Tritt. Charakteristisch auch für Bruckners neueste c-Moll-Symphonie ist das unvermittelte Nebeneinander von trockener kontrapunktischer Schulweisheit und maßloser Exaltation. So zwischen Trunkenheit und Öde hin und her geschleudert, gelangen wir zu keinem sicheren Eindruck, zu keinem künstlerischen Behagen. Alles fließt unübersichtlich, ordnungslos, gewaltsam in eine grausame Länge zusammen. Jeder der vier Sätze, am häufigsten der erste und dritte, reizt durch irgendeinen interessanten Zug, ein geniales Aufleuchten – wenn nur daneben alles Übrige nicht wäre! Es ist nicht unmöglich, daß diesem traumverwirrten Katzenjammerstil die Zukunft gehört – eine Zukunft, die wir nicht darum beneiden. Vorläufig aber wüßten wir gern die Symphonie- und Kammermusik rein gehalten von einem Stil, der nur als illustrierendes Mittel für bestimmte dramatische Situationen relative Berechtigung hat. Von der außerordentlichen »Tiefe« der Brucknerschen c-Moll-Symphonie liefen schon vorher so aufregende Gerüchte, daß ich nicht unterließ, mich durch das Studium der Partitur und den Besuch der Generalprobe gehörig vorzubereiten. Gestehen muß ich dennoch, daß das Mysterium dieser weltumfassenden Komposition sich mir erst entschleierte, als das Verständnis mir in Gestalt eines erklärenden Programmes in die Hand gedrückt ward. Der Verfasser desselben ist nicht genannt, doch erraten wir leicht den »Schalk«, der seinem Herrn am wenigsten verhaßt ist. Durch ihn erfahren wir denn, daß das verdrießlich aufbrummende Hauptmotiv des ersten Satzes »die Gestalt des Aischyläischen Prometheus« sei! Eine besonders langweilige Partie dieses Satzes erhält den verschönernden Namen: ›Ungeheuerste Einsamkeit und Stille‹. Unmittelbar neben dem »Aischyläischen Prometheus« steht – *»der deutsche Michel«*. Wenn ein Kritiker diese Blasphemie ausgesprochen hätte, er würde wahrscheinlich von den Bruckner-Jüngern gesteinigt. Aber der Komponist selbst hat dem Scherzo den Namen des deutschen Michel beigelegt, wie schwarz auf weiß in dem Programm zu lesen. Nun der Erklärer diese authentische Parole hat, ist er nicht verlegen und findet in dem Michel-Scherzo »die Taten und Leiden des Prometheus parodistisch auf ein geringstes Maß reduziert«. Um so erhabener ist alles Folgende. Im Adagio bekommen wir nichts Geringeres zu schauen als »den alliebenden Vater der Menschheit in seiner ganzen unermeßlichen Gnadenfülle«! Da das Adagio genau achtundzwanzig Minuten dauert, also ungefähr so lange wie eine ganze Beethovensche Symphonie, so wird uns für diesen seltenen Anblick gehörig Zeit gelassen. Das Finale endlich, das uns mit seinen barocken Themen, seinem konfusen Aufbau und unmenschlichen Getöse nur als ein Muster von Geschmacklosigkeit erschien, ist laut Programm: »der Heroismus im Dienste des Göttlichen«! Die darin herumschmetternden Trompetensignale sind »Verkünder der ewigen Heilswahrheit, Herolde der Gottesidee«. Der kindische Hymnenton dieses Programms charakterisiert unsere

Bruckner-Gemeinde, welche bekanntlich aus den Wagnerianern und einigen Hinzukömmlingen besteht, denen Wagner schon zu einfach und selbstverständlich ist. Man sieht, wie der Wagnerismus nicht nur musikalisch, sondern auch literarisch Schule macht. Und die Aufnahme der neuen Symphonie? Tobender Jubel, Wehen mit den Sacktüchern aus dem Stehparterre, unzählige Hervorrufe, Lorbeerkränze usw. Für Bruckner war das Konzert jedenfalls ein Triumph. Ob Herr Hans Richter auch seinen Abonnenten einen Gefallen damit erwiesen habe, ein ganzes Philharmonisches Konzert ausschließlich der Brucknerschen Symphonie zu widmen, ist zu bezweifeln. Dieses Programm scheint doch nur einer geräuschvollen Minorität zu Liebe gewählt worden zu sein. Die Gegenprobe ist leicht zu machen: man gebe die Brucknersche Symphonie in einem Extrakonzert, außer dem Abonnement. Damit wird allen Parteien geholfen sein, schwerlich aber den Philharmonikern.

Richard Strauss, ›Also sprach Zarathustra‹

»Oh Zarathustra! Klatsche doch nicht so fürchterlich mit deiner Peitsche! Du weißt ja: Lärm mordet die Gedanken!« (Friedrich Nietzsche: ›Also sprach Zarathustra‹. III. Anderes Tanzlied)

So kennen wir denn Richard Strauss' vielbesprochene Symphonie mit dem großartigen Titel: ›Also sprach Zarathustra‹! Sie stolzierte im Philharmonischen Konzert zwischen Webers ›Euryanthe‹-Ouvertüre und der c-Moll-Symphonie von Beethoven, zwei ganz unphilosophischen naiven Tondichtungen, die sich gewiß nicht wenig geehrt fühlten. Richard Strauss nennt seine Komposition »Frei nach Nietzsche«. Merkwürdig, daß er ihr nicht auch den zweiten Titel von Nietzsches Buch umhängte: ›Eine Symphonie für Alle und für Keinen‹, das hätte so schön geklungen. Was soll uns, so fragen wir, diese Sensationsmacherei, welche das Interesse für ein reines Instrumentalwerk von einem der Musik ganz fremden, ja unmusikalischen Stoff herüber nötigt? Mit Liszts symphonischen Dichtungen begann die modernste Tendenz, Inhalt und Bedeutung einer Symphonie von der Literatur zu erbetteln und durch dieses abgedrungene Almosen den Mangel an eigenem musikalischem Bargeld zu ersetzen. Aber die einfachen Lisztschen Überschriften: ›Tasso‹, ›Faust‹, ›Dante‹, ›Orpheus‹ konnten doch bei den Hörern das notwendigste Verständnis ihrer musikalischen Wechselbeziehungen voraussetzen. Das scheint Herrn R. Strauss offenbar zu einfach. Unsere Dichter umzukomponieren, wie altmodisch! Er greift also zu den Philosophen. Hat Richard I. angeblich in seinen ›Nibelungen‹ Schopenhauersche Ideen verkörpert, so muß Richard II. einen Schritt weiter gehen und Nietzsche komponieren. Gewiß kann Strauss nicht voraussetzen, daß das Konzertpublikum, dem er doch sein Werk darbringt, in Nietzsches schwer verständlichem Buch bewandert und über den rätselhaften »Zarathustra« informiert sei. Die griechische Form »Zoroaster« ist uns schon geläufiger und vollends sein zum »Sarastro« verkürztes Opernabbild. Aber die Spekulation auf das Unverstandene, Mystisch-Symbolische findet meistens ihre Rechnung, und wenn man sich heute so gern vor einem Bild, einem Drama den Kopf zerbricht, was dasselbe bedeute – warum sollte der moderne Musiker hinter dem Dichter und dem Maler zurückbleiben? Die Tausende von Aphorismen, die Nietzsche in seinen vier Büchern ›Zarathustra‹ aneinanderreiht, enthalten geniale, glänzende Gedanken, aber ebensoviele abstruse, erkünstelte Einfälle und abstoßende Sophismen. Wer nach der Lektüre *dieses* Buches, ja auch nur des Gedichtes: »Die Wüste wächst, weh' dem, der Wüsten birgt« (im vierten Teil) ernstlich behaupten kann, Nietzsche sei damals noch vollkommen bei Verstand gewesen, dem ist nicht zu helfen. Und die Kenntnis dieses Buches will R. Strauss bei seinem Konzertpublikum voraussetzen? Ja noch mehr; ihm ist Nietzsche offenbar noch nicht geheimnisvoll genug. Er erklärt in einem Manifest, er habe als Komponist noch verschiedenes in Nietzsches ›Zarathustra‹ »hineingeheimnist«. Fast möchte man hinter dem Komponisten der ›Zarathustra‹-Symphonie einen Schalk vermuten, der sich mit seinem Publikum einen Spaß macht.

Was der Stifter des altpersischen Religionssystems Zarathustra (das ist Goldstern) im 6. Jahrhundert vor Christus gelehrt hat, ward bekanntlich in der Bibel des Ormuzd-Glaubens, der Zend-Avesta (d. h. Wort des Lebens), gesammelt. Was hingegen das Buch für »Keinen und für Alle« in charakteristisch maskierter, salbungsvoller Rede vorträgt, ist natürlich echtester Nietzsche. In hundert glitzernden Variationen preist er sein philosophisches Ideal: den zu züchtenden Übermenschen der Zukunft, welcher die Herrenmoral im Gegensatz zur Sklavenmoral der großen Menge zu verkörpern hat. »Der Mensch ist etwas, das überwunden werden soll. Einst wart ihr Affen, und auch jetzt noch ist der Mensch mehr Affe als irgendein Affe.« Ist der Zynismus Nietzsches, wie er sich in der Verachtung der Menschheit, der Moral, der Ehe ausspricht – »auch das Konkubinat ist korrumpiert worden durch die Ehe!« –, wirklich ein Ideal für den Musiker, eine Aufgabe für die reinste, stoffloseste aller Künste? Bereits beginnt sich um die Fahne Nietzsches eine Art philosophische Heilsarmee oder Unheilsarmee zu scharen. Er und Ibsen sind die Leitsterne unserer jungen Literaten. Daß Nietzsche auch musikalisch interpretiert werden müsse, ist erst dem Komponisten des ›Eulenspiegel‹, R. Strauss, eingefallen. Ein kühnes Projekt! Aber Strauss scheint glücklicherweise mit den Lehren Nietzsches auch dessen starkes Selbstbewußtsein eingesogen zu haben. Mein Ehrgeiz, sagt Nietzsche, ist: in zehn Sätzen zu sagen, was jeder andere in einem Buche sagt oder auch nicht sagt. Ich habe der Menschheit das tiefste Buch gegeben, das sie besitzt, meinen ›Zarathustra‹. R. Strauss möchte auch in zehn Takten sagen, was andere in einer ganzen Symphonie, und wünscht ohne Zweifel, der Menschheit in seinem ›Zarathustra‹ das größte symphonische Gedicht zu geben, das sie besitzt. Eines der längsten gewiß; es dauert in einem Zuge volle 33 Minuten; 33 bösartig lange Minuten.

Strauss hat einzelne Abschnitte seiner Komposition mit Kapitel-Überschriften aus Nietzsches ›Zarathustra‹ versehen, z. B.: ›Von den Hinterweltlern‹, ›Von der großen Sehnsucht‹, ›Von den Freuden und Leidenschaften‹, ›Von der Wissenschaft‹ usw. Nach einer kurzen feierlichen Einleitung tritt Zarathustra zu den »Hinterweltlern« – das sind diejenigen, welche jenseits dieser Welt einen neuen Willen suchen und den alten Wahn von sich werfen – vier Trompeten blasen das Leitmotiv des Ganzen: c g c; aus einem Orgelsatz mit durchaus geteilten Geigen – die Violoncelli an sechs Pulten verteilt – ringt sich das 2. Thema in h-Moll heraus; es schildert den »Sehnsuchtsdrang«. Die Religion als Hoffnungsanker der gequälten Menschheit wird durch das Gregorianische Credo eingeführt, das bekanntlich Bach in die h-Moll-Messe aufgenommen hat. Das der »Andacht« gewidmete Andante in As-Dur ist weitaus der reinste und klangschönste Satz des ganzen Werkes. Eine Episode »von der großen Sehnsucht« führt direkt zu den »Freuden und Leidenschaften«; ein aufjubelndes Allegro, über welches die Glissandi zweier Harfen einen milden Glanz breiten. Der Prophet wendet sich hierauf zur »Wissenschaft«; sie wird durch eine rhythmisch lahme, mißklingende fünfstimmige Fuge recht abschreckend repräsentiert. Auf die Wissenschaft folgt die »Genesung« und als ihr Wahrzeichen das »heilige Lachen«, ein zweimal von der Trompete intoniertes komisches Kikeriki! In die Gefilde ewiger Lust versetzt uns ein recht ärmlicher Walzer, welchen das Leitmotiv C G C in allen Formen und Farben umflattert. Was diesem »Tanzlied« vorhergeht, ist ein vom »Motiv der Verachtung« beherrschtes langes, wahrhaft scheußliches Geheul. Nachdem im Tanzlied Triangel und kleine Glöckchen ihr Wesen getrieben, führt sich das »Nachtwandlerlied« mit einer tiefen, in E gestimmten Glocke ein, die Mitternacht schlägt. Hierauf der merkwürdige Schluß: die Violinen und die Bläser halten hoch oben den H-Dur-Akkord fest, während dazu in der Tiefe die Kontrabässe ihr leises CGC pizzikieren! Dieses Zugleichklingen von H-Dur und C-Dur soll, den offiziellen Auslegern zufolge, »das ungelöste Welträtsel« bedeuten. »Welch triviale Idee, so geistreich zu sein!« sagen wir mit dem Kritiker in Hardens ›Zukunft‹.

Wer die Strauss'sche Symphonie unbefangen anhört, ohne sich um das detaillierte Programm zu kümmern, der wird gewiß keinen Zusammenhang mit Nietzsches ›Zarathustra‹ darin entdecken. Die wunderliche, über einem Orchesterstück ganz sinnlose Aufschrift ist in der Tat nur ein Mittel, sich interessant zu machen, der Musik eine Bedeutung anzutäuschen, die nicht in ihr selbst liegt. Die Komposition, ungemein schwach und gequält als musikalische Erfindung, ist eigentlich nur ein raffiniertes Orchesterkunststück, ein klingender Farbenrausch. Als geistreiche Kombination neuer, origineller, aber auch abenteuerlicher und beleidigender Klangeffekte ist das Stück gewiß interessant und unterhaltend. Aber diese fabelhafte Orchestertechnik war nach meiner Empfindung dem Komponisten weniger ein Mittel als vielmehr Zweck und Hauptsache. Die instrumentale Armee, welche R. Strauss zu diesem philosophischen Feldzug aufgeboten hat, steht auf einem bisher ungeahnten Kriegsfuß[4].

R. Strauss wird damit gewiß noch weitere ungeahnte strategische Kombinationen vornehmen, und da seine Kompositionen nicht Musik von der Quelle sind, sondern komprimierte Literatur, so liegt noch ein reiches Feld zur Auswahl vor ihm. Ich meine die übrigen Werke Nietzsches, der ja ein Virtuose in pikanten, gewaltsam geistreichen Büchertiteln war. Bei dem Aufsehen, das die ›Zarathustra‹-Symphonie überall erregt, und bei der modernen Tendenz, sich an Musik nicht zu erfreuen, sondern den Kopf zu zerbrechen, dürften R. Strauss' nächste Symphonien frei nach Nietzsche heißen: ›Götzendämmerung‹, ›Menschliches, Allzumenschliches‹ und ›Wie man mit dem Hammer philosophiert‹. Warum auch sollte er, der Allermodernste, der Neugierde des modernen Publikums nicht entgegenkommen? »Mit Buckligen darf man schon bucklig reden«, lehrt Nietzsche-Zarathustra in dem Kapitel ›Erlösung‹.

In einer geistvollen, gediegenen Schrift behandelt L. Stein (Professor der Philosophie in Bern) ›Friedrich Nietzsches Weltanschauung und ihre Gefahren‹. Die Gefahren für das Denken, für die Sittlichkeit, für die Wohlfahrt der Menschen. Seit Richard Strauss kann man auch von ihren Gefahren für die Tonkunst sprechen. Diese selbst, als nach ewigen Gesetzen sich entwickelnde Idee, hat freilich von einzelnen Umsturzversuchen nichts zu fürchten; sie wirft, früher oder später, Unmusikalisches, Widermusikalisches aus, wie das Meer die Leichen. Aber für die jungen Komponisten, die von Strauss' raschen Erfolgen geblendet sind, besteht die Gefahr unleugbar. Mit etwas Talent, Studium und Ehrgeiz lassen sich ihm seine Klangkunststücke ablernen, und zu reichlicher Auswahl stehen noch Dichter wie Philosophen da, die sich zu symphonischen Lebensbildern umtöten lassen. Brahms und Dvořák werden weniger Nachahmer finden; dazu gehören Mittel.

Die Aufführung der Strauss'schen Novität war ein Heldenstück unserer von Hans Richter kommandierten tapferen Philharmoniker. Tumultuarisch raste der endlose Applaus, schließlich von beherzten Zischlauten gemildert. Übrigens schien mir der Beifall mehr noch dem Orchester zu gelten als dem Komponisten; denn ich kann mir kaum denken, daß unser Publikum wirklich Genuß und Begeisterung aus diesem wüsten Hexenkessel geschöpft habe. Jedenfalls hat Beethovens c-Moll-Symphonie, die zu ihren übermächtigen Wirkungen nicht einmal Posaunen braucht, durch die prätentiöse Nachbarschaft nicht gelitten. Es wurde ihr noch stärker zugejubelt. Kraft und Schönheit des Gedankens sind doch mächtiger als das kostbarste Gewand, und der echte Dichter siegt schließlich über die verwegensten Künste des Regisseurs und Dekorations-Malers.

Philharmonisches Konzert Liszt, Rameau, Goetz, Mahler, Bizet, Tschaikowsky

Festklänge haben das letzte Philharmonie-Konzert eingeläutet. Es waren nur die von Liszt. Unter seinen symphonischen Dichtungen gehören die ›Festklänge‹ zu den am seltensten gespielten. In Wien, wo der Liszt-Kultus doch so eifrig genährt wurde, blieben die ›Festklänge‹ bis zur Stunde ausgeschlossen von den Philharmonischen wie von den Gesellschaftskonzerten. Nur in einem von dem Klaviervirtuosen Tausig auf eigene Faust veranstalteten Liszt-Konzert sind vor etwa 40 Jahren auch die ›Festklänge‹ aufmarschiert. Seitdem nicht wieder. Wem die übrigen dieser symphonischen neun Musen bekannt sind, dem wird man über die ›Festklänge‹ kaum viel Neues sagen. Sie teilen mit ihren Schwestern manchen Vorzug: Liszts feinen Sinn für Klangeffekte, die pikante Würze rhythmischer und harmonischer Kombinationen, den ungestümen Drang einer nach Neuem ringenden Subjektivität. Leider fehlt die eigentliche schöpferische Kraft und das edle Gleichmaß der Ausführung. Wie ruhelos wechseln in diesem Mischmasch von sentimentalen und heroischen Anfällen Takt, Tonart, Tempo, Charakter! Eine vereinzelte Melodie steckt hin und wieder furchtsam ihr Köpfchen heraus, um sofort in wüstem Gedränge unterzugehen; jeder zarten Regung tritt eine dreiste Fanfare, jeder reinen Harmonie ein schneidender Mißklang auf den Nacken. Es war Liszts gutes Recht, gegen seine klassischen Vorgänger es mit größerer Abwechslung und schärferen Gegensätzen zu versuchen. Aber dieser Karneval von Mannigfaltigkeit kennt keine Einheit, dieser Faustkampf von Kontrasten keine Versöhnung. Anstatt erfreut und erhoben, fühlt sich der Hörer betäubt und verstimmt. Einen Vorzug haben übrigens die ›Festklänge‹ vor Liszts anderen symphonischen Dichtungen: den, daß sie keine Geschichte erzählen. Man muß nicht immerfort mit ansehen und nachlesen, wie das »Programm« den geängstigten Tondichter von Takt zu Takt verfolgt. In jenem verschollenen Tausig-Konzert mußte ein von einem Wiener Schriftsteller eigens verfaßtes Programm das Publikum einweihen in die poetischen Geheimnisse der ›Festklänge‹. »Ein großes allgemeines Fest«, hieß es da, »ruft eine bewegte Menge, die Freude auf der Stirn, den Himmel in der Brust, in seine Zauberkreise.« Wie diese Freude, dieser Himmel sich doch in Lisztschen Akkorden ausnimmt! Und die dort versprochenen »olympischen Spiele der Griechen«, erinnern sie nicht an die blutigen Ergötzlichkeiten einer ungarischen Landtagswahl? Natürlich ergehen sich die ›Festklänge‹, wie fast alle Lisztschen Orchesterstücke, sehr üppig in »türkischer Musik«. Die große Menge hört das immer gern, und so läßt sie sich vielleicht auch einreden, dieselbe große Trommel sei bei Verdi roher Effekt, bei Liszt Ausdruck sublimster Begeisterung. Brendel, der Leipziger Zukunftsagent, schrieb damals den monumentalen Satz: »Liszts Werke sind das *Ideal unserer Zeit*.« Diese Zeit scheint sehr rasch zu fliegen. Trotz der Betriebsamkeit einiger stabiler Liszt-Vereine werden die Aufführungen von Liszts Orchester- und Chorwerken zusehends seltener. Liszts geniale, hinreißende Persönlichkeit, die auch den Widerstrebenden gefangen nahm, sie gehörte zu seiner Musik, ebnete ihre Erfolge, vergoldete ihre Wirkung. Nur wenige der einst von Liszts Umgang Bezauberten sind noch am Leben. Und wenn auch die einmal fort sind? ... Die ›Festklänge‹ wurden unter Mahlers Leitung glänzend ausgeführt und beifällig aufgenommen. Einen gewissen sinnlich berauschenden Eindruck machen sie ohne Frage und um so sicherer, als sie gegen ›Prometheus‹, ›Mazeppa‹, ›Dante‹, ›Hamlet‹, ›Hunnenschlacht‹, ›Heldenklage‹, und wie die anderen symphonischen Unglücksfälle alle heißen, in eine freundlichere Region einlenken und gleich mit dem Hauptthema einen volkstümlichen Ton anschlagen.

Nach den ›Festklängen‹ sprangen wir rasch anderthalbhundert Jahre zurück, von Liszt zu Rameau. Der einst viel geschmähte und viel gefeierte Mann erscheint nur äußerst selten in den Konzertsälen und längst nicht mehr in der Oper. Aus seiner fünfaktigen großen Oper ›Dardanus‹ (1739) haben uns die Philharmoniker ein Ballettstückchen gespielt, den Rigaudon. So hieß eine ältere provençalische Tanzform im munteren Allabreve-Takt, deren Namen Rousseau von ihrem Erfinder Rigaud abzuleiten versucht. Eine charakteristische, altmodisch graziöse Musik. Sie gefiel dem Publikum und erweckte die interessantesten Erinnerungen an einen verschollenen Operngeschmack. In den Opern Rameaus, noch mehr in jenen seines Vorgängers Lully, spielte das Ballett eine uns heute unbegreiflich wichtige große Rolle. Die tragischsten Opern aus der antiken Heldenzeit enthalten fast ebensoviel Gavotten, Menuetts, Passepieds usw. wie Gesangsstücke. In Rameaus berühmtester Tragédie en musique: ›Castor und Pollux‹ bringt jeder der fünf Akte ein großes Ballett; noch im letzten, nach dem Tod der Helden, tanzen die seligen Geister im Elysium, daß es ein Vergnügen ist. Ein Nachklang dieser Sitte herrscht heute noch in Paris. Jede große Oper muß vorschriftsmäßig ein Ballett enthalten oder deren zwei, meistens im zweiten und im vierten Akt. Man denke an das Widerstreben Richard Wagners, der in seinen ›Tannhäuser‹ ein Ballett einlegen mußte, wollte er nicht auf die Aufführung in Paris verzichten. Und wie hat Gounod gewettert gegen dieselbe Zumutung, als sein ›Faust‹ vom Théâtre Lyrique an die Große Oper kam. So sehr ihn dieses Avancement freute, so arg verdroß ihn die Nötigung, den fünften Akt nachträglich mit einem sinnlosen großen Ballett aufzuputzen.

An den Traditionen ihres Theaters halten die Franzosen mit unglaublicher Hartnäckigkeit fest. In der Opéra Comique *darf* kein Ballett vorkommen und paßte es noch so gut; in der Großen Oper *muß* es vorkommen und paßte es noch so schlecht. Jean Philipp Rameau war der musikalische Genius Frankreichs im Zeitalter Voltaires. Uns ist er längst ein toter Name, genauso tot wie sein berühmter Vorläufer Lully. Für den Musikhistoriker bleibt Rameau eine der interessantesten Erscheinungen zunächst als Begründer einer neuen Harmonielehre[5]. Sodann durch seinen unbestreitbaren Einfluß auf Gluck in der Behandlung des Rezitativs und der Chöre. Uns Kindern des 19. Jahrhunderts beginnt aber die Oper erst mit Gluck, und selbst diesem gönnen wir nur äußerst selten mehr das Wort. Man hat für ihn großen Respekt, aber weder Liebe noch Verlangen. Für Rameau nicht einmal Neugierde. Danken wir dem Direktor Mahler, daß er uns den merkwürdigen Mann, gleichsam auf Umwegen versteckt, wieder in Erinnerung brachte – mit einem Tanzstück, dessen graziöser Schritt gar keiner historischen Vorbildung bedarf, um aufrichtig zu gefallen. Es ist von einer fast kindlichen Einfachheit. Und doch kursierte damals in Paris gegen die Schwerfälligkeit und Verkünstelung von Rameaus Musik das Pamphlet: »Si le difficile est le Beau – C'est un grand homme que Rameau!«

Wir genossen im Philharmonischen Konzert drei Novitäten: eine längstvergangene (Rameau) und zwei halbvergangene (Liszt und Goetz). Nur für Wien war die F-Dur-Symphonie von Hermann Goetz eine Neuigkeit. Der vor 23 Jahren im besten Mannesalter verstorbene Tondichter ist in Wien erst durch seine ›Bezähmte Widerspenstige‹ bekannt und beliebt geworden. Das vortreffliche Opernbuch Victor Widmanns hat er da mit einer feinen geistreichen, häufig an Wagner erinnernden Musik illustriert, welche nur einen leichteren Lustspielton vermissen ließ. Man könnte ihre Wiederaufnahme empfehlen, wenn wir nur für die Hauptrolle eine zweite Pauline Lucca hätten. (»Das gibt's nit«, sagt der Wiener.) Der durchgreifende Erfolg einer Oper pflegt allmählich die früheren kleineren Werke ihres Komponisten ans Licht zu ziehen; so geschah es auch nach der Aufführung der ›Widerspenstigen‹. Eine ›Frühlings-Ouvertüre‹ von Goetz, deren mäßige Wärme an einen

Mai in Königsberg, den Geburtsort des Komponisten, erinnert, also niemanden warm macht, erwarb sich nur das zweifelhafte Lob einer tüchtigen Kapellmeisterarbeit. Bedeutender wirkten von Goetz zwei größere Kompositionen für Chor und Orchester: Schillers ›Nänie‹ und der 137. Psalm. In beide, an Mendelssohn anklingende Chorwerke brachte die gediegene Bildung und feinfühlige Natur des Tondichters eine gewisse Vornehmheit, ohne das Mark selbständiger, triebkräftiger Ideen. Frischer und einheitlicher wirkt die F-Dur-Symphonie von Goetz, welche, seit zwanzig Jahren ein beliebtes Repertoirestück der meisten deutschen Konzertvereine, erst jetzt durch Direktor Mahler uns bekannt geworden ist. Wie allenthalben, so galt auch hier der Beifall hauptsächlich dem volkstümlich anklingenden, lebhaften Scherzo in C-Dur. Die übrigen drei Sätze sind mehr oder minder temperamentlos und langwierig, schienen auch geringeren Eindruck zu machen. Für meinen Teil vermag ich darin auch nur die geschickte Arbeit eines feingebildeten, tüchtigen Kapellmeisters zu erblicken, der über wenig Originalität und Ideenfülle verfügt.

Was die Neugierde des Publikums ganz besonders erregte, waren die fünf Gesänge mit Orchesterbegleitung von G. Mahler, gesungen von Fräulein Selma Kurz. Die Gedichte sind teils ›Des Knaben Wunderhorn‹ entnommen, teils einem Zyklus ›Lieder eines fahrenden Gesellen‹, als deren Dichter uns der Komponist selbst bezeichnet wird. Direktor Mahler hat bis jetzt mit einer an Selbstverleugnung streifenden Bescheidenheit seine eigenen Kompositionen für Wien versteckt gehalten, so günstigen Erfolg dieselben in anderen Städten davongetragen. Von ihm stand Neues, Eigenartiges zu erwarten. In seiner zweiten Symphonie (die ich leider nur aus Berichten kenne), zeigte er sich als ein Neuerer großen Stiles, in enormer Erweiterung der Form und der Darstellungsmittel. Auch aus den gestern gehörten Gesängen spricht der Feind des Hergebrachten und Gewöhnlichen, der »Chercheur«, wie die Franzosen sagen, ohne mit dem Worte eine abschätzige Kritik zu verbinden. Die neuen »Gesänge« sind schwer zu klassifizieren: weder Lied noch Arie noch dramatische Szene, haben sie von alledem etwas. Sie erinnern der Form nach am ehesten an die Gesänge mit Orchesterbegleitung von Berlioz: ›La captive‹, ›Le chasseur danois‹, ›Le pâtre breton‹. Mahler hat die Mehrzahl seiner Gesänge der Volksliedersammlung ›Des Knaben Wunderhorn‹ entlehnt. So eigenartig Schönes sie enthält, man ist von der früheren Bewunderung dafür doch etwas abgekommen, seit die deutsche Lyrik durch Goethe einen so hohen Aufschwung genommen. Goethe besprach bekanntlich eingehend das ihm von Arnim und Brentano gewidmete ›Wunderhorn‹, er lobte »die Holzschnittmanier« des Volksliedes, wies aber dem Buche seinen Platz »am Fenster unter dem Spiegel, oder wo sonst Gesang- und Kochbücher zu liegen pflegen«. Mahler, als der Modernsten einer, mochte sich, wie das oft geschieht, gern in das Extrem flüchten, in die Naivität, die ungebrochene Empfindung, die knappe, ja ungefüge Sprache des älteren Volksliedes. Diese Gedichte mit der schlichten Anspruchslosigkeit früherer Komponisten zu behandeln, widerstrebte aber seiner Natur. Dem volkstümlich gehaltenen Gesang legte er eine üppige Begleitung von geistreicher Beweglichkeit und scharfer Modulation unter und gab sie nicht dem Klavier, sondern dem Orchester. Für Volkslieder ein ungewöhnlich reiches, ja raffiniertes Aufgebot: drei Flöten, Piccolo, drei Klarinetten, Baßklarinette, Englischhorn, vier Hörner, zwei Harfen. Ein Widerspruch, ein Zwiespalt zwischen dem Begriff »Volkslied« und dieser kunstvollen, überreichen Orchesterbegleitung ist nicht wegzuleugnen. Aber Mahler hat dieses Wagestück mit außerordentlicher Feinheit und meisterlicher Technik ausgeführt. Jetzt, am Beginne eines neuen Jahrhunderts empfiehlt es sich, den Novitäten der musikalischen »Secession« (Mahler, Richard Strauss, Hugo Wolf etc.) jedesmal nachzusagen: Es ist sehr möglich, daß ihnen die Zukunft gehört. Fräulein Selma Kurz hat die recht schwierigen Mahlerschen Gesänge auswendig, mit vollkommener Beherrschung von Wort und Ton vorgetragen, mit klangvoller Stimme und warmem, durchaus natürlichem Ausdruck.

Direktor Mahler hat auch das vierte Konzert mit einer Novität geschmückt: mit Bizets Orchestersuite ›Roma‹. Woher dieser Titel? Auf eine Verherrlichung des alten Rom ist Bizet gewiß nicht verfallen. Aus keinem Takt spricht das stolze »Civis romanus sum«; vielmehr der kosmopolitische Franzose im modernen Rom. Bizet hat als Stipendist der französischen Regierung zwei Jahre in Villa Medici zugebracht und dort versucht, die Eindrücke römischen Lebens und Treibens musikalisch wiederzugeben. ›Roma‹ stammt aus Bizets Nachlaß. Eine Menge größtenteils unvollendeter Werke gibt Zeugnis von der unermüdlichen Tätigkeit des früh verstorbenen Komponisten. In Paris ist ›Roma‹, wie es scheint, wenig beachtet oder früh vergessen worden; der sonst so verläßliche Arthur Pougin erwähnt in seinem biographischen Lexikon nicht einmal den Namen. Größere Verbreitung gewannen zwei andere Orchesterwerke Bizets: die Ouvertüre ›Patrie‹, welche im Oktober 1875 die musikalische Totenfeier Bizets in der »Association artistique« einleitete, und die auch in Wien bekannte reizende ›Arlésienne‹. Letztere (zu Daudets Drama geschrieben) ist übrigens auch theatralischer Herkunft. Nur ausnahmsweise entschließen sich Franzosen und Italiener zu rein symphonischen Kompositionen; Neigung und Talent drängen sie entschieden zum Theater. Opernmäßig klingt auch vieles in der ›Roma‹. Wenn da eine sanfte Melodie plötzlich von chromatisch heulendem Sturmwind zerrissen wird, Themen, Rhythmen, Tonarten unvermittelt wechseln, so hat man manchmal die Empfindung, als spiele bei herabgelassenem Vorhang eine Opernszene sich ab. (Man denke an den plötzlichen Einfall des E-Dur – in das erste c-Moll-Allegro, oder an die kirchlich-fromme Es-Dur-Melodie, welche im Finale die wilde Tarantella unterbricht.) Von der Vieldeutigkeit der Instrumentalmusik und der Unsicherheit ihrer Interpretation überzeugt uns wieder einmal die Biographie Bizets von Charles Pigot, nach welcher der erste Satz ursprünglich ›Eine Jagd im Wald von Ostia‹ hieß und der dritte »eine Prozession« schildern sollte... Bizets ›Roma‹ hat im Philharmonischen Konzert lebhaft angesprochen. Originalität und Reichtum der Erfindung kann man dem Werke kaum nachrühmen; doch enthält es viel Anmutiges, Geistreiches, ja Blendendes in durchaus reizvoller Instrumentierung.

Den Beschluß machte ein symphonisches Tongemälde, das in jüngster Zeit auswärts viele Erfolge errungen hat: Tschaikowskys Ouvertüre ›1812‹. Diese Jahreszahl in Verbindung mit dem Namen des Komponisten verrät uns, daß hier Napoleons Belagerung von Moskau und der Sieg der Russen illustriert wird. In dem effektvollen, nur allzu breit ausgeführten Stück werden die Marseillaise und die russische Volkshymne geistreich verflochten und der welthistorische Kampf mit Aufgebot aller erdenklichen, mehr oder minder musikalischen Mittel (Kanonenschläge, Trommeln, Glockengeläute) geschildert. Die Novität, deren ganz außerordentliche Anforderungen von dem Orchester glänzend bewältigt wurden, machte eine starke, vorwiegend äußerliche Wirkung. Einen weit tieferen Eindruck dürfte sie in Paris machen, aber schwerlich den vom Komponisten gewünschten. Noch vor kurzem hat man dort freilich auch die russische Volkshymne abwechselnd mit der Marseillaise gespielt und bejubelt, aber *mit*einander, nicht *gegen*einander. Bei Tschaikowsky unterliegt die Marseillaise und veratmet kläglich unter den russischen Hörnern.

Neue Opern

Richard Wagner, ›Die Meistersinger von Nürnberg‹

In seiner berühmten Judenbroschüre hat Richard Wagner bekanntlich auch der Wiener Hofopern-Direktion eine ausgiebige Katzenmusik gebracht, indem er behauptet, diese Direktion habe durch ihre Kniffe verraten, »daß es ihr nicht allein darum zu tun sei, die Meistersinger *nicht geben* zu dürfen, sondern auch deren Aufführung auf anderen Theatern zu verhindern«. Das Hofoperntheater hat auf diese unglaubliche Beschuldigung 1870 mit einer glänzenden Aufführung dieses Werkes geantwortet. Das Publikum kam den ›Meistersingern‹ mit jener gespannten Erwartung entgegen, auf die jede Wagnersche Novität zählen darf und zu zählen ein Recht hat. Weiß doch Freund und Feind, daß eine neue Oper von Wagner jedenfalls etwas Ungewöhnliches bedeute, etwas Apartes, das nicht verfehlen wird, an- und aufregend zu wirken, Phantasie und Verstand mit allen Mitteln zu beschäftigen. Eine merkwürdige Schöpfung sind in der Tat die ›Meistersinger‹, ein Werk von unsäglicher Konsequenz der Methode, größtem Ernst und Fleiß, neu in der ganzen Gestaltung, reich an geistvollen, ja blendenden Zügen, oft ermüdend und verletzend, immer eigentümlich. Als ungewöhnliche Erscheinung müssen die ›Meistersinger‹ jedermann lebhaft interessieren; ob man sich davon mehr befriedigt oder mehr abgestoßen fühle, hängt von den dramatischen und musikalischen Schönheitsbegriffen des einzelnen ab. Dem Werke sind ebensowenig seine Schönheiten abzusprechen als seine schwachen und abstoßenden Seiten: es enthält Szenen, die unter den glücklichsten musikalischen Inspirationen Wagners obenan stehen, und rund umher wieder trostlos lange Strecken langweiliger oder widerwärtiger Musik. Als theatralische Vorstellung sind die ›Meistersinger‹ eine Sehenswürdigkeit. Bilder von blendender Farbenpracht und Neuheit, Gruppen voll Leben und Charakteristik entfalten sich vor den Augen des Zuschauers, der kaum zum Nachdenken kommt, wie viel oder wie wenig von diesem Effekt der eigentlich musikalischen Schöpfung zuzuschreiben ist. Erzählen wir jemandem die Handlung der ›Meistersinger‹, was mit wenigen Worten getan ist, so wird er kaum begreifen, wie daraus eine Oper von größerem Umfang als der ›Prophet‹ und die ›Hugenotten‹ entstehen konnte. Diese gewaltsame Dehnung und Zerrung einer kleinen, ärmlichen Handlung, die ohne spannende Verwicklung und Intrige fortwährend stille steht und kaum hinreichenden Stoff für ein bescheidenes, zweiaktiges Singspiel bietet, ist der größte praktische Fehler der ›Meistersinger‹. Von der zähen Weitschweifigkeit aller dieser Reden und Gegenreden, häuslichen Gespräche und trocknen Belehrungen, bei stetem Festsitzen der Handlung, läßt sich schwer eine Beschreibung geben. Dabei ist das alles in derselben, bald näher zu bezeichnenden, monotonen Ausdrucksweise und in langsamem Tempo komponiert, da ja Wagner in seiner neuesten Flugschrift ›Deutsche Kunst und Politik‹ die Entdeckung gemacht hat, das spezifisch »deutsche Tempo« sei das *Andante*.

Skizzieren wir, so gut es mit raschen Strichen angeht, den dramatischen und musikalischen Verlauf der Oper. Die Ouvertüre ist am wenigsten geeignet, den Hörer günstig zu stimmen, sie brockt nacheinander alle Leitmotive der Oper in eine Flut von chromatischen Gängen und Sequenzen, um sie schließlich in einem wahren Ton-Orkan über- und durcheinander zu schleudern. Ein Musikstück von peinlicher Künstelei und geradezu brutaler Wirkung. Die Ouvertüre leitet unmittelbar in die erste Szene, welche das Innere der Katharinenkirche in Nürnberg vorstellt. Die Gemeinde singt einen Choral, zwischen dessen Absätzen das Orchester die zärtlichen Empfindungen eines jungen Ritters malt, der, im Vordergrund stehend, ein Bürgermädchen mit seinen Blicken verfolgt. Der Gottesdienst ist zu Ende; der Ritter, Walther von Stolzing, eilt auf die schöne Unbekannte zu: »Mein Fräulein, sagt, seid Ihr schon Braut?« Mit der elektrischen Schnelligkeit und Energie, welche alle Liebesverhältnisse bei R. Wagner charakterisiert, erwidert alsbald Eva Pogner: »Euch wähl' ich oder keinen.« Nur müsse der Werber die von ihrem Vater gestellte Bedingung erfüllen, den Preis im Meistergesang zu erringen. Eva entfernt sich, von ihrer Amme Magdalena begleitet; Walther verbleibt in der Kirche, wo eben Vorbereitungen zu einer Versammlung der »Meistersinger« getroffen werden. Ein geschäftiger Lehrjunge namens David belehrt den Ritter mit entsetzlicher Gründlichkeit über die Gesetze und Einrichtungen des »Singgerichts« und der poetischen Regeln der Tabulatur. Er zählt ihm an 40 bis 50 verschiedene »Töne und Weisen« vor, wie »die englische Zinn-, die Zimmtröhrenweis', die Frösch'-, die Kälber-, die Stieglitzweis', die abgeschiedene Vielfraßweis'« usw. – es klingt wie ein in Musik gesetzter Auszug aus dem Folianten von Wagenseil. Trotz der nicht genug zu preisenden Kürzungen, welche man an dieser, im Original geradezu unaushaltbaren Szene vorgenommen, bleibt sie noch immer trocken und langweilig genug. Endlich kommen die Meister, konversieren eine Zeitlang und werden dann von dem Bäcker Kothner namentlich aufgerufen. Die Sitzung beginnt mit einer Anrede des Goldschmieds Pogner, worin er die Hand seiner Tochter Eva samt seinem reichen Hab' und Gut demjenigen zusagt, der morgen, am St. Johannestag, »im Kunstgesang vor allem Volk den Preis errang«. Die Anrede Pogners fällt wie ein Sonnenstrahl in den langweilig trüben Musiknebel, der bishin allein geherrscht. Die gleichmäßige innige Empfindung, welche dieses Musikstück mit seinem melodiösen, schön harmonisierten Hauptmotiv durchzieht, macht es zu einem Glanzpunkt der Oper. Nach einer langwierigen Verhandlung über Pogners schließlich angenommenen Antrag tritt Walther von Stolzing auf und wird zu singen aufgefordert[6]. Der Stadtschreiber Beckmesser, ein boshafter alter Geck, übt das Merker-Amt, d. h. er kreidet, hinter einem Vorhang verborgen, alle Fehler an, welche der Sänger gegen die Regeln der Tabulatur begangen. Zuvor werden dem Sänger noch diese Regeln vorgelesen, worauf das mit gelehrten Explikationen schon hinreichend gesättigte Publikum gern verzichten würde. Walther beantwortet die ihm gestellten Fragen mit einigen sehr stimmungsvollen, glücklich erfundenen Strophen (»Am stillen Herd in Winterszeit«), welche wir dem darauf folgenden Lenz- und Liebeslied noch vorziehen. Letzteres bringt es trotz geist- und anmutsvoller Details zu keiner vollen Wirkung ob der maßlosen Unruhe in der Begleitung und Modulation. Walther hat noch nicht ausgesungen, als Beckmesser schon mit der vollgekreideten Tafel schimpfend aus dem Gemerk hervorspringt und eine Unzahl von Fehlern nachweist. Mit Ausnahme von Hans Sachs sind auch alle übrigen Meister empört über die Regelwidrigkeit von Walthers Gesang, den sie als »eitel Ohrengeschinder« bezeichnen. Es folgt ein tobendes Durcheinander aller Stimmen, das mit dem Wahrspruch endet: der Ritter habe »versungen und vertan«. Der Total-Eindruck dieses Aktes ist trotz der beiden gerühmten Sonnenblicke (Pogners und Walthers Melodien) ein ermüdender. Der Stoff gäbe, leicht und lebhaft behandelt, eine wirksame Introduktion; zu einem ganzen langen Akt ausgesponnen, wird er zur schwerfälligen Last.

Der zweite Akt stellt eine Straße in Nürnberg vor; rechts im Vordergrunde das schmucke Haus Pogners, links die Schusterwerkstatt des Hans Sachs. Zwischen beiden sieht man in effektvoller Perspektive die ganze Länge der Straße hinauf, welche, durchaus plastisch, durch Versetzstücke dargestellt ist und in der Vollmondbeleuchtung einen äußerst malerischen Anblick gewährt. Der Akt beginnt mit einem Singen und Springen der Lehrbuben, welche sich auf das Johannesfest freuen und ihren Kameraden, den in die alte Lene verliebten David, hänseln. Pogner und Eva kommen des Weges und singen ein höchst uninteressantes Gespräch, nach welchem Eva allein zu Sachs hinübergeht, um über das Schicksal ihres Ritters bei dem Freisingen etwas zu erfahren[7]. Sachs berichtet ihr den ungünstigen Ausgang. Das Duett (wenn man diesen sich endlos hinziehenden Dialog so nennen kann) schlägt mitunter einen traulichen, stimmungsvollen Ton an, bringt auch hie und da einen vereinzelten hübschen Zug. Trotzdem ist das Ganze von peinlicher Monotonie und Schwerfälligkeit. Mit einem kleinen Duettsatz, allenfalls zum Schluß der Konversation, wäre dem leicht abgeholfen, bei Richard Wagner dürfen aber bekanntlich die Leute nur nacheinander singen, nie zugleich; Letzteres ist nicht vornehm und könnte leicht angenehm klingen. Ritter Walther kommt auf Eva zu. Trotz der verlockenden Verse: »Ja, Ihr seid es! Nein, du bist es!« usw. kommt es auch hier zu keinem zweistimmigen Satz; jedes singt dem anderen seine Gedanken separat vor, musikalisch reizlose und gezwungene Gedanken. Das Liebespaar ist zur Flucht bereit, muß sich jedoch zuerst vor dem Nachtwächter und jetzt gar vor Herrn Beckmesser in die Ecke drücken. Letzterer präludiert auf der Laute, um vor Evas Fenster ein Ständchen zu singen, Hans Sachs kommt ihm jedoch mit einem Schusterlied zuvor (»Jerum! Jerum! Holla,

holla ho!«), das, angeblich komisch, mehr an eine gereizte Hyäne erinnert als an einen lustigen Schuster. Auf Beckmessers Bitten verspricht Sachs endlich zu schweigen, behält sich jedoch vor, jeden Deklamations- oder Gesangsfehler in dem Ständchen durch einen Hammerschlag auf die Sohle, die er eben bearbeitet, zu markieren. Diesen Spaß preßt der Komponist bis auf den letzten Tropfen aus, so daß wir schließlich nur den Eindruck des Unendlich-Abgeschmackten haben. Beckmesser beginnt seine Serenade, die, anfangs recht charakteristisch, sich nur zu bald verkünstelt. Sachs klopft bei jedem Takt ein- bis zweimal mit dem Hammer auf, Beckmesser stellt ihn entrüstet zur Rede, Sachs beruhigt ihn, Beckmesser fängt wieder zu singen, Sachs wieder zu klopfen an, sie zanken schließlich so ausgiebig, daß die Nachbarn die Köpfe herausstecken und sich über die nächtliche Ruhestörung beklagen. Der Lehrjunge David erwischt Beckmesser und prügelt ihn, die Gasse füllt sich mit Menschen, welche nun alle zu schreien, zu schimpfen, zu prügeln beginnen, bis ein wahrer Teufelslärm entsteht, wie man kaum einen ähnlichen auf der Bühne erlebt hat.

Beim Studium der Partitur hatte ich mir gerade von diesem Finale mehr erwartet; Wagner hat mit wahrhaft raffinierter Kunst dieses Durcheinander aufgebaut, in welchem bald einzelne Stimmen, bald ganze Chorgruppen sich gegenüberstehen, einander im Eifer das Wort vom Munde abfangend. Seltsamerweise hat den Komponisten hier sein scharfer praktischer Blick getäuscht: von der ausgetüpfelten musikalischen Disposition ist nichts, gar nichts zu unterscheiden, man hört nichts als ein wahrhaft brutales Schreien und Lärmen. Eine sehr gute Idee, daß Wagner den Akt nicht geradezu mit dem Straßenspektakel schließen, sondern die Leute sich verlaufen und den Lärm allmählich verhallen läßt. Wir sehen den Nachtwächter allein langsam durch die leere, mondbeglänzte Straße schreiten – einer jener poetisch-pittoresken Effekte, auf die sich Wagner vor allem versteht. Der zweite Akt ist zu Ende, und wir haben geistreiche Details gehört, aber wenig, was uns anhaltend hätte erfreuen und erwärmen können. Endlich beginnt der dritte Akt, der längste, aber auch beste der Oper. Zu Anfang desselben geht es freilich noch ganz in dem flauen, gedehnten Deklamier-Ton des zweiten Aktes fort. Da gibt es eine spießbürgerliche Einleitungs-Szene zwischen Sachs und seinem Lehrjungen, der eine Johannes-Legende singt und dem Meister zum Namenstag gratuliert. Es folgt ein langer Monolog des Sachs, worin er über den Wahn philosophiert; blitzte nicht eine reizende kleine Instrumental-Schilderung (»Glühwürmchen«) mitten in den salbungsvollen Singsang, man geriete in Gefahr einzunicken. Ritter Walther tritt unter Harfen-Arpeggien bei Sachs ein, dieser fordert ihn auf, seinen Traum zu erzählen. Walthers Lied: »Morgenlich leuchtend« beginnt mit einer ungemein schönen, zarten Melodie, die zum Glücke nicht schon mit dem dritten Takte sich in den Ozean der »Unendlichkeit« verliert und sogar eine ruhige, einfache Begleitung hat. Die Melodie macht einen sehr günstigen Eindruck, was der Komponist nur zu gut weiß, denn er kann davon nicht mehr fortkommen. Die vielen Strophen und späteren Wiederholungen des Liedes schaden ohne Frage. Während Walther singt, schreibt Sachs das Gedicht auf. Beckmesser, der später eintritt, will das Blatt stehlen, Sachs schenkt es ihm und erlaubt dem Überglücklichen, es beim Preissingen am Johannesfest ohne weiteres als sein eigenes vorzutragen. Die Unterredung zwischen Sachs und Beckmesser (der jetzt in seiner Freude ebenso barbarisch und unnatürlich singt wie früher im Zorn) ist abermals eine starke Geduldsprobe für den Hörer. Zum Glück kommt endlich Eva in vollem Festschmuck, läßt sich von Sachs den Schuh abziehen und ausdehnen, als plötzlich auch Walther in rotseidenem Wams hereintritt. Es versteht sich von selbst, daß die beiden (wie Senta und der Holländer) einander mehrere Minuten lang »wie festgebannt« in sprachlosem Entzücken gegenüber stehen müssen. Walther singt abermals eine Strophe seiner ›Morgentraumdeut-Weise‹, die Sachs nun feierlich unter Beiziehung des Lehrbuben und der Magd auf diesen Namen tauft. Wir würden auf diese, etwas kindische Feierlichkeit gern verzichten, wenn sich nicht daraus etwas höchst Überraschendes und Erfreuliches entwickeln würde. Nämlich nichts weniger als ein sehr wohlklingendes, schön abgerundetes *Vokal-Quintett*, dessen melodiöse Oberstimme zuerst Eva allein intoniert. Durch drei Stunden hat man fast nichts gehört als deklamatorischen Einzelgesang über dem Gewoge der »unendlichen Melodie« oder lärmenden Chortumult. Nun kommt ganz unerwartet dieses gesangvolle Quintett, und das Publikum jubelt im Anhören des kurzen Ensemblesatzes, welcher in irgendeiner anderen Oper keine so ungewöhnliche Aufmerksamkeit erregt hätte. Das ist eines der Geheimnisse unseres modernen Meistersingers. Die Szene verwandelt sich in einen freien Wiesenplatz vor den Toren Nürnbergs. Es ist Johannesfest; die verschiedenen Zünfte ziehen, in festlicher Kleidung, mit Musik und Fahnen auf; die Schuster, die Schneider, die Bäcker singen ihre Handwerkslieder, deren poetische und musikalische Derbheit man sich hier gern gefallen läßt. Ein frischer realistischer Zug geht durch das Ganze. Ein kleiner Walzer, von einfachster Melodie, aber köstlicher Instrumentierung, belebt die Szene; Trompetengeschmetter auf der Bühne verkündet das Herannahen der Meistersingerzunft. Das Ganze bietet ein lebhaft bewegtes und historisch treues Bild. Beckmesser ist der erste Sänger, der um den Preis zu kämpfen hat; er beginnt sich mit den fremden Federn (Walthers) zu schmücken. Aber verwirrt und furchtsam, wie er ist, vergißt er den Text und verdreht jeden Satz zu Unsinn, so daß er unter Spott und Gelächter abtreten muß. Hans Sachs erklärt, daß das Gedicht ursprünglich vortrefflich und nur durch die arge Verstümmelung durchgefallen sei. Auf seine Aufforderung singt nun Walther selbst das Lied, das mit Jubel aufgenommen wird. Wir verstehen allerdings nicht recht, wie dieselben Meistersinger, welche tags zuvor einen ganz ähnlichen Gesang Walthers als »eitel Ohrgeschinder« verhöhnten, nun von seiner Poesie plötzlich so hingerissen sein können, daß sie ihm den Preis und damit Evas Hand votieren. Genug indes, daß das liebende Paar endlich vereinigt und die Oper mit einer malerischen Schlußgruppe zu Ende ist.

Von der ermüdenden Behandlung abgesehen, scheint uns der Stoff dieser Oper ohne weiteres ein Fortschritt zum Besseren und Gesünderen. Im Widerspruch zu seiner (nur den Mythos als berechtigtes Stoffgebiet anerkennenden) Theorie, aber in richtigem Instinkt ist Wagner von seinen abstrusen, unter dem Wasser und über den Wolken spielenden Fabelstücken zum wirklichen Theater zurückgekehrt[8]. Er wendet endlich seinen Zwergen, Riesen und Walküren den Rücken, stellt sich mitten in die reale Welt und gibt uns lebensvolle Bilder aus dem deutschen Volks- und Bürgerleben des Mittelalters. Diese Nürnberger Handwerker mit ihren einfachen kleinbürgerlichen Erlebnissen und hausbackenen Knittelversen sind uns doch entschieden lieber als die schwindelhafte Verzückung und das bombastische Alliterationsgestotter im ›Tristan‹ oder ›Rheingold‹. Insbesondere mit der farbenreichen Schilderung des Volksfestes auf der Nürnberger Wiese hat Wagner einen poetisch glücklichen Griff getan. Auch läßt sich Wagner zum erstenmal wieder zu der Bezeichnung »Oper« herab, während er noch ›Tristan und Isolde‹ durch den verschwommenen Titel »Handlung« adeln zu müssen glaubte.

Neben der Schilderung des mittelalterlichen Volkslebens ist es hauptsächlich die Gegenüberstellung der freien, aus innerster Begeisterung quellenden Dichtung gegen die geistlos schulmäßige Poesiemacherei, was den Kern und das Pathos des Wagnerschen Werkes bildet. Der Ritter Walther vertritt das eine, die Zunft der Nürnberger Meistersinger das andere Prinzip. Ein genialer Poet steht gegen ein Dutzend pedantischer Zunftmeister, die ihn nicht begreifen und doch zu beurteilen wagen. Merkst du etwas, scharfsinniger Leser? In der Tat wird die Überlegenheit der sich selbst Gesetze gebenden genialen Persönlichkeit gegen den Regelzwang der Schule in jedem Akt mit besonderem Eifer und nur allzu großer Redseligkeit verteidigt. In diesen Seitenblicken und Seitenhieben erinnern die Meistersinger an Hebbels Michelangelo und seine versteckte, gleichwohl unverkennbare persönliche Tendenz. Das Ventil für die verhaltenen Anti-Kritiken Wagners ist in der Regel Hans Sachs, der als unparteiischer Dritter und Vermittler zwischen beiden Parteien steht. In den Schulregeln der Sängerzunft aufgewachsen, von Walthers »freier Poesie« plötzlich erleuchtet, ist Hans Sachs eine Art zum Wagnertum bekehrter Mozartianer, der ein Separatvotum zugunsten der Zukunftsmusik abzugeben wagt. »Wollt ihr nach Regeln messen«, ruft er, »was nicht nach eurer Regeln Lauf – sucht *davon* erst die Regeln auf!« Und dann zu Walther: »Nur mit der Melodei – seid ihr ein wenig frei – doch sag' ich nicht, daß es ein Fehler sei – nur ist's nicht leicht zu behalten – und das ärgert unsre Alten.« Diese Stelle – vom Komponisten weislich auf Walthers Lied angewendet, die beste Melodie in der Oper und auch von den »Alten« sehr leicht zu behalten – wird natürlich von den »Jungen« mit Ostentation beklatscht. Schließlich resümiert Sachs sein freisinniges ästhetisches System in dem Satz: »Wer als Meister ward *geboren*, der hat unter Meistern den schlimmsten Stand.« Das ist sehr schön, aber leider wird eben niemand *als Meister* geboren, nicht einmal als italienischer Maestro!

Was am empfindlichsten auffällt, ist Wagners Mangel an Humor. Für die komische Oper – und das sind die ›Meistersinger‹ nach ihrer ganzen Anlage wie durch ihre beiden ausgesprochenen Buffo-Figuren – erscheint Wagners Talent sehr ungeeignet. Der Konversationston, welcher doch fast ausschließlich in den zwei ersten Akten herrscht, klingt nicht einen Augenblick leicht und fließend, er ist vielmehr durch eine schwerfällige, gesuchte, fortwährend unruhige Musik wiedergegeben, deren Instrumentierung obendrein in komplizierter und lautester Weise arbeitet. Die Sänger müssen die alltäglichsten, auf gewöhnlichen Sprechton angewiesenen Fragen und Antworten einander zuschreien, um den Schwall des Orchesters zu übertönen. Mit dieser verfehlten Färbung verbindet sich die verfehlte Zeichnung durch eine meist sprachwidrige, unnatürlich auf- und abspringende Deklamation[9]. Im Ausdruck des Komischen ist Wagners Musik vollends unglücklich; da wird sie regelmäßig gespreizt, überladen, ja widerwärtig. Mit den grausen Dissonanzen, in welchen der »komische« Beckmesser schimpft oder wehklagt, könnte man die entsetzlichsten Szenen eines Schauerdramas begleiten, und wo der Lehrjunge David von »eitel Brot und Wasser« spricht, da spielt das Orchester Galgen und Rad. Wenn friedliche Bürger und Handwerker ihr Mißfallen an einem Gedicht in so wütenden Tönen ausdrücken, wie es im ersten und im dritten Akt der ›Meistersinger‹ geschieht, was für eine Steigerung bleibt dem Komponisten noch übrig etwa für die Französische Revolution? Von dem gar nicht komischen, sondern nur häßlichen und gemeinen Prügelfinale des zweiten Aktes wollen wir gar nicht sprechen. Laubes wehmütiger Ausruf bei der Münchener Vorstellung: »O leichtfertiger Rossini, sei du gesegnet!« fiel uns unwillkürlich ein und dazu das bei aller Tollheit so harmonische, graziöse Finale im ›Barbier‹. Die Musik hat freilich nur sehr beschränkte Mittel für komische Wirkungen; sie muß sich in den meisten Fällen damit begnügen, komischen Text auf den leichten Wellen fröhlich scherzender Weisen zu tragen und zu heben. Humor, Leichtigkeit und unbefangener Frohsinn fehlen aber Wagner vollständig, er ist immer pathetisch, wie sein italienisches Gegenbild Verdi. Was in den ›Meistersingern‹ oasengleich aus grauer Wüste herausleuchtet (Pogners Anrede, Walthers Lieder, das Quintett im dritten Akt), gehört nicht dem komischen, sondern durchweg dem pathetischen Teil der Oper an.

Wagner ist seinem musikalischen Reformprinzip, wie es schon den größten Teil des ›Lohengrin‹ bestimmt und den ›Tristan‹ vollständig durchdringt, in den ›Meistersingern‹ treu geblieben, ja er hat es noch strenger in allen Details durchgeführt. Diese von keiner Anfechtung beirrte Konsequenz gibt dem Werk den überall imponierenden Charakterzug der Sicherheit und Überzeugung. Wagner weiß vollkommen, was er will; die bewußte Absicht spricht aus jeder Note dieser Partitur, kein Zufall findet Raum darin, aber auch nicht jene schöne Zufälligkeit, welche den Schöpfungen der künstlerischen Phantasie wie jenen der Natur den letzten Reiz gibt. Die Konsequenz, mit welcher Wagner bei seinem eigentümlichen Prinzip verharrt, müssen wir achten; zu dem Prinzip selbst haben uns auch die ›Meistersinger‹ nicht bekehrt. Es ist das bewußte Auflösen aller festen Form in ein gestaltloses, sinnlich berauschendes Klingen, das Ersetzen selbständiger, gegliederter Melodien durch ein unförmlich vages Melodisieren. Man kann dafür Wagners schiefes Wort »unendliche Melodie« getrost als technischen Ausdruck gebrauchen, da bereits jedermann weiß, was er sich darunter vorzustellen hat. Die »unendliche Melodie« ist die herrschende, d. h. die musikalisch unterwühlende Macht in den ›Meistersingern‹ wie im ›Tristan‹. Ein kleines Motiv beginnt, es wird, ehe es zur eigentlichen Melodie, zum Thema sich gestaltet, gleichsam umgebogen, geknickt, durch fortwährendes Modulieren und enharmonisches Rücken höher oder tiefer gestellt, durch Rosalien fortgesetzt, dann angestückelt und wieder verkürzt, bald von diesem, bald von jenem Instrument wiederholt oder nachgebildet. Mit ängstlicher Vermeidung jeder abschließenden Kadenz fließt diese knochenlose Ton-Molluske, sich immer wieder aus sich selbst erneuernd, ins Unabsehbare fort. Aus Furcht vor der »Gewöhnlichkeit« der natürlichen Ganz- oder Halbschlüsse verfällt Wagner einer anderen, gar nicht besseren Pedanterie; er wird nämlich monoton gerade dadurch, daß er regelmäßig, wo das Ohr einen abschließenden Dreiklang erwartet, in einen dissonierenden Akkord einlenkt. Welch überraschend wohltuenden Effekt machen die zwei lang austönenden C-Dur-Akkorde vor Walthers Preislied im dritten Akt! Sie machen ihn, weil der Hörer drei Stunden lang nach einem einzigen gesunden Dreiklang geschmachtet hat. Überschaut man ganz große Partien dieser Oper mit einem Blick, so gewahrt man immer dieselbe Einförmigkeit des Total-Eindrucks, bei fortwährender nervöser Unruhe und Störung des Details. Nur an den wenigen Stellen, wo ein lyrischer Ruhepunkt, eine Art Liedform schon im Text geboten ist (die Gesänge Walthers, das Schusterlied), konzentriert sich der Gesang wenigstens eine Weile hindurch zur selbständigen, wirklichen Melodie; hingegen ist im ganzen Fortgang des Dramatischen, in den Monologen, Dialogen, Gesamtszenen der Faden der Melodie nicht in die Singstimmen, sondern ins Orchester verlegt, wo er als »unendlicher« sich wie in einer Spinnfabrik gleichförmig abhaspelt. Diese melodienspinnende Orchesterbegleitung bildet eigentlich das zusammenhängende und selbständige Tonbild in den ›Meistersingern‹, die Singstimme akkommodiert sich dieser Begleitung, indem sie halb deklamierend, halb singend ihre Phrasen einwebt. Man sieht, daß diese Methode des Komponierens der bisher von allen Meistern geübten entgegengesetzt ist. Die Melodie der Singstimme war jederzeit in der Konzeption des Tondichters das Erste und Bestimmende, welchem die Begleitung (sei sie von noch so freier oder komplizierter Bewegung) untergeordnet wurde. Man konnte in der Regel zu der gegebenen *Singstimme* die Begleitung oder doch eine Begleitung annähernd erraten und besaß hingegen in dem Akkompagnement ein für sich unselbständiges Etwas. In den ›Meistersingern‹ ist die Singstimme für sich allein nicht etwas bloß Unvollständiges, sondern gar nichts; die Begleitung ist alles, ist eine selbständige symphonische Schöpfung, eine Orchesterphantasie mit begleitender Singstimme ad libitum. Gibt man einem geschickten, mit Wagnerscher Musik vertrauten Musiker von den ›Meistersingern‹ nichts als das Textbuch und die Orchesterbegleitung, so wird er passende Singstimmen in die leeren Notensysteme eintragen können, etwa wie der Bildhauer die fehlende Hand einer aufgefundenen Statue ergänzt. Niemandem würde es jedoch gelingen, zu der Partie des Hans Sachs oder der Eva die verloren gegangene Orchesterbegleitung nachzuschaffen, so wenig wie die ganze Statue zu einer abgetrennten Hand. Das natürliche Verhältnis ist auf den Kopf gestellt; das Orchester unten ist der Sänger, der Träger des leitenden Gedankens; die Sänger auf der Bühne sind ausfüllende Instrumente. Um bei dieser Methode, welche keineswegs eine schärfer charakterisierende, spezialisierende, sondern im Gegenteil eine nivellierende, verallgemeinernde ist, doch ein Mittel für Charakteristik der Personen zu gewinnen und dem Ohr einen Rettungsanker in dem Ozean der melodischen Unendlichkeit zu schaffen, verwendet Wagner die sogenannten Gedächtnis- oder Leitmotive, d. h. Themen, welche im Orchester jedesmal anklingen, sobald eine bestimmte Person auftritt oder ein bestimmtes Ereignis erwähnt wird. Die Zunft der ›Meistersinger‹ hat ihr eigenes marschartiges Motiv, der Lehrjunge David seine zappelnde Sechzehntelfigur, desgleichen Walther nd Beckmesser jeder sein Thema, gleichsam musikalische Uniformen, an welchen man die Leute im Gedränge oder in der Dämmerung erkennt. Nun begründen bei Wagner diese Gedächtnismotive nicht bloß Personen-, sondern auch Sachenrechte. Sobald irgendwer in der Oper vom Johannesfest oder dem Preissingen spricht, ertönt das Motiv Pogners aus dem ersten Akt; das Motiv Walthers begleitet nicht bloß dessen Person, sondern jede Anspielung auf ihn, auf Evas Liebe, auf die echte Poesie im Gegensatz zur zünftigen usw. Nachdem das, worauf diese Motive anspielen, so ziemlich den ganzen Stoff der ›Meistersinger‹ ausmacht, überdies die Motive selbst die glücklichsten melodiösen Ansätze in der ganzen Oper sind, so bekommt man sie den ganzen Abend hindurch zu hören, einzeln oder zusammen, bald in dieser, bald in jener Orchesterstimme, heller oder dunkler gefärbt. Anfangs freut sich der Hörer an diesen Melodiechen, deren Verfolgen und Erkennen überdies den Verstand beschäftigt; je unablässiger sie ihn aber hin und her schaukeln, desto unbehaglicher wird ihm zumute. Für den Musiker, der befähigt und geneigt ist, sich vorzugsweise an dem technischen Detail zu erfreuen und darüber zeitweise das Unerquickliche des Total-Eindrucks zu vergessen, hat die Orchesterbegleitung der ›Meistersinger‹ unstreitig einen fesselnden Reiz. Von all den vielen, zugleich arbeitenden Instrumenten spielt eigentlich jedes einzelne solo. Die Kunst, mit welcher Wagner die verschiedenen Erinnerungs- oder Leitmotive im Orchester anbringt, verändert, deren zwei und drei miteinander verwebt, ist ohne Frage bewunderungswürdig. Schade nur, daß diese »*dramatische* Polyphonie«, wie man das neue Prinzip Wagners mit einem Wort und zum Unterschied der bisherigen, *musikalisch* gedachten Polyphonie bezeichnen könnte, durchweg Produkt der Reflexion ist. Die zauberische Macht des »Unbewußten«, welche in der Konzeption jedes Kunstwerks das erste Wort sprechen soll, weicht vor solchem Verstandes-Absolutismus scheu zurück.

Die Aufführung der ›Meistersinger‹ wird jedem Musikfreund ein denkwürdiges Kunsterlebnis bleiben, wenn auch keines von jenen, deren echter Schönheitssegen uns beglückend und läuternd durchs Leben begleitet. Wir erblicken in dieser Oper keine Schöpfung von tiefer Ursprünglichkeit, von bleibender Wahrheit und Schönheit, sondern ein geistreiches Experiment, das durch die zähe Energie seiner Durchführung und die unleugbare Neuheit nicht sowohl des Erfundenen als der Methode des Erfindens frappiert. Die ›Meistersinger‹ gehören für uns mit einem Worte zu den interessanten musikalischen Abnormitäten. Als Regel gedacht würden sie das Ende der Musik bedeuten, während sie als Spezialitäten immerhin bedeutender und nachhaltiger anregen als ein Dutzend Alltagsopern von jenen zahlreichen »korrekten« Opernkomponisten Deutschlands, denen man um die Hälfte zu viel Ehre erweist, wenn man sie Halbtalente nennt.

Georges Bizet, ›Carmen‹

Carmen, ein in Spanien häufiger Taufname, wörtlich Garten bedeutend, im Diminutiv Carmencita (Gärtchen), ist die Heldin einer spannenden, an psychologischen Feinheiten reichen Novelle von Prosper Merimée.

Der Dichter beginnt diese Novelle mit der Schilderung eines Ausflugs in die andalusischen Berge, wo er in einer einsamen Waldschlucht unvermutet auf den gefürchteten Räuberhauptmann Don José-Maria stößt. Ein Zug von Schwermut und von rauher Ehrlichkeit in dem verwilderten Manne gewinnt ihm fast die Sympathien des Erzählers. Einige Zeit nachher trifft er Don José in Cordova bei einer jungen Zigeunerin namens Carmen, welche den Erzähler in ihre Hütte gelockt, um ihm Karten aufzuschlagen und nebenbei seine goldene Repetieruhr zu entwenden. Eine wilde, seltsame Schönheit, anfangs befremdend, aber unmöglich zu vergessen. Ihre wunderbar geschnittenen Augen hatten einen Ausdruck zugleich von Wollust und von Grausamkeit, wie man ihn nur bei manchen wilden Tieren antrifft (»Zigeuneraugen – Wolfsaugen« sagt ein spanisches Sprichwort). Diese Carmen ist das böse Schicksal im Leben Don Josés, der, obwohl Edelmann und Offizier, aus Liebe zu ihr fahnenflüchtig wird, sich zu Schmugglern und Räubern gesellt, um schließlich als Mörder Carmens durch Henkershand zu enden. Merimée besucht den Verurteilten im Gefängnis, wo dieser ihm ausführlich, rückhaltlos seine traurige Lebens- und Liebesgeschichte mitteilt. Diese Erzählung wirkt ergreifend durch die lebenswahre Schilderung der beiden Hauptpersonen und ihrer Schicksale, zugleich überzeugend durch die Stetigkeit und Schärfe des psychologischen Prozesses. In diesen Vorzügen von Merimées Novelle liegt der Reiz und die Gefahr für dramatische Behandlung. Eine Oper ›Carmen‹ wird uns die Figuren und Begebenheiten anschaulich, aber kaum glaubwürdig machen, weil sie auf das Seziermesser und Mikroskop des Psychologen verzichten muß. Die Verfasser des Opern-Librettos haben wohlweislich einige der häßlichsten Züge Carmens beseitigt: sie stiehlt wenigstens keine Taschenuhren und gibt auch Don José nicht den Wink, ihren Mann, ein einäugiges Scheusal, gelegentlich niederzuschießen. So viel sie der Heldin an abstoßender Härte genommen, so viel mindestens hätten die Bearbeiter dem Don José an Mut und Ritterlichkeit beilegen sollen. Die Gestalt dieses armen Jungen bleibt immerhin rührend durch seine leidenschaftlich treue Hingebung, die, hundertmal verwundet, dennoch in ihm nicht sterben kann. Ein wahrer Sonnenstich der Liebe, der den Getroffenen wehr- und willenlos macht. Derselbe Sonnenstich, der den Chevalier de Grieux für Lebenszeit zu den Füßen der ungetreuen und leichtsinnigen Manon Lescaut hinstreckte. Eine Figur, die in der Original-Novelle gänzlich fehlt, ist das Landmädchen Micaëla, welche – ein Seitenstück zur Alice in ›Robert der Teufel‹ – ihren Landsmann José aus den Zaubernetzen der Carmen erretten und einem ruhigen Familienleben zurückgeben möchte. Die Bearbeiter empfanden ganz richtig das Bedürfnis nach einem sanften Gegenbild Carmens, und es ist kaum ihre Schuld, wenn der Komponist nicht mehr daraus zu machen wußte.

Der Inhalt der Oper ist in aller Kürze folgender: Ein junger Brigadier, José, soll eine Zigeunerin wegen einer blutigen Rauferei ins Gefängnis eskortieren. Von ihrer koketten, wilden Schönheit berückt, läßt er sie entschlüpfen. Für dieses Vergehen degradiert und eingesperrt, eilt er nach überstandener Strafe gleich zu der leichtfertigen Carmen, wird ihr Liebhaber und auf ihr Drängen Schleichhändler. Immer wieder von ihr betrogen und verraten, folgt er doch treulich auf ihren gefahrvollen Schmugglerzügen. Endlich übermannt ihn die Eifersucht gegen einen von Carmen begünstigten Toreador. Er will seine Ehre, sein Lebensglück nicht vergebens hingeopfert haben; sie soll ihrem Toreador, soll ihrer Schmugglerbande entsagen und mit ihm fliehen. Da sie sich weigert und José höhnisch abweist, ersticht er sie. Die Handlung entfaltet sich in vier Tableaux von national-spanischer Färbung: eine Straße in Sevilla mit der Hauptwache, an der die Posten einander ablösen, eine abgelegene Schenke für Schleichhändler und Dirnen, eine Bergschlucht, in welcher die Zigeunerbande haltmacht; endlich ein Platz in Cordova mit dem Zirkus der Stiergefechte als Hintergrund. Auf diesen Platz eilt Carmen als Zeugin des Triumphes ihres Toreador, hier durchbohrt sie der rächende Stahl des unglücklichen José. Man kann sich leicht vorstellen, welche dankbaren Situationen diese vier Akte einem dramatischen Komponisten bieten. Aber gewagt bleibt es immerhin, einen Charakter wie Carmen auf die Bühne zu bringen, eine Art zerlumpter, verwilderter Manon Lescaut, ohne den versöhnend empfindsamen Zug der Letzteren. Zumal auf die Bühne der Opéra comique, welche Szenen wie das Messerduell der beiden

Nebenbuhler und einen so tragischen Ausgang nie zuvor gesehen – ein neuer, stärkster Beleg, wie die Bezeichnung »komische Oper« nur mehr eine rein traditionelle und technische geworden für ein Singspiel mit gesprochenem Dialog. Wenn man von diesem Schlußtableau, der Ermordung Carmens, aufblickt und über dem Vorhang in goldenen Lettern die Devise liest: »Ridendo castigat mores«, so empfindet man den Kontrast beinahe wie einen elektrischen Schlag. Er wird kaum gemildert durch den Gedanken, wie dürftige Berechtigung jener Spruch und wie wenig die Musik die moralische Macht und Mission habe, irgend etwas zu »züchtigen«.

In der Partitur Georges Bizets begrüßen wir weder die Tat eines schöpferischen Genies noch die Arbeit eines fertigen Meisters, wohl aber eine interessante Produktion voll Geist und Talent. Gewiß war sie auch eine vielversprechende, leider durch den Tod Bizets vernichtete Anweisung auf Besseres, das von ihm nachfolgen sollte. Der Komponist hatte nach einigen unsicher tastenden Versuchen endlich mit der Oper ›Carmen‹ einen festen Boden und seinen ersten Erfolg gefunden. Da ereilte ihn, den Aufstrebenden, Jungen, Glücklichen, am 3. Juni 1875 ein plötzliches Ende – drei Monate nach der ersten Aufführung von ›Carmen‹. Bizet, im Leben ein Schwiegersohn Halévys, in der Musik ein Adoptivsohn Ambroise Thomas', genoß als strenggeschulter, guter Musiker besonderes Ansehen bei der neuesten musikalischen Schule Frankreichs, die ihn nicht ungern als ihr Haupt bezeichnete. Diese jüngste nach-Aubersche Opernschule besitzt Geist und Gewandtheit bei geringer musikalischer Urkraft; es charakterisiert sie die spezifisch dramatische Intention, die sorgfältige, mitunter glänzende Technik, das raffiniert geistreiche Detail, leider nicht die Fülle und Originalität der Erfindung. Halb an die Sentimentalität Gounods, halb an den Esprit A. Thomas' anlehnend, sucht sie diese Elemente mit der dramatischen Methode R. Wagners, so weit ihr dieser zugänglich, zu kitten. Müssen wir auch lächeln, wenn das Pariser Opernpublikum in jedem dissonierenden Akkord, jedem chromatischen Motiv, jeder unklaren oder unsymmetrischen Form sofort »du Wagnèr« erblickt, so ist doch eine zunehmende Einwirkung des ›Tannhäuser‹ und ›Lohengrin‹ auf die neuesten französischen Komponisten unleugbar. Pariser Kritiker bezeichneten Bizet geradezu als »un des plus farouches intransigeants de notre jeune école wagnérienne« und wunderten sich, daß er in ›Carmen‹ sich trotzdem maßvoll und manierlich benehme. Nun, »wagnerisch« kann man Bizet nur finden, wenn man ihn mit den früheren französischen Opern-Komponisten und nicht mit R. Wagner vergleicht. Der üppige Melodien-Strom in ›Fra Diavolo‹ und der ›Stummen von Portici‹, selbst die sorglose Heiterkeit des ›Postillon von Lonjumeau‹, erscheinen sie nicht wie ein goldenes Märchen, wenn man ihre jüngsten Abkömmlinge daneben hält? Immer ernsthafter werden die Gesichter, immer zugespitzter der Ausdruck, immer sorgfältiger und komplizierter Harmonisierung und Instrumentation, aber unter der fortgeschrittenen Technik und den höheren »Intentionen« sickert spärlich aus abgeleiteten Quellen die melodische Erfindung. Werke dieser Art erheben und beglücken uns nicht wie die Schöpfungen genialer Meister; sie wollen andererseits ernster aufgefaßt und höher taxiert sein als bloße Unterhaltungsmusik vom Schlag der Operetten. Also ein Mittleres zwischen zwei grundverschiedenen Eindrücken, halbe Kunst, wenn man so sagen darf, wie sie jetzt nahezu allein herrscht auf dem Theater und in ihren besseren Erzeugnissen ihm auch unentbehrlich ist. Wie geschickt gerade die Franzosen darin sind, selbst ein mittleres Talent durch eine gewisse Formvollendung und Sicherheit wirksam zu machen; wie ihre Opern durch Feinheit, Esprit und Bühnentakt uns wenigstens lebhaft anregen und interessieren können, das beweist unter anderem auch die Oper ›Carmen‹. Sie ist eine der besten aus nach-Auberscher Schule und seit ›Mignon‹ (1866) der namhafteste Erfolg in der Opéra comique. Im Laufe der Wiederholungen hat sich in Paris der Kreis ihrer Anhänger entschieden vergrößert.

Erinnern wir uns flüchtig der hervorragendsten Nummern der Partitur. Gleich der lebendig bewegte erste Akt wird gut eingeleitet durch einen Soldatenchor, dessen etwas gesuchtes chromatisches Thema pikant genug klingt. Musterhaft ungezwungen verflicht sich darein das kurze Gespräch Micaëlas mit dem Brigadier Morales; im leichten Aufbau solcher Konversations-Szenen sind die Franzosen unübertroffen. Gefällig, doch ohne tieferen Eindruck, berührt uns das Duett Micaëlas mit

José. Die Chöre der Fabrikarbeiterinnen tragen sowohl in ihrer sorgfältigeren Ausarbeitung als auch ihrem für diesen Anlaß etwas zu hochgegriffenen Ausdruck ganz die Signatur der neuesten französischen Schule. Aber erst mit dem Auftreten Carmens gerät das Blut des Komponisten und der Zuhörer in Wallung. Ihr Strophenlied: »L'amour est enfant de Bohême« mit dem nach je acht Takten kurz einschlagenden Chor-Refrain »Prends garde à toi!« verdankt einer spanischen Volksmelodie seine Originalität, dem Komponisten Bizet seine effektvolle und elegante Einkleidung. Desgleichen die Sequidilla, mit welcher Carmen, die Hände auf dem Rücken gebunden, José den Kopf verrückt – ein Stück von charakteristischer, zierlichster Haltung. Im zweiten Akt geht es noch lustiger her; noch dominierender waltet hier die spanische Lokalfarbe, mit den baskischen Tamburins und Kastagnetten. Das Zigeunerlied Carmens, das, vom Chor begleitet, sich allmählich in einen allgemeinen tanzenden Wirbel auflöst, hat, zusammenwirkend mit der ganzen Szenerie, etwas Berauschendes. Der Toreador Escamillo tritt in die Schenke; seine an banale italienische Opernmelodien erinnernden Couplets erweisen sich trotzdem als sichere Treffer, welche im Nachhausegehen leicht nachgeträllert werden. Wir ziehen die feineren Züge des darauffolgenden Buffo-Quintetts weit vor, ein rasches, halb flüsterndes Geplauder zwischen den drei Zigeunermädchen und zwei Schmugglern in der Manier des bekannten Terzetts aus Herolds ›Zweikampf‹. Es folgt ein großes Duett zwischen Carmen und José, dessen C-Dur-Satz (Sechsachtel-Takt) mir das leidenschaftlichste und hervorragendste Stück der Oper scheint. Carmens drängendes Zureden »Là bas, dans les montagnes«, durchschnitten von Josés immer heftigerem Ausruf: »Carmen!«, ist echt dramatisch, es darf ja nicht im Tempo übertrieben werden, wie es in Wien der Fall ist, wo man auch gerade diesen Satz des Duetts unvernünftig kürzt. Die beiden ersten Akte sind dramatisch und musikalisch die gelungensten. Der dritte Akt fällt durch den Stillstand der Handlung und die Dürftigkeit der Musik nachteilig ab; nur das Terzett der Kartenaufschlägerinnen erzielt als graziöses, feingemeißeltes Tonstück bedeutendere Wirkung. Gegen den dritten Akt hebt sich wieder der vierte, aber mehr durch seine üppige Augenweide als durch musikalischen Reichtum. Der Festzug zum Stiergefecht mit dem trefflich dazu stimmenden Ballett entfaltet eine heitere Pracht. Die Ballettmusik in h-Moll bestrickt durch ihren exotischen Reiz. (Sie ist einer älteren Oper von Bizet ›La jolie fille de Perth‹ entnommen.) Dies alles ist eigentlich nur die sich bequem ausbreitende Einleitung zu dem kurzen, wie ein Beilhieb niederblitzenden Schluß des Ganzen; eine fast brutale Tragik, die uns indessen nicht unvorbereitet findet.

In Paris wird Carmen von der Galli-Marié gespielt, der geistvollen Schöpferin der Mignon-Rolle. Ihre Stimme habe ich nicht unversehrt wiedergefunden, ihre Gestalt breiter, behäbiger, die Gesichtszüge derber. Doch wirken ihre Leistungen noch immer durch Geist und energische Frische. Als Carmen leiht sie selbst der Frechheit eine gewisse Anmut, sei es auch nur die Anmut des Leichtsinns. Von den noch im Jahre 1867 helleuchtenden Sternen der Opéra comique ist die Galli-Marié der einzige, der noch nicht erloschen.

In Wien haben Bertha Ehnn und Georg Müller sich als vortreffliche Darsteller der beiden Hauptrollen, Carmen und Don José, bewährt. Mit noch genialerer Charakteristik gestaltete Pauline Lucca die Rolle der Carmen.

Richard Wagners Bühnenfestspiel in Bayreuth 1876

1. Die Dichtung

Bayreuth, 12. August 1876

»Wenn das Bayreuther Theater auf Kommando Wagners, lediglich für seine Werke, durch Privatsammlungen bestritten, wirklich zustande kommt, wie es allen Anschein hat, so bildet diese Tatsache allein eines der merkwürdigsten Ereignisse in der gesamten Kunstgeschichte und nebenbei den größten Erfolg, den ein Komponist jemals träumen konnte.«

An diese Worte, mit denen ich vor mehreren Jahren einen Aufsatz über ›Rheingold‹ schloß (›Die moderne Oper‹, S. 324), mußte ich mich wohl erinnern, als ich das fertige Theater Wagners in Bayreuth erblickte, am Vorabend der ersten Festspiel-Aufführung des ›Nibelungenrings‹. Ein ganz ungewöhnliches theatralisches Erlebnis, ja noch mehr: ein kulturgeschichtlich merkwürdiges Ereignis ist dieses durch vier Abende spielende Musikdrama, die Erbauung eines eigenen Theaters dafür und der tausendköpfige Wanderzug aus halb Europa nach einem abgelegenen, halbverschollenen Städtchen, dessen Namen nunmehr unvertilgbar in der Kunstgeschichte festsitzt. Mag das Werk selbst die Erwartungen der Bayreuth-Pilger erfüllen oder nicht; in Einem werden sie alle zusammentreffen, in der Bewunderung der außerordentlichen Begabung, Energie, Arbeits- und Agitationskraft des Mannes, welcher jenes Ereignis selbständig ins Leben gerufen und durchgeführt hat.

›Der Ring des Nibelungen‹ ist die Arbeit von fast fünfundzwanzig Jahren, eine Arbeit, zu welcher Wagner nach jeder Unterbrechung (›Tristan‹, ›Meistersinger‹) mit verdoppelter Liebe wieder zurückkehrte. Schon im Jahre 1848 skizzierte Wagner den Entwurf eines Nibelungen-Dramas, und bald darauf ging er an die Ausarbeitung von ›Siegfrieds Tod‹. Im Jahre 1853 vollendet er die aus vier selbständigen Dramen bestehende Dichtung ›Der Ring des Nibelungen‹ und beginnt noch im selben Jahre die musikalische Komposition derselben. Zweiundzwanzig Jahre später, im Sommer 1875, leitet er die ersten Proben in Bayreuth. Und jetzt, wieder ein Jahr später (1876), erleben wir die vollständige Aufführung.

Unser Bericht muß einige orientierende Bemerkungen über die *Dichtung* vorausschicken. Also der poetische Stoff Richard Wagners ist die Nibelungen-Sage. Das ist schneller gesagt als verstanden, denn dieser Sagenkreis hat in verschiedenen, weit auseinanderliegenden Zeiten und Ländern verschiedene Gestalt angenommen und liegt in sehr abweichenden Fassungen vor. Es ist genugsam beklagt und bis zur Ungerechtigkeit gerügt worden, daß den Deutschen die römische und griechische Mythologie geläufiger ist als die altgermanische. Die rühmlichen Anstrengungen von Sprachgelehrten, Historikern und Dichtern in den letzten Dezennien konnten dem nur allmählich und teilweise abhelfen. Das größere Publikum ist indessen mit der Nibelungen-Sage durch drei Schauspiele vertrauter geworden: durch Raupachs ›Nibelungenhort‹, Geibels ›Brunhilde‹ und Hebbels ›Nibelungen‹. Wer in Wagners ›Bühnenfestspiel‹ dieselbe Handlung voraussetzt, verfällt bereits in den ersten Irrtum. Schon die Bezeichnung »Nibelungen« bedeutet bei ihm etwas anderes. In dem deutschen Heldengedicht heißen »Nibelungen« sowohl die Zwerge (Niflungen) als auch die Burgunden, und nur Letztere sind gemeint, wenn von »Nibelungenlied«, von »Nibelungennot«, »der Nibelungen Rache« gesprochen wird. In diesem Sinne brauchen unsere modernen Dichter das Wort. Wagner hingegen beschränkt es auf das Geschlecht der Zwerge, das in Nibelheim in den Klüften der Erde wohnt. Seine Dichtung kennt keine »Burgunden«, sie hat überhaupt alles Historische getilgt und behandelt alle Vorgänge als sagenhaft, märchenhaft, zeitlos. Nichts läßt bei Wagner auf das Eindringen des Christentums schließen, welches unser mittelalterliches Epos wie eine neue Erdschicht durchdringt und in Hebbels Tragödie so genial benützt ist. Fast sind es nur einige Namen, die wir bei Wagner wiederfinden, und selbst diese nicht gleichmäßig; Chriemhild zum Beispiel heißt bei ihm, nach der nordischen Überlieferung, Gutrune. Sie, Gunther und Hagen treten erst im vierten Drama auf, fast alle Nebenpersonen. Während unsere modernen Dramatiker aus dem deutschen Epos das rein Menschliche, für alle Zeiten Gültige und Ergreifende herausgearbeitet haben, die treue Liebe Siegfrieds zu seiner Gattin Chriemhild, die starre Vasallentreue Hagens, schließlich die Rache Chriemhilds, sehen wir bei Wagner die Menschen und alles Menschliche absichtlich zurückgedrängt und Götter, Riesen, Zwerge als handelnde Personen in den Vordergrund gestellt. Brünnhilde erscheint nicht als vielumworbene Königin von Isenland, sondern als übermenschliche Walküre, als Lieblingstochter des Gottes Wotan; Chriemhild (Gutrune) tritt nicht als Rächerin auf, Hagen nicht als uneigennützig treuer Lehensmann. Überall hält sich Wagner an die ältere, härtere, uns fernstehende und befremdende Erzählung der ›Edda‹; in den drei ersten Dramen (›Rheingold‹, ›Walküre‹, ›Siegfried‹) fällt die volle Beleuchtung auf die über- und unterweltlichen Wesen, die personifizierten Naturmächte. Wir werden sehen, daß diese Auffassung der glänzendsten musikalischen Spezialität Wagners, der Schilderung des Wunderbaren durch die sublimierteste Tonmalerei, zustatten kommt – allerdings zum Schaden des Dramas, in welchem wir Menschen in menschlichen Verhältnissen finden wollen, Freud und Leid mit ihnen teilend. Erst am vierten Abend begegnen wir den uns vertrauten menschlichen Gestalten aus dem deutschen Nibelungenlied, aber es ist höchst bezeichnend, daß Wagner dieses von ihm ursprünglich ›Siegfrieds Tod‹ betitelte Drama jetzt ›Götterdämmerung‹ nennt, also auch hier von vornherein das volle Gewicht nicht auf das Schicksal der handelnden Menschen, sondern auf jenes der Götter legt.

Sehen wir, alles Nebensächliche vorerst beiseite lassend, wie die zusammenhängende Handlung in den vier Dramen sich uns darstellt. Das erste Drama oder Vorspiel: ›Rheingold‹, enthält die Vorgeschichte. Die erste Szene geht in der Tiefe des Rheins vor sich. Die Rheintöchter umkreisen den von ihnen bewachten Schatz, das »Rheingold«; der häßliche Zwerg Alberich, der ihnen in lüsterner Verliebtheit nachstellt, erblickt das Rheingold, reißt es gewaltsam aus dem Riff und verschwindet damit. Die Rheintöchter haben dem Gott Loge (dem diplomatischen Mephisto des nordischen Götterhofstaates) ihre Not geklagt und um Wotans Schutz gebeten. Wotan, der Allvater, beschließt, Alberich das Gold abzunehmen – um es für sich selbst zu behalten. Er läßt sich mit Loge in die Höhle Alberichs hinab, bindet diesen und bemächtigt sich des kostbaren Geschmeides. Aber die beiden Riesen Fafner und Fasolt verlangen drohend das Gold, als Lösegeld für die von ihnen geraubte Göttin Freia. Sie erhalten es schließlich, geraten aber wegen des Ringes, welcher »zur höchsten Macht verhilft«, in Streit miteinander; Fafner erschlägt den Fasolt und zieht mit dem Ring davon. Die Götter schreiten über einen Regenbogen in ihre glänzende Burg.

Wagner bezeichnet das ›Rheingold‹ als Vorspiel, das eigentliche Drama beginnt somit erst am zweiten Abend mit der ›Walküre‹. Siegfried, der Held des Ganzen, erscheint hier noch nicht; das Drama ›Walküre‹ entwickelt erst die Geschichte des Wälsungengeschlechts vor Siegfrieds Geburt. Wälse, der Stammvater dieses Geschlechts, ist nach Wagners Darstellung niemand anders als Gott Wotan selbst; das Geschwisterpaar

Siegmund und Sieglinde sind die »Wälsungen«, die gleich zu Anfang dieses Dramas, einander nicht kennend, auftreten. Siegmund, auf der Flucht, gerät in die Wohnung Hundings, dessen junge, schöne Gattin Sieglinde den Fremdling labt. Die beiden erglühen in Liebe füreinander und tun dieser Glut keineswegs Einhalt, nachdem sie sich als Bruder und Schwester erkannt haben. Sieglinde betäubt ihren Gatten mit einem Schlaftrunk und verbringt die Nacht mit Siegmund in ungestörter Wonne. Am nächsten Morgen kämpfen Hunding und Siegmund; beide fallen. Hier tritt Brünnhilde in die Handlung, eine der neun Walküren, welche auf das Schlachtfeld reiten und die getöteten Helden nach Walhalla bringen. Brünnhilde (nach Wagner die leibliche Tochter Wotans) hat gegen dessen ausdrückliches Verbot den Siegmund im Kampfe beschützt und wird zur Strafe von Wotan in Schlaf versenkt und mit einem Flammenkreis (der »wabernden Lohe«) umgeben. Nur ein Mann, »der das Fürchten nicht kennt«, soll sie daraus erlösen und sein Eigen nennen. Mit diesem »Feuerzauber« schließt das Stück.

Das dritte Drama: ›Siegfried‹, dessen Handlung wir uns etwa zwanzig Jahre später als die ›Walküre‹ denken müssen, bringt einen neuen Helden auf die Bühne, den jungen Siegfried, den Sohn jenes Geschwisterpaares Siegmund und Sieglinde. Er wird uns als ein Ideal strotzender Kraft und Lebenslust vorgeführt, wie er das Schwert »Nothung« schmiedet, einen Bären hetzt, den als Lindwurm erscheinenden Riesen Fafner tötet und seinen Pflegevater Mime erschlägt. Durch Verkosten des Drachenblutes lernt er die Sprache der Vögel verstehen, die ihm von der flammenumloderten Brünnhilde erzählen. Er hat von Fafner den Ring des Nibelungen und die unsichtbar machende Tarnkappe erbeutet und dringt durch das Feuer zu der schlafenden Brünnhilde, die er mit einem Kuß erweckt. Mit der langen Liebesszene zwischen den beiden (»O, hehrster Thaten thöriger Hort! Leuchtende Liebe, lachender Tod!«) schließt das Stück.

Es folgt nun das vierte und letzte Drama: ›Götterdämmerung‹. Wir sehen Siegfried zu neuen Taten ausziehen, nachdem er von Brünnhilde zärtlichen Abschied genommen und ihr den Nibelungenring als Zeichen der Treue an den Finger gesteckt.

Er reitet an den Rhein, wo das stolze Geschlecht der Giebichungen herrscht. König Gunthers holde Schwester Gutrune (die Chriemhild des Nibelungenliedes) erglüht sofort in leidenschaftlicher Liebe zu Siegfried und reicht diesem, auf Hagens Rat, einen Zaubertrank, welcher ihn Brünnhilde vollständig vergessen macht. Siegfried begehrt und erhält Gutrune zum Weibe, wogegen er verspricht, die nur durch ihn zu bewältigende Brünnhilde für Gunther zu gewinnen. Durch den Tarnhelm in Gunthers Gestalt verwandelt, zwingt er Brünnhilde ins Brautgemach und entreißt ihr, zum Zeichen der Vermählung, den Ring. Hagen (bei Richard Wagner ein Sohn des Zwerges Alberich) will den Ring für sich gewinnen, und deshalb beschließt er Siegfrieds Verderben. Brünnhilde erkennt ihren Ring an Siegfrieds Finger und damit die Treulosigkeit des Heißgeliebten. Sie fordert seinen Tod, und Hagen ersticht ihn meuchlings auf der Jagd. Unmittelbar vor Siegfrieds Ende gibt ihm jedoch Hagen abermals einen Zaubersaft zu trinken, welcher die Wirkungen des Vergessenheitstrankes wieder aufhebt. Siegfried erinnert sich plötzlich Brünnhildes und stirbt, einen Gruß an sie auf den Lippen. Gutrune räumt den Platz an Siegfrieds Leiche ohne weiteres Brünnhilde, die ihr ihn streitig macht und sich hierauf in den für Siegfrieds Leiche angezündeten Scheiterhaufen stürzt. Die Rheintöchter ziehen Hagen, der sich des Ringes bemächtigen will, zu sich herab. Gleichzeitig erscheint am Himmel eine rote Glut, der Wiederschein des Brandes, welcher die Götterburg mit all ihrer Pracht verzehrt.

Betrachtet man das Gedicht im Großen und Ganzen, ohne sich bei zahlreichen, teils ermüdenden, teils abstoßenden Einzelheiten aufzuhalten, so muß man den sehr geschickten Aufbau der Handlung rühmen. Ein Zug von Größe und Strenge, ein starker Hauch entfesselter Naturgewalt zieht durch das Ganze; die Höhepunkte der dramatischen Wirkung sind mit sicherer, erfahrener Hand vorbereitet und in die glühendste Beleuchtung gestellt. Als selbständiges Drama betrachtet, das angeblich der Musik gar nicht bedürfe, um als dramatisches Werk oder Meisterwerk dazustehen, wird ›Der Ring des Nibelungen‹ nur von den Unzurechnungsfähigsten unter den Wagner-Enthusiasten angesehen werden können. Ohne Musik, nicht gesungen, sondern gesprochen, würden diese stammelnden und stotternden Stabreime überall eine mit Ärgernis gemischte Heiterkeit erregen. Allein, so hat es Wagner auch nicht gemeint, wenngleich er den Text lange vor der Partitur selbständig veröffentlichte und gelegentlich versichert, seinen ›Nibelungenring‹ »als durchaus dialogisierte Handlung *demselben Urteil* unterwerfen zu können, dem wir ein *für das rezitierte Schauspiel* geschriebenes Stück vorzulegen gewohnt sind«. Hätte Wagner dies ernstlich geglaubt, so würde er nicht Musik dazu geschrieben haben. Wir halten uns lieber an die andere Versicherung des Autors, daß »dieses dramatische Gedicht ganz der Möglichkeit einer vollständigen *musikalischen* Ausführung seine Entstehung verdankt«. (Gesammelte Schriften, IX, S. 366.) Vom musikalischen Gesichtspunkte muß man zwar das Störende vieler ungebührlich langer, mitunter recht prosaischer Dialoge beklagen, andererseits aber dem Textbuch eine große Zahl imposanter, mit genialem Theaterblick angeschauter Situationen nachrühmen, welche die höchsten Anstrengungen der Musik herausfordern.

Bezüglich der Grundanschauung und des substanziellen Gehaltes des ›Nibelungenrings‹ haben wir unser Hauptbedenken bereits oben ausgesprochen: es trifft das Zurückdrängen des rein Menschlichen zugunsten der Götter, Riesen, Zwerge und ihrer verschiedenen Zauberkünste. Diese Tendenz herrscht am störendsten, weil ausschließlich, im ›Rheingold‹, wirkt noch vorwiegend in ›Siegfried‹ und ›Walküre‹, läßt aber glücklicherweise bedeutend nach in der ›Götterdämmerung‹, dem poetisch weitaus gelungensten von den vier Stücken. Die von Wagners Interpreten gerühmte »sittliche Hoheit« und »reinigende ethische Wirkung« dieser Dichtung vermögen wir schwer aufzufinden. Die treibenden Motive im ›Rheingold‹ sind durchwegs Betrug, Lüge, Gewalt und tierische Sinnlichkeit; sogar bei den Göttern: Habsucht, List und Vertragsbruch. Nicht ein Strahl eines edleren sittlichen Gefühles bricht durch diesen atemversetzenden Nebel. ›Die Walküre‹ glänzt unter allen vier Stücken zumeist durch große dramatische und musikalische Schönheiten; das sittlich Widerwärtige der mit so viel Glut ausgemalten Blutschande werden wir aber niemals überwinden. Man kennt die Vorliebe Wagners für dergleichen Szenen und Probleme. Hier ist der Greuel um so tadelnswerter, als er vollständig unnötig ist. Wo liegt die geringste Nötigung vor, Sieglinde und Siegmund zu Geschwistern zu machen? Daß es so in den alten ›Edda‹-Gesängen steht? Das verpflichtet nicht im mindesten den Dramatiker, der für seine dichterischen Zwecke frei schalten darf und soll. Es ist nicht alles im Drama erlaubt, was im Epos vorkommen darf, und unsere sittlichen Anschauungen sind andere, als es die des 11. Jahrhunderts waren. Den schwächsten dramatischen Fortgang finden wir in dem dritten Stück ›Siegfried‹. Die beiden Hauptpersonen, der Zwerg Mime und Siegfried selbst, streifen hier an die Karikatur, der Kampf mit dem singenden Lindwurm ans Komische. Erst der dritte Akt, die Erlösung Brünnhildes durch Siegfried, hebt sich dramatisch zu bedeutenderer Höhe. Die ›Götterdämmerung‹ übertrifft schon aus dem Grunde die drei vorhergehenden Dramen, weil sie lauter echt musikalische Situationen enthält. Überdies eine gewaltige Exposition und spannende Steigerung bis zum Ende! Das Menschliche tritt uns hier näher, die Gespenster der ›Edda‹ weichen zurück vor den Helden des Nibelungenliedes. Freilich, wie weit hat Wagner auch in dieser Annäherung an das deutsche Heldengedicht sich wieder davon entfernt und die Charaktere herabgezogen!

Welch ein widerwärtiges, von Wagner eingeführtes Motiv, daß Siegfried nicht ein ihm gleichgültiges Wesen, sondern *seine eigene Geliebte und Gattin* für einen anderen bezwingt und sie, also gezähmt, ihm ausliefert! Mit diesem Moment schwindet in unserer Brust jede Sympathie für Siegfried, dem wir sein gewaltsames Ende nicht ungern gönnen. Das Aushilfsmittel mit dem Vergessenheitstrank, den Siegfried einnimmt, macht den Vorgang nicht weniger häßlich und abgeschmackt. Wer die Empfindungen in seinem Helden auf physikalischem Wege, durch Mixturen, hervorbringt, der ist vielleicht ein guter Apotheker, aber gewiß ein schlechter Poet. Schon in Wagners ›Tristan und Isolde‹ wirkt es abstoßend, daß die Liebe dieser beiden lediglich Wirkung eines Zaubertrankes, eines mechanischen Zufalls, ist. Wenigstens läßt Wagner dieses Patientenpaar bei der einen Medizin. Dem treulosen Siegfried aber wird in seiner letzten Stunde wieder ein *Erinnerungs*trank als Gegenmittel gegen den *Vergessenheits*trank eingegossen, damit er hübsch sentimental à la Werther mit einer zärtlichen Rede an die Geliebte verhauche! Das ist kein »Helde«, sondern eine Puppe. Ein Entzauberungstrank, durch welchen irgendein Schwachkopf sich plötzlich all der Dummheiten bewußt wird, die er in der Verzauberung (oder im Rausche) begangen, ist eigentlich ein Lustspielmotiv. In der Tragödie, wo ein sittlicher Wille herrschen muß, wird er zum Unding. Ob diese Zaubertränke der ältesten Sage angehören, kümmert uns wenig. Wir lesen ja auf dem Theaterzettel: »Dichtung von Richard Wagner«. Wer zwang den modernen Dramatiker, Widriges und Unmögliches in sein Drama aufzunehmen? Hebbel und Em. Geibel haben den Mythos ebenso genau gekannt wie Richard Wagner, aber wie ganz anders verfahren beide in ihrer Siegfried-Tragödie! Sie scheiden dasjenige als unnötig und verwerflich aus, was gerade Wagners Vorliebe für moralisch Empörendes zur Hauptsache macht. Wenn wir an Hebbels Tragödie denken, insbesondere an die rührende Klage der Chriemhild bei Siegfrieds Leiche, der nur sie geliebt, wie tief sinkt Wagners Auffassung herab! Die holde, reine Gestalt Chriemhilds (Gutrune) hat Wagner durch seine Giftmischerei um ihre ganze Schönheit gebracht. Hagen, das Urbild einer rauhen, selbstlosen Vasallentreue, wird unter Wagners Händen ein goldgieriger, gemeiner Schuft. So bleibt denn die einzige Brünnhilde übrig, die unsere Sympathie gewinnt.

Die eigentliche Handlung wird bei Wagner durchflochten oder durchbrochen von Szenen, welche in die Göttergeschichten der drei früheren Stücke zurückgreifen und den Zusammenhang damit herstellen sollen. Dieses Zurückschlingen in die mythologische Vorgeschichte ist ein wahres Unglück für die Tragödie, weil es gewaltsam, unmotiviert geschieht und dem Zuschauer unverständlich bleibt. Die Verwandlung des ursprünglichen Titels ›Siegfrieds Tod‹ in den gegenwärtigen, ›Götterdämmerung‹, sagt alles. Sie zeigt deutlich, wie Wagner die einfachen klaren Verhältnisse der Siegfried-Tragödie nachträglich verschoben und verwirrt hat. Im zweiten Bande seiner ›Gesammelten Schriften‹ teilt uns Wagner die ursprüngliche Fassung seiner Tragödie ›Siegfrieds Tod‹ mit; darin ist von einer *Götterdämmerung nicht die Rede*. In der Tat hat Siegfrieds Tod mit dem Ende der Götter, das als geheimnisvolle Weissagung die deutsche Mythologie durchklingt, gar nichts zu schaffen. Die Willkür und der Eigensinn, womit Wagner den *Ring* als das angeblich einheitliche und treibende Motiv aller vier Dramen festhält, rächt sich an dem Eindruck des Ganzen. Die übernatürlichen Voraussetzungen schaffen hier unnatürliche und unverständliche Konsequenzen. Der Dichter selbst scheint mitunter einen Vergessenheitstrank geschlürft zu haben. Von der gepriesenen Macht des Ringes, der die Weltherrschaft verleiht, haben wir bei seinen verschiedenen Besitzern, von Wotan und Fafner bis auf Brünnhilde herab, nichts wahrgenommen. Und Siegfried, dem der Zaubertrank jede Erinnerung an Brünnhilde rauben soll, findet doch sofort den Weg zu ihr zurück und ruft die ihm Nahende wohlbekannt als »Brünnhilde!« an. Nicht im dramatischen Interesse, sondern jener »tiefsinnigen« Urweltsmystik zuliebe schuf Wagner die Expositionsszene der ›Götterdämmerung‹: die drei Nornen (Töchter der Erda) werfen einander das Seil zu, in dem sich das Geflecht des Weltenschicksals symbolisiert. Hier ist die Verwechslung der Gesetze des Epischen und des Dramatischen, des bloß Symbolischen mit dem szenisch Darzustellenden auffallend genug.

Ein Unternehmen, das sich wie das Bayreuther auf den Standpunkt des nie Dagewesenen stellt, weist eigentlich jeden vorhandenen Maßstab der Beurteilung zurück. Da jedoch die Form der dramatischen Trilogie sowohl in der altgriechischen als in der modernen deutschen Literatur vorkommt, so drängt die Analogie sich unwillkürlich auf, und für uns zugleich das treffende Wort Grillparzers, womit er (in der Selbstbiographie) seine Gestaltung des Medea-Stoffes tadelt. »Die Trilogie oder überhaupt die Behandlung eines dramatischen Stoffes in mehreren Theilen«, sagt Grillparzer, »ist für sich eine schlechte Form. Das Drama ist immer Gegenwart, es muß alles, was zur Handlung gehört, in sich enthalten.« Fehlerhaft nennt er deshalb auch die Form von Schillers ›Wallenstein‹, unbeschadet der Vortrefflichkeit der Dichtung. An Wagners ›Nibelungenring‹ wird sich dies in noch weit höherem Maße erwahren.

2. Das Theater

Bayreuth, 14. August 1876

Warum just in Bayreuth?

Ein neuer Theaterbau an diesem Ort war ursprünglich gar nicht in Wagners Absicht gelegen. Er dachte anfangs, das alte Bayreuther Opernhaus, ein stattliches Monument ehemaliger markgräflicher Pracht, für seine Zwecke benutzen zu können. Je mehr er aber die notwendige Umgestaltung überdachte, desto weniger konnte dieses Haus ihm genügen. Wagner erkannte bald, daß er, von Grund aus reformierend, auch von Grund aus bauen müsse, für eine neue Operngattung auch ein neues Theater. Er blieb aber bei dem kleinen, abgelegenen Bayreuth, um durch keinerlei großstädtische Zerstreuung den Zuschauer von seinem Werk abzulenken. Gerade hier zählte er auf die festlichste, denkbar günstigste Stimmung des Publikums. In diesem Punkte scheint sich aber doch, nach übereinstimmenden Äußerungen zahlreicher Festgäste, der Meister verrechnet zu haben. Ein Städtchen wie Bayreuth ist für so massenhaften Fremdenbesuch in keiner Weise vorbereitet, es fehlt nicht bloß überall an Komfort, sondern häufig am Notwendigen. Ich weiß nicht, ob das wirklich die günstigste Stimmung für einen Kunstgenuß ist, wenn man eine Woche lang unbequem wohnt, elend liegt, schlecht ißt und nach einer fünf- bis sechsstündigen anstrengenden Opernvorstellung nicht weiß, ob man sich einen bescheidenen Imbiß werde erkämpfen können. Auf wenigen Gesichtern ist eine zustimmende Antwort zu lesen, und manchen in heller Begeisterung hier Angekommenen sahen wir gestern bereits in sehr herabgemunterter Stimmung die glühend heiße, staubige Straße zu dem weit entfernten Wagner-Theater hinaufschleichen. Auch die mitwirkenden Künstler äußern gerechtfertigte Bedenken. Wie leicht, sagen sie, hätte mancher erst bei den Generalproben zutage gekommene Übelstand (ungenügende Besetzung kleinerer Partien u. dgl.) sich noch beheben lassen in einer Großstadt, während hier eine Änderung nicht mehr möglich ist. Ein ausgezeichnetes Mitglied des hiesigen Orchesters hatte das Mißgeschick, mit einem unterwegs halbzertrümmerten Violoncell anzukommen; in jeder Hauptstadt wäre es leicht repariert worden, Bayreuth besitzt aber keinen Instrumentenmacher. Es soll dieses Kapitel nicht weiter ausgemalt werden, welches mit dem Motto: »Wer nie sein Brot in Bayreuth aß« sich besser für eine humoristische Behandlung eignet. Nur meine hier gründlich bestärkte Überzeugung wollte ich aussprechen, daß ein großes künstlerisches Unternehmen auch in eine große Stadt gehört.

Und die Bestimmung des Wagner-Theaters? Besteht es, so wird jetzt häufig gefragt, wirklich nur für den ›Ring des Nibelungen‹? Wagners Antwort lautete anfangs: »Diese neue Institution soll zunächst nichts anderes bieten, als den örtlich *fixierten Vereinigungspunkt der besten theatralichen Kräfte Deutschlands* zu Übungen und Aufführungen in einem höheren Originalstil ihrer Kunst.« Also Mustervorstellungen als solche. In seinem ›Schlußbericht‹ zieht Wagner den Kreis schon enger und meint, daß die Bayreuther Aufführungen »in immer weiterer Ausdehnung *vielleicht* jede Gattung dramatischer Arbeiten« aufnehmen dürften, »welche der *Originalität* ihrer Konzeption und ihres wirklich *deutschen Stiles* wegen auf eine besonders korrekte Aufführung Anspruch erheben können«. Daß hierunter nicht ursprünglich italienische Opern, wie ›Don Juan‹, oder französische, wie ›Armida‹, auch nicht mit gesprochenem Dialog versetzte, wie ›Der Freischütz‹ oder ›Fidelio‹, gemeint sind, weiß jeder in Wagners Schriften Belesene. Es wäre auch wirklich ein törichtes Unternehmen, eigens nach Bayreuth zu reisen, um Opern von Mozart, Beethoven und Weber zu hören, die man an unseren Hoftheatern gut genug aufzuführen pflegt. Niemand macht sich mehr eine Illusion darüber, daß der für die Nibelungen errichtete Theaterbau auch fortan nur den Nibelungen gehört. Dabei drängt sich aber unwillkürlich das Dilemma auf: Entweder ist Wagners ›Nibelungenring‹ wirklich bloß in diesem Bühnenfestspielhaus aufführbar – dann stünde Wagners ungeheure Arbeit in gar keinem Verhältnis zu dem schnell verrauschenden Erfolg –, oder das Werk kann und soll auch auf anderen großen Theatern dargestellt werden – dann erscheint der Bau eines so kostspieligen eigenen Theaters doch als ein sonderbarer Luxus. So unerbittlich aber Wagner auch unsere Theater verdammt, mit denen er »nie wieder in Berührung kommen« will, es drängt doch alles zu unserer zweiten Annahme, und Wagner selbst wird sich schwerlich dagegen stemmen. Jedes ernste Kunstwerk will mehrmals gehört sein; es erreicht seine volle Wirkung und Würdigung erst durch den wiederholten, periodisch wiederkehrenden Eindruck. Das Hauptwerk seines ganzen Lebens auf Bayreuth beschränken zu wollen, gliche einem künstlerischen Selbstmord. Die Anzahl der wohlhabenden Bayreuth-Pilger ist lange nicht so groß, als Wagner sie für sein Werk wünschen muß; am wenigsten repräsentieren diese »Patronatsherren« das deutsche Volk, für welches ja der ›Nibelungenring‹ bestimmt sein soll. Will Wagner mit seiner größten Schöpfung nicht bloß eine handvoll Menschen an einem Ort und ein- für allemal ergötzt haben, sondern damit Wurzel fassen in der Nation, dann muß er sie ohne weiteres den verwünschten »Opernbühnen« anvertrauen. Deutschlands erste Bühnen werden, ohne Frage, das Werk szenisch und musikalisch befriedigend darstellen können. Sollte der ›Nibelungenring‹ in Wien, München, Berlin, Dresden keine Lebensfähigkeit bewähren, bloß weil etwa die farbigen Dämpfe da weniger qualmen oder die Schwimmaschinen langsamer rudern, dann müßte es mit der Hauptsache, mit dem musikalischen Kern des Werkes schlecht bestellt sein. Je echter und stärker die innere poetische Kraft eines dramatischen Werkes, desto leichter verträgt es Unvollkommenheiten der Darstellung und Ausstattung. ›Don Juan‹ und der ›Freischütz‹, ›Egmont‹ und die ›Räuber‹ packen die Gemüter auch in bescheidenen Provinztheatern. Und Wagners Opern selbst, diejenigen, welchen er seinen Ruhm, seine Beliebtheit und damit die Möglichkeit des ganzen Bayreuther Unternehmens verdankt – ›Tannhäuser‹, ›Holländer‹, ›Lohengrin‹ –, sie haben auf kleinen Bühnen ihm den größten Anhang erobert. Der glänzendste Erfolg der ›Nibelungen‹ in Bayreuth – er war ja so gut wie assekuriert – ist noch keine Goldprobe für Wert und Wirkung dieser Komposition. *Dazu ist notwendig, daß nunmehr Bayreuth nach Europa reise*, nachdem Europa nach Bayreuth gereist ist. *Einmal* kam der Berg zum Propheten, jetzt wird der Prophet zum Berge müssen.

Das Wagner-Theater selbst gehört zu den interessantesten und belehrendsten Sehenswürdigkeiten. Nicht durch sein Äußeres, das architektonisch dürftig ist und nur durch seine Lage imponiert, sondern durch die sinnreiche Neuheit der inneren

Einrichtung. Gleich der Eintritt in den Zuschauerraum überrascht: amphitheatralisch im Halbkreis aufsteigende Sitzreihen, hinter welchen eine niedrige Galerie, die »Fürstenloge«, sich erhebt. Sonst keine Loge im ganzen Haus, an deren Stelle Säulen rechts und links. Kein Kronleuchter, kein Souffleurkasten. Der Zuschauer sieht von jedem Sitz gleich gut und ungehemmt die Vorgänge auf der Bühne, und nichts als diese. Bei Beginn der Vorstellung wird der Zuschauerraum vollständig verfinstert; die hellerleuchtete Bühne, auf welcher weder Seiten- noch Fußlampen sichtbar werden, erscheint wie ein farbenglänzendes Bild in dunklem Rahmen. Manche Szenen wirken fast wie Transparentbilder oder Ansichten in einem Diorama. Wagner erhebt damit den Anspruch, »das szenische Bild solle dem Zuschauer in der Unnahbarkeit einer Traumerscheinung sich zeigen«. Am merkwürdigsten ist das unsichtbare Orchester, der »mystische Abgrund«, wie es Wagner nennt, »weil er die Realität von der Idealität zu trennen habe«. Das Orchester ist so tief gelegt, daß man an den Maschinenraum eines Dampfschiffes gemahnt wird. Überdies ist es durch eine Art Blechdach fast gänzlich verdeckt. Die Musiker haben nicht den geringsten Ausblick auf die Bühne oder auf das Publikum, nur der Kapellmeister kann die Sänger sehen, nicht aber die Zuschauer. Den genialen Gedanken Wagners, uns in der Oper von dem störenden Anblick all der geigenden, blasenden und schlagenden Musiker zu befreien, habe ich längst und wiederholt gewürdigt und dafür, nach dem Münchener Vorbild, Propaganda zu machen versucht. Die Tieferlegung des Orchesters ist eine der vernünftigsten und bleibendsten Reformen, die wir Wagner verdanken; sie hat sich bereits auch der *Schauspiel*häuser bemächtigt (wo ihre Notwendigkeit noch einleuchtender) und ist ein Segen des Wiener Burgtheaters geworden. In seinem Bayreuther Theater scheint er mir jedoch damit zu weit gegangen, oder besser gesagt, zu tief, denn ich vermißte das ganze ›Rheingold‹ hindurch zwar nicht die Deutlichkeit, aber den Glanz des Orchesters. Selbst die stürmischsten Stellen klangen wie gedämpft und verdeckt. Den Sängern geschieht damit ohne Frage eine Wohltat, aber doch ein wenig auf Kosten der Instrumentalpartie, welcher ja gerade in diesem Werk das Bedeutendste und Schönste anvertraut ist. Nach dem gedämpften Klang würde kaum jemand die numerische Stärke dieses Orchesters vermuten, dessen acht Harfen zum Beispiel wie zwei oder drei klingen. Aber nicht nur in Hauptsachen, wie die Stellung des Orchesters, auch in Nebendingen ist Wagner bemüht gewesen, neue Anordnungen zu treffen, um so wenig als möglich an unsere »Operntheater« zu erinnern. So wird das Zeichen zum Anfang des Stückes und zu jedem Akt nicht durch Glockensignale, sondern durch eine Trompeten-Fanfare gegeben; der Vorhang geht nicht auf und nieder, sondern in der Mitte auseinander, und so weiter.

3. Die Musik

Bayreuth, 18. August 1876

Gestern hatten wir die ›Götterdämmerung‹ als Schluß des ganzen Zyklus. Mit der nunmehr vollständigen Ausführung des Bayreuther Programms ist die Musik der Zukunft eine Macht der Gegenwart geworden. Äußerlich wenigstens und für den Augenblick. Auf kunstgeschichtliche Weissagungen läßt der Kritiker sich ebenso ungern ein als ein ernsthafter Astronom aufs Wetterprophezeien; so viel jedoch hat uns jetzt die größte Wahrscheinlichkeit: daß der Stil von Wagners ›Nibelungen‹ nicht die Musik der Zukunft sein wird, sondern höchstens *eine* von vielen. Vielleicht auch nur ein Gärungsferment für neue, zum Alten wieder zurückgreifende Entwicklungen. Denn Wagners jüngste Reform besteht nicht in einer Bereicherung, Erweiterung, Erneuerung innerhalb der Musik, in dem Sinne, wie es die Kunst von Mozart, Beethoven, Weber, Schumann gewesen; sie ist im Gegenteil ein Umdrehen und Umzwängen der musikalischen Urgesetze, ein Stil gegen die Natur des menschlichen Hörens und Empfindens. Man könnte von dieser Tondichtung sagen: sie hat Musik, aber sie ist keine. Um gleich eines zur vorläufigen Orientierung des Lesers hervorzuheben: wir hören durch vier Abende auf der Bühne singen, ohne selbständige, ausgeprägte Melodie, ohne ein einziges Duett, Terzett, Ensemble, ohne Chöre oder Finale. Die Ausnahmen verschwinden als flüchtige Momente in dem großen Ganzen. Dies allein beweist schon, daß hier das Messer nicht an überlebte

Formen, sondern an die lebendige Wurzel der dramatischen Musik gelegt ist. Opernfreunde, welche ›Tristan‹ und den ›Nibelungenring‹ nicht kennen, geben sich meistens dem Argwohn hin, die Gegner dieser Spätgeburten Wagners seien Gegner Wagners überhaupt. Sie denken dabei immer nur an den ›Holländer‹ oder ›Tannhäuser‹, welche doch von Wagners neuester Musik so fundamental verschieden sind, als zwei Dinge innerhalb derselben Kunst nur sein können. Man kann den ›Tannhäuser‹ für eine der schönsten Opern und trotzdem die ›Nibelungen‹ für das gerade Gegenteil halten, ja eigentlich muß man es dann. Denn was das Glück von Wagners früheren Opern machte und zu machen noch fortfährt, ist die stete Verbindung des schildernden, spezifisch dramatischen Elements mit dem Reiz der faßlichen Melodie, die Abwechslung des Dialogs mit musikalisch gedachten und geformten Ensembles, Chören, Finalen. Alles, was an diese Vorzüge mahnt, hat Wagner in den ›Nibelungen‹ bis auf die Spur getilgt. Selbst die ›Meistersinger‹, in welchen die abgeschlossene Gesangsmelodie seltener, aber dafür in einigen Prachtexemplaren auftritt (Preislied, Chöre im letzten Akt), erscheinen daneben als ein musikalisch reizvolles und gemeinfaßliches Werk.

Wagners ›Nibelungenring‹ ist in der Tat etwas völlig Neues, von allem Früheren Grundverschiedenes, ein für sich allein dastehendes Unikum. Als solches, als ein geistreiches, für den Musiker unerschöpflich lehrreiches Experiment wird das Werk seine bleibende Bedeutung haben. Daß es jemals ins Volk dringen werde, wie die Opern Mozarts oder Webers, scheint mir aus der Natur desselben ganz unwahrscheinlich. Drei Hauptpunkte sind es, welche diese Musik von allen bisherigen Opern, auch von Wagnerschen, prinzipiell unterscheiden. Erstens: das Fehlen der selbständigen, abgeschlossenen *Gesangsmelodien*, an deren Stelle eine Art erhöhter Rezitation tritt, mit der »unendlichen Melodie« im Orchester als Basis. Zweitens: die Auflösung jeglicher *Form*, nicht bloß der herkömmlichen Formen (Arie, Duett etc.), sondern der Symmetrie, der nach Gesetzen sich entwickelnden musikalischen Logik überhaupt. Endlich drittens: die Ausschließung der *mehrstimmigen Gesangsstücke*, der Duette, Terzette, Chöre, Finale, bis auf einige verschwindend kleine Ansätze.

Hören wir des Meisters eigene Worte über seine neue musikalische Methode in den ›Nibelungen‹. Er habe, sagt Wagner (IX. Band, S. 366), »*den dramatischen Dialog selbst* zum Hauptstoff auch der *musikalischen* Ausführung erhoben, während in der eigentlichen ›Oper‹ die der Handlung um dieses Zweckes willen eingefügten Momente lyrischen Verweilens zu der bisher einzig für möglich erachteten musikalischen Ausführung tauglich gehalten wurden. Die Musik ist es, was uns, indem sie unabhängig die Motive der Handlung in ihrem verzweigtesten Zusammenhange uns zur Mitempfindung bringt, zugleich ermächtigt, eben diese Handlung in drastischer Bestimmtheit vorzuführen; da die Handelnden über ihre Beweggründe im Sinne des reflektierenden Bewußtseins sich uns nicht auszusprechen haben, gewinnt hier der Dialog jene naive Präzision, welche das Leben des Dramas ausmacht.« Das liest sich sehr schön, aber in der Ausführung ist Wagners Absicht keineswegs erreicht und die *totale Verschmelzung von Oper und Drama* nach wie vor ein Wahn. Wagner unterbindet durch diese angebliche Gleichberechtigung von Wort und Ton gleichmäßig die Wirkung des einen wie des andern. Der Ton will sich ausbreiten, das Wort weiterdrängen, darum gehört naturgemäß der fortlaufende Dialog dem Drama, die gesungene Melodie der Oper. Diese Scheidung ist nicht das Widernatürliche, im Gegenteil ist Wagners Methode, beide Kunstgattungen in Eine aufzuheben, widernatürlich. Das unnatürliche Singsprechen oder Sprechsingen der Wagnerschen ›Nibelungen‹ ersetzt uns weder das gesprochene Wort des Dramas noch das gesungene der Oper. Ersteres schon darum nicht, weil man bei den meisten Sängern den Text gar nicht versteht, und selbst bei den besten nur stellenweise. Da aber der szenischen Wirkung wegen der Zuschauerraum des »Festspielhauses« gänzlich verfinstert wird, so entfällt jede Möglichkeit, im Textbuche während der Vorstellung nachzusehen. Wir sitzen daher ratlos und gelangweilt diesen unendlich langen Dialogen der Sänger gegenüber, gleichzeitig dürstend nach der deutlichen Rede wie nach der allzeit verständlichen Melodie. Und was für ein Dialog! Niemals haben Menschen so miteinander gesprochen (wahrscheinlich auch Götter nicht). Hin- und herspringend in entlegene Intervalle, immer langsam, pathetisch, übertrieben, und im Grunde

Einer genau wie der Andere. Ein treffendes Urteil Fr. Hebbels über die von Motte-Fouqué herrührende Siegfried-Dichtung ›Der Held des Nordens‹ paßt vollständig auf Richard Wagners Nibelungenfiguren. Fouqués Gedicht, sagt Hebbel, »leidet an jener gesuchten Erhabenheit, die ebenso einförmig als unerträglich ist und die Zirkulation des Blutes aufhebt, so daß die Menschen erfroren umfallen wie auf hohen Alpen. Er stellt Geschöpfe hin, die mit uns gar nicht mehr verwandt sind, weil sie wie Bewohner des Mondes, wenn er deren hätte, ohne Luft und Wasser leben können.«

Nachdem im »Musikdrama« die handelnden Personen nicht durch den Charakter ihrer Gesangsmelodien unterschieden werden, wie in der alten »Oper« (Don Juan und Leporello, Donna Anna und Zerline, Max und Kaspar), sondern in dem physiognomischen Pathos ihres Sprechtons einander sämtlich gleichen, so trachtet Wagner diese Charakteristik durch sogenannte *Leitmotive im Orchester* zu ersetzen. Bekanntlich gab Wagner dieser musikalisch-psychologischen Hilfe eine größere Ausdehnung schon im ›Tannhäuser‹ und ›Lohengrin‹, er steigerte sie zum Übermaß in den ›Meistersingern‹ und kompliziert sie in den ›Nibelungen‹ zum förmlichen Rechen-Exempel. Leicht behält man die paar melodisch und rhythmisch prägnanten Leitmotive des ›Tannhäuser‹ oder ›Lohengrin‹. Aber wie gebahrt Wagner damit in den ›Nibelungen‹? Darauf antwortet uns eine hier überall zum Verkauf ausgebotene Broschüre von H. von Wolzogen: ›Thematischer Leitfaden‹, ein musikalischer Baedeker, ohne welchen hier kein anständiger Tourist auszugehen wagt. Fern von Bayreuth dürfte man ein solches Handbuch komisch finden; das Ernsthafte und Traurige daran ist nur – daß es notwendig ist. Nicht weniger als *neunzig* Stück Leitmotive führt Herr von Wolzogen mit Namen und Noten auf, welche der geplagte Festspielbesucher sich einprägen und in dem Tongedränge von vier Abenden überall herauskennen soll. Nicht bloß Personen, auch leblose Sachen haben hier ihre Leit- oder Leibmotive, die bald da, bald dort auftauchen und in die mysteriösesten Beziehungen zueinander treten. Da haben wir das Ringmotiv, die Motive der Knechtung, der Drohung, des Rheingoldes, das Riesen- und Zwergenmotiv, das Fluchmotiv, das Tarnhelm-Motiv, das Leitmotiv »des matten Siegmund«, das Schwert-, das Drachen-, das Rachewahnmotiv, die Motive Alberichs, Siegfrieds, Wotans usw. bis Nr. 90. Diese reiche musikalische Garderobe, die jeder der Helden mitbekommt, wird aber nur zu seinen Füßen, im Orchester, gewechselt, auf der Bühne haben sie von Melodien gar nichts an. Mit wenigen Ausnahmen (Walkürenritt, Walhalla, Ambosmotiv, Siegfrieds Hornruf) sind diese Leitmotive im ›Nibelungenring‹ von geringer melodiöser und rhythmischer Prägnanz, aus wenigen Noten bestehend und einander häufig ähnelnd. Nur ein ungewöhnlich begnadetes Ohr und Gedächtnis wird sie alle zu behalten vermögen. Und gelingt uns dies, haben wir wirklich erkannt, daß das Orchester hier eine Anspielung auf die Götter, dort auf die Riesen, dann auf die Götter und Riesen zugleich macht – was ist damit Großes gewonnen? Ein reiner Verstandesprozeß, ein reflektierendes Vergleichen und Beziehen – die Nibelungen-Musik weist fortwährend neben und über sich hinaus. Ein volles Genießen und Empfinden wird unmöglich, wenn Verstand und Gedächtnis ununterbrochen auf der Lauer stehen sollen, um Anspielungen zu fangen. Diese mystisch-allegorische Tendenz in Wagners ›Nibelungenring‹ erinnert vielfach an den zweiten Teil des Goetheschen ›Faust‹, welcher ja gerade dadurch an seiner poetischen Wirkung einbüßt, weil der Dichter so viel »hineingeheimnist« hat, was nun als Rätsel den Leser quält. Manches goldene Wort, das Vischer in seinem neuesten Buche über das allegorische Wesen des zweiten Teils ausspricht, paßt auf den Charakter des jüngsten Wagnerschen Musikdramas. Auch dieses ist in Text und Musik »eine Dichtung, die man ohne gelehrten Schlüssel nicht versteht, die daher bemüht und beunruhigt, statt zu erfreuen«. Freilich kommen wir schließlich auch auf Vischers Resultat, daß, »wo es sich um ästhetische *Diagnose* handelt, sich durch den *Beweis* leider nichts erreichen läßt«. Ob ein bestimmtes Tonwerk der Tiefe musikalischer Empfindung entquollen sei oder aus der Retorte geistreicher Berechnung, das kann, so evident es dem Einzelnen einleuchtet, wissenschaftlich nicht bewiesen werden. Es scheint mir Vischers Satz für die Musik ganz vorzugsweise zu gelten, »daß man das Gefühl der Schönheit des poetischen Lebens Niemandem andemonstrieren kann«. In der alten, vornibelungischen »Oper« folgt die Komposition den allgemeinen Gesetzen musikalischer Logik, bildet eine Reihe durch sich selbst verständlicher, abgeschlossener Organismen. Die Meister gaben uns in der »Oper« Musik, die durch ihre Einheit verständlich, durch ihre Schönheit erfreuend und dabei durch ihre innigste Übereinstimmung mit der Handlung dramatisch war. Sie haben hundertfach gezeigt, daß die von Wagner verpönte »absolute Melodie« zugleich eminent dramatisch sein und in mehrstimmigen Sätzen, namentlich in den Finales, die fortschreitende Handlung energisch zusammenfassen und abschließen kann. Den mehrstimmigen Gesang, Duette, Terzette, Chöre, als angeblich »undramatisch« aus der Oper entfernen, heißt die wertvollste Errungenschaft der Tonkunst ignorieren und um zwei Jahrhunderte zurück wieder in die Kinderschuhe treten. Es ist der schönste Besitz, der eigentümlichste Zauber der Musik, ihr größter Vorteil vor dem Drama, daß sie zwei und mehrere Personen, ganze Volksmengen kann *zugleich* sich aussprechen lassen. Diesen Schatz, um den der Dichter den Musiker beneiden muß, wie dies Schiller bei der Dichtung seiner ›Braut von Messina‹ so tief empfand, hat Wagner als überflüssig zum Fenster hinausgeworfen. Es mögen im ›Nibelungenring‹ zwei, drei oder sechs Personen auf der Bühne nebeneinanderstehen, niemals singen (von verschwindend kleinen Ausnahmen abgesehen) zwei zugleich; immer nur, wie bei einer Gerichtsverhandlung, einer nach dem andern. Welche Qual es ist, diesen gesungenen Gänsemarsch den ganzen Abend zu verfolgen, weiß nur, wer es selber erlebt hat. Indem aber Wagner durch vier Abende hintereinander die Tyrannei dieses monodischen Stils fortsetzt, zwingt er uns mit fast selbstmörderischer Deutlichkeit, den Widersinn seiner Methode zu begreifen und nach der vielgeschmähten alten »Oper« uns zurückzusehnen. Dazu kommt noch der Übelstand der unerhört langen Ausdehnung der einzelnen Szenen und Gespräche. Wir verkennen nicht den neuen Zug von Größe und Erhabenheit, den Wagner seinem Werk dadurch verleiht, daß jeder Akt nur zwei bis drei Szenen enthält, die sich in ruhigster Breite entfalten, ja häufig als plastische Bilder stillzustehen scheinen. Von dem unruhigen Szenenwechsel und der Überfülle an Handlung in unserer »großen Oper« unterscheidet sich der ›Nibelungenring‹ am vorteilhaftesten gerade durch diese Einfachheit. Allein eine geradezu epische Breite darf das Drama nicht dergestalt auseinanderzerren. Es ist schwer zu begreifen, wie ein so theaterkundiger dramatischer Komponist plötzlich allen Sinn für Maßverhältnisse verlieren kann und nicht empfindet, daß Gespräche, wie die des Wotan mit Fricka, mit Brünnhilde, mit Mime etc., die Geduld des Hörers aufs äußerste foltern, ihn durch ihre unersättliche Redseligkeit nachgerade gänzlich abstumpfen müssen. Für die unerhörte Länge der Walhalla-Szenen im ›Rheingold‹, der Dialoge im zweiten Akt der ›Walküre‹, der sechs Fragen im ›Siegfried‹ usw. sucht man vergebens nach einem dramatischen oder musikalischen Grunde. Ein beredter und geistreicher Anwalt Wagners, Louis Ehlert, rät in seiner Kritik über ›Tristan und Isolde‹, man möchte, um diese Oper lebensfähig zu machen, jede Nummer derselben beträchtlich kürzen. Nun darf man wohl fragen: Wo gab es jemals einen wirklich *dramatischen* Komponisten, aus dessen Opern man jedes Musikstück beliebig und ohne Schaden zusammenstreichen kann? Beim Anhören des ›Nibelungenring‹ gewannen wir aber vollständig dieselbe Überzeugung, daß jede Szene die ausgiebigsten Striche ohne den mindesten Nachteil vertrüge, daß sie jedoch andererseits in diesem Stil auch noch beliebig länger ausgesponnen werden könnte. Die neue Methode des »dialogischen Musikdramas« weist nämlich jedes musikalische Maß von sich, sie ist das formlos Unendliche. Wagner protestiert freilich dagegen, daß man seine »Bühnenspiele« vom Standpunkt der Musik beurteile. Aber warum macht er dann Musik, und sehr viel Musik, ganze vier Abende lang Musik? An vielen Stellen tauchen allerdings musikalische Schönheiten von blendender Wirkung auf, Starkes wie Zartes – es ist, als ob sich da der neue Wagner an den alten erinnerte. Wir brauchen sie kaum ausdrücklich hervorzuheben, diese Glanzmomente: den Gesang der Rheintöchter im ersten und vierten Stück, das Lenzlied Siegmunds, den Feuerzauber, den Walkürenritt, das Waldweben u. a. In der Bayreuther Vorstellung konnte man beobachten, wie jede solche Knospe einer aufblühenden Melodie von den Zuschauern mit sichtlichem Entzücken wahrgenommen und förmlich ans Herz gedrückt wird. Erscheint gar nach zweistündiger monodischer Steppe ein Stückchen mehrstimmigen Gesanges – die Schlußakkorde der drei Rheintöchter, das Zusammensingen der Walküren, die paar Terzen am Schluß des Liebesduetts im ›Siegfried‹, da geht es wie ein freudiger Erlösungsschauer nach langer Gefangenschaft über die Mienen der Hörer. Das sind sehr beachtenswerte Symptome. Sie geben lautes Zeugnis, daß die musikalische Natur im Menschen sich auf die Länge nicht verleugnen, nicht knebeln läßt, daß die neue Methode Wagners nicht eine Reform überlebter Traditionen, sondern ein Angriff auf die uns eingeborene und durch jahrhundertelange Erziehung ausgebildete musikalische Empfindung ist. Und mag dieser Angriff auch mit den glänzendsten Waffen des Geistes unternommen sein – die Natur widersteht ihm und wirft den Belagerer gelegentlich mit einigen Rosen und Veilchen zurück.

Die bildnerische Kraft von Wagners Phantasie, die erstaunliche Meisterschaft seiner Orchester-Technik und zahlreiche musikalische Schönheiten walten in den ›Nibelungen‹ mit einer magischen Gewalt, der wir uns willig und dankbar gefangen geben. Die Einzelschönheiten, welche sich gleichsam hinter dem Rücken des Systems einschleichen, hindern nicht, daß dieses System, die Tyrannei des Wortes, des melodielosen Dialogs und der tristen Einstimmigkeit den Todeskeim in das Ganze legt. Mit dämonischem Zauber umfängt uns die fremdartige Farbenpracht, der berückende Duft des Orchesters im ›Nibelungenring‹. Aber wie Tannhäuser im Venusberge nach den liebgewohnten Glockenklängen der Erde, so sehnen wir uns bald aus tiefstem Herzen nach dem melodischen Segen unserer alten Musik. »Hör' ich sie nie, hör' ich sie niemals wieder?«

4. Die Aufführung und ihr Totaleindruck

Bayreuth, 19. August 1876

Der Eindruck von Wagners ›Nibelungenring‹ auf das Publikum ging nicht vorwiegend von der *Musik* aus, sonst hätte er wohl ein niederdrückender heißen müssen. Wagners Vielseitigkeit, ohne Frage die glänzendste Seite seiner Begabung, läßt ihn zugleich mit dem Spezialtalent des Musikers, des Malers, des Textdichters und des Regisseurs arbeiten und erzielt häufig durch die drei Letzteren, was der Erste allein nicht bewirkt hätte. Insbesondere die *malerische* Phantasie Wagners arbeitet rastlos in den ›Nibelungen‹, von ihr scheint der erste Anstoß ausgegangen zu mancher Szene. Betrachtet man die Fotographien der von Joseph Hoffmann so poesievoll erfundenen Dekorationen, so gerät man unwillkürlich auf den Gedanken, es mögen in Wagners Einbildungskraft zuerst solche Bilder aufgestiegen sein und dann die entsprechende Musik nachgezogen haben. So ist es gleich mit der ersten Szene des ›Vorspiels‹. Die im Rheine singenden und schwimmenden Rheintöchter, durch hundertsechsunddreißig Takte lang nur von dem zerlegten Es-Dur-Dreiklang umflutet, geben für sich ein Tableau, welches man gar nicht genau auf die Musik ansieht. Die Szene wirkte in Bayreuth um so günstiger, als die Dekoration und die von unten dirigierte Maschinerie der Schwimmenden vollständig gelungen war. Diese Rheintöchterszene, ohne Frage das weitaus Beste des Vorspiels, ist von Haus aus musikalisch gedacht und mit erstaunlicher Kunst ausgeführt. Von da an sinkt der musikalische Reiz des ›Rheingold‹ rasch abwärts, und da parallel damit die Empfänglichkeit des durch nahezu drei Stunden ohne Unterbrechung festgehaltenen Hörers versiegt, so scheidet man mit dem Eindruck tödlicher Monotonie.

Über das unverdauliche Deutsch, das im ›Rheingold‹ gestammelt und für Poesie ausgegeben wird, wollen wir kein Wort verlieren. Es wäre ein Unglück, wenn die Gewöhnung an diesen Nibelungenstil und die kritiklose Bewunderung für alles, was von Wagner kommt, das Publikum allmählich so weit abstumpfen könnte, daß es die Häßlichkeit solcher Sprache nicht mehr empfindet.[10]

Ungemein stimmungsvoll beginnt das zweite Drama, die ›Walküre‹, mit dem Eintritt des verfolgten Siegmund in Hundings Haus. Die langweilige Breite der Tischszene (Siegmund, Hunding und Sieglinde) verschmerzen wir allmählich im Verlauf des Liebesduetts zwischen Siegmund und Sieglinde, in welche der B-Dur-Satz »Winterstürme wichen dem Wonnemond« wie langentbehrter Sonnenschein einfällt. Da labt uns doch ein Strahl melodiösen, getragenen Gesanges! Mit dem zweiten Akt öffnet sich ein Abgrund von Langweile. Gott Wotan tritt auf, hält erst ein langes Gespräch mit seiner Gemahlin und dann (zu Brünnhilde gewendet) einen autobiographischen Vortrag, der acht volle Seiten des Textbuches füllt. Diese im langsamen Tempo, ganz melodielos vorgetragene Erzählung umfängt uns wie ein trostlos weites Meer, in welchem nur die kümmerlichen Brocken einiger »Leitmotive« uns aus dem Orchester entgegenschwimmen. Szenen wie diese mahnen an die im Mittelalter beliebte Folter, den schlaftrunkenen Gefangenen, so oft er einnickt, mit Nadelstichen wieder aufzuwecken. Wir hörten selbst von Wagnerianern diesen zweiten Akt als ein Unglück für das Ganze bezeichnen – ein sehr unnötiges Unglück, da mit zwei Strichen die beiden Szenen getilgt wären, die kaum jemand vermissen wird. Hat doch die ›Walküre‹ überhaupt nur einen sehr losen Zusammenhang mit der Handlung des Ganzen; wir erfahren darin von dem verhängnisvollen Ring nichts, was wir nicht schon im ›Rheingold‹ gesehen haben, und für die Folge ist nur der Schluß der Oper, die Bestrafung und Verzauberung Brünnhildes wichtig. Brünnhilde befremdet, um nicht zu sagen beleidigt, gleich anfangs durch ihr unschönes Hojotohoh! Erst die schaurigen Klänge, mit welchen Brünnhilde als Todverkünderin auftritt, wirken wieder ergreifend, trotzdem wir das Hauptmotiv (fast die einzige melodische Schönheit im zweiten Akt) aus Marschners ›Hans Heiling‹ sehr wohl kennen. (Königin der Erdgeister: »So bist du verfallen den rächenden Geistern«.)

Musikalisch erhebt sich der dritte Akt wieder zu bedeutenderer Kraft und Fülle. Zunächst durch die Walküren, deren allerdings wüstes Miteinander- und Durcheinandersingen die Szene wohltätig belebt. Der Walkürenritt und der Feuerzauber sind als zwei Prachtstücke kühner Tonmalerei aus Konzertaufführungen männiglich bekannt. In meinen Berichten über diese Konzertaufführungen hatte ich, auf den dramatischen Zusammenhang rechnend, diesen beiden Stücken einen noch viel größeren Effekt auf der Bühne prophezeit, als sie in Bayreuth zu erreichen schienen. Ein doppelter Grund dürfte dies erklären: einmal hat der »mystische Abgrund« des Bayreuther Theaters nicht entfernt den hinreißenden Glanz und Schwung eines freistehenden Konzertorchesters, sodann bekommt der Hörer diese beiden Effektstücke erst gegen den Schluß der Oper, also von dem Vorhergehenden bereits ermattet und abgestumpft, zu hören.

Wider alles Erwarten machte ›Siegfried‹ in Bayreuth größere

Wirkung als die ›Walküre‹. Ganz unerklärlich ist diese Überraschung nicht. Schon den ersten Akt durchweht ein frischer Ton, etwas Realistisches, Naturburschenhaftes, das zwar durch maßlose Längen der Szenen und Musikstücke die halbe Kraft einbüßt, aber trotzdem im Abstich von dem Stelzengang der beiden früheren Abende erfrischend wirkt. Was soll man aber zu der langen Szene Wotans mit dem Zwerg Mime sagen? Einer gibt dem anderen drei Fragen auf, welche jeder von ihnen mit der Ausführlichkeit eines gut eingepaukten Prüfungskandidaten beantwortet. Die ganze Szene, dramatisch vollkommen überflüssig, ist von erdrückender Langweiligkeit. Die Zuhörer sind auf die Unterhaltung angewiesen, die versteckten Leitmotive aus dem Orchester heraus zu erraten. (»Wo ist die Katze, wo ist der Bär?«) Überhaupt kann man sicher sein, daß, sobald nur die Spitze von Wotans Speer sichtbar wird, eine halbe Stunde nachdrücklichster Langweile garantiert ist. Dieser »hehre Gott«, der überall das Nötige nicht weiß und das Richtige nicht tut, der im ersten Drama seiner herrschsüchtigen Frau, im zweiten einem dummen Riesen, im dritten einem kekken Knaben weichen muß, dieser salbungsvolle Pedant soll »von dem deutschen Volk« als göttliches Ideal verehrt werden? Zur Illustration des Schwertschmiedens bringt das Orchester einige bewundernswürdige Tonmalereien. Dem vielgelobten ›Schmiedelied‹ Siegfrieds vermag ich wenig Geschmack abzugewinnen; es hat mehr vom Begräbnisgesang als vom fröhlichen Lied. Naive, natürliche Fröhlichkeit kennt Wagner nicht. Ebensowenig trifft er den Ausdruck des Komischen, wie wir von Beckmesser her wissen; in der Komposition des Mime ist ihm die Unterscheidungskraft zwischen Komischem und Langweiligem vollends abhanden gekommen. Der *zweite* Akt führt uns in eine Waldgegend nächst der Höhle des Lindwurms. Auf eine Szene Alberichs mit Mime, ein Musterbild der gezwungenen, sprachwidrigen Deklamation dieser beiden, folgt der Glanzpunkt der ganzen Partitur: ›Das Waldweben‹. Siegfried ruht unter einem Baume und horcht dem Rauschen der Blätter, dem Gesang der Vögel. Wagners virtuose Tonmalerei feiert da ihren echtesten Triumph, weil sie da mit natürlicheren Mitteln arbeitet und von rein menschlicher Empfindung getränkt ist. Hier, wie in seinem Konzertstück ›Siegfried-Idyll‹ porträtiert

Wagner den Vogelsang mit einer frappanten Naturwahrheit, wie sie weder Haydn in der ›Schöpfung‹ noch Beethoven in der Pastoralsinfonie oder Spohr in der ›Weihe der Töne‹ erreicht haben. Nun kommt der Riese Fafner als Lindwurm, brüllend und feuerspeiend, zugleich singend, auf Siegfried zu. Die Szene ist von Wagner mit dem größten Ernst komponiert, wirkt aber, besonders am Schluß, wo der verreckende Lindwurm sentimental wird und seinem Mörder Siegfried vertrauensvolle Mitteilungen macht, äußerst komisch. Ein Waldvogel, dessen Sprache Siegfried nun versteht, weist ihm den Weg zu der vom Feuerzauber umloderten, schlafenden Brünnhilde. Der Gesang des Waldvogels zeigt sehr einleuchtend, wie viel natürlicher Wagner das Orchester singen zu machen weiß als die Menschenstimme. Der *dritte* Akt führt Siegfried zu Brünnhilde. Vorher haben wir noch zwei schwere Szenen zu überstehen. Wotan erscheint im Felsgeklüfte und beschwört die Erda aus der Tiefe; er befragt sie um wichtige Dinge, die »Urwissende« weiß aber gar nichts und versinkt ungefähr wie bei Raimund der »Vater Zephyses«. Es scheint mir sehr zweifelhaft, ob mehr als zehn Menschen im Theater über diese »Erda« eigentlich im Klaren sind; ich gehöre nicht darunter. Nun erscheint Siegfried; zwischen ihm und Wotan, der ihm den Weg zu Brünnhilde versperren will, erhebt sich ein Streit in ziemlich ungenierten Ausdrücken. Schließlich zerhaut Siegfried den Speer Wotans, worauf dieser göttliche Nachtwächter sich hilfloser als je davonschleicht. Ein Orchester-Zwischenspiel von aufrührerischer Kraft, das in blendendem Klangzauber die Motive des Feuerzaubers und Walkürenritts heraufbeschwört, führt uns gleichsam durch Feuer und glühenden Rauch zu Brünnhildes Lagerstätte. Die Szene zwischen Siegfried und Brünnhilde ist von ermüdender Länge. Überaus zart schildert die Musik Brünnhilds Erwachen, auch in dem E-Dur-Satz des Liebesduetts (»Ewig bin ich«) blüht die Melodie etwas voller und inniger auf; leider sinkt das Duett gegen den Schluß durch die unbegreifliche Einführung eines steifen, in Quarten absteigenden Motivs (C-Dur alla breve) kläglich herab. Widerlich berühren die bei Wagner so beliebten exaltierten Akzente einer bis an die äußersten Grenzen lodernden, unersättlichen Sinnlichkeit, dieses brünstige Stöhnen, Ächzen, Aufschreien und Zusammensinken. Der Text dieser Liebesszene wird in seiner Überschwenglichkeit mitunter zu barem Unsinn. (»Göttliche *Ruhe rast* mir in Wogen« u. dgl.) Dem Dichter und Komponisten dieser Szene steht es gut an, über den *»schwülstigen Schumann«* zu spotten!

Die ›Götterdämmerung‹ dünkt uns das dramatisch gelungenste von allen vier Stücken; hier wandeln wir wieder auf unserer Erde, unter Menschen von Fleisch und Blut. Es entwikkelt sich vor uns eine wirkliche Handlung, in welcher allerdings die schon bei der Lektüre so peinlich berührende Einschiebung des »Vergessenheitstrankes« noch abstoßender und unbegreiflicher erscheint. Mit wahrem Bienenfleiße ausgeführt, noch sorgsamer als die vorhergehenden Dramen, fällt die Musik zur ›Götterdämmerung‹ doch gegen jene merklich ab. Erschienen uns die drei ersten Dramen steril und unnatürlich in ihrer musikalischen Methode, zum Teil gewaltsam und abstrus, so durchströmte sie doch, auf frühere Entstehungszeit zurückdeutend, ein rascheres, wärmeres Blut, eine ursprünglichere Erfindung. Auf der ›Götterdämmerung‹ hingegen drückt eine eigentümliche Müdigkeit und Ermattung, etwas wie das nahende Mühsal des Alters. Da will nichts Neues von selbst wachsen und blühen.

Nicht mit Unrecht äußerte jemand, es sei in der ›Götterdämmerung‹ die Handlung eine neue, eine andere, als in den drei ersten Dramen, die Musik aber im Großen und Ganzen eigentlich dieselbe. Die Musik baut sich überwiegend aus den Leitmotiven der früheren drei Abende auf, also aus demselben Material und genau nach derselben bekannten Methode. Das wesentlichste musikalische Unterscheidungszeichen der ›Götterdämmerung‹ besteht in dem – wenigstens sporadischen – Vorkommen mehrstimmigen Gesanges. Insbesondere die unerwartete Konzession eines wirklichen Männerchores muß den so lange homophon gemaßregelten Hörer angenehm überraschen. Das Entzücken, welches bei dieser tobsüchtigen Lustigkeit von »Gunthers Mannen« laut wurde, können wir in der Tat nur dem elementarischen Reiz des lang entbehrten Zusammenklanges von Männerstimmen zuschreiben. Von ungleich schönerer Erfindung und reinerer Wirkung ist der melodiöse, reizend flimmernde Gesang der Rheintöchter im dritten Akt. An einzelnen schönen, melodiösen Momenten fehlt es weder dem ersten noch dem zweiten Akt; leider besitzen sie alle wie Siegfried eine Tarnkappe, unter der sie, kaum erschienen, sich auch gleich wieder unsichtbar machen oder in irgend etwas Beliebiges verwandeln.

Im ersten Akt macht natürlich der Abschied zwischen Siegfried und Brünnhilde relativ den tiefsten Eindruck. Betrachtet man einzelne Phrasen dieses großen Duetts für sich, losgelöst, so findet man sie voll Prägnanz und Leidenschaft; im Zusammenhange gleicht aber dieser fortwährend zur Exstase sich aufstachelnde Deklamationsgesang einer Reihe von ausdrucksvollen Interjektionen, die keine zusammenhängende Rede bilden. Anfangs lebhaft angeregt, verfällt der Hörer immer mehr einer Müdigkeit, die schließlich in völlige Teilnahmslosigkeit übergeht; er vermag mit bestem Willen nicht mehr aufmerksam zu folgen und wird zerstreut. Wohltuend wirkt nach dem Duett das Orchesternachspiel mit der Hornfanfare des davonreitenden Siegfried; das Stück hat am meisten musikalischen Reiz und Zusammenhang, namentlich durch den hübschen kontrapunktischen Zierrat, der jenen lustigen Hornruf umrankt. Weit weniger befriedigt uns ›Siegfrieds Tod‹. Was der Sterbende mit erstaunlicher Lungenkraft singt, erscheint fast überflüssig in dem blendenden Gewoge des Orchesters, das hier mit vier Harfen, Posaunen, Pauken und einschneidendsten hohen Geigentönen den akutesten Nervenreiz hervorruft. Bedeutender und ergreifender als Siegfrieds Sterbegesang ist der *Trauermarsch*, der nun um den Helden angestimmt wird, ein aus lauter früheren Siegfried-Motiven zusammengesetzter Instrumental-Nekrolog, mehr das Werk geistreicher Reflexion als unmittelbarer schöpferischer Kraft. Eine kolossale Szene ist Brünnhildes Monolog an der Leiche Siegfrieds. Sie schickt die Raben heim und schleudert die Fackel in den Scheiterhaufen. Wie das Krächzen und Auffliegen der Raben durch gestopfte Trompetentöne und schwirrende Figuration aller Geigen versinnlicht ist, dann das Prasseln des Feuers durch raffinierteste Behandlung der Blech- und Schlaginstrumente, das gehört zu den auserlesensten Kunststücken des in solchen Malereien unübertrefflichen Meisters. Brünnhildes Gesang steigert sich zur äußersten Exaltation; immer in der höchsten Tonlage und gewaltsamsten Anstrengung muß ihre Stimme den Orkan des aufgewühlten Orchesters übertönen. Einen Augenblick lang schweigt das Orchester zu einer zarten Stelle Brünnhildes, und wir sind gerührt wie von einer überirdischen Offenbarung. Ich mußte an Kaulbach denken, welcher bei der ersten Aufführung der ›Meistersinger‹ in München den ganzen Abend schweigend dasaß, bis im dritten Akt die zwei langausgehaltenen C-Dur-Akkorde vor Walthers Preislied kamen. »*Das ist schön!*« rief er warm und ernsthaft aus. Und nun, nach Brünnhildes Tod, folgt die Götterdämmerung, das Weltenende; krachend entfesselt Wagner alle Dämonen des Orchesters und zwingt uns dergestalt nieder, daß wir kaum mehr die Technik zu bewundern vermögen, mit der das alles gemacht ist.

Die besten Stücke aus der ›Götterdämmerung‹ machten mir einen ungewöhnlichen, geistig anregenden und sinnlich blendenden Eindruck, aber keinen tiefen und nachhaltigen. Die Musik wirkt im günstigsten Falle berückend wie ein Zauber, aber nicht beglückend wie ein Kunstwerk. Gewiß muß man ihnen eine unvergleichliche Gegenständlichkeit und blendende Farbenglut nachrühmen. Man braucht nur das Textbuch zu lesen, um Wagners malerisches Auge und seinen genialen Sinn für den Theatereffekt zu bewundern. Wie ist das alles nicht nur ausgedacht, sondern leibhaftig angeschaut! Wie Siegfried durch die Flammen gegen den Rhein reitet, nach dem Abschied von Brünnhilde, wie diese bei Siegfrieds Leichenfeier sich auf das Roß schwingt und in den brennenden Scheiterhaufen sprengt – das sind Bilder, denen nichts Ähnliches auf der Bühne vorangegangen ist. Dieser Mission entsprechend ist Wagners Musik vorzugsweise malend, dekorativ, das Orchester in seinem höchsten Klangraffinement die Hauptsache; die Singstimmen wechseln zwischen monotoner Deklamation und Explosionen maßloser Leidenschaft. Diese stammelnde Brunst inmitten des Gewoges von betäubenden nervenaufreizenden Instrumentaleffekten vermag man nur kurze Zeit ohne Erschlaffung anzuhören. Die meisten Hörer fühlten sich schon nach dem zweiten Akt der ›Götterdämmerung‹ mehr oder minder ermattet; wer vermöchte vier Abende hintereinander diesen Sturm des Außersichseins auszuhalten? Die Diktion der ›Götterdämmerung‹ ist weniger gewaltsam und ungeschickt als im

›Rheingold‹, obwohl in ihrer altertümelnden Ziererei noch immer verschroben genug. Wendungen wie »Ich geize ihn«, »Mich hungert sein«, »Schweigt eures Jammers jauchzenden Schwall« (Akkusativ) und andere streifen ans Komische. Den musikalischen Stil der ›Götterdämmerung‹ kennt man aus den früheren Teilen, er ist vollständig in Manier erstarrt. Wagner ist Manierist, ein geistvoller und genialer, aber doch ein Manierist. Seine Manier des Deklamierens, Modulierens, Harmonisierens nötigt er jeglichem Stoff auf. In diesem Stil vermöchte er wohl ohne viel Kopfzerbrechen und ohne übermäßige Begeisterung noch zehn Opern zu komponieren. Obwohl in dieser Musik die leidenschaftlichste Exaltation sich noch nicht zu genügen scheint, wird es uns doch schwer, überall an ihre Wahrheit und innere Nötigung zu glauben. Sie erinnert an manche Poesien von Victor Hugo, Ausgeburten innerer Kälte, welche sich glühend und begeistert stellen. Die Musik zur ›Götterdämmerung‹ charakterisiert ihren Autor neuerdings als eine glänzende Spezialität, eine Spezialität mehr neben als in der Musik. Es ist undenkbar, daß diese Methode, wie Wagner meint, fortan die alleingültige des Opernstils sein werde, »das Kunstwerk der Zukunft« schlechtweg. Ist eine Kunst in der Periode äußersten Luxurierens angelangt, dann befindet sie sich im Niedergang, nicht im Aufsteigen. Wagners Opernstil bewegt sich nur mehr in Superlativen; kein Superlativ hat aber eine Zukunft, er ist das Ende, nicht der Anfang. Richard Wagner hat sich, vom ›Lohengrin‹ abwärts, einen neuen Weg gebahnt, mit Lebensgefahr, aber dieser Weg ist nur für ihn; wer ihm nachgehen will, bricht den Hals, und das Publikum wird diesem Unfall gleichgültig zusehen.

Nur mit flüchtigen Strichen ist hier der Eindruck der vier ›Nibelungen‹-Dramen wiedergegeben; von einer eingehenden Analyse dieser vierteiligen Riesenoper kann keine Rede sein. Übrigens hat man an rein musikalischen Eindruck, wie gesagt, nicht zu denken. Wagner fühlt wohl, daß der Genuß des Hörens, dieses Hörens, für so lange Theaterhaft unzureichend wäre, er gibt daher dem Publikum gar vielerlei zu sehen. Niemals zuvor ist in einer Oper solche Häufung szenischer Wunder vorgekommen. Kunststücke, welche man bisher für unmöglich gehalten oder richtiger, an die man überhaupt gar nie gedacht, folgen einander Schlag auf Schlag; die tief im Wasser schwimmenden Rheintöchter, die über einen Regenbogen spazierenden Götter, die Verwandlungen Alberichs in einen Lindwurm, dann in eine Kröte, der feuerspeiende, singende Drache, der Feuerzauber, die Götterdämmerung usw. Damit hat der Dichter dem Komponisten den weitesten Spielraum für dessen glänzende Virtuosität, die Tonmalerei, eröffnet. Sollte es aber wirklich der höchste Ehrgeiz des dramatischen Komponisten sein, zu einer Reihe von Zaubermaschinerien Musik zu machen? Ein erklärter Anhänger Wagners, Karl Lemcke, beklagt in seiner überaus wohlwollenden Kritik des ›Nibelungenring‹ den schädlichen Einfluß dieser »nach Boscos Zaubersaal schmeckenden Kunststücke«, welche einfach zum »*Zauberpossencultus*« führen. In der Tat hat Wagners ›Nibelungenring‹ am meisten Ähnlichkeit mit dem Genre der Zauberstücke und »Feerien«. Zu der reinen Idealität, welche Wagner seinem Werk nachrühmt, stehen diese sehr materiellen Effekte in seltsamem Widerspruch. Wagner arbeitet überall auf den stärksten sinnlichen Eindruck hin, und das mit allen Mitteln. Noch ehe der Vorhang aufgeht, soll das geheimnisvolle Wogen und Klingen des unsichtbaren Orchesters den Hörer in einen leisen Opiumrausch versetzen – noch bevor, bei aufgezogenem Vorhang, eine der handelnden Personen den Mund öffnet, werden wir dem anhaltenden Eindruck einer magisch beleuchteten Märchen-Dekoration hingegeben; in den zahlreichen Nachtszenen beleuchtet grelles elektrisches Licht die Gestalt der Hauptperson, und farbige Dämpfe wallen ab und zu, jetzt zusammengeballt, dann sich teilend über die Bühne. Diese Dämpfe, die im ›Rheingold‹ sogar die Stelle des Zwischenvorhangs vertreten, bilden eine Hauptmacht in Wagners neuem dramatischen Arsenal. Als formlos phantastisches, sinnlich berückendes Element entspricht der aufquellende Dampf ganz besonders dem musikalischen Prinzip Wagners. Vergleicht er doch selbst die aus seinem unsichtbaren Orchester erklingende *Musik* den »unter dem Sitz der Pythia entsteigenden *Dämpfen*«, welche den Hörer »in einen begeisterten Zustand des Hellsehens versetzen«! Von da ist nur noch ein Schritt zur künstlerischen Einführung bestimmter Düfte und Gerüche auf die Szene – sind sie ja von der Psychologie als besonders stimmungserregend und verstärkend anerkannt. Wir sprechen in vollem Ernste. Wer wüßte nicht aus den Kindermärchen, daß Feen ein süßer Rosenduft umgibt und der Teufel regelmäßig mit Schwefelgestank abzieht? Das Prinzip, in der Oper *alle* stimmungsvoll wirkenden Reize zur Verstärkung bestimmter Empfindungen und Vorstellungen zusammenwirken zu lassen, sollte auch die Geruchsnerven zu Mitleid und Mitfreude heranziehen. Alle modernen Fortschritte angewandter Naturwissenschaft hat sich Wagner dienstbar gemacht; mit Staunen haben wir die riesige Maschinerie, die Gasapparate, die Dampfmaschinen auf und unter der Bayreuther Bühne gesehen. Vor Erfindung des elektrischen Lichts konnten Wagners ›Nibelungen‹ ebensowenig komponiert werden als ohne die Harfe und Baßtuba. So ist es das *Kolorit* im weitesten Sinne, das in Wagners neuestem Werk die dürftige Zeichnung verdeckt und eine unerhörte Selbständigkeit usurpiert. Die Analogie des Musikers Wagner mit dem Maler Makart und dem Dichter Hamerling liegt auf der Hand. Durch ihren sinnlich berückenden Zauber wirkt diese Musik als direkter Nervenreiz so mächtig auf das große Publikum, das weibliche zumal. Dem Fachmusiker bleibt das Interesse an der hochgesteigerten Orchestertechnik, das gespannte Aufhorchen, wie das alles »gemacht« ist. Wir halten das Eine wie das Andere nicht für gering; nur darf keines gewaltsam vorherrschen. Weder die technische Gourmandise des Kapellmeisters noch der Haschischtraum der Schwärmerin erfüllen das Wesen und den Segen echter Tondichtung; sie beide sind denkbar und gar oft vorhanden ohne die Seele der Musik.

Mit welchen Hoffnungen oder Befürchtungen man nun immer nach Bayreuth gewandert sein mochte, darin vereinigte sich die Überzeugung aller, daß wir ein außerordentliches *theatralisches* Ereignis erleben würden. Aber auch diese Erwartung ist nur sehr unvollständig in Erfüllung gegangen. Die sinnreichen Neuerungen Wagners in der Anordnung des Theaters haben wir gebührend anerkannt, bezüglich der Maschinerie auch die Szene der schwimmenden Rhein-Nixen im Vorspiel. Von da an ging es jedoch allmählich abwärts. Daß gleich die erste Verwandlung versagte und von allen Seiten ins Stocken geriet, wollen wir nicht hoch anschlagen, das kann jedem Theater passieren, wenn es auch gerade dieser seit Jahr und Tag vorbereiteten und ausposaunten Bayreuther »Mustervorstellung« hätte lieber nicht passieren sollen. Allein Beispiele von geradezu unrichtiger und mangelhafter Inszenierung gab es, und auf den entscheidendsten Stellen. Der Regenbogen, über welchen die Götter nach Walhalla promenierten, stand so niedrig, daß man ihn für eine bemalte Gartenbrücke nahm. Der Zweikampf Siegmunds mit Hunding und die Einmischung Wotans in der ›Walküre‹ ging weit hinten in solcher Dunkelheit vor sich, daß kein Zuschauer von diesem entscheidenden Vorgang eine Ahnung bekam. Die Walküren erschienen keineswegs zu Pferde, sondern zogen in sehr mißlungenen, undeutlichen Dissolvingviews über den Horizont. In München hatte man junge Stallknechte, als Walküren gekleidet, über dicke Teppiche hin- und zurücksprengen lassen; ihr Ritt, gespenstisch schnell und lautlos, war von ungewöhnlicher Wirkung. Was so ein schnödes Hoftheater zuwege bringt, das sollte die Musterbühne von Bayreuth doch auch treffen. Die Feuerwand, welche Brünnhilde *ringsum* einschließen soll, loderte in Bayreuth nur *hinter* ihr auf, von drei Seiten lag die Schlafende vollkommen frei und zugänglich da. Auch wie das gemacht werden soll, hat die Münchener Oper vor Jahr und Tag gezeigt. Wir übergehen das lächerliche Widdergespann der Göttin Fricka, das altersschwache Pferdchen, das von Brünnhilde nicht geritten, sondern am Zügel geführt und mittels einer Schnur unter dem Podium festgehalten wurde, desgleichen die zahlreichen mißlungenen Beleuchtungseffekte und erwähnen bloß die Schlußszene der ›Götterdämmerung‹, in welcher die szenische Kunst des Wagner-Theaters ihr Höchstes leisten sollte und wollte. Wer hätte sich nicht auf den Augenblick gefreut, wo Brünnhilde nach ausdrücklicher Versicherung des Textbuches »sich stürmisch auf das Roß schwingt und mit einem Satz in den brennenden Scheiterhaufen springt«? Statt dessen führt Brünnhilde ihre jämmerliche Rosinante gelassen zwischen die Kulissen und denkt nicht daran, weder sich zu »schwingen«, noch zu »springen«. Auch der kühne Hagen, der sich »wie wahnsinnig in die Flut stürzen« soll, schreitet zur rechten Kulisse heraus und erscheint erst einige Augenblicke nachher mitten im Rhein. Dieser Rhein endlich, der, »mächtig angeschwollen, seine Fluten bis in die

Hallen wälzt«, wackelte mit seinen schlecht gepinselten und sichtbar oben angenähten Wellen wie das Rote Meer in einer Provinzvorstellung von Rossinis ›Moses‹. Wenn in solchen Hauptszenen die Aufführung *nicht* vermag, *nicht* leistet, was Wagner ausdrücklich im Textbuche vorschreibt und dem Zuschauer verspricht, dann läßt sich von einer »Mustervorstellung« nimmermehr sprechen. Weitaus das Gelungenste waren die ebenso malerischen wie originellen Dekorationen von Joseph Hoffmann; sie hätten bei ganz getreuer Ausführung und zweckmäßigerer Beleuchtung ohne Zweifel noch bedeutender gewirkt. Der Dekorationsmaler hat nur eine Hälfte des Effekts in der Hand, der andere hängt an der Kunst der Beleuchtung, sie gleicht der Instrumentierung eines musikalischen Gedankens. Diese zweite Hälfte war in Bayreuth nicht voll, und Hoffmanns Ideen erscheinen in den Fotographien melodischer gedacht, als sie in dem Festspielhaus geklungen haben.

Um die *musikalische* Ausführung hatten bekanntlich das größte Verdienst der Dirigent Hans Richter und die Sängerin der Brünnhilde, Frau Materna. Vortrefflich war das Ensemble der drei Rheintöchter, sehr tüchtig Frau Jaïde in der kleinen Rolle der Erda, unbedeutend die Darstellerin der Sieglinde, unzureichend die der Gutrune. Im Ganzen zeichneten sich die Herren mehr aus als die Damen; insbesondere die Herren Vogel (Loge), Schlosser (Mime), Niemann (Siegmund), Betz (Wotan), Hill (Alberich) und Reichenberg (Fafner).

Daß die große Majorität der Bayreuther Pilgerschaft nach jedem der vier Dramen in jubelnden Applaus ausbrach, ist selbstverständlich, sie war ja mit diesem Vorsatze hergekommen. Meine im ersten Bericht ausgesprochene Überzeugung, daß Wagners neuestes Werk seine Lebenfähigkeit und seine Wirkung auf das Publikum erst auf anderen Bühnen werde erproben müssen, bleibt aufrecht.

Jacques Offenbach, ›Hoffmanns Erzählungen‹[11]

Erste Aufführung in Wien 1881

Die Idee, den wunderlichen Berliner Kammergerichtsrat E. T. A. Hoffmann zum Helden einer phantastischen Oper zu machen, entsprang selbstverständlich dem Kopfe eines Franzosen. Herr Jules Barbier, der als Librettist mit Vorteil Goethe und Shakespeare ausgebeutet (›Mignon‹, ›Faust‹, ›Hamlet‹, ›Romeo‹), hat sich auch unsern Hoffmann gut angesehen und denselben bereits vor dreißig Jahren zu einem Drama verarbeitet. Das Stück verschwand bald von der Bühne des Odéon – warum sollte es der praktische Librettist nicht nachträglich als Opernstoff verwerten? Musik ist ja ein bewährter Kitt für Sprünge und Risse in der Logik. Auch war auf den exotischen Reiz von Hoffmanns Märchen und Phantasiestücken in Frankreich noch immer zu spekulieren; gilt doch Hoffmann für den populärsten deutschen Dichter in Frankreich, Goethe und Heine kaum ausgenommen. Zu Ende der zwanziger Jahre herrschte bekanntlich in Paris eine förmliche Begeisterung für Hoffmanns Spukgeschichten; nebst Webers ›Freischütz‹ waren sie den Franzosen die Inkarnation der deutschen Romantik, wo nicht des deutschen Geistes überhaupt. Diese schrankenlos schwankende Phantastik mit ihrem Durcheinandermischen von prosaischer Alltäglichkeit und grauenvollem Gespenstertreiben übte einen berückenden Zauber, ja einen nachweisbaren Einfluß auf die poetische Jugend Frankreichs aus, die eben unter Victor Hugos Führung ihr rotes Banner entfaltete. Finden wir nicht für den häßlichen Zwerg Quasimodo, den buckligen Hofnarren Triboulet und ähnliche Lieblingsfiguren der neufranzösischen Romantik Vorbilder bei Hoffmann? Haben wir nicht sogar aus neuester Zeit gespenstische Erzählungen von Erckmann-Chatrian, die ohne weiteres Hoffmann geschrieben haben könnte? In Erckmanns Roman ›Les Brigands des Vosges‹ erscheinen sogar nebst allerlei Vagabunden und Zigeunern auch Hoffmann selbst und Ludwig Devrient im Räuberlager.

Sollte Jules Barbier die Literaturgeschichte von Gervinus gelesen haben, so könnte er folgenden merkwürdigen Ausspruch für sich anführen: »Hoffmanns Werke und Leben, zum Objekt einer kunsthaft behandelten Darstellung gemacht, könnten wie Lichtenbergs und Jean Pauls Erscheinungen zu besseren Kunstwerken werden, als diese Männer selbst geliefert haben.« Zum singenden Operettenhelden hat aber Gervinus unsern Hoffmann gewiß nicht damit vorgeschlagen. Wie verfährt der Librettist Offenbachs? Er dramatisiert einige von Hoffmanns bekanntesten Erzählungen und bringt den Dichter selbst in allerlei unglückliche Liebesverhältnisse zu den Heldinnen jener Geschichten. Das geschieht in so phantastisch sprunghafter Weise, daß die Handlung nicht leicht zu verstehen und noch schwerer nachzuerzählen ist. Die dramatische Methode des Librettisten erinnert an die Art, wie der Rat Krespel in Hoffmanns ›Serapions-Brüdern‹ sich ein neues Haus baut. Er läßt zuerst vier Mauern ohne alle Öffnungen und Gliederungen aufrichten, dann an beliebigen Orten Fenster hineinbrechen, an diese Fenster Zimmer ankleben, und aus diesem Wirrwarr soll dann ein stattlicher romantischer Bau hervorgehen. Ihren Ausgang nimmt Offenbachs phantastische Oper von der literarisch berühmten Weinstube ›Lutter und Wegener‹ in Berlin, dem Lieblingsaufenthalte Hoffmanns und Schauplatz seiner ›Serapions-Brüder‹. Studenten sind da versammelt und erwarten, rauchend und trinkend, die Ankunft Hoffmanns, der endlich aus der Oper ›Don Juan‹ kommt. Offenbach erinnert hier durch einige sinnig verwendete Takte aus ›Don Juan‹ an Hoffmanns Begeisterung für Mozart, die ihn ja veranlaßt hatte, sich Mozarts Taufnamen Amadeus willkürlich beizulegen. Der Studentenchor, welcher, sehr verschieden von den zahlreichen Trinkliedern Offenbachs, mit einer fast renommistischen Kraft einherschreitet, schweigt endlich, und Hoffmann singt ein schnurriges Lied vom ›Klein-Zack‹, womit der Zwerg des Märchens ›Klein-Zaches, genannt Zinnober‹ gemeint ist. Das Lied, in dessen krachende Reime die Studenten verstärkend einfallen, ist von einer verwegenen Originalität und jener satanisch angefachten Lustigkeit, welche sich Hoffmann aus dem Punschglase zu holen pflegte. Mit spöttischem Gelächter interpellieren ihn seine Zechbrüder, ob er verliebt sei. »Nicht doch«, erwidert Hoffmann, »aber ich habe drei unglückliche Liebschaften durchgemacht, von deren Heldinnen ich euch erzählen will.« Alles rückt erwartungsvoll im Kreise näher, und Hoffmann beginnt: »Meine erste Geliebte hieß Olympia.« Hier fällt der Vorhang. Es ist der merkwürdigste Aktschluß, der uns noch vorgekommen, bizarr und spannend wie das ganze Werk. Die folgenden Akte führen nun szenisch aus, was Hoffmann in der Weinstube von seinen drei Geliebten Olympia, Antonia und Giulietta erzählt. Wir befinden uns zu Anfang des zweiten Aktes in einem glänzenden Empfangssaale. Eine große Gesellschaft in drolligen Rokoko-Kostümen tritt mit einem hübschen, ebenso rokoko klingenden Chor ein; der berühmte Dr. Spalanzani will den Gästen seine Tochter Olympia vorstellen. Diese ist ein kunstvoll verfertigter Automat, der nicht bloß Kopf und Arme bewegen, sondern sogar singen und tanzen kann. Hoffmann hält die reizende Olympia für ein lebendiges Wesen und verliebt sich augenblicklich in sie. Seine Romanze in F-Dur (»Ah, vivre deux«), eine monoton begleitete, anfangs mehr deklamierte als gesungene Musik, jedoch zu vollaustönendem Schluß sich steigernd, hat etwas ungemein Anziehendes in ihrer ans Krankhafte streifenden Sensibilität. Hoffmanns junger Begleiter Nikolaus neckt ihn deshalb mit einem graziösen heiteren Strophenlied, dem einzigen Musikstück vielleicht, das an frühere Offenbachsche Weisen, namentlich der ›Prinzessin von Trapezunt‹ – die ja auch ein Automat ist – erinnert. Die Bravour-Arie, mit welcher sich nun Olympia produziert, wirkt mit ihren ruckweise herausgestoßenen Tönen und spieldosenartigen Passagen sehr charakteristisch, ohne irgendwie ins Ungraziöse zu fallen. Die Gäste stellen sich nun zu einem gemächlichen, ländlerartigen Walzer an, dessen anmutig wiegende Melodie durch einige kühne Harmonisierungen nicht unangenehm gewürzt wird. Die ganze Sing- und Tanzszene Olympias ist echter Offenbach, aber von der feinsten Sorte. Hoffmann walzt entzückt mit Olympia und wird von ihr, deren Räderwerk nicht stillestehen will, fast zu Tode getanzt. Atemlos sinkt er in einen Sessel, während sie solo zur Tür hinauswirbelt. Da hört man draußen einen furchtbaren Krach – Olympia liegt zertrümmert. Der boshafte alte Optiker Coppelius, der für Olympias so täuschend verfertigte Augen seine Bezahlung nicht erhalten hatte, rächt sich an Spalanzani, indem er die kostbare Puppe zerbricht. Die Geschichte mit dem schönen Automaten (auch in dem Ballett ›Coppelia‹ von Delibes benutzt) stammt aus Hoffmanns Erzählung ›Der Sandmann‹. Bei dem wütenden Handgemenge der beiden alten Mechaniker am Schlusse dieses Aktes scheint dem Librettisten das noch seltsamere Duell zwischen den Physikern Liuvenhoek und Swammerdam vorgeschwebt zu haben, die bei Hoffmann statt mit Pistolen mit konzentrierten Lichteffekten gegeneinander losgehen. Der folgende Akt versinnlicht uns die zweite Liebesgeschichte. Sie spielt in Cremona, wo Hoffmann die junge Sängerin Antonia nach langen Irrfahrten wiedergefunden hat. Er liebt sie und will sie heiraten. Sie willigt mit schmerzlicher Resignation in seine Werbung, hat sie doch eben ihrem Vater (Krespel) geloben müssen, nie mehr zu singen und jeden Gedanken an die Bühne für immer aufzugeben. Antonias Romanze von der Turteltaube ist eine gewisse äußere Eleganz nachzurühmen, ihr Duett mit Hoffmann enthält nebst einigen gezwungenen Phrasen auch manche sehr ausdrucksvolle. Da taucht plötzlich die gespenstische Gestalt des Doktors Miracle auf, der, feindselig gegen Krespel und eifersüchtig auf Hoffmann, deren Pläne durchkreuzt. Bei dem Terzett der drei Männer gleitet uns eine kalte Schlangenhaut über den Rücken. Die Musik ist von einer phantastischen Aufgeregtheit, von einer dämonischen Gewalt, welche man Offenbach nie zugetraut hätte. Miracle, der (wie Hoffmanns ›Magister Tinte‹) zu einem riesigen schwarzen Gespenste zu wachsen und wild umherzuflattern scheint, verführt Antonia wieder zum Singen. Er streicht wütend seine Geige, belebt endlich gar das lebensgroße Porträt von Antonias verstorbener Mutter, welche, nun mitsingend, das dämonische Duett zu einem Terzett macht, das immer stärker, immer leidenschaftlicher anschwillt, bis endlich Antonia im Singen tot zur Erde fällt. Zu spät dringen Vater Krespel und Hoffmann herein; während sie an Antonias Leiche niederstürzen, fällt der Vorhang. Über diese Szene des Grauens breitet sich mildernd und versöhnend ein ungemein zartes Orchester-Ritornell, die Wiederholung der Barcarole: »Belle nuit, belle nuit d'amour«, welche – zweistimmig mit Chor hinter der Szene gesungen – den Akt lieblich eingeleitet hatte. Nach kurzer Zeit hebt sich zum letztenmale der Vorhang: wir befinden uns wieder in Lutters Weinstube, ganz wie am Schluß des ersten Aktes. Hoffmann, umringt von seinen Zuhörern, hat auserzählt, die Studenten stimmen noch einmal ihren Trinkchor an. Die kokette Sängerin Stella und der Rat Lindorf, auch ein dämonisch-rätselhafter Mensch, kommen miteinander aus dem Theater. Stella, eine frühere Flamme Hoffmanns, drängt sich schmeichelnd an diesen, der sie aber zurückstößt und »dem Satan Lindorf« überläßt. Einsam in der Schänke zurückbleibend, wird Hoffmann in seinen melancholischen Träumen von einer auftauchenden Muse getröstet und zu unsterblichem poetischen Schaffen aufgemuntert. Ende.

Eigentlich war uns, wie wir erwähnten, die Erzählung von *drei* Liebschaften Hoffmanns versprochen; auf den zweiten Akt mit dem Automaten Olympia und dem dritten mit der Sängerin Antonia folgt auch wirklich in Offenbachs Original-Partitur ein vierter, welcher in Venedig spielt und von der schönen Sünderin Giulietta handelt. Dieser vierte Akt wurde in Wien und wird auch in Paris stets weggelassen. Seltsam, wie das ganze Stück, ist gewiß der Umstand, daß der Ausfall eines Aktes den dramatischen Zusammenhang keineswegs alteriert; es könnten ebensogut zwei Akte hinzugefügt als einer weggenommen werden. Die Grundlage dieser Oper ist nicht sowohl eine organisch entwickelte Handlung als ein Potpourri aus Hoffmannschen Erzählungen – Potpourris kann man aber beliebig um einige Szenen verlängern oder kürzen. Nicht zu leugnen ist aber, daß gerade das Sprunghafte, Willkürliche in diesem Libretto, sein traumhaftes Durcheinander zwischen wirklichen Personen und gespenstischen Erscheinungen, die Stimmung Hoffmannscher Poesie merkwürdig widerspiegelt. Der beklemmende Nebel in diesem dritten Akt ist ganz derselbe, der bei der Lektüre Hoffmannscher Märchen sich immer dichter und dichter um uns schlingt, bis wir schließlich nicht mehr unterscheiden können, was Wirklichkeit und was Hexenspuk sei. Auf den ersten Blick glaubte ich, der dritte Akt des Offenbachschen Librettos mit dem unbegreiflichen Dr. Miracolo, dem singenden Porträt und der sterbenden Antonia sei ungeschickt gemacht, hätte verständlicher motiviert werden sollen und können – nachträglich gewann ich die Überzeugung, daß Absicht war, was ich für

Unvermögen gehalten, und daß die Autoren wirklich dasjenige erzielen wollten, was sie erreicht haben: das wilde, berückende Traumgetümmel der Hoffmannschen Phantasiestücke.

Von der Musik Offenbachs kann ich nur sagen, daß sie mich überrascht hat, überrascht in günstigem Sinne. Sie streift selbst in ihren schwächeren Nummern weder an den nachlässig schlendernden, noch an den ausgelassenen frechen Vaudevilleton, den Offenbach in seinen travestierenden Operetten häufig anschlägt. In ihren besten Momenten hingegen erreichen ›Les contes d'Hoffmann‹ eine geistreiche Charakteristik, eine Zartheit und dramatische Verve, wie wir sie früher nur vereinzelt und ausnahmsweise bei ihm fanden. Daß sich Offenbach gerade *diesem* Stoff leidenschaftlich hingab, erscheint seinen Freunden nicht so unerklärlich. Hoffmanns Gespensterwelt übte stets einen starken Reiz auf Offenbach aus; in seinen letzten Jahren sah der Arme selber aus wie irgendein durchsichtig blasser, schwermütig lächelnder Geist aus den ›Serapions-Brüdern‹. Die Sehnsucht, irgend etwas Größeres, Wertvolleres zu hinterlassen, was den verbleichenden Glanz seiner »Bouffes« überdauern, von ernsterem Können und Wollen Zeugnis geben sollte, hatte ihn auch gegen das Ende seiner Laufbahn ergriffen und immer heftiger bedrängt. Während er seine Operetten in kürzester Zeit mit fabelhafter Leichtigkeit hinwarf und, gedrängt von den unersättlichen Theater-Direktoren, den ersten Akt einer Novität schon auf der Bühne probieren mußte, bevor er den letzten zu komponieren anfing, gönnte er seinen ›Contes d'Hoffmann‹ mehrere Jahre Zeit auszureifen. Er widmete dieser Partitur seine besten Mußestunden, feilte und besserte immer wieder daran, bis ihm endlich der Tod das Notenpapier unter der Feder wegzog. Bis auf einige Lücken in der Instrumentierung, die Herr Guiraud geschickt ausfüllte, lag das Werk fertig da und wurde im Februar 1881 zum erstenmal in der Opéra Comique aufgeführt. Offenbach bezeichnet dasselbe nicht als »Operette«, sondern als »Opéra fantastique«. An dem Erfolg in Paris und in Wien hätte er seine Freude erlebt. Unbefangener als ehedem begannen nun die Pariser Kritiker, unter denen Offenbach wenig Freunde zählte, über ihn zu urteilen. Es ist bemerkenswert, daß einer der angesehensten französischen Musikkritiker, Herr E. Reyer, welcher früher von Offenbach äußerst geringschätzig zu sprechen liebte, seinen Bericht über ›Hoffmanns Erzählungen‹ im ›Journal des Débats‹ mit folgenden Worten schließt: »Ich zweifle – schrieb ich vor einigen Jahren –, daß jemals ein bedeutendes Werk aus der Feder hervorgehen werde, welche die Exzentrizitäten des Orpheus und der schönen Helena geschrieben hat. *Ich sehe nun, daß ich mich getäuscht habe.*« Vielleicht werden auch einige von den sehr tugendhaften und sehr klassischen deutschen Kritikern, welche sich in der Verachtung Offenbachs gefallen und von seinen Operetten sprechen, als ob jedermann dergleichen machen könnte, sich zu ähnlichem Geständnisse herbeilassen und einräumen, daß, um die Partitur von ›Hoffmanns Erzählungen‹ zu schreiben, man mehr sein müsse als ein »Bänkelsänger und Cancan-Komponist«.

Ist nun dieses letzte Werk Offenbachs wirklich sein bestes? Ja und nein. Sein bestes in dem Sinne, wie – um einen höheren Vergleich zu Hilfe zu nehmen – ›Wilhelm Tell‹ die beste Oper von Rossini ist. Der ›Barbier‹ ist doch noch besser. Musikalisch bedeutender und reiner sind ›Hoffmanns Erzählungen‹ als die früheren Operetten desselben Autors; allein dem gespenstischen Stoff fehlen fast gänzlich diejenigen Elemente, in welchen Offenbachs eigentümliches Talent unumschränkt waltete: Komik, parodierender Witz und ausgelassene Fröhlichkeit. Wenn zum Meister macht, was keiner uns nachmachen kann, was ganz unser eigen ist, so ist Offenbach Offenbach geworden durch seine musikalischen Lustspiele und Possen, durch die ›Hochzeit bei Laternenschein‹, ›Fortunio‹, ›Helena‹, ›Pariser Leben‹, ›Prinzessin von Trapezunt‹ etc. Diese Fülle leicht hinströmender Melodie, diese unwiderstehliche Heiterkeit und Komik, dieser nur Offenbach eigene musikalische Witz, sie fehlen bis auf einen den zweiten Akt erhellenden leichten Schimmer in den dämonischen ›Erzählungen Hoffmanns‹. Es sind andere, ohne Frage ernstere Vorzüge, welche uns in Offenbachs letztem Werk fesseln. Die musikalische Erfindung ist originell und geistreich mit einem Stich ins Bizarre, der aber hier nicht fehlen durfte; der dramatische Ausdruck wahr und stark, die Instrumentierung bei großer Einfachheit von bezauberndem Wohlklang. Im Ganzen also ein merkwürdiges, in seiner Art alleinstehendes Werk, das uns bald erfreut, bald aufregt, immer interessiert, niemals langweilt.

Giuseppe Verdi, ›Simon Boccanegra‹

Erste Aufführung in Wien 1882

Die meisten der Zuhörer dürften sich gefragt haben, was denn historisch wahr sei an diesem Dogen Boccanegra und der wirren Handlung, die sich um ihn anhäuft in der Verdischen Oper. In den gangbarsten Hilfs- und Handbüchern werden sie den Namen nicht finden; wir wollen ihnen die Mühe, der wir uns selbst unterzogen haben, ersparen und aus älteren Spezialgeschichten des mittelalterlichen Genua das Wesentliche hier zusammenstellen. Die Handlung entwickelt sich aus jenen stürmischen politischen Zuständen des 14. Jahrhunderts, da Bürgerkriege der Plebejer mit den Adeligen die italienischen Freistaaten erschütterten und namentlich Genua (der Schauplatz unserer Oper) bald mit Venedig, bald mit Pisa, Mailand und anderen Nachbarstädten im Kampfe lag. Zwei ghibellinische Hauptleute, ein Spinola und ein Doria, beherrschten Genua; sie hatten dem Volke die Wahl seiner Abbés (Volksäbte) entrissen, ein Magistrat, der, wie in Rom die Tribunen, Schützer und Verteidiger des Volkes sein sollte. Die Unzufriedenen von Genua forderten Rückgabe dieses Rechtes. Zwanzig von ihren Mitbürgern gewählte Plebejer versammelten sich am 23. September 1329 in der Prätur; da rief einer aus dem Haufen, ein Silberfolien-Fabrikant: »Wählt den Boccanegra!« (Italienische Historiker schreiben den Namen teils »Boccanigra«, teils »Boccanera«; wir bleiben hier bequemlichkeitshalber bei der Verdischen Schreibart.) Simon Boccanegra wird als ein mutiger und erfahrener Mann geschildert, der, obschon von altem Adel, immer die Plebejer beschützt hatte. Man rief ihn jubelnd zum neuen Abbé aus; er lehnte jedoch ab. Das Volk fühlte dann, daß der Titel Volksabbé nur einem Plebejer zustehe und daß Boccanegra vermöge seines Ranges eine so abstehende Magistratur nicht annehmen könne. »Sei denn unser Fürst, unser Doge!« rief die Menge, und die Hauptmänner drangen in ihn, die Wahl anzunehmen. Da der zufällig ihm erteilte Titel als Doge an den Dogen von Venedig erinnerte, das Haupt eines Freistaates, der Genua glich, so blieb die neue Verfassung, die sozusagen inmitten des Volksgeschreis sich entwickelte, frei und republikanisch. Boccanegra machte ruhmwürdigen Gebrauch von der ihm anvertrauten Gewalt, die er durch fünf Jahre behielt. Indessen hatte er immerfort gegen die Umtriebe der vier mächtigen Familien Doria, Spinola, Grimaldi und Fieschi, die er von der Regierung ausgeschlossen hatte, zu kämpfen. Sie verbündeten sich gegen ihn, und Boccanegra, dieses Kampfes endlich müde, legte seine Stelle nieder und ging nach Pisa. In einer der stürmischsten Epochen Genuas, abermals aus einem bewaffneten Volksaufstand, erfolgte 1353 zum zweitenmal die Wahl Boccanegras zum Dogen. Er verbannte sofort einige der wichtigsten Edelleute und ließ nur den Plebejern Anteil an der Stadtregierung. Während der Anwesenheit des Königs Peter von Zypern in Genua (1363) ward der Doge, als er mit dem König bei Pietro da Malatelli speiste, vergiftet und erkrankte. Nun erhob sich die Gegenpartei, drang in den Dogenpalast und ließ den Gabriele Adorno, einen reichen Kaufmann, zum Dogen erwählen. Bald darauf starb Boccanegra und ward, da ihn die herrschende Partei des Adorno haßte, fast ohne alle Begleitung begraben.

Verdis Textdichter, Piave, hat nur einige Hauptumrisse der historischen Gestalt Boccanegras beibehalten (seine Erwählung durch das Volk und spätere Vergiftung), im übrigen aber eine ganz willkürliche Romanfigur daraus gemacht. Von anderen historischen Personen nimmt der Librettist lediglich den Namen und schmückt damit irgendeine ganz frei erfundene Figur. Den nachmaligen Dogen Adorno macht er zum heißblütigen Liebhaber-Tenor, den »Goldspinner Paolo«, der im Vorspiele die Wahl Boccanegras beantragt, zum Intriganten und Bösewicht der Handlung. Einzelne historische Namen (Grimaldi, Fieschi etc.) fliegen als prahlerischer Flitter fortwährend durch den Text; sogar von Petrarca wird ein zum Frieden mahnender Brief in der Ratsversammlung vorgezeigt und von Paolo verhöhnt. Die freie Benutzung geschichtlicher Tatsachen, insbesondere so dunkler, fernliegender Tatsachen, wird niemand dem Librettisten verargen, wenn er es nur versteht, eine spannende zusammenhängende Handlung daraus zu gewinnen und lebendige Charaktere hineinzustellen, die unser Interesse erregen. Piave erzielt leider das gerade Gegenteil.

Boccanegra kommt im Vorspiele als junger Mann nach Genua, um seine Geliebte, die Tochter des stolzen Patriziers Fiesco, wiederzusehen – er findet sie als Leiche. Der erste Akt spielt fünfundzwanzig Jahre später. Boccanegras Tochter, die Enkelin Fiescos, von beiden längst totgeglaubt, ist als Kind, Gott weiß wie, in Pisa gerettet worden und lebt unter dem Namen Amelia Grimaldi bei Genua. Sie liebt einen jungen Edelmann, Gabriel Adorno, der um sie wirbt. Um ihr persönlich die Begnadigung ihrer vermeintlichen Brüder (Grimaldi) mitzuteilen, erscheint der Doge Boccanegra bei Amelia und erkennt in ihr seine Tochter. Es folgt eine große Ratsversammlung im Dogenpalast. Adorno stürzt, vom Pöbel verfolgt, herein; er hat einen gewissen Lorenzino ermordet, in dessen Haus die gewaltsam entführte Amelia gebracht worden war. Adorno hält den Dogen für den Urheber der Entführung und dringt mit dem Schwert auf ihn ein; Amelia wirft sich schützend zwischen beide. Der zweite Akt spielt im Zimmer des Dogen. Da kommen und gehen die bedenklichsten Leute ungehindert ein und aus: der gefangene Adorno, der gefangene Fiesco, endlich Paolo, der Gift in den Becher des Dogen schüttet. Boccanegra trinkt das Gift, ein im Interesse der Oper langsam wirkendes, da er ja noch den ganzen dritten Akt zu singen hat. Vorläufig macht es ihn bloß schläfrig; kaum ist er aber eingeschlummert, als schon Adorno mit gezücktem Dolch an den Schlafenden heranschleicht. Amelia erscheint wieder zur rechten Zeit und fällt dem Mörder in den Arm. Nun erst erfährt dieser, daß Amelia nicht die Geliebte, sondern die Tochter des greisen Dogen ist, und beschließt sofort, *für* Boccanegra zu kämpfen. Wie gerufen sind auch schon wieder »Feinde« bewaffnet zur Stelle. (»Und frage nicht, wo Feinde sind – die Feinde kommen mit dem Wind«, sang Herwegh einst an den König von Preußen.) Im dritten Akt sehen wir Boccanegra langsam an den Folgen des zweiten sterben; in seiner Todesstunde vereinigt er Amelia mit Adorno. Auf seinen Wunsch besteigt Adorno den Thron, Paolo das Schafott.

Die Hauptpersonen, welche diese unsinnige Handlung ruckweise vorwärtsschieben, sind schön kostümierte Holzpuppen ohne Fleisch und Knochen. Den mit seiner schuftigen Umgebung stark kontrastierenden Edelmut Boccanegras akzeptieren wir gerne; aber daß er einem bösen Narren wie diesem Adorno, der ihn im Schlafe ermorden will, die einzige Tochter zur Frau gibt und ihn dem Volke angelegentlich als den würdigsten Dogen rekommandiert – das geht doch über die Grenzen selbst opernmäßiger Großmut hinaus. Daneben dieser abscheuliche Liebhaber Adorno und die unbegreifliche Amelia, die zweimal den gegen ihren Vater losgehenden Mordjüngling abwehrt, aber trotzdem das einzige ihn aufklärende und entwaffnende Wort: »Boccanegra ist mein Vater« *nicht* ausspricht! Was Amelias Großvater, der Urgreis Fiesco, eigentlich mit der Handlung zu schaffen hat, macht uns das größte Kopfzerbrechen. Er braucht nur aufzutreten, um uns immer von neuem konfus zu machen. Im Vorspiele hat er eine lange Unterredung mit dem ihm nur zu wohlbekannten Boccanegra. Da er in den folgenden Akten unter dem Namen »Andrea« auftritt, so müssen wir vermuten, er sei nach Boccanegras Erwählung verbannt worden, dürfe sich nur heimlich unter falschem Namen nach Genua schleichen und dem Dogen ja nicht in die Nähe kommen. Aber siehe da! in der feierlichen Ratssitzung erblicken wir unseren Fiesco-Andrea unter den Ratsherren, dicht an der Seite des Dogen! Im dritten Akt kommt es noch besser. Fiesco spricht den Dogen an – »welche Stimme!« ruft Boccanegra (der eben mit ihm das ganze zweite Finale gesungen hat) erschrocken aus. »Du hörtest sie schon einmal«, entgegnete ihm der Uralte, »*kennst du mich?*« »Fiesco!!« Ist das nicht, um verrückt zu werden? Sehr unklar bleibt den Zuhörern auch Paolo und dessen plötzliche Wandlung aus Boccanegras Freund und Begleiter zu dessen Todfeind und Mörder. An dieser Unklarheit trägt aber die Direktion des Hofoperntheaters größere Schuld als der Textdichter. Man höre. Paolo hat den Dogen gebeten, für ihn den Brautwerber zu machen bei der schönen Amelia. Nachdem aber Boccanegra in dieser eben seine Tochter wiedererkannt hat, ist er weit entfernt, Paolo zu willfahren. Nach dem Duett zwischen Boccanegra und Amelia (mit welchem in Wien die

Szene schließt) bringt das Textbuch folgendes kurze Gespräch zwischen Boccanegra und dem auf Bescheid harrenden Paolo:

> Paolo: Sie sagte? Doge: Laß alle Hoffnung schwinden! Paolo: Nimmer vermag ich's. Doge: Ich *will* es (geht ab). Paolo: Du willst? Vergaßest Du, was Du mir schuldest? Pietro (hinzutretend): Wie ging es? Paolo: *Sie rauben.* Des Abends wandelt sie allein am Strande des Meeres; man bringt sie in mein Fahrzeug; es nimmt Lorenzos Wohnung alsdann sie auf.

Dieses kurze Gespräch, welches einzig und allein Licht verbreitet über alles Folgende, indem es uns den plötzlichen Haß Paolos gegen Boccanegra erklärt und uns belehrt, daß Paolo Amelien entführen wird, ist im Hofoperntheater vollständig gestrichen! Und doch ist es so unumgänglich notwendig, daß ein einsichtsvoller Dramaturg es aus Eigenem hinzufügen müßte, falls es nicht im Textbuch stünde. Überhaupt gewahrten wir in der Szenierung dieser Oper mehr die effektvoll schmückende, in allem Äußerlichen tüchtige Hand des Regisseurs als den tiefer eindringenden Blick des Dramaturgen, wie folgendes zweite Beispiel dartut. Der Doge weiß, daß Paolo der Entführer Ameliens ist; er will ihm dies zu erkennen geben, ihn moralisch erschüttern, ohne ihn noch vor dem versammelten aufgeregten Volk zu entlarven. »Es ist ein Verräter unter uns«, spricht der Doge mit Nachdruck. »Ihn, den verruchten Buben, soll mein Donnerwort treffen: Fluch dem Verräter! Und du, Paolo, sollst die Worte wiederholen.« Paolo wiederholt die Worte, er soll sie im Innersten erschrocken nachsprechen, »erschrocken und bebend«, wie das Textbuch vorschreibt, aber mit jener erzwungenen äußeren Fassung des Heuchlers, der sein Leben davon abhängig weiß. Paolo mag erbleichen und zittern, aber muß aufrecht stehen bleiben wie ein angeklagter Mörder, der im entscheidenden Moment einen Meineid schwört, um sich nicht selbst an den Galgen zu bringen. Statt dessen stürzt im Hofoperntheater der Darsteller des Paolo, nachdem er jenen Fluch nachgesprochen, reuig auf die Knie und verbirgt sein Angesicht mit beiden Händen, während die Menge mit Fingern nach ihm zeigt. Durch diese ganz falsche

Auffassung der genannten Szene wird die Absicht des Dichters in ihr Gegenteil verkehrt: Paolo, statt nur in seinem Gewissen geängstigt zu werden, klagt sich durch sein reuig verzweifelndes Benehmen selber an, ist vor allem Volke geständig und könnte somit unmöglich, wie es der Fall ist, im nächsten Akt im Besitze seines früheren Ehrenamtes unbehelligt und erhobenen Hauptes einhergehen. So wurde denn die Handlung des ›Boccanegra‹ in der Wiener Aufführung noch konfuser, als sie es schon von Haus aus ist.[12]

Unter den verschiedenartigen schädlichen Operntexten sind die unverständlichen, verworrenen fast noch nachteiliger für die musikalische Wirkung als die einfach langweiligen. Auch in Verdis ›Boccanegra‹ läßt unser Interesse an der Musik von dem Augenblicke an nach, wo wir der Handlung nicht mehr mit teilnehmendem Verständnisse folgen können und wachsendes Ärgernis nehmen an den Widersprüchen einer zusammenhanglosen Handlung. Die Oper, gegenwärtig ein Zugstück in Italien, ist bekanntlich schon vor 26 Jahren komponiert und hat damals in der Fenice entschiedenen Mißerfolg erlebt. Dieses Fiasko erklärt Fétis damit, daß Verdi sich im ›Boccanegra‹ die deutsche Zukunftsmusik zum Vorbilde genommen habe, »une fantaisie«, die ihm übel bekommen mußte. Davon vermögen wir selbst in der neuen, moderneren Umarbeitung dieser Oper nichts zu erblicken, wohl aber ein treueres dramatisches Anschmiegen, schärfere Akzente und eine gewähltere Instrumentierung – Vorzüge, welche auf den Stil der späteren Verdischen Opern vorausdeuten. Sehr natürlich: ›Boccanegra‹, unmittelbar zwischen der ›Sizilianischen Vesper‹ und dem ›Maskenball‹ komponiert, steht am Eingang von Verdis letzter Periode, seiner »Maniera terza«. Aber nicht bloß mit halbem Gesichte, sondern mit Dreiviertel-Profil blickt ›Boccanegra‹ nach rückwärts, ist also selbst vom Verdischen Standpunkte mehr Vergangenheits- als Zukunftsmusik. Am emsigsten mag die nachbessernde und nachschaffende Hand des Maestro im Vorspiel und im ersten Akt gewaltet haben; hier finden wir wenigstens stellenweise das Feuer seiner Jugend bei der gesteigerten Kunst seines Alters. Ja, das ist der süße Wohllaut, die feurige Sinnlichkeit und der leidenschaftlich dramatische Zug des früheren Verdi, teils abgeklärt, teils gewürzt durch die feineren Elemente seines späteren Stils. Gleich die Instrumental-Einleitung des Vorspiels und die folgenden mehr im Konversationston gehaltenen Szenen fesseln durch jene Lebenswärme und eigentümlich erwartungsvolle Spannung, welche Verdi solchen vorbereitenden Szenen zu geben versteht. Die wehmütige Cavatine Fiescos, mit welcher sich das von fern herübertönende »Miserere« vermischt, ist von echter Empfindung und schönstem Wohlklang. Das folgende Duett zwischen Boccanegra und Fiesco atmet ein starkes Pathos und gewinnt einen packenden Abschluß durch das herbeiströmende Volk, das jubelnd die Erwählung Boccanegras verkündigt, während er selbst in Schmerz um die tote Geliebte versunken ist. Die lieblichsten Momente der Oper bringt die erste Hälfte des ersten Aktes. Mit feiner, etwas koketter Grazie ist die Einleitung instrumentiert: ein blühender Zwiegesang zwischen Klarinette und Violoncello unter tremolierenden hohen Geigenakkorden, welche leises Vogelgezwitscher nachahmen. Die Arie Amelias in Es-Dur und ihr Liebesduett mit Adorno – allerdings von einigen banalen Regungen geschüttelt – wirken immerhin durch melodischen Reiz und leidenschaftlichen Zug. Geringer und wie von Absichtlichkeit durchkältet ist das Duett zwischen Adorno und Fiesco. Hingegen gehört das folgende zwischen Amelia und Boccanegra in seinem dramatisch entwickelnden Teile wie in dem lyrischen Zwischensatze Amelias (»Grave d'anni della pia«) zu den besten Duetten Verdis. An die große Szene im Dogenpalaste, welche den ersten Akt schließt, hat der Komponist besondere Sorgfalt gewendet, und das Feuer ist ihm nicht ausgegangen bei der Arbeit. Das Finale ist übersichtlich und effektvoll aufgebaut; von schöner musikalischer Wirkung namentlich der langsame, pathetische Fis-Dur-Satz, über welchem die Melodie der Sopranstimme (»Pace!«) wie ein silbernes Band weht.

Wir sind am Ende des ersten Aktes, für uns ist es das Ende der Oper. Was in den beiden letzten Akten folgt, sind fast lauter bekannte Melodien, konventionelle Phrasen, verbrauchte Effekte. Der alte Verdi, aber in übler Laune, zerstreut, ermüdet. Es sprühen wohl hin und wieder hellere Funken auf, besonders gegen den Schluß der Oper, aber sie verknistern eindruckslos in der feuchten Dämmerung des Ganzen.

Arrigo Boito, ›Mephistopheles‹

Erste Aufführung in Wien 1882

1.

So haben wir denn endlich auch den welschen Teufel gesehen und gehört, der seit geraumer Zeit die musikalische Welt in Aufruhr erhält. Zuerst durchgefallen, dann zu den Wolken erhoben, »gerichtet« in Mailand, »gerettet« in Bologna, hat ›Mefistofele‹ den Namen seines Autors, Arrigo Boito, schließlich berühmt gemacht. Es ist wohl das erste Beispiel, daß ein italienischer Komponist gleich mit seiner Erstlingsoper nicht nur festen Fuß faßt im Vaterlande, sondern auch den Weg findet über die Alpen. Rossini, Bellini, Donizetti und Verdi haben diese Stellung zwar in jüngeren Jahren erreicht als der jetzt vierzigjährige Boito, aber keiner von ihnen mit seiner ersten, auch nicht mit seiner zweiten und dritten Oper. ›Mephistopheles‹ hingegen ist bereits in London und Petersburg, in Hamburg, Köln, Prag, schließlich in Wien gegeben und genießt in Italien die Ehren eines Kunstwerkes von erstem Range. Bei uns hält wohl niemand viel von dem »Triumph« einer Opernpremiere in Italien; zwölf bis zwanzig Hervorrufe des Maestro wollen dort wenig bedeuten, und die Oper selbst lebt vielleicht nicht ebensoviel Monate. Bedeutsamer als das Furore ist uns schon das Fiasko einer neuen Oper in Italien. Daß der ›Barbier von Sevilla‹, ›Norma‹ und ›La Traviata‹ bei ihrer ersten Aufführung durchgefallen sind, hat fast den Wert einer günstigen Vorbedeutung erlangt – auch für Boitos ›Mefistofele‹, den sie in Mailand als gelehrte »Musica tedescha« verurteilt haben. Dazu kam noch ein Aufsatz des ausgezeichneten Kunsthistorikers W. Lübke in der ›Gegenwart‹, der aus Venedig ganz enthusiastisch über die neue Oper berichtete und sie ein »tiefsinniges, großartiges Werk« nannte. Obwohl nicht selbst Musiker, ist Lübke doch als ein warmer Musikfreund und als Mann von feinem Geschmack bekannt; sein Lob des ›Mephistopheles‹ mußte, selbst wenn man es vorsichtshalber eine Terz tiefer las, noch immer höchst vorteilhaft für Boito stimmen.

Es geschah also nicht in ungünstiger Voreingenommenheit,

daß ich den ›Mephistopheles‹ im Klavierauszuge eifrig durchlas. Ich fand diese neueste Interpretation des Goetheschen ›Faust‹ »lächerlich« und wurde ob dieser »vorschnellen«, nur aus dem Klavierauszuge geschöpften Ansicht um so heftiger zurechtgewiesen, als meine Gegner in jedem Tadel Boitos zugleich einen Angriff auf Wagner witterten. Über beide Vorwürfe möchte ich mich mit einigen Worten erklären. Der italienischen Jugend mag die naive Freude unverkümmert sein, in Boito einen italienischen Richard Wagner zu feiern; ernsthafte Kritik kann aber unmöglich den ›Mephistopheles‹-Mann in einem Atemzug mit dem Komponisten des ›Tannhäuser‹ nennen. Obwohl ich für meine Person Wagners frühere Opern nur teilweise liebe und die ›Nibelungen‹-Trilogie gar nicht, so ist mir doch Wagner eine so achtunggebietende, eigenartige und glänzende Erscheinung, daß ich es als Unbill empfinde, wenn man neben ihm einen Boito nennt oder gar aufstellt. Lübke würzt sein Boito-Lob auch mit etlichen Ausfällen auf die ›Meistersinger‹ und meint z. B., daß ›Mephistopheles‹, auch wo er einen Höllenlärm entfesselt, nirgends »etwas so Wüstes wie die berüchtigte Prügelszene in den ›Meistersingern‹ verübt hat«. Nach meiner Empfindung ist ›Mephistopheles‹ gegen die ›Meistersinger‹ nur eine Jahrmarktsmusik, ein Opernspektakel, in welchem zwar mancherlei Wagner nachgemacht ist, aber nichts so gut nachgemacht, daß es in den ›Meistersingern‹ stehen könnte.

Dieselben guten Leute und schlechten Musikanten, welche ihren Boito für einen zweiten Richard Wagner halten, behaupten, man dürfe eine Oper nicht nach dem Klavierauszuge beurteilen. Die vollständige theatralische Wirkung, zu welcher so viele nichtmusikalische Elemente konkurrieren, gewiß nicht – den musikalischen Gehalt ganz sicher. Das müßte ein schlechter Musiker und sehr unerfahrener Opernkenner sein, der aus einem sogenannten »Klavierauszug mit Text« (Partition de chant) eine Oper nicht in ihren wesentlichen Eigenschaften kennenlernte. Dieses Wesentliche sind mir die singenden Personen (Soli und Chöre), deren Partien unverkürzt vorliegen, also die melodische Erfindung, die Deklamation und den dramatischen Ausdruck vollständig enthalten, während die Klavierbegleitung Harmonie und Rhythmus in korrekter, wenngleich nicht farbenprächtiger Skizze wiedergibt. Ob ein ausgehaltener Akkord in den Bläsern oder im Streichquartett liegt, ob eine Solopassage von der Oboe oder der Flöte geblasen wird, ist gewiß nicht gleichgültig für die Wirkung, aber sehr unerheblich für die Beurteilung des musikalischen und dramatischen Wertes einer ganzen Oper. Auf das Verhältnis zwischen der instrumentierten Begleitung zu deren Klavierarrangement paßt vollkommen der Vergleich mit einem Gemälde und dessen Nachbildung in Kupferstich. Unzureichend und kleinlich erscheint dieses oft gebrauchte Bild nur, wenn es auf die musikalische Komposition und das ihr zugrundeliegende Textbuch angewendet wird; die Musik ist viel mehr und Höheres als die bloße Kolorierung einer Zeichnung; sie gibt, was sich in gar keine Kontur fassen läßt. Etwas anderes ist's mit symphonischen Werken, deren Schwergewicht in den Orchester-Effekten liegt, wie bei Berlioz und Liszt – und dennoch hat Schumann die ›Sinfonie fantastique‹ von Berlioz nach dem Klavierauszug in einer seiner berühmtesten Kritiken eingehend beurteilt. Auch Wagners Nibelungen-Dramen, die mehr symphonische Werke mit Begleitung von Singstimmen sind als umgekehrt, erscheinen dunkel und verschwommen im Klavierauszuge; dieser lehrt uns hauptsächlich, was dem genannten Musikdrama, wenn wir uns auch die effektvollste Instrumentierung dazu denken, dennoch fehlt und fehlen muß. Boitos ›Mephistopheles‹ ist kein so kunstreiches Gewebe und leicht zu durchschauen. Nachdem ich ihn jetzt auf der Bühne, und zwar in vorzüglichster Aufführung, gehört, kann ich jenen »vorschnellen« Ausspruch nur wiederholen, daß mir Boitos Musik teils mittelmäßig, teils widerwärtig, als eine Nachschöpfung von Goethes ›Faust‹ aber geradezu lächerlich vorkommt.

»Kennst du den Faust?« schreibt Boito als Motto über die erste Seite seiner Partitur. »Armseliger Faust, ich kenne dich nicht mehr!« möchten wir mit einem anderen Zitat antworten. Goethes ›Faust‹ hat von den Musikern schon vielerlei Behandlung erfahren, gute und schlimme – die Waagschale des Schlimmen sinkt unter der Last von Liszts Faust-Symphonie und Mephisto-Walzer – aber so handfest ist er noch nicht geknebelt und verrenkt worden wie von diesem Maestro, der nicht italienisch sein *will* und deutsch nicht *kann*. Boito hat sich sein Libretto selbst zugeschnitten, nämlich zu drei Vierteln unverändert gebliebener Goethescher Verse ein Viertel eigener, wässeriger Poesie zugesetzt. Das Eigentümlichste und zugleich Verkehrteste an diesem Textbuch ist, daß es *beide* Teile des Goetheschen ›Faust‹ zusammenrückt, zwei Handlungen, die in keinem organischen Zusammenhange stehen. Die beiden Teile des ›Faust‹ sind eigentlich zwei Gedichte, nicht zwei Teile eines Gedichtes. Vom praktischen Gesichtspunkte resultiert daraus der Kardinalfehler des Boitoschen Textbuchs: es ist für jeden, der nicht die ganze Goethesche Dichtung kennt – und wie viele kennen in Wahrheit den ›zweiten Teil‹? –, völlig unverständlich. Aber auch für diejenigen, die aus der Kenntnis Goethes sich die fehlenden Mittelglieder ergänzen können, bleibt die Handlung des ›Mephistopheles‹ zusammenhanglos und widersinnig. Den ›Prolog im Himmel‹ als ersten Akt einer Oper absingen zu lassen, scheint mir eine Abgeschmacktheit; in diese Vorgeschichte des Dramas schon die auf Gretchen bezüglichen Chöre der Engel und der Büßerinnen aus dem zweiten Teil herüberzunehmen, ein Widersinn. Und wenn Boito seinen Faust, der eben vor dem sterbenden Gretchen im Kerker gekniet, uns gleich darauf in heißer Umarmung mit der griechischen Helena vorführt, so verletzt er nicht bloß das bißchen logische Denken, das dem Zuschauer noch übrig geblieben, sondern obendrein jede natürliche Empfindung. Um sein Mißverstehen Goethes noch handgreiflicher darzutun und die Zuschauer vollends konfus zu machen, läßt Boito in Italien das Gretchen und die Helena von einer und derselben Sängerin darstellen, was ihm das Wiener Hofoperntheater glücklicherweise nicht nachmacht. (Auch in London singt die Nilsson, in Petersburg die Salla beide Rollen.) Über dieses »Buch« und seine Verkehrtheiten ließen sich Bücher schreiben. Ob es wirklich ein tiefes, »metaphysisches Bedürfnis« war oder bloß die Sucht nach möglichst starken, aufeinanderplatzenden Kontrasten, was Boito zu der Zusammenschweißung der beiden Teile ›Faust‹ bewog, kann ich nicht entscheiden; ebensowenig, ob ihn vielleicht die vielbesprochenen Bühnenaufführungen des zweites Teils, der in neuerer Zeit eine Art Dramaturgensport in Deutschland abgibt, zur Nachahmung inspiriert haben.[13]

Seine eigenen Ideen über die Bedeutung der Faust-Sage hat Boito in einer Vorrede zur ersten Ausgabe seines Textbuches des Breiten auseinandergesetzt und dabei eine erstaunliche Belesenheit entwickelt. Offengestanden fängt das Federheldentum unserer Komponisten an, unheimlich zu werden. Mozart, Beethoven, Schubert haben uns niemals in Vorreden über den tiefen Sinn ihrer Kompositionen belehrt, sie schrieben Musik, die schön und klar war ohne Vorrede. Aber auch Weber, Mendelssohn, Schumann, bekanntlich Männer von vielseitiger Bildung und schriftstellerischer Gewandtheit, sehen wir nirgends als öffentliche Ausrufer und Interpreten ihrer Musik. Diese Generation von Musikern ist vorüber und abgedankt der Satz: daß echte Tondichtung sich selbst erklären müsse. Als fanatischer Anhänger und Nachstreber Wagners muß Boito natürlich auch Dichter, Schriftsteller und Philosoph sein. In seinem ›Prolog‹ läßt Boito alle Faust-Dichter von Goethe und Marlowe bis Lenau und Widmann Revue passieren und kommt zu dem Endresultat: »Jeder Mensch, von Wissensdurst entbrannt, ist Faust. Wie Salomon der *biblische* Faust ist, so erkennen wir in Prometheus den *mythologischen*. Du kannst die Spuren seiner großen Seele im düsteren Blicke des englischen ›Manfred‹ ergründen sowie unter dem grotesken Visier des spanischen ›Don Quichote‹... Wie der Faust, so ist auch der Mephisto-Typus unerschöpflich, Mephisto ist so alt wie die Bibel, wie Aeschylos; Mephisto ist die Schlange im Paradiese, ist der Geier des Prometheus. Überall, wo du den Vernichtungsgeist findest, ist der Pferdefuß Mephistos mit im Spiele. Jupiter hat einen Mephisto, der Satan heißt; Homer hat einen, der sich Thersites nennt; bei Shakespeare verwandelt er sich in Falstaff usw.« Das sind gewiß schöne Worte, aber von einem Opernkomponisten sind uns schöne Musik doch immer noch lieber. Für die Charakteristik Boitos ist dieses philosophisch tendenzelnde Opernvorwort unentbehrlich; von dieser literarischen Seite ähnelt er ohne Frage seinem deutschen Vorbilde, dem Janus von Bayreuth.

Wie ich es für eine Tollheit halte, den Komponisten Boito neben Wagner zu nennen, ebenso – jetzt werden mich die Wagnerianer kreuzigen – dünkt es mich eine Vermessenheit, seinen ›Mefistofele‹ dem ›Faust‹ von Gounod gleich- oder gar überzustellen. Die Wirkung dieser Oper ist freilich allerorten durch zwanzigjährige maßlose Abnützung jetzt so sehr abgeschwächt, daß vielleicht mancher ihr nicht mehr ganz gerecht zu werden vermag. Das nimmt dem Werke nichts von seinem Werte und nichts von der Tatsache, daß es in Frankreich, Italien und Deutschland als ein lichter Stern an dem verzweifelt finsteren Theaterhimmel aufging. Aus voller Überzeugung war ich für Gounods ›Faust‹ in die Schranken getreten zu einer Zeit, da angesehene Kritiker das Werk als eine freche Verhöhnung Goethes brandmarkten und seine Aufführung den deutschen Bühnen zum Verbrechen anrechneten. Ohne den Franzosen verleugnen zu können, noch zu wollen, offenbarte doch Gounod in seiner Musik so viel dem deutschen Sinne Verwandtes, daß sein Erfolg in Deutschland vollkommen begreiflich erschien. Die Schwächen des ›Faust‹ sind darum nicht verkannt worden; sie liegen teils in einigen notgedrungenen Konzessionen an die Pariser Oper, teils in den Grenzen von Gounods mehr zartem als energischem Talent. Die Volksszenen im zweiten Akt von Gounods ›Faust‹ mit dem lebensvollen Finale, der Monolog Gretchens am Spinnrad, das Quartett in der Gartenszene und das Liebesduett, endlich Margarethens ergreifende Kerkerszene – das alles ist schöne und ausdrucksvolle Opernmusik, auch wenn man sie nicht auf der Folie einer geringeren Komposition betrachtet. Hält man sie jedoch vergleichend an die analogen Szenen bei Boito, dann erscheint ihr Wert verzehnfacht.

Aber nicht bloß Gounod, auch der vielverlästerte und wirklich nicht ganz unlasterhafte Verdi steht nach meinem Gefühl entschieden über Boito, sowohl in melodischem Reichtum und origineller Erfindung als in leidenschaftlichem, dramatischem Zug. Verdi ist für jeden deutschen Kritiker darum eine so bittere Pille, weil wir die unleugbaren Schönheiten seiner besten Opern immer wieder mit trivialen, rohen Stellen büßen müssen. Bei Boito empfinden wir die Trivialität viel verletzender, weil sie nicht naiv wie bei Verdi, sondern reflektiert erscheint und nirgends die Entschuldigung melodiöser Überkraft für sich hat. Dem angewagnerten jungen Italien ist Verdi ein durch Boito überwundener Standpunkt, ein Dramatiker, der höchstens in seiner ›Aida‹ als achtbare »Vorstufe« für den ›Mephistopheles‹ dasteht. Leider vermag ich trotz aller Aufmerksamkeit im ›Mephistopheles‹ nicht eine Szene zu entdekken, die sich den Glanznummern des ›Trovatore‹, der ›Traviata‹, des ›Ballo in maschera‹ oder der ›Aida‹ gleichstellen ließe.

Der sensationelle Erfolg Boitos in Italien erklärt sich aus zwei Faktoren, die an sich beide natürlich und wohlberechtigt sind: einmal aus dem uns allen eingeborenen Bedürfnisse nach Neuem in der Kunst, sodann aus der immer entschiedeneren Wendung der italienischen Musik vom Melodisch-Gefälligen zum Dramatisch-Charakteristischen. Wir können selbst mit Mozart und Beethoven nicht auslangen für alle Zeit; neben diesem sicheren Besitze ist uns die ewig erneuernde Triebkraft der Produktion unentbehrlich. In der Oper, als der gemischtesten Kunstgattung, vollzieht sich der Verbrennungsprozeß am raschesten, treibt das Bedürfnis nach Neubildungen am stärksten – und wieder stärker in Italien, dem Lande der schönsten, aber vergänglichsten Melodienblüten, als in Deutschland. Mit Anfang der dreißiger Jahre war man übersättigt von Rossinis glänzenden, aber seelenlosen Bravourarien. Die Sehnsucht nach tieferer Empfindung mußte erwachen; Bellini stillte sie, indem er nach den glitzernden, geschmückten Puppen Rossinis wirkliche Menschen auf die Bühne brachte – Menschen, die wahres Gefühl in nur allzu tränenreichen Melodien ausströmten. Donizettis weniger ursprüngliches, aber äußerst bewegliches Talent kombinierte gleichsam Rossinis und Bellinis Stil, die beiden in lebendigem dramatischem Ausdruck häufig übertreffend. Verdi, eine weit energischere, in ihrem Pathos naive Natur, entzündete in der italienischen Oper ein bisher fremdes, wildes Feuer und steigerte alle in Donizetti schon anklingenden gewaltsamen Elemente zu packendstem Effekt. Doch behielt er noch die alte Opernform mit ihren Arien und Duetten bei und wahrte, trotz mancher harmonischen und instrumentalen Bereicherung, der *Melodie* ihr oberstes Recht. Nun drang Wagners ›Lohengrin‹ nach Italien und machte rasch Propaganda.

Es hat etwas fast komisch Seltsames, daß Italien, welches den ›Don Juan‹ und ›Fidelio‹ rein verschlafen hat, sich für deutsche Opernmusik erst an Wagner begeistert. Die Tatsache steht fest. Mit der zündenden Wirkung auf das Publikum übt Wagner immer auch eine ansteckende auf die komponierende Jugend aus. Fast mit Naturnotwendigkeit mußte irgendein »italienischer

Wagner« aufstehen. Boito ist der erste Italiener, der mit vollem Bewußtsein Wagner nacheifert, statt der traditionellen Arien und Duette die freie Szenenform einführt und nicht der Melodie, sondern der charakterisierenden Orchesterbegleitung im Dienste schärfster dramatischer Akzente die größere Wichtigkeit zugesteht. Durch die Art seines Talentes Verdi verwandt, durch sein Bestreben Wagner, nimmt Boito zwischen diesen beiden sich den Rücken kehrenden Meistern eine bedenkliche Stellung ein. Unbeabsichtigte oder beiläufige Anlehnungen an Wagner finden wir in den meisten Opern des letzten Dezenniums; welcher Mißwachs aus direkter Nachahmung Wagners, und zwar des Nibelungenstils, entsteht, lehrt uns vorläufig nur die Oper ›Agnes Bernauer‹ des jüngsten deutschen Wagnerchens: Felix Mottl. Ein *italienischer* Nachwagner ist in gewisser Hinsicht besser daran; er muß, um es mit seinen Landsleuten nicht zu verderben, nach jedem Wagnerschen Anlaufe doch wieder einen Sprung zurückmachen in die handgreifliche welsche Melodie. Boito bietet dem von Verdi übersättigten Publikum statt Verdischer Verdi-Wagnersche Musik. Die Kunst gewinnt nichts dadurch, wohl aber der unmittelbare Erfolg. Und dieser Erfolg des ›Mephistopheles‹ beweist, daß Boito wirklich mit seinem Experimente die Strömung der Zeit getroffen habe; diese Strömung trägt ihn jetzt. Boitos Erfolg, auch außerhalb Italiens, beweist ferner, daß das Experiment nicht ohne Talent gemacht sein konnte. Dieses Talent Boitos ist, um es kurz zu bezeichnen, ein Talent für szenische Wirkung.

2.

Das Vorspiel der Oper behandelt Goethes ›Prolog im Himmel‹. In die Orchester-Einleitung mischen sich, noch bevor der Vorhang aufgeht, Fanfaren von Posaunen, die auf der Bühne, und zwar rechts, links und in der Mitte derselben, postiert sind. Die Dekoration verbirgt dem Zuschauer die himmlischen Heerscharen, welche hinter den Wolken ihren Gesang zum Lobe des Herrn anstimmen. Dieser Chor in E-Dur hat ein zartes melodiöses Thema, das in immer stärkeren Akkorden anschwillt und, gehoben durch das Geheimnisvolle der Szene, bedeutende Wirkung macht. Wir erfahren schon aus diesem ersten Chor sowohl die Geschicklichkeit des Komponisten in der Berechnung fremdartiger Klangeffekte als auch seine unheilvolle Passion, durch unvermittelte, oft recht häßlich klingende Akkordfolgen, durch Wechsel von Dur und Moll in derselben Phrase, durch ganze Reihen von parallelen Quinten und Querständen und ähnliche ausgeklügelte Seltsamkeiten seine Musik zu würzen. Nun wird Mephisto angekündigt durch Rauch und Wetterleuchten auf der Bühne, im Orchester natürlich durch Piccolo und Fagott, des Satans Lieblingsinstrumente. Er singt seine Ansprache an den Herrn in einem widerwärtigen, nach Humor ringenden Drei-Achteltakt-Scherzo, dem einige Orchestertakte vorangehen und das Boito wahrscheinlich deshalb »Instrumental-Scherzo« nennt. Unter einem raschen leisen Geplapper der seligen Knaben, immer auf einer Note, verschwindet Mephisto, der die Wette mit dem Herrn abgeschlossen hat, und oben erhebt sich von neuem der unsichtbare Chor der Engel, durch das Fortissimo des Orchesters und Orgel- und Posaunenklänge auf der Bühne zur höchsten Schallkraft gesteigert. Dieses Vorspiel im Himmel scheint mir das Originellste in der ganzen Oper. Obwohl es in dem Gesange des Mephisto schon die ganze musikalische Häßlichkeit dieser Rolle ankündigt und in den Chören mehr durch geschickt kombinierte Klangeffekte als durch Ideen selbst wirkt, schafft es doch etwas in seiner Art Neues, Überraschendes, dessen fremdartig mystischem Eindruck man sich nicht entziehen kann.

Der erste Akt bringt den Spaziergang am Ostersonntag: Die verschiedenen Spaziergänger-Gruppen und ihre Gespräche aus Goethe, dazu Chorgesang und Tanz. Die Musik, mit einem kolossalen Glockenspiele beginnend, jagt in fortwährendem wildem Takt- und Tonartenwechsel alle Mächte des Orchesters zu verwirrendem Getöse auf. Zum Glück zieht auf der Bühne ein so rascher Wechsel farbiger Bilder vorüber, daß wir, mit dem bloßen Schauen vollauf beschäftigt, auf die Musik kaum aufmerken. Diese umflutet nur wie ein gestaltloses, ausgelassenes Element die Szene; es könnte mit gleichem Instrumental-Aufwande ebensogut auch etwas ganz anderes im Orchester gespielt werden. In diesen Volksszenen erfreut nur das walzerartige Chorlied »der schönste der Jungen« durch gesunde Heiterkeit, es hat doch musikalischen Atem – eine Zeitlang, denn bald fliegt dieser Atem fieberhaft und schnappt nach den grellsten Rhythmen und Modulationen. Das Volksgetümmel schweigt einen Augenblick; Faust erscheint an der Seite Wagners: »Vom Eise befreit sind Strom und Bäche« – es gibt mir einen Stich ins Herz. Diese Stelle, eine der herrlichsten, die Goethe gedichtet, ist mir und wohl Tausenden ein Heiligtum; solange ich zurückdenken kann, schlage ich sie an jedem Ostersonntagmorgen auf wie ein Gebet. Und nun kommt dieser Boitosche Operntenor und singt mir die Götterworte auf eine süßliche, dem Badechor in den ›Hugenotten‹ anklingende Melodei vor! Wenn ich vielleicht gegen einzelne Teile des ›Mephistopheles‹ bis zur Unbilligkeit eingenommen bin, so geschieht es aus Empörung über ihr freches Anklammern an die Goetheschen Worte. Möglich, daß manche dieser Kantilenen, auf einen andern Text und nicht von Faust und Gretchen, sondern von Peppino und Peppina gesungen, mich höchstens langweilen würden. So aber wird mir dabei zumute, als würde Goethe beschmutzt... Faust erblickt den schwarzen Pudel, welchen Boito, komisch genug, in einen »grauen Bruder« verwandelt. Direktor Jahn hat ihn für Wien wieder in sein Pudelrecht eingesetzt und dem unausbleiblichen Gelächter bei der Stelle: »Das also war des *Bruders* Kern!« vorgebeugt. Wie geistlos und ungehobelt sich Boitos Musik benimmt, wenn sie leichten Konversationston anschlägt, das wolle man aus den Gesprächen der Spaziergänger und vor allem aus den Reden des Famulus Wagner in diesem Sinne entnehmen. Etwas Geschmackloseres als die angeblich charakterisierende Antwort Wagners: »Nein, ein Phantasiegebild« – in Achtelnoten stakkierte F-Dur-Tonleiter zweimal hinab und hinauf – gibt es schwerlich. Die Szene verwandelt sich in Fausts Studierzimmer. Das Arioso Fausts: »Verlassen hab' ich Feld und Au« – das Thema zur Hälfte aus der Beethovenschen ›Kreutzer-Sonate‹, zur Hälfte aus dem Liebesduett des Gounodschen ›Faust‹ zusammengesetzt – ist höchst alltäglich, aber noch ein Labsal gegen den nun folgenden Gesang Mephistos: »Ich bin der Geist, der stets verneint«, eine der kläglichsten Anstrengungen des Komponisten, dämonische Musik zu machen. Das brutale Ding gipfelt in dem Refrain: »Lachend spreche ich das kleine Wörtchen *Nein* und lache, pfeife!« Die italienischen Darsteller des Mephisto stecken dabei zwei Finger in den Mund und pfeifen wirklich; in Wien bleibt diese reizende Nuance weg, und nur das Piccolo pfeift aus Leibeskräften. Wie dann in dem liederlichen Duett-Allegro »Von dieser Stun-de« die zweite Silbe in die große Sext hinaufspringt, dazu noch von einem Triangelschlage und Piccolopfiff akzentuiert – das ist von unbeschreiblichem Eindrucke. Man könnte dieses fidele Duett Fausts mit Mephisto ohne Änderung in jeder beliebigen Operette von zwei Schusterjungen singen lassen.

Zweiter Akt: Szene im Garten von Gretchen und Frau Martha. Das kurze schlichte Orchester-Vorspiel ist nicht übel, und das Zwiegespräch zwischen Faust und Gretchen wäre es auch nicht, wenn es in irgendwelcher Operette von einem leichtfertigen Pärchen gesungen würde. Das Thema erinnert an das Strophenlied, das in Verdis ›Maskenball‹ der als Matrose verkleidete Herzog bei der Zigeunerin singt. Dahin paßt der (von Verdi ungleich graziöser rhythmisierte) scherzende Zweivierteltakt, aber zu den holdesten Reden Gretchens – das tut weh. Die beiden Paare – Faust mit Gretchen, Mephisto mit Martha – lösen einander mehrere Male auf der Szene ab und vereinigen sich dann zum Quartett – alles wie bei Gounod. Heiliger Gounod! Natürlich nimmt der »philosophische« Boito auch das Religions-Gespräch in seine Komposition auf und läßt seinen Faust den Glauben an Gott in einer wässerigen Melodie erledigen, von der ich nur seine eigenen Worte sage: »Ich habe keinen Namen dafür.« Die Szene schließt ohne jeden edleren, wärmeren Herzenston, mit einem dem bekannten Rigoletto-Quartett nachgebildeten Lacheffekt von ausgelassener Heiterkeit.

Der Gartenszene folgt unmittelbar die Walpurgisnacht auf dem Brocken. Wer immer hier davon spricht, gedenkt kaum der Musik, sondern ergeht sich in Bewunderung über die großartige szenische Ausstattung. In der Tat, so viel Teufel, Hexen, Kobolde und Irrlichter haben wir noch nie beisammen gesehen, und wie malerisch gruppiert, wie höllisch schön beleuchtet! Die Musik dazu ist nicht viel mehr als ein effektvoll arrangiertes Getöse, das von gruselndem Schauer bis zum tollsten Höllenspektakel sich aufbäumt. Posaunen und gestimmte Glocken, Trommel und Becken, Fagotte und Piccolos liefern ihre grellsten Farben, und die Farbe ist hier alles, die Zeichnung nichts. Dieser musikalische Schwefeldampf erinnert an die ›Hölle‹ in Liszts Dante-Symphonie, wobei wir keineswegs vergessen, daß Boito auf dem Theater ein weit größeres ästhetisches Recht zu solcher Freskomalerei hat als Liszt in rein instrumentaler Konzertmusik. Trotz des dürftigen musikalischen Ideengehalts ist Boitos Walpurgisnacht doch, wie der Prolog im Himmel, in ihrer Art effektvolle musikalische Dekorations-Malerei und bezeichnet die starke Seite von Boitos Talent. Als echter Dekorations-Maler wirkt der Komponist des ›Mephistopheles‹ auch viel befriedigender dort, wo er eine große Menge, als wo er den Einzelnen singen läßt. Wie im Prolog, so steht auch in der Walpurgisnacht der Gesang des Mephisto tief unter der Chormusik. Sobald dieser ein längeres Solo anhebt – das »Scherzo« im Prolog, die Anrede in Fausts Studierzimmer, das Lied von der Weltkugel in der Walpurgisnacht –, möchte man seekrank werden. Boito bemüht sich, den Mephisto eminent teuflisch singen zu lassen, jeder Note einen »stets verneinenden Geist« einzuhauchen. Hier stehen wir aber nicht bloß vor einer Grenze von Boitos Talent, sondern vor einer Grenze des musikalischen Ausdrucks überhaupt. Die Musik kann nicht schlechtweg lügen und verneinen; das absolut Häßliche jedoch, wollte man sich dessen bedienen, ist in der Tonkunst zugleich ein absolut Widersinniges. Will der Komponist den Satan singen lassen, so muß er sich zu Konzessionen an das Menschliche, was hier das Musikalische ist, entschließen; er darf den Teufel nur an die Wand malen. Gounod hat seinen Mephisto ins Humoristische herübergezogen, Meyerbeer seinen Bertram ins Sentimentale; beide sind keine vollkommenen Teufel, aber sie sind wenigstens bessere Musiker und Sänger als Boitos Höllenfürst, der mit seiner krampfhaften Diabolik parodistisch wirkt. Boito hat Fausts Ausruf: »Du Spottgeburt aus Dreck und Feuer!« offenbar als Rezept aufgefaßt und von dem ersten Bestandteil zuviel genommen.

Der dritte Akt führt uns in den Kerker zu Gretchen. Der gute Eindruck von dem schlichten, liedmäßigen Anfang ihres Gesangs wird beeinträchtigt durch die unpassenden Triller- und Bravourpassagen am Schlusse. Ihre folgenden, an Faust gerichteten Reden haben einen wärmeren Herzenston und echt dramatische Akzente. Diese Szene wirkt übrigens durch ihren Inhalt so überwältigend schmerzlich und rührend, daß sie uns im Schauspiel selbst bei mittelmäßiger Darstellung ergreift, desgleichen in der Oper auch mit unbedeutender Musik. In Gretchens Duett mit Faust wirkt der Adagiosatz in Des-Dur sehr stimmungsvoll; die Stimmen flüstern ganz leise, fast parlando, dazu ertönt im Orchester stets der Grundton Des als starkes Pizzicato auf den tiefsten Saiten zweier Harfen. Ein schöner, meines Wissens neuer Effekt. Der sich anschließende aufgeregte Allegrosatz, halb Wagner, halb Verdi, wühlt in unaufhörlichen Modulationen und enharmonischen Fortschreitungen, häuft die höchsten, anstrengendsten Akzente der Stimmen und die dröhnendsten des Orchesters. Von ordinärer Melodie, wirkt es immerhin »dramatisch« in jenem Sinne äußerster Überreizung, welche die feine Linie des Ästhetischen schwindelnd überspringt. Die erwähnten Stellen Gretchens im Kerker sind die innigsten, nach meiner Empfindung die einzigen wirklich innigen und rührenden in der ganzen Oper.

Auf die Kerkerszene folgt unmittelbar die ›klassische Walpurgisnacht‹ mit der griechischen Helena als Mittelpunkt. Dieser zweite Teil gilt vielfach für die bessere Hälfte der Oper; er enthält jedenfalls deren wohllautendste, sangbarste Partien. Trotzdem kann ich diesem bevorzugenden Urteile nicht beistimmen, da mir der Komponist gerade im rein Melodiösen am allerschwächsten erscheint. Boito sucht, im Großen wie im Kleinen, vornehmlich durch Kontraste zu wirken, und diese Spekulation schlägt auch hier nicht fehl. Wenn wir nach dem wüsten Hexensabbat und der grauenvollen Kerkerszene plötzlich in eine sonnenhelle griechische Landschaft versetzt werden, wo schöne Frauen, malerisch gelagert, Gesang und Saitenspiel üben, da zieht unwillkürlich eine Art Wonnegefühl in unsere Brust. Die Dekoration hat mehr Verdienst daran als die Musik. Nach einer kurzen Orchester-Einleitung, deren scheußliche Quintenfolgen wahrscheinlich »exotisch« klingen sollen, hören wir ein zweistimmiges Strophenlied (Helena und Pantalis), das, über Harfen-Akkorde leicht hingleitend, anmutig stimmt zu der herrlichen Landschaft. Von letzterer abgezogen, ist auch dieses Stückchen (das weitaus beste in dem Akt) sehr unscheinbar. Die folgende Ballettmusik klingt flach und kindisch, desgleichen die Frauenchöre, die mit ihrem monotonen Unisono altgriechischen Charakter prätendieren. Faust erscheint und wird als »schöner Mann« bewundert; er singt auch so. Seine Liebeserklärung an Helena, von einem endlosen Harfen-Präludium eingeleitet, schmeckt unsäglich fade. Nach dem zehn- bis zwölfmal wiederholten Ausruf: »Liebe! Liebe!« stürzen sich Faust und Helena in die Arme und in ein Verdisches Unisono-Duett von bemerkenswerter Gemeinheit. Nach den vielen ekstatischen hohen B und C tritt die bekannte Wagnersche »süße Ermattung« ein, das Liebespaar verzieht sich girrend in die Büsche, und der Vorhang fällt – zum Unterschiede von Wagner – »langsam«.

Der Epilog, ein richtiger sechster Akt, führt uns wieder in die Studierstube Fausts. Mit dem »schönen Manne« ist's aus; er ist wieder alt und grau und hockt gebrechlich in seinem Großvaterstuhl. Dennoch findet er in »des Traumes Phantasien das höchste Glück«, was er uns in einem schläfrigen As-Dur-Andante von allergewöhnlichstem welschem Zuschnitte mitteilt. Es ist dies das letzte von den vier Ariosos, die das ganze musikalische Kapital dieser Rolle ausmachen: der erste Monolog in der Studierstube, die Religions-Erklärung bei Gretchen, das Liebesgeständnis vor Helena und endlich diese fromme Betrachtung in extremis. Wer sich ein Urteil über die melodische Erfindungskraft Boitos bilden will, der sehe sich diese vier Kantilenen nacheinander an und entscheide, welche die armseligste sei. Wie nun Faust immer stärkere religiöse Anwandlungen bekommt, greift der um seine Wette besorgte Mephisto zu seinem beliebten Hausmittel: ein Halbdutzend verlockende Sirenen herbeizuzaubern. Aber dem Faust des letzten Aktes tun sie nichts mehr; sie verschwinden unverrichteter Sache, und Faust betet kniend, »über die Bibel gebeugt«, sein letztes Stündlein herbei. Steht das vielleicht auch im Goethe, daß Faust wie eine alte Betschwester endet? Der Himmel öffnet sich, die seligen Knaben plappern wieder ihre eintönige Sechzehntel-Psalmodie, und zum dritten Male ertönt unsichtbar der Engelchor, den wir anfangs im Prolog, dann bei Gretchens Tod vernommen haben. Ein Regen von himmlischen Rosen bedeckt den sterbenden Faust, während Mephisto, nachdem er eine der widerborstigsten Stellen seiner Rolle wiederholt hat (»Schau' um dich!«), standesgemäß unter Schwefelgeruch versinkt. Auch dieses Tableau, der offene Himmel mit seinen unzähligen großen und kleinen Engeln, ist im Hofoperntheater mit einer außerordentlichen Pracht ausgestattet und die Wirkung auf den Zuschauer so sicher wie bares Geld.

So haben wir denn Boito als einen Komponisten kennengelernt, der von den sinnenfälligsten Effekten Verdis und Wagners sich vieles geschickt angeeignet und mit spezifisch szenischem Talente zu einem in den Hauptpartien packenden Mischwerke vereinigt hat. Als Melodiker gehört Boito zu den schwächsten Erfindern, als Harmoniker zu den kecksten und geschmacklosesten. Er sucht durch die grellsten Akkordfolgen, durch atemversetzenden Takt- und Tempowechsel, durch rastloses Modulieren zu wirken. Dem Musiker wird auffallen, daß Boitos Harmonie zwischen Überladung und Dürftigkeit wechselt und die leere Zweistimmigkeit sich ebensooft in dieser Partitur breitmacht wie das betäubende Klanggewimmel. In der Instrumentierung zeigt sich Boito einmal originell und scharfsinnig, ein andermal roh und geradezu dilettantisch. Da er überall auf den Effekt hinarbeitet und diesen Effekt immer im Kontrast sucht, dabei das Häßliche nicht nur nicht scheut, sondern mit Vorliebe aufsucht und erklügelt, so mag er immerhin eine »interessante« Erscheinung heißen, eine künstlerisch edle und erfreuliche nimmermehr. Kein Zweifel, daß ›Mephistopheles‹ der modernen, in den Materialismus bereits tief hineingeratenen großen Oper noch einen weiteren Stoß nach unten versetzt.

Johann Strauß, ›Der Zigeunerbaron‹
1885

Er ist kein Zigeuner. Er ist auch nicht Baron. Wie unser Held trotzdem zu der seltsamen Titulatur gekommen – das Textbuch mag es uns erklären. Sandor Barinkay, der Sohn eines politisch kompromittierten Gutsbesitzers im Banat, war als Knabe mit seinem Vater ins Exil gewandert. Infolge einer allgemeinen Amnestie kehrt der junge Mann nach Jahren in seine Heimat zurück und wird von dem königlichen Kommissär Carnero wieder in sein Gut eingesetzt. Die Besitzung liegt verödet, ein Tummelplatz von armem Zigeunervolk. Der einzige ansehnliche Nachbar ist ein reicher Schweinezüchter namens Zsupan, dessen schöne, vornehm erzogene Tochter Arsena dem neuen Gutsherrn sofort ins Auge sticht. Sie weist jedoch seine Werbung schnöde zurück und heißt den Freier nicht eher wiederkommen, als bis er wenigstens Baron geworden. Erzürnt und gelangweilt von dieser falschen Noblesse, findet Barinkay um so schneller Gefallen an der urwüchsigen Zutraulichkeit der Zigeuner, die ihn umringen und zu ihrem Wojwoden ausrufen. Er nimmt diese Würde an und ist nun wenigstens ein – Zigeunerbaron. Zugleich fühlt er sich von der Schönheit und schlichten Herzlichkeit eines Zigeunermädchens, Saffi, so mächtig angezogen, daß er sie ohne weiteres zu seiner Frau erwählt. Im zweiten Akte sehen wir Barinkay nach dem Schatze graben, den einst sein Vater unter altem Mauerwerk heimlich geborgen hatte. Wirklich fördert der Glückliche einen Haufen Geschmeide und eine mit Dukaten gefüllte Kassette zutage. Der fatale Kommissär will ihm den Prozeß machen wegen Verheimlichung des kostbaren Fundes – da erscheint zu rechter Zeit der Obergespan des Komitats, Graf Homonay, mit seinen Husaren und wirbt Kriegsvolk für Österreich. Barinkay, schnell bereit, liefert seinen ganzen Schatz an die Kriegskasse und läßt sich samt seinen Zigeunern anwerben. Der dritte Akt spielt vor den Toren Wiens und ist eitel Lust und Fröhlichkeit. Die Truppen kehren siegreich zurück; Barinkay wird um seiner patriotischen Verdienste willen zum wirklichen Baron erhoben und mit seiner Saffi, die sich inzwischen als eine Paschastochter entpuppt hat, vereinigt.

Wer Jokais allerliebste kleine Erzählung ›Saffi‹ gelesen hat, der verwundert sich wohl mit uns über die Wahl derselben zu einem Operntext. Eine Menge reizender Einfälle drängen sich in dieser mit behaglichem Humor und der Naivität eines Märchenerzählers vorgetragenen Geschichte; für das Theater sind sie jedoch unverwendbar. Wie anschaulich malt Jokai gleich anfangs die türkische Paschawirtschaft in Ungarn und das versumpfte, verödete Dorf, in welchem nur noch der Pfarrer und eine alte Zigeunerin hausen. Wie rührend einfach erzählt er dann die traurige Jugend des kleinen, mit seiner Mutter exilierten Barinkay. »Die verlassene Frau lebte kurze Zeit von den veräußerten Armspangen und Ohrgehängen, und als alle Fäden gerissen waren, sang sie in Kaffeehäusern. Es war ein trauriger Erwerb. Später nahm sich ein arabischer Straßenkünstler der armen Frau an. In Gesellschaft dieses Tausendkünstlers bereiste sie Rumänien und Bulgarien. Der kleine Sohn wuchs heran, und der Jongleur nahm ihn sofort für seine Kunst in Beschlag. Er unterrichtete ihn, lehrte ihn die Meisterstücke, Kröten und Affen darzustellen, auf den Handflächen spazierenzugehen, mit den Zehen seiner Füße die Ohren zu kratzen, Feuerbrände und Schwerter zu schlucken und noch ähnliche nützliche Dinge. Der Jongleur brach sich eines Tages den Hals – die Firma wurde aufgelöst. Die Frau errichtete nun einen wandernden Kaffeeschank. Der kleine Jonas war recht geschickt, und nun lebten beide wieder anständig.« Das alles geht für das Theaterstück verloren; ebenso die ergötzliche Schilderung der kapriziösen Arsena, die jeden sich ihr vorstellenden Freier auf die raffinierteste Weise peinigt. »Das Fräulein besaß einige Lieblingstiere, welche nur dazu da waren, um den Besuchern so unangenehm als möglich zu werden. Ein großer Hund machte immer den Scherz, seine Vorderpfoten auf die Schultern der Gäste zu legen, ihnen in die Augen zu glotzen und sie zu belecken. Ein bunter Teufel flog unterdessen auf den Kopf des Ankömmlings, schrie ihm allerlei Schimpfworte ins Ohr und kreischte wie toll, und wehe demjenigen, der muckste.« Als Erfrischungen läßt das Fräulein veritable Maikäfer servieren und dazu kochend heißes, mit Pfeffer gewürztes Getränk. Barinkay ist durch seine Erziehung gegen dies alles gefeit: er stopft sich den Mund voll Maikäfer (obgleich er Heuschrecken vorzuziehen behauptet), leert das kochende Pfeffergebräu auf einen Zug und schluckt zum Überfluß noch die glühende Kohle dazu. Auf seinen Aberglauben spekulierend, schleicht sich Arsena sogar um Mitternacht in weißen Leintüchern als Gespenst in das Schlafzimmer des Gastes. Dieser hat die plötzliche Eingebung, sich auf die Hände zu stellen und mit nach oben gerichteten Füßen der Erscheinung entgegenzugehen. Das Gespenst schreit auf und entflieht mit Zurücklassung eines Pantoffels.

Von solchem lustigen Beiwerk wimmelt die Erzählung Jokais; entkleidet man sie dessen, so behält man einen recht dürftigen Kern in Händen. Für eine dramatische Bearbeitung blieb nicht viel mehr von Jokais Novelle als die Rückkehr des jungen Gutsherrn und die Auffindung des Schatzes. Nicht einmal der lustige Schluß der Erzählung war zu verwenden: er spielt an der Hoftafel Maria Theresias, welche eigentlich durch ein lateinisches Wortspiel den Knoten der Verwicklung löst.

Daß der phantasiereiche Novellist Jokai ein sehr fragwürdiger Dramatiker sei, das haben erst kürzlich sein ›König Koloman‹ in Wien, seine ›Schwarzen Perlen‹ in Pest dargetan. So überließ er denn auch bald die von Strauß gewünschte Dramatisierung des ›Zigeunerbarons‹ Herrn J. Schnitzer, welcher sich dieses häkeligen Auftrages mit Geschick entledigt hat. Ein besonders spannendes Interesse läßt sich seinem Libretto freilich nicht nachrühmen; allein in der Operette sind wir heutzutage schon zufrieden mit einer vernünftigen, logisch entwickelten Handlung, die auf einem bestimmten, realen Boden uns wirkliche Menschen vorführt, an denen wir Anteil nehmen können. Das scheint so wenig und ist doch so selten geworden. Der Zigeunerbaron bewegt sich durchaus auf volkstümlichem Boden, er bringt charakteristisch nationale Figuren und schafft Situationen, deren malerische und musikalische Wirkung von vornherein gewiß ist. Der gesprochene Dialog breitet sich mitunter etwas geschwätzig aus; die Gesangstexte hingegen rühmen sich glücklicher Reime und musikalischer Schmiegsamkeit. Neben dem Sinnlosen ist auch das Schamlose, diese Lieblingswürze der meisten Operetten, vollständig verbannt aus dem ›Zigeunerbaron‹. Dieser verschmäht sogar die üblichen liberalen Ballettschaustellungen, die Paul Lindau mit dem treffenden Motto charakterisiert: Das ewig Weibliche zieht sich nicht an.

Ein wesentliches Bedenken erregt uns nur die opernhaft tragische Wendung am Schlusse des zweiten Aktes, daß der Zigeunerbaron, als er hört, Saffi sei eines Paschas Tochter, sich dieser Hoheit nicht mehr ebenbürtig, nicht mehr würdig fühlt und sein vor Schmerz zusammenbrechendes Weib ohne weiteres verläßt. Das ist eine ganz unwahre Empfindung, ein widerlich falsches Sichaufgeben, das uns plötzlich aus der Stimmung wirft und unsere Sympathie für den bisher so liebenswerten

Gutsherrn erkältet. Eines solchen bornierten Komödien-Edelmutes wäre Jokais Barinkay gar nicht fähig; es fällt ihm in der Original-Novelle auch gar nicht ein, sich von Saffi zu trennen. Diese schielende Wendung zieht obendrein die Musik ins Mitleiden. Das zweite Finale würde nämlich ohne jene eingesprengte Tragik in einem fröhlichen Zug dahinrauschen, und wir könnten den reizenden Schlußwalzer, wie es sich gehört, ohne moralischen Zwiespalt genießen. So aber schneiden die Schmerzensrufe des jungen Ehepaares wie scharfe Messer hinein und vernichten die einheitliche Wirkung des ganz auf ungebrochene Fröhlichkeit angelegten Finales. Der Zigeunerbaron sollte nur aus demselben Motiv wie seine Kameraden ins Feld ziehen: aus Patriotismus, und seine Saffi darf er nicht deshalb verlassen, weil sie die Tochter eines lumpigen Paschas, sondern weil er der Sohn einer tapferen Nation ist.

Und nun zu der Musik. Im ›Zigeunerbaron‹ offenbart sich ein neuer Fortschritt des Komponisten in Bewältigung größerer Formen, in feiner und charakteristischer Behandlung des Dramatischen. Die längere Arbeitszeit, die sich Strauß diesmal vergönnte, hat zum Vorteile des neuen Werkes ausgeschlagen: es ist auf das sorgfältigste ausgeführt. Dabei hat die Musik zum ›Zigeunerbaron‹ sich jene unaffektierte Natürlichkeit und gesunde Naivität erhalten, welche uns als Hauptmerkmal und Kardinalvorzug der Straußschen Musik erscheint. Es ist alles echt und natürlich empfunden, die Empfindung mit einfachen Mitteln wiedergegeben und die Charakteristik nirgends ins Bizarre, Unschöne verzerrt. Ungezwungen, frisch und gefällig fließt die melodische Erfindung; daß sie überraschend Neues, ganz und gar Originelles biete, möchte ich nicht behaupten. Manche Melodien erinnern an bekannte frühere Tanzweisen von Strauß; doch ist es immer sein eigenes Kapital, das er mitunter zu einer kleinen Anleihe heranzieht. Das unterscheidet ihn gar sehr von unseren übrigen Operetten-Komponisten, welche – oft in ihren erfolgreichsten Nummern – Strauß imitieren, wo nicht annektieren. Strauß verliert auch im ›Zigeunerbaron‹ niemals seine ausgeprägte Individualität, er bleibt von Anfang bis zu Ende unverkennbar er selbst, und das bedeutet schon ein Verdienst. Man bleibt nicht ewig junge Fledermaus; das glänzendste Talent muß für die spät erlangte Reife und Kunstsicherheit etwas abgeben von der ehemaligen Jugendfülle. »Genug an dem« (würde Zsupan sagen), daß Strauß auch im ›Zigeunerbaron‹ sich eine Frische bewahrt hat, die nach einer dreißigjährigen schöpferischen Tätigkeit geradezu erstaunlich ist, und daß er, wenn auch manchmal an Früheres, doch nie an Abgeschmacktes oder Fremdes erinnert.

Mit lebhaftem Interesse wird man im ›Zigeunerbaron‹ beobachten, wie Strauß manchen an sich unbedeutenden musikalischen Gedanken durch den Reiz einer charakteristischen Instrumentierung zu heben weiß. Man höre gleich den ersten hinter der Szene gesungenen Schifferchor; mit einer anderen, etwa in Sechsachteln fortwiegenden Begleitung würde er sehr hausbacken klingen, so aber gewinnt er bloß durch die einzelnen nachdrücklichen Akzente der Hörner und Kontrabässe einen vornehmen Klang und eigentümlich idyllischen Ausdruck. Man achte ferner auf die zarte, wie hingehauchte Orchesterbegleitung zu den melodramatischen Szenen der Zigeunerin im ersten Akte, auf das schwermütige Oboe-Solo zu Anfang der Ouvertüre, auf den reizenden Effekt der um die Singstimme sich schlängelnden Solo-Violine bei der Prophezeiung: »Bald wird man dich viel umwerben!« Die Couplets des »Schweinefürsten«, der Chor vom Hochzeitskuchen u.dgl. sind auf bequeme Polka-Melodien gebaut, die keinen anderen Anspruch machen, als die Worte in flottem Rhythmus vorwärts zu bringen. Sehr graziös heben sich die Strophen der Arsena heraus: »Ein Falter fliegt ums Licht«. Von da an beherrscht der ungarische Musikcharakter fast unbeschränkt den ersten Akt. Das Lied der Saffi in d-Moll (»Habet acht vor den Kindern der Nacht!«) überschlägt von düsterer Melancholie in wilden Ungestüm; ein charakteristisches Stück Zigeuner-Romantik. Effektvoll ist der czardasartige Huldigungschor der Zigeuner; nicht minder das nur allzu pathetisch sich überbietende Finale. Im zweiten Akte tritt das sentimentale Element sehr stark in den Vordergrund. Das Liebesduett ist musikalisch mit ziemlich wohlfeilen Mitteln bestritten und gipfelt leider in einem verzückten Unisono von erprobter Banalität. Viel überzeugender klingt der Jubel über den glücklich gehobenen Schatz, ein warm pulsierender Walzer in G-Dur – echter Strauß! Auch die Orchestrierung hat den unnachahmlich Straußschen Klang:

Bratschen und Klarinetten begleiten murmelnd in der Tiefe die ersten vier Takte des Walzers, mit dem fünften fallen die Flöten von hoch oben lachend drein. Als zarter Lyriker erweist sich Strauß in dem poetisch empfundenen Duett mit Chor: »Der Dompfaff hat uns getraut.« Zwei frische Musikstücke folgen nun in wirksamem Kontraste gegen die vorhergehenden empfindsamen Andantes: das echt volkstümliche Werbelied: »Her die Hand!« und der Schlußwalzer: »So voll Fröhlichkeit« – abermals ein Original-Strauß von der besten Sorte. Das tragische Intermezzo, das diese »Fröhlichkeit« störend unterbricht, habe ich bereits erwähnt; es verschuldet, daß das breit ausgeführte Finale sich in die gefährlichste Nähe der Großen Oper verirrt und obendrein die Sänger zu einer peinlichen Überanstrengung ihrer Stimmittel verleitet. Im dritten Akte zieht sich die Musik bescheiden zurück hinter die jetzt völlig freigelassene Heiterkeit des Wortes und der Situation. Nach einem recht niedlichen Strophenlied der Arsena: »Ja, dies und das«, stürmt der siegesfrohe Zsupan im roten Seressaner-Mantel auf die Bühne, um sie zur Wonne des Publikums fortan zu beherrschen. Herrn Girardis ungarischer Schweinezüchter ist eine durchaus originelle, bis ins Detail meisterhaft durchgearbeitete Charakterfigur. Im dritten Akt namentlich wirkt Girardi unwiderstehlich, und es wäre schwer zu entscheiden, ob er in dem Gesangsvortrag des Kriegscouplets oder in der sich anschließenden Prosa-Erzählung vortrefflicher sei. Die Musik zu jenem – man verlangte sie dreimal da capo – ist das Einfachste, was man sich denken kann. Strauß beobachtet in allen für den Komiker bestimmten Couplets eine weise Ökonomie; er gibt heitere, ganz anspruchslose Musik, welche dem Worte den Vortritt und dem Darsteller weiten Spielraum gewährt. Es ist ein Vorteil des ›Zigeunerbarons‹, daß das Interesse des Hörers sich zusehends steigert und im dritten Akte wie eine hochgestiegene Rakete in sprühender Heiterkeit platzt. Während in den zwei ersten Akten pathetische und sentimentale Szenen stark retardierend wirken, wickelt sich im dritten Akte alles einheitlich, rasch und lustig ab.

Viktor Ernst Neßler, ›Der Trompeter von Säckingen‹ 1886

Das Merkwürdigste an dieser beispiellos erfolgreichen Oper bleibt – ihr Erfolg. Seit ihrem ersten Debüt (1884), also in kürzester Frist, ist sie in ganz Deutschland heimisch geworden. Ein noch so wohlwollend ausposaunter Premierenerfolg in einer einzelnen deutschen Stadt hat wenig zu bedeuten; er ist sehr häufig nur der Anfang des Endes. Anders schon, wenn die Novität in vielen Städten entschieden einschlägt und überall ihre Wirkung nachhaltig bewahrt. In so einer Oper muß jedenfalls eine populäre Kraft, ein siegreiches Etwas stecken, das weit über Lokalbedingungen hinauswirkt. Und dieses Etwas herauszufinden, muß auch derjenige sich nicht verdrießen lassen, dem persönlich das Werk mißfällt. Worin liegt nun der geheime, so unwiderstehliche Zauber dieser Oper, deren musikalische Mittelmäßigkeit doch keinem Streit unterliegen kann?

Der rein künstlerisch kaum begreifliche Triumphzug dieser Oper erklärt sich hauptsächlich aus zwei Faktoren. Der eine ist die außerordentliche Beliebtheit von Scheffels poetischer Erzählung, welche nicht bloß den Stoff, sondern auch die Liedertexte zu Neßlers Oper geliefert hat. Dieser Komponist konnte nichts Gescheiteres tun, als sein bescheidenes Licht auf den Scheffel zu stellen, wie ein Wortspiel Paul Heyses von unseren neuesten Lyrikern lautet. Allein er brauchte außer diesem poetischen Alliierten noch einen ganz exquisiten musikalischen, und das ist der »sentimentale Trompeter«. Unter diesem Titel schrieb einst Ferdinand Hiller eine launige Jeremiade über die wachsende Herrschaft der Flügelhorn- und Trompeten-Solos, welche in allen Gartenkonzerten die Wonne des Publikums bilden. Durch Neßlers Oper ist der »sentimentale Trompeter« auch die Wonne des deutschen Theaterpublikums geworden. Neßlers Stil biegt zur guten alten Zeit zurück und erinnert zumeist an Lortzings Manier, ohne nebenbei Anklänge an Flotow, Weber, Marschner zu verschmähen. Die gesprochene Prosa ist verbannt und hat – vielleicht das einzige Moderne im ›Trompeter‹ – einer halb ariosen, halb rezitativischen Konversation

Platz gemacht, in welcher wir manche Wendung aus den ›Meistersingern‹ wiedererkennen. Die Strophenlieder, neben den Trompeten-Solos die stärkste Anziehungskraft der neuen Oper, halten sich in dem bequem ausgefahrenen Geleise der Gumbert-Abtschen Empfindsamkeit, die Männerchöre schwimmen in Bier- und Liedertafelfreuden.

Damit sollen dem ›Trompeter‹ keineswegs alle Vorzüge abgesprochen sein. Etwas Gutes muß, wie gesagt, in jedem Werk stecken und steckt in jedem Werke, das in den verschiedensten Städten einen allgemeinen, aufrichtigen und dauernden Beifall erringt. Eine große populäre Wirkung hat stets ihren zureichenden Grund und deutet auf irgendeinen reellen, wenngleich mit schlechten Elementen verquickten Vorzug. Dieser Vorzug Neßlers ist die Rückkehr zu einfacher übersichtlicher Form, zu vorherrschender Gesangsmelodie, zu natürlichem, gemütlichem Ausdruck. Der Komponist hat mit dieser musikalisch reaktionären Idee sein Glück gemacht; sie könnte auch zum Glück für die deutsche Oper werden, wäre sie von einem reicheren Talent, einem größeren Künstler ausgeführt. Ihre stärkste Wirkung übt die Oper in dem Abschiede Werners von seiner trostlosen Geliebten. Das Lied selbst ist von ziemlich alltäglicher Erfindung, aber es trifft – vereint mit der rührenden Situation und den herzlichen Worten Scheffels – das deutsche Gemüt an seiner zugänglichsten Stelle. Wenn Werner mit schmelzender Baritonstimme den Refrain singt:

»Behüt' dich Gott! es wär' zu schön gewesen,
Behüt' dich Gott! es hat nicht sollen sein!«

so geraten die Schnupftücher der Frauen in verdächtige Bewegung, und selbst Männer von musikalisch exklusivem Geschmacke tun, als wenn ihnen etwas ins Auge gefallen wäre. Woher diese Wirkung? Ich erinnere mich aus einem Reisebriefe des Dichters Immermann (im zweiten Bande der Putlitzschen Ausgabe) einer charakteristischen Stelle, die ungefähr Antwort gibt auf obige Frage. Immermann sieht in Linz im Theater Kotzebues Schauspiel ›Die Unvermählte‹; die Leute weinen dabei und er auch. »Diese Unvermählten«, schreibt Immermann, »ist eine Art Iphigenie im schwarzseidenen Überrock, und ein recht gutes Stück, trotzdem daß es Kotzebue geschrieben. Übrigens brauche ich nicht einmal ein so gutes Stück, um bei Kotzebue zu weinen. Ich weine in den ›Stricknadeln‹, in ›Menschenhaß und Reue‹, worin habe ich nicht schon sonst geweint? Es gibt in jedem Menschen einen Punkt, der zum Pöbel gehört, diesen Punkt in mir trifft Kotzebue jederzeit mit Sicherheit. Der Aristokrat in mir detestiert den Mann, aber der Plebejer läßt sich von ihm rühren.

In Scheffels poetischer Erzählung sind die tatsächlichen Vorgänge überaus schlicht und dürftig, die handelnden Personen nur drei an der Zahl (der Freiherr, seine Tochter und Werner); die ausgeführten Landschaftsbilder, Märchen und lyrischen Exkurse erscheinen unbrauchbar für theatralische Verwertung. Ja, die Mühe des Opern-Librettisten war auch nicht gering. Fürs erste mußte er eine Anzahl Personen hinzudichten: eine halb komische, halb boshafte Gräfin Wildenstein; einen angeblich humoristischen alten Haudegen Conradin, welcher, bis auf die Gicht, dem weinseligen Freiherrn vollständig gleicht; endlich, um das Kleeblatt der graubärtigen Eisenfresser vollständig zu machen, einen polternden Grafen Wildenstein. Dieser führt seinen Sohn Damian als Freier mit, ein abgeschmacktes Buffo-Tenörchen, gegen welches sein Vorbild Prinz Paul in der ›Großherzogin von Gerolstein‹ wahrhaft erhaben dasteht. In Scheffels Gedicht spielt freilich noch eine höchst liebenswürdige, aber nicht recht bühnenfähige Persönlichkeit mit: der Kater Hiddigeigei, der, gleich dem griechischen Chor, aus ironisch überschauender Höhe die tiefsten Gedanken über das um ihn Vorgehende ausspricht. Vielleicht läßt noch eines Tages ein dritter kühner Komponist, der sich zu Richard Wagner verhält wie die Katze zum Lindwurm, den weisen Hiddigeigei durchs Sprachrohr singen. Nächst dieser Komplettierung des Personals lag die größte Schwierigkeit für den Librettisten in der nötigen Ausdehnung der Handlung auf die Länge eines ganzen Theaterabends. Mit übermenschlicher Kraft häuft er einen langweiligen Monolog, ein endloses Gespräch auf das andere. Da dies alles nicht zureichte, griff er schließlich zu dem heroischen Auskunftsmittel, an unpassendster Stelle ein allegorisches Festspielballett: ›Prinz Waldmeister und Prinzessin Maiblume‹ einzuschalten, das kein Mensch versteht, das aber sehr lange dauert.

Ein ›Vorspiel‹ führt uns den jungen Werner vor, wie er im Burghof des Heidelberger Schlosses inmitten der Studentenschaft singt, zecht, rauft und endlich relegiert wird. Hierauf bringt der erste Akt den ›Fridolins-Tag‹ mit der ländlichen Prozession. Die Tochter des Freiherrn, Margarethe (in der Oper »Maria« umgetauft), und ihre Tante werden vor der Kirche von aufrührerischen Bauern bedroht, aber von Werner tapfer beschützt. Den alten Freiherrn sehen wir erst in der nächsten Szene, wo er, im Lehnstuhl sitzend, raucht und trinkt und uns eine ausführliche Arie über das Podagra vorträgt. Der ritterliche junge Werner wird ihm von den heimgekehrten Damen vorgestellt und tritt als Haus-, Hof- und Stabstrompeter in des Freiherrn Dienste. Der zweite Akt spielt im Schloßgarten; Werner erteilt dem Fräulein Unterricht im Gesang und Lautenspiel. Ein Liebesduett läßt nicht lange auf sich warten, wird aber beim schönsten Kuß durch das Eintreten der Gräfin schlimm unterbrochen. Der Freiherr weist den niedrig geborenen Liebhaber von Haus und Hof und proklamiert den jungen Damian feierlich als Verlobten Marias. Es folgt nun das erwähnte langwierige Maifest-Ballett und Werners bekanntes Abschiedslied. Über einer Ohnmacht Mariens fällt der Vorhang. Im dritten Akt geht es auf einmal recht wild zu. Des Steuerzahlens überdrüssige Bauern rebellieren gegen ihren Lehensherrn und belagern seine Burg. Trotz tapferer Gegenwehr sind die Schloßbewohner so gut wie verloren – da kommt, höchst unerwartet, Werner mit einigen Landsknechten herbeigeeilt und schlägt, obwohl selbst verwundet, die Bauern tapfer in die Flucht. Als man sich beeilt, seine Wunde zu verbinden, gewahrt die Gräfin auf seinem Arm ein Muttermal, woran sie Werner als ihren ehedem von Zigeunern geraubten Sohn wiedererkennt. Guter Gott, wie oft habe ich diese Wunde und dieses Muttermal schon gesehen! Könnten wir nur auch alle die Kinder einmal beisammen sehen, welche von Zigeunern für Dichter, die uns gestohlen werden können, gestohlen worden sind! Also unser Trompeter ist ein geborener Graf; er darf nun seine Maria heiraten und tut es natürlich. Aus dieser breiten Bettelsuppe schwimmen als goldene Fettaugen ein Halbdutzend Original-Lieder von Scheffel, die teils mit, teils ohne Trompete gesungen werden.

Über Neßlers Musik habe ich bereits früher einmal flüchtig geäußert, sie entbehre sowohl der Originalität als der künstlerischen Vornehmheit. Zur Beruhigung meines Gewissens habe ich neuerdings die Partitur aufmerksam durchgenommen, mit dem Bleistift in der Hand, um jedes originelle Thema, jede Äußerung einer höheren musikalischen Bildung, jeden feineren dramatischen Zug sofort zu bezeichnen. Szene für Szene, Akt für Akt war durchgespielt, und noch immer hatte ich, beim Schlußchor angelangt, keinen Bleistiftstrich getan. Höchstens daß mir irgendeine Kleinigkeit, wie das Hornmotiv, welches den Brief des Grafen Wildenstein introduziert, als hübsch auffiel. Die ganze Oper ist eben das Produkt einer beherzten Routine, ohne künstlerische Individualität, ohne innere Triebkraft, selbst ohne den Reiz geistreicher Arbeit. Ein letzter Aufguß auf bereits stark ausgekochte Melodien von Lortzing, Marschner, Kreuzer usw.

›Loan-Collection‹ hieß jüngst in der Londoner Albert-Hall eine Ausstellung verschiedener, von ihren Besitzern geliehener musikalischer Kunstgegenstände. Derselbe Titel würde für die meisten unserer deutschen Opern-Novitäten passen. Vor ihnen behauptet Neßlers ›Trompeter‹ den einen Vorzug, daß er nur von Deutschen leiht, nicht auch von Franzosen und Italienern. Das gibt ihm einen Anstrich von nationaler Gesinnung, eine gewisse Einheit des Stils, und zwar desjenigen bieder-sentimentalen Stils, welcher dem deutschen Kleinstädter so wohlig ins Herz klingt. Am auffallendsten sind die direkten Nachahmungen Lortzings, wie in der Arie des Freiherrn (»Es gab wohl eine schöne Zeit«), in dem Quartett (»Ha, da ist er!«) und dem folgenden in G-Dur (»Ei, das kam uns wohl gelegen«), ferner in Marias Andante-Satz (»Jetzt ist er hinaus in die weite Welt«) usw. Aber irgendein modernes, über Lortzing hinausreichendes Element muß doch auch darin stecken, das den heutigen Erfolg erklärt? Natürlich; man hat nicht umsonst von Jugend auf Wagnersche Opern gehört und dirigiert. Von Wagner hat Neßler das weibliche, sentimentale Element ausgebeutet und manche einschmeichelnde Phrase im ›Meistersinger‹-Stil angewendet, wie gleich bei der ersten Begegnung Werners mit Maria. Diese Mischung Lortzingscher Gemütlichkeit mit Wagnerscher Schwärmerei bildet den Grundton von Neßlers Musik, und dieser Grundton weckt heute im deutschen Publikum das sicherste Echo. Von Wagner adoptiert er die freiere, den älteren Rahmen sprengende Szenenform, die zwischen Kantilene und Rezitation schaukelnde Gesangsweise, endlich die (noch maßvolle) Einführung von Leitmotiven. Am erheiterndsten wirkt jedesmal das Trinkmotiv in Zweiviertel-Takt, ein juckendes, zuckendes Glied einer alten böhmischen – nein, der alleraltesten, allerböhmischsten Polka, das nie lange ausbleibt, da die ganze Oper hindurch schrecklich viel getrunken oder vom Trinken geredet wird. Die musikalische Form ist bei Neßler zerbröckelt, der Gesang aus lauter kleinen Stückchen zusammengesetzt. Wo der Komponist einen gemütlichen Inhalt in Liedform zusammendrängen muß, erscheint er noch am natürlichsten und gefälligsten. In das Abschiedslied Werners hat sich etwas von dem schlichten Herzton des Scheffelschen Gedichtes eingeschlichen; getragen von der rührenden Situation und einem schmelzenden Bariton ist seine Wirkung so sicher wie bares Geld. Es ist ein dankbares Lied, nicht besser noch schlechter als so viele von Kücken, Abt und Gumbert, von denen man kein Aufhebens macht. Ganz äußerlich fabriziert, gehaltlos und phrasenhaft sind hingegen alle größeren pathetischen Stücke, wie die Arie Mariens, die Ensembles im zweiten Finale u. a. Was unsere Schätzung von Neßlers Talent noch tiefer rückt, ist seine matte, hölzerne Marsch- und Ballettmusik. Ein kecker Marsch, ein feuriger Tanz gelingt doch auch dem begabten Dilettanten. Für den Gesang weiß Neßler stimmgemäß und dankbar zu schreiben, auch sein Orchester klingt gut und im ganzen effektvoll.

Von unserer Suche nach künstlerischen Vorzügen des Neßlerschen ›Trompeters‹ kommen wir also mit ziemlich leeren Händen zurück. Und dennoch? Dennoch. Neßler hat zu rechter Zeit einen glücklichen Gedanken ausgeführt: die Rückkehr zu einfach menschlichen, Ernst und Heiterkeit freundlich verbindenden Stoffen; die Rückkehr zur Herrschaft der Melodie, zu schlichtem gemütlichem Ausdrucke. Müde der prähistorischen, mythischen und orientalischen Opernsujets, zerdrückt von dem anstrengenden Genusse Wagnerscher Riesenopern, sehnte sich das Publikum längst nach einem musikalischen Ausruhen auf deutschem Boden. Neßler hat diesen Wunsch mit unanfechtbarer Ehrlichkeit erfüllt und damit sein Glück gemacht. Wir könnten uns darüber freuen, wäre im ›Trompeter‹ diese Tendenz nur mit stärkerer Individualität, mit etwas feinerem Geschmack und gediegenerer Kunst ausgeführt. Es schadet nichts, wenn ein Künstler mitunter mehr Glück als Verstand hat. Nur sollte er nicht gar zu wenig Talent haben.

Arthur Seymour Sullivan, ›Der Mikado‹

Besondere Erwähnung verdient die Operette von Sullivan: ›The Mikado‹, mit dem Nebentitel: ›The town of Titipu‹. Sie ist der größte Erfolg, den je ein englischer Bühnen-Komponist errungen hat. Zum ersten Mal am 14. März 1885 in London aufgeführt, wird der ›Mikado‹ seither jeden Abend gespielt. Mehrere Schauspielertruppen durchziehen mit diesem einen Stück Amerika; eine derselben drang bereits nach Australien, eine andere – was noch wunderbarer ist – nach Hamburg und Berlin[14]. Daß diese von lokalen Anspielungen und spezifisch englischen Späßen wimmelnde Burleske Erfolg haben könne vor einem deutschen Publikum, hätte ich kaum geglaubt. Die Tatsache besteht jedoch, und sie beweist, daß in der Handlung, in der Musik und in der Darstellung ein tüchtiger Kern von Komik stecken müsse. Das ist auch wirklich der Fall. Es mag etwa die fünfhundertste Vorstellung des ›Mikado‹ gewesen sein, der ich im Savoy-Theater beiwohnte; sie war ungemein besucht und von groß und klein herzlich belacht. Das Savoy-Theater ist ein kleines Haus in einer schmalen, finsteren und abschüssigen Seitengasse des Strand; man muß, immer tiefer steigend, sich förmlich dahin durchtappen. Sind wir aber endlich in den Zuschauerraum gelangt, so überrascht uns die unerwartete Eleganz dieses elektrisch beleuchteten Theaters sowie die verschwenderische Pracht der Dekorationen und Kostüme.

›Der Mikado‹! Der Anblick des Theaterzettels machte in uns wieder alles das rebellisch, was wir in der Schule Wunderbares von Japan gehört. Eine brennende Neugierde befiel uns, den Beherrscher dieses Reiches, den Mikado, zu sehen, dessen Merkwürdigkeit ja gerade darin besteht, daß ihn niemand sehen darf. Durch die Politik einiger diesen Herrscher Beherrschenden zu einer Art Gottheit hinaufgefabelt, ist der Mikado zeitlebens jeder Berührung mit dem Volke entrückt. Er darf sich niemandem zeigen; niemand, außer seinen Hofleuten, hat Zutritt zu ihm; nur einmal im Jahre geht er in eine Galerie, die nach unten offen ist, so daß man seine Füße sehen kann. Der Mikado, d. h. der Ehrwürdige, darf niemals die Erde berühren; will er im Bereiche seines großen Palastes frische Luft schöpfen, so heben ihn Träger auf ihre Schultern, nachdem vorher allen durch Zeichen schleunige Entfernung geboten ward. Die Kleider dieses armen, lebenslang eingesperrten Gottes dürfen nur von reinen Jungfrauen verfertigt werden, und sein Essen wird ihm jedesmal auf neuem Geschirr gereicht, das man dann zerbricht.

Wie dieses japanische Porzellan, so ist jetzt auch der göttliche Nimbus des Mikado zerschlagen durch die Frevelhände des Operetten-Dichters Gilbert und seines Komponisten Sullivan. Sie führen den erhabenen Unsichtbaren leibhaftig wie einen anderen Sterblichen vor unseren Augen spazieren, lassen ihn dummes Zeug reden und die drolligsten Sprünge machen. Dem Mikado, so lautet die Exposition des Stückes, ist es unangenehm aufgefallen, daß in der Stadt Titipu seit Jahresfrist keine Hinrichtungen vorgekommen sind. Er befiehlt, daß, wenn nicht innerhalb eines Monats jemand dort geköpft wird, das Amt des Lord Ober-Scharfrichters abgeschafft und die Stadt zum Range eines Dorfes degradiert werden soll. Darüber große Aufregung der Einwohner und ganz besonders der Minister in Titipu. Es sind deren nur zwei. Der eine davon, Ko-Ko, ein ehemaliger Schneider, ist Lord Ober-Hofscharfrichter; der andere, Pooh-Ba, »Lord High Every thing else«, d. h. Minister für alles übrige: Reichskanzler, Feldmarschall, Gerichts-Präsident, Finanzminister, sogar Erzbischof von Titipu. Ko-Ko hat sich gerade mit einem reizenden Mädchen, Yum-Yum, verlobt, das mit zwei Schulkameradinnen direkt aus dem Pensionat kommt. Nur gezwungen gehorcht sie ihrem häßlichen Vormund und Bräutigam Ko-Ko; ihr Herz gehört einem hübschen jungen Burschen, namens Nanki-Poo. Dieser, der Sohn des Mikado, ist, um der Heirat mit einer alten Hofdame zu entgehen, heimlich geflüchtet und zieht als wandernder Musikant umher, seine geliebte Yum-Yum zu suchen. Er findet sie in Titipu zu seinem Schrecken als Braut des mächtigen Ko-Ko. Aus Verzweiflung darüber will er sich töten und gerät, den verhängnisvollen Strick in der Hand, dem Ko-Ko in den Wurf. Ein Mensch, der sich den Tod wünscht – welch unschätzbarer Fund für den um ein Hinrichtungsobjekt verlegenen Ko-Ko! Inständig dringt er in Nanki-Poo, er möchte, statt sich zu henken, doch lieber sich köpfen lassen. Nach längerem Widerstreben fügt sich dieser unter der Bedingung, vorher mit Yum-Yum vermählt zu werden; einen Monat nach dem Hochzeitstag soll sein Kopf fallen. Ko-Ko, der die Ungnade des Mikado über alles fürchtet, willigt ein, und das Hochzeitsfest Yum-Yums mit Nanki-Poo beschließt ganz lustig den ersten Akt. Aber schon ziehen drohende Wolken gegen das Liebespaar heran. Der Mikado erscheint in Person, um sich von dem Vollzuge seiner Befehle zu überzeugen. Man schildert ihm mit allen grausigen Details die Hinrichtung Nanki-Poos, als ob sie wirklich stattgefunden hätte, und überreicht ihm das amtliche Protokoll, aus welchem der Mikado sieht, daß man – seinen Sohn geköpft habe. Nun soll zur Strafe Ko-Ko selbst hingerichtet werden. Er schafft glücklicherweise den lebendigen Nanki-Poo zur Stelle. Auf diesen erhebt jedoch die häßliche alte Hofdame Katisha sofort ihre vermeintlichen Ansprüche: er müsse sie heiraten. Wie da zu helfen? Ko-Ko muß nun seinerseits als Ersatzmann herhalten. Er bestürmt die Alte mit einer zärtlichen Liebeserklärung, nach welcher sie ihm mit erstaunlicher Schnelligkeit um den Hals fällt. Das Stück schließt zu allgemeiner Zufriedenheit mit zwei Heiraten und ohne die geringste Hinrichtung.

›Der Mikado‹, der sich ausdrücklich eine Burleske nennt, macht keinen anderen Anspruch, als komisch zu sein, und diesen erfüllt er auch vollständig – weniger durch den eigentlichen Kern der sehr einfachen Handlung als durch ihre drollige, lebensvolle Ausführung. Der Dialog funkelt von guten Einfällen und satyrischen Spitzen, besonders in den Gesprächen der beiden Minister im ersten Akt und den Verhandlungen mit dem Mikado am Schluß des zweiten. Die das ganze Stück rötende Passion für Hinrichtungen müssen wir wohl als einen ländlichsittlichen Charakterzug des japanesischen Regiments hinnehmen und den Verfassern noch dankbar sein, daß sie wenigstens auf das in Japan so beliebte Bauchaufschlitzen verzichtet haben. Sicherlich gehört der beispiellose Erfolg des ›Mikado‹ weder dem Libretto noch der Musik allein, nicht einmal beiden zusammen: es muß die ganz originelle, in ihrer Art einzige Darstellung der englischen Künstler hinzukommen. Gespielt wird diese Burleske mit einer drastischen Komik und mit einer Verve, die nach so zahllosen Wiederholungen etwas für uns Unbegreifliches hat. Wie in dem Lustspiel ›Die Schulvorsteherin‹ (›The Schoolmistress‹), das ich in dem kleinen Court-Theater, weit draußen in Chelsea, gesehen, so fiel mir auch in dieser Operette auf, daß die englischen Schauspieler nicht bloß in trockener Komik – welche dem englischen National-Charakter am nächsten zu liegen scheint – exzellieren, sondern auch in lebhaften Rollen durch außerordentliche Raschheit, Beweglichkeit und Elastizität sich hervortun. Man wird unwillkürlich daran erinnert, daß England das Vaterland der Clowns ist. Der Darsteller der komischen Hauptrolle »Ko-Ko«, der es zuwege gebracht, seine Augen bis auf einen schiefen, schmalen Schlitz wegzuschminken, scheint Uhrfedern statt der Gelenke zu haben; um ihn treiben alle Mitwirkenden in lustigster und dabei stets charakteristischer Lebendigkeit. Drei hübsche japanesische Mädchen, die immer zugleich, kichernd, lachend, die Köpfe zusammensteckend, hereinstürzen, bilden eine besonders originelle, dem Gedächtnis sich für immer einprägende Gruppe. Mit ihrem Fächerspiel, ihren blitzschnellen Sprüngen und Umdrehungen führen sie einen wahren Wirbelwind auf. Dabei singen die Leute alle recht gut und werden von dem kleinen Orchester diskret begleitet. Der Darsteller der Liebhaberrolle »Nanki-Poo« behandelt seine sympathische kleine Tenorstimme als Gesangskünstler von bestem Geschmack; nebenbei spielt und tanzt er mit einer seltenen Grazie und Lebendigkeit. Die Sängerin der »Yum-Yum« würde mit ihrem Gesang allein schwerlich großen Erfolg erzielen; wie sie aber ihren nach französischer Manier graziös zugespitzten Vortrag mit unablässig wechselnder Mimik, mit einem wahren Luxus plastisch schöner Bewegungen begleitet, das macht ihr keine nach. Welchen Reichtum an malerischen Motiven weiß sie dem Fächer abzugewinnen! Als Glanzpunkt dieser aus musikalischen, schauspielerischen und choreographischen Kunstmitteln so einheitlich zusammenfließenden Leistung erhob sich der Vortrag des Strophenliedes im zweiten Akte; man verlangte es dreimal zu hören; Makart hätte es zehnmal angesehen. Geradezu einzig ist das bis ins Allerkleinste genau abgestimmte, stets belebte Ensemble. Es entwickelt kaleidoskopartig eine Reihe einander ablösender Bilder und Gruppen, wie man sie niemals auf einer kontinentalen Bühne gesehen. Das Ganze mutet uns wie ein Märchen an, durchaus fremdartig, aber anziehend in seiner Eigenart, Auge und Ohr fesselnd mit seinem exotischen Reiz.

Die Musik von Sir Arthur Sullivan frappiert nicht durch hervorstechende Originalität oder geniale Züge; wertvolle Eigenschaften sind ihr trotzdem nachzurühmen. Zwanglos und natürlich schmiegt sie sich dem Worte, der Situation an, bleibt überall melodiös, lebendig und – worauf wir besonderes Gewicht legen – einheitlich im Stil. Je mehr wir von Jahr zu Jahr Anlaß haben, über die falsche Vergrößerung und Vergröberung der Operettenmusik zu klagen, die, ihr Wesen und ihre Grenzen verkennend, mit tragischem Pathos, mit Wagnerscher Instrumentierung, mit Heldentenor- und Primadonnenrollen prunkt, desto höher schätzen wir die bescheideneren Vorzüge – selbst die bloß negativen eines Singspiels wie der ›Mikado‹. Die meisten für unsere Operettentheater arbeitenden Tonsetzer scheinen vor allem zeigen zu wollen, daß sie große Opern komponieren können, und beweisen damit nur, daß sie Operetten nicht zu komponieren verstehen. An ein Wort von Berlioz anspielend, möchte ich sie mit Troubadours vergleichen, welche statt mit der Gitarre mit der Posaune auf dem Rücken das Land durchziehen. Unsere neuesten »Operetten«, die eigentlich mißratene große Opern mit zwei bis drei eingeklemmten Couplets sind, bedeuten für uns den Ruin des ganzen, in seiner Einfachheit gewiß liebenswürdigen Genres. Man hat Sullivan die Nachahmung Offenbachs vorgeworfen. Es beweist jedenfalls mehr Verstand, von Offenbach zu lernen, als ihn zu lästern. Offenbachs üppiger Melodienflor und glänzender Esprit lassen sich freilich nicht erlernen; aber was man ihm ablernen kann und soll, das sind die knappen Formen, das weise Maß, die leichte Sangbarkeit, das diskrete Orchester. In allen diesen Dingen hat Sullivan sich den Komponisten des ›Fortunio‹ zum Vorbild genommen, ohne die eigene Selbständigkeit preiszugeben. Daß der Engländer die sprühende Lebendigkeit und den prickelnden Reiz des Franzosen nicht erreicht, versteht sich von selbst – dafür erweist sich Sullivan in den mehrstimmigen Vokalsätzen als der gründlicher geschulte Musiker. Die Übung aller englischen Komponisten im Madrigal verrät sich und trägt ihre Früchte selbst in diesem Singspiel. Auch daß Sullivan ein geschulter Sänger ist – er begann seine Karriere als Sängerknabe –, gedeiht ihm zum Vorteil: die Gesangspartien sind im ›Mikado‹ so leicht faßlich und in so bescheidenem Umfang gehalten, daß sie kräftige Lungen und virtuose Technik fast ebensowenig voraussetzen wie einst die Singspiele von Adam Hiller, Monsigny und Grétry. Das Orchester unterordnet sich bescheiden dem Gesang, ohne am rechten Orte auf lebhaftere Färbung oder schärfere Charakteristik zu verzichten. Die Musik zum ›Mikado‹ ist ein Rückschritt zum älteren Operettenstil, also ein Fortschritt zum Besseren. –

Ich weiß, daß in den englischen Musikerkreisen der ›Mikado‹ nur mit Nasenrümpfen erwähnt und Sullivan wegen dieser »Offenbachiade« als ein Abtrünniger oder gar Verlorener verurteilt wird. Er hatte freilich unter ganz anderen Zeichen angefangen. Es war im Sommer 1862, als ich während eines Besuches bei Jenny Lind in Argyle-Lodges die flüchtige, nicht wiederholte Bekanntschaft Sullivans machte. Ich sah mit Otto Goldschmidt im Garten dem Kricketspiel seiner Kinder zu, als ein brünetter junger Mann zu uns trat, der mir als Mr. Sullivan vorgestellt wurde. »Geben Sie acht auf den«, flüsterte mir der Hausherr zu, »der wird noch von sich reden machen; er ist weitaus der talentvollste unter den englischen Komponisten und ist durch seine Musik zu Shakespeares ›Sturm‹ mit einem Schlage ein berühmter Mann geworden.« Sullivan hat nach dieser ›Sturm‹-Musik noch eine ansehnliche Reihe ernster Tondichtungen veröffentlicht, deren Wert und Erfolg jedoch abwärts ging und die außerhalb Englands völlig ignoriert blieben. Da warf er sich mit Mr. Gilbert, einem geschickten Librettisten, auf die Komposition komischer Operetten, und der Erfolg wendete sich ihm wieder zu. Durch den ›Mikado‹ ist er ein reicher Mann und aus dem einfachen Mr. Sullivan ein adeliger Sir Arthur Sullivan geworden. Es darf nicht verwundern, daß diese Wendung eines vordem hochstrebenden Komponisten bei seinen Kollegen eine sehr strenge Beurteilung erfährt. Trotzdem hat Sullivan in einem allerdings untergeordneten Genre etwas geleistet, was bisher keinem Engländer gelungen ist: einen ganzen Abend hindurch melodiös und lustig zu sein.

Giuseppe Verdi, ›Othello‹ Mailand, 3. April 1887

I.

Es ist an die sechzig Jahre her, daß Verdi zum ersten Male den Boden Mailands betrat. Er kam als armer Junge aus dem Dorfe Busseto, wo seine Eltern einen Kramladen hielten, und sollte durch großmütig beisteuernde Wohltäter ins Konservatorium gebracht werden. Der Direktor dieses berühmten Instituts, Francesco Basily, ein dunkler Vielschreiber, dessen Namen nur noch das Musiker-Lexikon kennt, vermochte jedoch nicht das geringste Talent in dem schüchternen Bittsteller zu entdecken und wies ihn kurzweg ab. Der greise Verdi mag sich wohl daran erinnert haben, als er jetzt in demselben Mailand sich von seinem jubelnden Volk bekränzt und gefeiert sah wie kein zweiter Künstler vor ihm. Doch nicht von der glänzenden Premiere des Verdischen ›Othello‹ habe ich hier zu berichten, sondern von einer der letzten Vorstellungen, womit die Mailänder Saison eben schloß. Das Werk wollte ich kennenlernen, nicht einem Festabend beiwohnen. Die jubelnde Begrüßung Verdis an jenem 5. Februar 1887, das festliche Zuströmen von Fremden aus ganz Europa, Tausende zitternd vor Neugierde und dann zitternd vor Entzücken – das alles war gewiß erlebenswert und mag jedem Anwesenden unvergeßlich bleiben. Ein unbefangenes Urteil jedoch gedeiht kaum in solch elektrischer Atmosphäre. Um die neue Oper mit Sammlung aufzunehmen, um zu beobachten, wie sie auf ein beruhigtes Publikum wirke – dafür, dachte ich, eignet sich eine zwanzigste Aufführung besser als die erste. Die Premiere des ›Othello‹ hat tatsächlich die ganze gebildete Welt beschäftigt. Diese allgemeine Spannung auf den

Erfolg einer neuen Oper bleibt eine merkwürdige Tatsache; doppelt merkwürdig, weil sie gerade Verdi betrifft. Daß ganz Italien den Atem anhielt, erscheint begreiflich; Verdi ist als Künstler wie als Mensch der Liebling seines Volkes und seit vierzig Jahren dessen einzig unbestrittener großer Komponist. Für Italien bedeutete ›Othello‹ eine nationale Angelegenheit; man vergaß darüber die Ministerkrise, vergaß die Niederlagen in Abessinien. Daß hingegen die vornehmsten Zeitungen Frankreichs, Englands, Deutschlands, ja Amerikas eigene Berichterstatter nach Mailand absendeten, mitten im Winter, um über den Erfolg des ›Othello‹ zu referieren, ja aktweise zu telegraphieren, das ist ein auffallendes Zeichen der Zeit. Wo hat sich Ähnliches früher ereignet? Zugestanden, daß man heute zwanzigmal schneller und leichter reist – wo hat sich vordem auch nur ein Hundertteil solch allgemeiner europäischer Erregung für eine neue Oper kundgegeben? Weber war seit dem ›Freischütz‹ der gefeiertste Opernkomponist; ist auch nur ein einziger deutscher Berichterstatter seinerzeit nach London gereist, um dessen letzte Oper, den ›Oberon‹, zu hören? Und als Spohr und Marschner in hohem Alter ihre letzten Opern schufen, sind auch nur aus den nächsten Städten Musikfreunde nach Kassel oder Hannover gefahren, dem Schwanengesang dieser trefflichen Meister zu lauschen? Selbst über Rossinis ›Tell‹ und den ›Propheten‹ Meyerbeers – Spätwerke weltbeherrschender Komponisten, von denen man das Außerordentlichste erwartete – haben wir geduldig die Berichte der Pariser Zeitungen abgewartet. »Sie wird schon zu uns herüberkommen, wenn sie etwas taugt«, so dachte man damals von jeder neuen Oper. Die Sache war früher nicht so wichtig; sie war auch nicht so selten. Wie viele fruchtbare Talente belebten nicht die Oper in Frankreich, Deutschland, Italien vom Ende der zwanziger bis in die vierziger Jahre! Welche glänzend breite Milchstraße von Novitäten im Vergleich zu den vereinzelt flimmernden Sternen am heutigen Opernhimmel! Erst mit Wagners ›Nibelungen‹ beginnt die rege Teilnahme von ganz Europa für eine neue Tondichtung. Aber man vergesse nicht die Fanfare von Zeitungsartikeln und Broschüren, welche Jahre vorher dieses Ereignis ausposaunt hatte; man vergesse nicht, daß es in Bayreuth sich keineswegs um eine »Oper« schlechtweg, sondern um ein unerhörtes »Kunstwerk der Zukunft«, um eine Revolution nicht bloß der dramatischen Musik, sondern des ganzen Bühnenwesens handelte. Was gab es nicht alles an dem Wagner-Theater anzustaunen und vier Abende lang an unerlebtem Ausstattungszauber zu bewundern! Die Anziehungskraft, die vom ›Othello‹ ausging, kann damit nicht verglichen werden; eine italienische Oper, ohne Dekorationsprunk, ohne glänzende Aufzüge oder Masseneffekte; eine einfache lyrische Tragödie, die sich auf bekanntem, bereits komponiertem Sujet zwischen drei Personen abspielt. Hier tritt nun das Verdienst Verdis erklärend ein: das Vertrauen, das er, von Werk zu Werk in künstlerischem Wollen und Können fortschreitend, überall erweckt und festgehalten hat. Jeder Erfolg heißt ihn, sich noch mehr zusammenzunehmen. Immer größer wird seine Sorgfalt in der Ausarbeitung, immer länger die Pause zwischen seinen Produktionen. Fünf volle Jahre trennen die ›Forza del destino‹ vom ›Don Carlos‹, ebensoviel den letzteren von der ›Aida‹. Die Partitur der ›Aida‹ überraschte durch Steigerung und Veredelung des dramatischen Stils wie der musikalischen Arbeit. Zu der Neigung für Verdi gesellte sich nun der Respekt, sogar »im kälteren Deutschland«. Als es verlautete, Verdi habe, fünfzehn Jahre nach der ›Aida‹, noch eine neue Oper, ›Othello‹, vollendet, da zweifelte niemand daran, daß diese einen weiteren Vorschritt bedeuten werde. Fest stand die Überzeugung, der 74jährige Verdi könne unmöglich seine rühmliche Laufbahn mit einem geringeren Werke abschließen. Man durfte etwas Eigenartiges, in seiner Art Bedeutendes erwarten. Und diese allgemeine Erwartung, so verschieden von dem sonst gegen hochbejahrte Komponisten herrschenden Mißtrauen, erklärt wohl am besten die außerordentliche Teilnahme an dem letzten, lange gereiften Werk eines Künstlers, der, nach Boitos glücklichem Ausdrucke, auf seinen eigenen Schultern immer höher und höher gestiegen ist.

›Othello‹ unterscheidet sich merklich von Verdis älteren Werken und ganz außerordentlich von dem Typus der früheren italienischen Oper. Entscheidend ist schon die Anlage des Textbuches. Es ist von Boito (dem Autor des ›Mefistofele‹) verfaßt und schmiegt sich so treu als möglich dem Shakespeareschen Original an. Das Interesse des Komponisten, sich auf eigene Faust musikalisch auszubreiten, wird darin vollständig dem dramatischen Fortgang untergeordnet. Nun vergleiche man damit das Libretto des Rossinischen ›Othello‹. Von seinem ganzen ersten Akt ist keine Spur bei Shakespeare zu finden; wir sehen Desdemona, noch als Mädchen im elterlichen Hause, von den Liebeswerbungen Rodrigos umflattert, vom Vater zur Vermählung mit demselben gezwungen, dann im letzten Augenblick zurücktretend usw. Rossinis Poet war lediglich darauf bedacht, den Komponisten, und dieser, den Sänger selbständig glänzen zu lassen. Shakespeares Tragödie wurde als herrenloses, ja als wertloses Gut behandelt. Treulich nachgebildet ist lediglich der letzte Akt, in welchem auch die Musik in dem Monolog Desdemonas – aber auch nur in diesem – sich zu ernsterem dramatischem Ausdruck erhebt. Rossini sollte aber diesen ersten Versuch, eine Oper tragisch (mit Desdemonas Ermordung) zu schließen, bald empfindlich büßen. Das italienische Publikum von 1816 brach über die grausame Schlußszene in solchen Unwillen aus, daß zu den nächsten Vorstellungen ein glücklicher Ausgang erfunden werden mußte. Desdemona beschwört eiligst ihre Unschuld. Othello wirft den Dolch weg und beide intonieren, versöhnt in glücklicher Umarmung, das (aus Rossinis ›Armida‹ herübergenommene) neckische Liebesduett: »Cara per quest‹ anima!« Ich selbst habe ›Othello‹ noch mit diesem Schluß aufführen sehen – heute wäre es einfach unmöglich. Die frivole Praxis der früheren Opern-Komponisten in Behandlung klassischer Dramen lag aber nicht etwa im Charakter der Italiener, sondern im Geiste ihrer Zeit[15]. Und im Geiste unserer Zeit liegt der jetzt allenthalben sich offenbarende Respekt vor der Dichtung. Man vergleiche die lächerliche Parodie von Shakespeares ›Romeo‹ in den Opern Bellinis oder des Deutschen Georg Benda mit der modernen Auffassung bei Gounod oder das Textbuch zu Spohrs ›Faust‹ mit dem von Gounod komponierten. Verdi selbst scheute sich in seinen ersten Opern keineswegs vor der Verunstaltung klassischer Dramen (wie ›Macbeth‹, ›Die Räuber‹, ›Kabale und Liebe‹) zugunsten der gemeinen Theaterschablone. Eines der nettesten Beispiele dieser Ungeniertheit findet sich in seinen ›Räubern‹ (nach Schiller). Amalia kommt, in tiefe Trauer gekleidet, an das Grab des alten Moor und weint daselbst in einem kläglichen

Adagio ihren Schmerz aus. Wie macht es nun der Komponist, um das zur Krönung der Arie unentbehrliche Bravour-Allegro herbeizuführen? Sehr einfach. Ein Diener stürzt eilfertig auf den Kirchhof, überreicht Amalien einen Brief, genau im letzten Akt des Jammer-Adagios; sie öffnet ihn: »Ah, von meinem Karl!« – und bricht nun in das lustigste aller Allegros aus. Daß Verdi und sein Poet sich jetzt mit Shakespeares ›Othello‹ nicht ähnliche Späße erlaubt haben, versteht sich von selbst; sie folgen den Charakteren, den Szenen, den Worten Shakespeares noch treuer als Gounod im ›Romeo‹, Ambroise Thomas im ›Hamlet‹.

Die Wahl gerade des ›Othello‹ für eine Oper scheint mir nicht besonders glücklich, oder – um mich ganz subjektiv auszudrücken – sie ist mir unsympathisch. Unter allen tragischen Leidenschaften ist die Eifersucht die am wenigsten ideale, am wenigsten musikalische; sie ist (wie sich Vischer in einer Shakespeare-Vorlesung einmal ausdrückte) eine schmutzige, klebrige Leidenschaft. Das Häßliche, das in der Musik doch nur als kontrastierendes Moment, als durchgehende Note Berechtigung findet, muß in einem solchen Stoff zu peinlicher Vorherrschaft gelangen. Eine Musik, die stundenlang zu schildern hat, wie ein kalter, tückischer Bösewicht einem bornierten Ehrenmann das Gift der Verleumdung erst in Tropfen, dann schluckweise eingibt; wie dieses Gift erst sachte, dann immer verheerender wirkt, bis es endlich zu dem offenbar gräßlichsten Mord antreibt – eine solche Musik hat eine überaus schwierige und gewiß nicht ihre schönste Aufgabe zu lösen. Jago, der im Vordergrund der Verdischen Oper steht, ist ein raffiniertes Scheusal und kaum musikfähiger als Franz Moor. Wir hassen ihn, und nach ihm nicht viel weniger den Othello selbst. Das Abwürgen der schlafenden Desdemona ist von allen Tragödienschlüssen wohl der allergräßlichste. Das dramatische Genie und die außerordentliche psychologische Kunst Shakespeares vermochten durch zahlreiche feine Züge diese Charaktere zu motivieren, auch die grauenvolle Handlung durch einige heiterer gefärbte Szenen und witzige Reden stellenweise zu erhellen. Darauf muß die Musik zum größten Teile verzichten. Verdi hat stets und ausschließlich zum Pathetischen und Tragischen geneigt; er besitzt – wie unter seinen Landsleuten nur noch Bellini, dieser italienische Spohr – gar keinen Humor, ja kaum eine Ader natürlicher Heiterkeit.

Eine Äußerung Verdis, ›Othello‹ gäbe wohl ein gutes Opernsujet, veranlaßte seinen jüngeren Freund Boito, sofort an die Arbeit zu gehen und – ein schönes Zeichen uneigennütziger Ergebenheit – das Libretto für Verdi zu schreiben, welcher es vor vier Jahren, also in seinem siebzigsten Jahre, zu komponieren begann. Boito hat sich in seiner Bearbeitung des ›Othello‹ als ein feiner literarischer Geist, als erfahrener Kenner der Bühne wie der Musik gezeigt und Verse von kräftigem Wohlklang geliefert. Viele Stellen aus Shakespeare wußte er ohne Gewaltsamkeit wörtlich einzuflechten. Leider sah er sich bemüßigt, den ganzen ersten Akt des Originals wegzulassen und die Oper mit dem zweiten Akt (Othellos Landung in Zypern) zu beginnen. Es konnte ihm unmöglich entgehen, welch günstiger Stoff für den Komponisten gerade in Shakespeares Exposition lag: die drohend anwachsende Volksmenge vor Brabantios Palast, welche nachts den Alten aus dem Schlaf poltert: »Auf! Man entführt deine Tochter!« Auch die Senatsversammlung mit der Anklage des Mohren, Othellos Erzählung und die unvergleichlich schöne Rechtfertigung der Desdemona konnten einen Tondichter verlocken. Boito hat, nach seiner Äußerung, sich und Verdi den Kopf zerbrochen, wie dieser erste Akt zu retten wäre, ohne die Oper zu lang zu machen. Die Italiener vertragen keine fünfaktige Oper (worin wir ganz ihren Geschmack teilen), und für das eigentliche Eifersuchtsdrama erschien den Autoren die in Venedig spielende Vorgeschichte – wenigstens aus dem Gesichtspunkt des Opernkomponisten – unschwer zu entbehren. Von dieser Kürzung abgesehen, ist Boito nur in der Hinweglassung der beiden Personen Brabantio und Bianca, dann in einigen bescheidenen lyrischen Zutaten von Shakespeares Tragödie abgewichen, deren Fortgang sich fast Szene für Szene in der Oper widerspiegelt. Mit gleicher Ehrfurcht und Wärme hat Verdi sich in das Drama des großen Briten vertieft, sich in die Charaktere eingelebt und seine ehemals so überlaut erschallende Stimme zu schönem Einklang mit der Dichtung abgetönt.

II.

Hast du einmal, lieber Leser, einen alten Efeustamm genau betrachtet, der sich um einen Baum oder ein Gemäuer hinaufschlingt? Seine ersten, untersten Blätter verändern gegen die Mitte des Stammes ihre Form; die zackigen Einschnitte schleifen sich ab und verschwinden gänzlich in dem obersten schlanken Blättertrieb. Es ist derselbe Stamm, derselbe Efeu, aber mit dreierlei Umbildung der Blätter. Mit diesem Bilde möchte ich auf die häufig vernommene Frage antworten, ob es denn wahr sei, daß Verdi in seinem ›Othello‹ ein ganz anderer geworden ist? Er ist derselbe geblieben, der alte unversehrte Stamm, wenngleich in der langen Zeit seines Wachsens die Blätter allmählich ihre ursprüngliche Form verändert haben. Die scharfen, herausfordernden Rhythmen und Melodien seiner ersten Periode (›Nabucco‹, ›Lombardi‹, ›Ernani‹) erscheinen schon in der zweiten (›Rigoletto‹, ›Trovatore‹, ›Traviata‹) gemildert, abgerundet; sie glätten sich vollends zu vornehmerer Einfachheit in seinen letzten Trieben, in ›Aida‹ und ›Othello‹. Wer die Entwicklung Verdis stetig verfolgt hat, der wird im ›Othello‹ ein weiteres Wachstum desselben Stammes, aber keinerlei aufgepfropftes fremdes Reis wahrnehmen, am wenigsten eines aus Bayreuth.

Daß die Musik zu ›Othello‹ »wagnerisch« sei, ist die nämliche Fabel, welche schon über ›Aida‹ verbreitet und mitunter geglaubt wurde. Im ›Othello‹ finden wir nicht eine Szene, ja nicht einen Takt, wofür Verdi dem Komponisten des ›Tristan‹ verpflichtet wäre. Hier regieren weder Leitmotive noch die unendliche Orchester-Melodie; durchwegs herrscht der Gesang, die Singstimme; das Orchester dient selbst in seinen belebtesten Momenten nur als stützende Begleitung. Das entscheidet den Streit, ob eine Musik »wagnerisch« sei. Wagnerisch in der heute allein berechtigten, eminenten Bedeutung sind ›Tristan‹, die ›Meistersinger‹, die ›Nibelungen‹ und ›Parsifal‹. In diesen Musikdramen ist die Methode der Komposition, das Stilgesetz, Wagners eigenste Erfindung, und wer sie anwendet, der hat sie von Wagner gelernt, von Wagner genommen. Von dieser Methode zeigt ›Othello‹, wie gesagt, nicht die leiseste Spur. Wenn man hingegen jede schärfere Ausprägung des Dramatischen, jede charakteristisch nachmalende Orchester-Begleitung, jede Lockerung oder Lösung der alten Formfesseln wagnerisch nennen will, dann sind es schon zur Hälfte ›Fidelio‹, der ›Freischütz‹ und ›Euryanthe‹, von Marschner, Meyerbeer, Gounod gar nicht zu reden. Das instinktive, stetige Vorwärtsdrängen vom rein Musikalischen zum charakteristisch Dramatischen liegt, auch in der italienischen Oper, im Geiste der Zeit. Diesen Geist hat Wagner im ›Holländer‹, ›Tannhäuser‹ und ›Lohengrin‹ mit starkem Bewußtsein, mit außerordentlichem Talent und Glück erfaßt; er hat ihn nicht geschaffen, er ist ihm gefolgt. Dieser gesteigerte dramatische Zug, welcher im Sinn des ›Tannhäuser‹ rein musikalische Gestaltung nur einengt, nicht beseitigt, waltet als Elektrizität in unserer ganzen Atmosphäre – das eigentlich Wagnerische bloß in den Partituren von ›Tristan‹ und den ›Nibelungen‹. Leute, die nur mit Schlagworten operieren, haben vor dreißig Jahren, als kaum noch der Name Wagner über die Grenzen Deutschlands gedrungen war, schon »Zukunftsmusik« in Verdi wittern wollen. Selbst ein ernsthafter Kritiker wie Fétis erblickte in dem (bereits 1856 aufgeführten) ›Simon Boccanegra‹ »einen Versuch in der Zukunftsmusik des jüngsten Deutschland«! Noch häufiger vernahm man später über ›Don Carlos‹ und ›Aida‹ die Behauptung, Verdi sei plötzlich unter dem Einflusse Wagners dramatisch »geworden«. Und doch konnte niemand entgehen, daß Verdi von Haus aus neben großem melodischem Reichtum ein starkes, oft bis zur Rohheit gewaltsames *dramatisches* Talent besaß. Das hat ihn ja gleich anfangs von seinen Vorgängern Rossini, Bellini und Donizetti unterschieden. Dieses dramatische Talent festigte sich zur bewußten dramatischen Tendenz, welche der Maestro, immer in den Schranken seiner nationalen Musik, seit ›Rigoletto‹ mit jedem Werke steigerte. Dabei ist Verdi stets aufrichtig geblieben und hat nur zweimal, zu seinem Nachteil, in eine Verleugnung seiner Individualität und Nationalität gewilligt: mit der ›Sizilianischen Vesper‹ und ›Don Carlos‹, fünfaktigen Tragödien, die, französisch für die Pariser Große Oper geschrieben, den schlimmen, weil schlecht assimilierten, fremdländischen Einfluß verraten. Zuletzt begegnet uns in ›Aida‹ und dem ›Requiem‹ ein musikalisch ungemein vorgeschrittener und ästhetisch abgeklärter Verdi, aber keineswegs ein wagnerisch gewordener. Über ›Othello‹ war ich bezüglich des Wagner-Märchens nach dem Durchspielen der Partitur völlig im reinen. Trotzdem gelüstete mich, zu diesen inneren Gründen auch noch äußere, tatsächliche zu fügen, und dazu gab mir der kurze Aufenthalt in Mailand hinreichende Gelegenheit. Drei mit Verdi seit Jahren intim verkehrende hochgeachtete Musiker: der Komponist Arrigo Boito, der Kritiker Filippo Filippi und der Verleger Giulio Ricordi teilten mir mit, daß Verdi keine von Wagners späteren Opern kenne. Er hat nur (in Italien) den ›Lohengrin‹ und erst in Wien 1875 den ›Tannhäuser‹ gehört, vielleicht auch den ›Fliegenden Holländer‹. Über den Eindruck, den ihm diese Werke gemacht, fiel nur die Äußerung, daß sie ihn interessiert haben. Es war mir von vornherein höchst unwahrscheinlich erschienen, daß diese so karge und späte Bekanntschaft mit Wagnerscher Musik einen Einfluß auf Verdis Stil geübt haben könne. Ganz undenkbar aber, wenn ich von einem Bekenntnis des viel jüngeren und für Wagner eingenommenen Boito auf den Geschmack Verdis zurückschließen darf. Boito erklärte es für den ärgsten Unverstand junger Komponisten, Wagner nachzueifern; »le Wagnerisme«, schloß er, »c'est la maladie de nos jours, c'est une peste.«

›Othello‹ offenbart in seinem streng dramatischen Zug eine weitere Abklärung und Vereinfachung des in ›Aida‹ herrschenden Stils. Wesentliche Verschiedenheit bedingt schon der Stoff. Während ›Aida‹ ein abwechslungsreiches und prunkvolles Schauspiel mit Tänzen, Festaufzügen und musikalischen Massenwirkungen vor uns entfaltet, konzentriert sich ›Othello‹ in einer sehr einfachen, mehr von dem Empfindungsleben der drei Hauptpersonen als von überraschenden Ereignissen bewegten Handlung. Überall trachtet der Komponist mit den einfachsten Mitteln zu wirken. Er bietet keinen Orchesterlärm auf und künstelt weniger mit seltsamen Klangmischungen als in der ›Aida‹. In der Modulation und Harmonisierung bringt er glückliche Einfälle, doch auch manche harte Fortschreitung; die Vorliebe für chromatische Akkordfolgen, für den Wechsel des Dur- und Moll-Geschlechts in derselben Tonart und ähnliches erscheint gegen früher noch gesteigert. Der Chor tritt, dem Sujet gemäß, in ›Othello‹ sehr zurück; in den zwei ersten Akten nur mäßig und dekorativ, im letzten gar nicht mitwirkend, greift er nur im Finale des dritten Aktes breit und mächtig ein. Dramatische Wahrheit und Konsequenz herrschen durchweg als oberstes Prinzip. Wie im Schauspiel gehen die Szenen ohne scharf trennenden Abschluß ineinander über; die Duette und Terzette sind, abweichend von der alten, hauptsächlich auf Zusammensingen berechneten Form, mehr Dialoge und lassen die Stimmen erst ganz am Schluß sich vereinigen. Der Gesang, wie nochmals hervorgehoben sei, bleibt überall das Bestimmende, Herrschende, aber er folgt anschmiegsam dem wechselnden Gedanken- und Empfindungsgang, den einzelnen Reden und Worten. Dementsprechend kommt selbständige, symmetrisch gegliederte Melodie viel seltener vor als das in der modernen Oper jetzt herrschende Mittelding zwischen taktmäßigem Rezitativ und Kantilene. Wortwiederholungen bemerken wir nur in den Chören und größeren Ensembles. Nicht der kleinste Tribut an Verzierungen oder glänzenden Passagen ist der Gesangs-Virtuosität dargebracht, und alle effektvoll auf hohen Brusttönen schließenden Abgänge sind von der Situation so gefordert. Den Singstimmen werden weder stimmwidrige Intonationen zugemutet noch erschöpfende Anstrengung. Die Deklamation, deren Korrektheit den Italienern sonst nicht Herzenssache ist wie den Franzosen, hat Verdi sorgfältig gewahrt und den Wechsel der mannigfachen Affekte mit ebensoviel Treue als Talent wiedergegeben.

Wenn die richtige Farbenwahl für jede Stimmung und die nachdrückliche Notation jeder Redewendung das einzige Ziel der Oper wären, so müßten wir ›Othello‹ unbedenklich für einen Fortschritt über ›Aida‹, ja für Verdis bestes Werk erklären. Diese verständnisvolle Treue gegen das Gedicht erschöpft aber nicht alle Forderungen an den Opernkomponisten. Er ist uns doch vorerst Musiker, und von diesem erwarten wir eine Musik, die im Einklang mit dem Text uns doch zugleich als ein Eigenes, Ursprüngliches und Selbständiges entgegenklingt. Er gebe uns nicht bloß das belebende Kolorit zu der vom Dichter gelieferten Zeichnung, sondern selber ein musikalisches Bild, Zeichnung und Farbe zugleich. Wir verlangen mit einem Worte vom Opernkomponisten Schönheit und Neuheit musikalischer Ideen, vor allem melodiöser Ideen. Und aus diesem Gesichtspunkte erscheint mir ›Othello‹ dürftiger als ›Aida‹, ›Traviata‹, der ›Maskenball‹. Wächst die beglückende Kraft eines Tondichters wirklich und ausschließlich mit dem Wachstum seiner Selbstverleugnung, seiner ästhetischen Ruhe, seiner technischen Gewandtheit? Wer Goethes ›Wanderjahre‹ über den ›Werther‹ stellt, der mag auch den ›Othello‹ jenen früheren Opern Verdis vorziehen. ›Othello‹ ist ein durchaus nobles, hochachtbares Werk, zudem biographisch überaus merkwürdig: ein Ehrendenkmal für die künstlerische Klärung und zusammenfassende Kraft eines am Ende seiner Ruhmeslaufbahn angelangten Volkslieblings. Verdi hat darin als Künstler erreicht, was Sophokles als das beneidenswerteste Ziel des Menschen hinstellt: »Weise werden im Alter.« Worin besteht aber in der Kunst diese Weisheit des Alters? Doch meist in negativen Tugenden: im Verzichten, Vermeiden, Selbstbeschränken. Für die Oper, diese sinnlichste aller Musikschöpfungen, ist das Weisewerden im Alter selten so gedeihlich wie das Genialsein in der Jugend. Verdis ›Othello‹, einheitlicher, gediegener und reinlicher als seine früheren Opern, atmet doch nicht mehr deren natürliche Frische und Kraft. Der Meister hat sich ein edles Ziel gesteckt, allein auf dem Wege dahin ging manches Wertvolle verloren: die Naivität, die Jugend. Und die Jugend in der Musik, das ist die Melodie. In seinen früheren Opern wußte der junge Verdi freilich oft nichts Rechtes anzufangen mit seinen Melodien – aber er hatte sie.

Ganze Nationen wie einzelne Künstler sehen wir am liebsten durch diejenigen Vorzüge wirken, welche die Natur selbst ihnen als eigenste Mitgift in die Wiege gelegt hat. Also die Italiener durch Frische und Fülle der melodiösen Erfindung. Auch in Verdis Opern trat die Empfindung stets plastisch als gestaltete Melodie an die Oberfläche. Wer kennt nicht die vielen, vielen Melodien bei Verdi, welche nicht etwa durch einen situationsfremden, bloß sinnlichen Reiz entzücken wie die geniale Buffomusik in Rossinis Tragödien, sondern zugleich echtes Gefühl mit überzeugender Kraft austönen? Sie prangen wie duftige Zentifolien, stets von mehr oder weniger Unkraut umsäumt, in Verdis früheren Opern. Im ›Othello‹ kein Unkraut, aber auch sehr wenig Rosen. Ich überhöre ebensowenig die einzelnen ergreifenden Melodien, als ich dessen ganze würdevolle Haltung unterschätzt habe. Namentlich Desdemona hat in mancher Szene Herzenstöne, Klagelaute, welche unbeschreiblich rühren. Ja, das ist die wohlbekannte warme, tief vibrierende Stimme Verdis – es ist seine Stimme, allein sie sagt uns nichts Neues. Das Liebesduett Othellos und Desdemonas schließt mit einer ausdrucksvollen Phrase, die, in der Sterbeszene als schmerzliche Erinnerung anklingend, uns doppelt bedeutsam wird; sie klingt aber auch an frühere Verdische Melodien an. Wir können dieses vielgerühmte und gewiß untadelige Duett doch kaum vergleichen mit dem letzten Duett zwischen Amneris und dem verurteilten Radames, mit dem Schlußduett in ›Aida‹ oder dem Andante des Liebesduetts im ›Maskenball‹. Auch die Stimmung, welche den vierten Akt beherrscht, die ahnungsschwere Trauer der einsamen Desdemona, hat analoge Szenen in dem früheren Verdi, so in der ›Forza del destino‹ das merkwürdige Vorspiel und der letzte Monolog Leonorens; dann im letzten Akt der ›Traviata‹, in den Andantesätzen Leonorens; im ›Troubadour‹, in dem Schlußsatz von Aidas erster Arie u. a. Wieviel unmittelbarer strömt da die musikalische Erfindung, wie können diese schmerzlich süßen Melodien uns verfolgen, auch wenn wir gar nicht an ihren Zusammenhang mit der Oper denken! Aus der ›Othello‹-Musik können wir uns keine solchen Melodienblüten als lang nachduftenden Besitz loslösen; es bleibt alles zurück im Theater. Die allgemeine Bewunderung gerade des vierten Aktes vermag ich nur in Betreff der meisterhaft gemischten Farben zu teilen, nicht auch bezüglich der musikalischen Zeichnung. Die todesbange Stimmung Desdemonas spiegelt sich mit erschütternder Wahrheit in den düsteren Klängen des Orchesters und in dem, kaum begonnenen, immer wieder abbrechenden Gesang – musikalisch läßt uns die ganze, vag zerfließende Szene recht unbefriedigt. Verdis Desdemona – in Wahrheit »pallida morte futura« wie Virgils Dido – ergreift uns mit ihrem Abschiedsgesang tiefer als die gefaßtere Desdemona Rossinis; als Musikstück aber steht Verdis Lied von der Weide hinter dem Rossinischen entschieden zurück. Für Othellos Eifersuchtsqualen findet Verdi mitunter Töne, die uns das wunderbar zutreffende Bild Shakespeares zurückrufen: »O, es schwebt um mich, so wie der Rab' um ein verpestet Haus!« Mit dem letzten Erscheinen des mordbereiten Othello streift die charakterisierende Absicht bereits an Bizarrerie: ein bloß von Bässen con sordini ausgeführtes längeres Ritornell rollt in schauerlichem Unisono auf und nieder. Dazwischen drei dumpfe tiefe Schläge auf die große Trommel, »wie drei Schaufeln voll Erde auf ein Grab«, bemerkte Boito. Die Verwendung der sonst nur als Lärminstrument bekannten großen Trommel zu schaurigen Wirkungen ist eine Idee Verdis und schon in dem köstlichen kleinen Duett Rigolettos mit dem Banditen Sparafucile verwertet. An solchen charakteristischen Zügen ist in ›Othello‹ kein Mangel. Überhaupt hört man die ganze Oper mit regem Anteil und wartet nur im Verlauf des Abends etwas lange auf ein Musikstück, das als solches neu und hinreißend wirke.

Das Libretto bietet nicht eben zahlreiche, aber doch verschiedene Gelegenheiten, Musikstücke von geschlossener Form zu bringen, von denen das dramatische Gesetz keinerlei Zersplitterung der Teile verlangt: ein Trinklied Jagos mit Chor, einen Gesang der um das Freudenfeuer lagernden Zyprioten, einen Huldigungs-Chor mit Begleitung von Mandolinen. An diesen Stücken vermißte ich, was gerade von ihnen, den einzigen heiteren Ruhepunkten in dem tragischen Gewittersturm, zu erwarten stand: Verdisches Temperament und gesundes Wangenrot der Melodie. Fast sind wir am Schluß des zweiten Aktes angelangt, ohne durch ein neues reizvolles Thema gepackt worden zu sein, da endlich intoniert Jago sein hübsches Andantino »Era la notte«, das indessen sehr stark an den Eintritt Amalias bei der Zigeunerin (im ›Maskenball‹) erinnert. Ein effektvoll aufgebautes musikalisch abgerundetes Stück, das an ältere gute Traditionen anknüpft, ist das große Ensemble am Ende des dritten Aktes, mit dem hoch über dem Chor schwebenden rührenden Gesang der Desdemona. Klangschön und ausdrucksvoll wird dieses Finale überall Wirkung machen und hat auch in Mailand trotz der bedauerlichen Unzulänglichkeit der Primadonna nicht versagt.

Tiefer in die Einzelheiten des ›Othello‹ einzugehen, scheint mir verfrüht, solange derselbe in Deutschland unbekannt und eine vergleichende Kontrolle dem Leser nicht ermöglicht ist. Auch bietet einmaliges Hören einer so umfangreichen Novität – obendrein in einer fremden und dadurch zerstreuenden Umgebung – kaum ausreichende Sicherheit für ein detailliertes Urteil. Soweit hier zu prophezeien angeht, dürfte ›Othello‹ bei uns einem Erfolge entgegengehen, welcher weitaus nicht den der ersten, doch wohl aber den der jüngsten Mailänder Aufführung erreicht. Einem deutschen Publikum wird Verdis ›Othello‹ nicht bloß durch seinen künstlerischen Ernst, seine vornehme Ausdrucksweise und dramatische Führung zusagen, auch unsere genauere Vertrautheit mit dem Shakespeareschen Original kann dem Verständnis und Erfolg der Oper nur zustatten kommen. Die deutschen Opernbühnen dürften sich bald für die Aufführung des ›Othello‹ rüsten, und sie tun wohl daran. Mag auch manche durch hyperenthusiastische Kritiken geweckte Erwartung sich nicht erfüllt zeigen, ›Othello‹ bleibt ein Werk, dem kaum einer der jetzt lebenden Opernkomponisten ein ebenbürtiges an die Seite stellen wird.

Pietro Mascagni, ›Cavalleria rusticana‹ 1891

In Italien kommen alljährlich 30 bis 40 neue Opern zur ersten Aufführung, im vorigen Jahre (1890) gab es deren sogar 54! Die meisten von ihnen rollen lautlos in ein Eckloch der Theaterstatistik, um nie wieder ans Licht zu kommen. Äußerst selten ereignet es sich, daß die Erstlingsoper eines unbekannten Komponisten auch nur im eigenen Vaterland seinen Ruhm begründet. Die bedeutendsten Tonsetzer haben sich durch mißlungene oder halbgelungene Opernversuche erst zu ihren Meisterwerken durchtasten müssen. »Die ersten Hunde und die ersten Opern wirft man ins Wasser«, pflegte Carl Maria von Weber zu sagen. Aber mehr als eine Seltenheit, ein geradezu unerhörtes Ereignis ist es, daß der *erste* dramatische Versuch eines jungen Italieners nicht nur in ganz Italien als Meisterwerk gefeiert, sondern sofort auch auf den größten deutschen Bühnen in deutscher Sprache gegeben wird. Die ›Cavalleria rusticana‹ von Mascagni ist in der Musikgeschichte das erste Beispiel eines so raschen, fast augenblicklichen internationalen Erfolges. Wie lange mußten die berühmtesten italienischen Meister auf diese Ehre warten! Rossini hatte ein Dutzend Opern geschrieben, bevor sein ›Tancred‹ über die Alpen drang. Als Bellini durch seinen ›Piraten‹, Donizetti durch ›Anna Bolena‹, Verdi durch den ›Ernani‹ in Deutschland bekannt wurden, standen sie längst in hohem Ansehen bei ihren Landsleuten. Obendrein waren ihre Opern durch die italienischen Stagiones in Wien immer auf deutschem Boden schon eingeführt und erprobt, ehe sie in deutscher Sprache förmliches Bürgerrecht bei uns erlangten. Der ›Cavalleria rusticana‹ war allerdings der Umstand sehr förderlich, daß sie bei einer Preisverteilung über siebzig Mitbewerber gesiegt hat. Dramatische Preisausschreibungen treiben meistenteils nur Mittelgut an die Oberfläche; schon deshalb, weil anerkannte Meister sich lieber fernhalten, während alle Stiefkinder des Glückes und des Talentes ihre sitzengebliebenen Partituren bei dieser Gelegenheit wieder offerieren. Es war eine neue originelle Idee des Mailänder Musikverlegers Sonzogno, nur solche Konkurrenten zuzulassen, welche noch niemals etwas für das Theater geschrieben haben. Pietro Mascagni, ein etwas leichtsinniger Bursche von 25 Jahren, befand sich in diesem Fall. Ein großmütiger Mäzen hatte den Bäckersohn aus Livorno ins Mailänder Konservatorium gebracht. Pietro langweilt das trockene Studium; er geht durch, wandert als Kapellmeister einer fliegenden Operntruppe von Ort zu Ort und bleibt endlich in dem Städtchen Cerignola als Dirigent der dortigen Stadtkapelle hängen. Das ist wichtig für seine Beurteilung. Ohne einen täglichen praktischen Verkehr mit der Bühne und dem Orchester wäre die sichere, effektkundige Technik, die sein Erstlingswerk aufweist, nicht erklärlich. Aus einem Zeitungsblatt erfährt Mascagni zufällig von der Preisausschreibung für die beste einaktige Oper. In zwei Monaten hat er seine Partitur vollendet und eingeschickt. Sie erhält den ersten Preis und wird in Rom im Teatro Constanza unter unbeschreiblichem Jubel am 18. Mai 1890 aufgeführt. Am selben Morgen noch ein Namenloser, geht Pietro Mascagni als berühmter Mann zu Bett. Noch sind kaum zehn Monate seit jener ersten Aufführung verflossen, und schon ist die ›Cavalleria rusticana‹ ein fester Bestandteil des europäischen Repertoires.

Das Libretto der ›Cavalleria rusticana‹ gehört zu den Glücksfällen des jungen Komponisten. Die dramatische Kraft und die außerordentliche Popularität des gleichnamigen Volksstücks von Giovanni Verga haben der Oper mächtig vorgearbeitet. Diese ist auch bezüglich des Textes ein Unikum. Von einem ländlichen Singspiel in einem Akt erwartet jedermann eine heitere oder idyllische Handlung. Die ›Cavalleria rusticana‹ ist ein kleines Trauerspiel, eine richtige Dorftragödie mit wilden Leidenschaften und blutigem Ausgang. In einem sizilianischen Dorfe hat der junge Gastwirt Turiddu, ehe er zu den Soldaten eingereiht wurde, ein kokettes schönes Mädchen, Lola, geliebt. Vom Heer zurückgekehrt, findet er sie als das Weib des Fuhrmanns Alfio und sucht Trost in den Armen der ihn leidenschaftlich liebenden Santuzza. Lola weiß jedoch den Turiddu wieder in ihre Netze zu locken. Er stößt Santuzza von sich, die nun, von Eifersucht getrieben, dem Alfio das sträfliche Verhältnis seines Weibes zu Turiddu verrät. Alfio rächt sich an dem Räuber seiner Ehre, indem er ihn im Messerkampf tötet. Dies alles geschieht am Ostersonntag im Verlauf des Gottesdienstes, vor der Kirche.

Die von Herrn Oskar Berggrün verfaßte deutsche Übersetzung gehört zu der schleuderhaftesten Marktware. Daß sie auch praktisch geradezu unbrauchbar ist, beweist der notgedrungene Vorgang der Operndirektionen von Hamburg, Dresden und Wien, welche Berggrüns Übersetzung total umarbeiten mußten. Hier wird tatsächlich ein ganz anderer Text gesungen als der des gedruckten Librettos. Herr Berggrün hat seine Unfähigkeit als Übersetzer bereits an Samaras Oper ›Flora mirabilis‹ bewiesen, welche eine Blütenlese, eine wahre »Flora miserabilis« an Schnitzern darbietet. Herrn Berggrüns Methode ist sehr einfach. Er macht eine rohe metrische Übertragung und schreibt nun ruhig Silbe unter Note in die Partitur, unbekümmert, ob der musikalische Akzent dazu stimmt oder nicht. Gleich in dem allerersten Wort des Einleitungschors, »Orangen«, legt er auf die erste Silbe O den Nachdruck. Es macht sich reizend, wenn ein halbdutzendmal gesungen wird: »*O*-rangen duften, *die* Lerche singt; jetzt ist Zeit für jedermann, fröhlich zu singen das süße Lied!« Eine andere klassische Berggrüniade ist der Refrain: »Niemand froher sein *kann* – als ein wackrer Fuhr*mann*!« Schon seine Titelübersetzung »Ländliche Ritterlichkeit« mit dem häßlichen Gleichklang in der Mitte beider Wörter verrät den Mangel an musikalischem Gehör. Daß eine Opernübersetzung erstens gut deutsch und zweitens richtig musikalisch sein muß, scheint der Mann nie gehört zu haben. Zum Glück kann Herr Sonzogno, welcher die Theater zwingt, das Berggrünsche »Deutsch« an der Kasse zu verkaufen, nicht auch die Künstler verhalten, es zu singen.

Aus der Musik zur ›Cavalleria‹ spricht unverkennbar ein frisches, energisches und ehrliches Talent. In unserer musikalisch talentarmen Zeit konnte es nicht ausbleiben, daß der Jubel über diese neue Erscheinung alle Besinnung verlor und nicht selten in eine Art Messias-Anbetung ausschlug. Diese den Widerspruch herausfordernden Übertreibungen, von denen ein Beispiel später zitiert werden soll, dürfen uns trotzdem nicht irremachen. Ein so allgemeiner und spontaner großer Erfolg ist niemals ohne zureichenden Grund. Die Eigentümlichkeit Mascagnis ließe sich vielleicht am kürzesten damit bezeichnen, daß er durchaus national italienisch und doch zugleich europäisch modern ist. Nirgends verleugnet er den Italiener. Der Charakter seiner Melodien, ihr Vorherrschen vor der Begleitung, die sinnenfällige Rhythmik, die Schlußphrasen der leidenschaftlicheren Gesänge – alles italienisch. Hingegen herrschen in der ›Cavalleria‹ modernere Anschauungen bezüglich des Dramatischen. Die Musik entwickelt sich streng szenisch, ohne die alte Arien-Schablone und die alten, lästigen Wortwiederholungen. Durchaus einheitlich, aus einem Guß geformt, enthält sie keine bloßen Lückenbüßer, keinen Passagen- und Trilleraufputz, keine widersinnigen Effekte. Die Harmonie wie die Orchestrierung lassen deutschen und französischen Einfluß durchblicken, aber keine direkte Nachahmung Wagners; den Hörer bedrückt weder die Tyrannei der Leitmotive noch der unendlichen Melodie. Die Sonne der Nibelungen hat auch jenseits der Alpen manchen wagnerisierenden Komponisten ausgebrütet, der – wie Halms Ingomar nach dem Ausspruche von Robert Prutz – »lieber ein Lump auf Griechisch ist als ein honetter Tektosage«. Mascagni gehört nicht zu diesen. Er ist eine ursprüngliche Natur, wenngleich sich heute, nach seinem Erstlingswerk, noch nicht sagen läßt, er sei ein bahnbrechendes Genie, das eine geschichtliche Furche zieht. Worin sein Talent sich am stärksten und augenfälligsten zeigt, das ist das unmittelbare, sichere

Treffen der Stimmung in jeder Szene wie des dramatischen Ausdrucks im einzelnen. Eine starke Sinnlichkeit und leidenschaftliches Temperament durchglühen die ganze Oper, welche von Anfang bis zu Ende nicht bloß interessiert, sondern packt. Wie düster, unheimlich drohend schleicht die fis-Moll-Einleitung zu der ersten Szene zwischen Santuzza und Lucia; wie schauerlich ergreifend pocht das tiefe Es der Bässe bei dem Ausruf Lolas: »O Gott, das Unglück naht!«; wie angstvoll aufgescheucht schwirren die Violinen, als Turiddu vor seinem Todesgange nach der Mutter ruft! Gar mancher treffliche Zug von feiner oder energischer Charakteristik wäre hier anzuführen. Ja, man könnte in dieser Oper vortrefflich alles nennen, was im weiteren Sinn das Gebiet der musikalischen Konversation streift, mehr der aufgeregten Rede und Gegenrede angehört als dem eigentlichen Gesange. Rein musikalisch hingegen ist mir die Erfindung Mascagnis zwar ansprechend, frisch, aber keineswegs reich oder originell erschienen. Melodien von jener schönen, unverwischbaren Prägung, wie sie aus den besseren Opern von Bellini, Donizetti, Verdi hervorglänzen, wird man in der ›Cavalleria‹ schwerlich namhaft machen. Wenn man den dramatischen Heißsporn Mascagni speziell als »Melodienkrösus« feierte, ist man im ersten Rausche zu weit gegangen. Man sehe sich die Melodien an, die als solche in der Oper selbständig auftreten und wirken: das (auch in der Ouvertüre vorkommende) Andante appassionato Santuzzas: »Nein, Turiddu, o bleibe!«, die Serenade Turiddus, Alfios Rache-Allegro in f-Moll, das Gebet »Preisen laßt uns den Herrn« und ähnliches – Neuheit, Originalität wird man ihnen nicht nachrühmen können. Die reizendste, zugleich einfachste und natürlichste Melodie ist das Stornello der Lola, ein Volkslied, wie man ihrer hundert in Italien hören oder in italienischen Volksliedersammlungen finden kann. Nicht viel besser als mit diesen pathetischen und sentimentalen Gesängen steht es mit den lustigen – sie entbehren der Originalität, aber auch der Natürlichkeit und suchen diesen Mangel (dessen sich der Komponist wahrscheinlich bewußt ist) durch eine erzwungene, scharfe Charakteristik zu verdecken. Das Fuhrmannslied mit seiner Molltonart und den heftig rückenden Modulationen straft Alfios Versicherung: »Ich bleibe doch stets froh« Lügen; es ist nicht »froh«, sondern aufgeregt, wild, trotzig. Natürlichen, frisch-quellenden Frohsinn vermisse ich auch in dem Trinklied Turiddus, das erst im Refrain durch den hübschen Rhythmus von drei zu drei Takten sich wirksam aufschwingt. Und der Eingangschor, atmet er wirklich die naive Sonntagslustigkeit von Dorfbewohnern oder nicht vielmehr den glühenden Hauch einer aufgeregten Wahlversammlung?

Daß den Hörer manche Melodie entzückt, die an sich weder besonders neu noch vornehm ist, kommt großenteils auf Rechnung der wirksamen Instrumentation. Mascagni ist ein Meister der Orchestrierung; er übt diese Meisterschaft in der Regel als echter Künstler, mißbraucht sie aber auch häufig zu rein materiellen Effekten. Gleich die Ouvertüre gewinnt uns durch ihre Klangschönheit. Leider hat der Komponist sich durch Meyerbeers Beispiel (in ›Dinorah‹) zu dem falschen Effekte verleiten lassen, mitten in der Ouvertüre, hinter dem Vorhang, Turiddu seine Serenade singen zu lassen. Die Serenade gehört auf die Bühne, vor Lolas Fenster. Durch Klangschönheit entzückt auch das berühmte Orchester-Intermezzo, in welchem ein mächtig anschwellendes Unisono der Violinen sich mit Harfenakkorden und Orgeltönen zu einer Art Sphärenmusik verflößt. Vortrefflich versteht sich Mascagni auf die Beredsamkeit der einzelnen Instrumente. Er bringt da mitunter auch seltenere, vornehmere Instrumentaleffekte, womit nicht gesagt sein soll, daß er sie zuerst erfunden hat. Die wiederholten leisen Schläge auf die große Trommel (im Finale, gleich nach der Herausforderung) hat Verdi für den Ausdruck schwüler Beklemmung bereits in der Sterbeszene der Desdemona verwendet, ja früher schon im ›Rigoletto‹. Der schöne Effekt der vereinzelten tiefen Harfentöne, welche in dem ›Intermezzo‹ die Dominante und Tonika (g, c) anschlagen, stammt von Boito aus dem Duett Fausts mit Gretchen. Die bedenkliche Seite von Mascagnis Instrumentierung ist das Getöse, der betäubende Lärm, in dem er sich häufig gefällt. Darin geht er über Verdi hinaus und verkehrt ländlichen Frohsinn in den Aufruhr einer Revolutionsszene. Um das ›Fuhrmannslied‹ zu akkompagnieren, arbeiten alle Blechinstrumente, Pauken, große und kleine Trommel und Becken eifrig zusammen. Geschmacklos ist das häufige Verdoppeln der Gesangsmelodie durch Posaunen, noch geschmackloser die Notzüchtigung der Posaunen zu raschen, figurierten Stellen, wie in dem ersten Chor und in Alfios Lied. Unsere Hoffnung, Mascagnis vielgerühmtes reformatorisches Verdienst werde sich auch in einer Veredlung und Mäßigung des unerträglich angewachsenen Orchesterlärms äußern, ist getäuscht worden.

Wie verhält sich die neue Oper zu Verdi? In einer eben erschienenen und nach allen Seiten hin verschickten Broschüre: ›Zur Erklärung der Cavalleria rusticana‹ wird jeder musikalische Zusammenhang Mascagnis mit Verdi rundweg geleugnet. Der Verfasser, Herr Pudor, dessen Aufsätze sich durch einen sehr starken Ton des Selbstgefühls auszeichnen, nennt die ›Cavalleria rusticana‹ *»das erste Werk der neuen Zeit«*, *»die erste musikalische Offenbarung«*, »ein Werk, das noch die *ganze musikalische Welt erschüttern* wird«! An diese kleinen Schmeicheleien knüpft Herr Pudor die Behauptung, Mascagni habe mit Verdi *gar nichts gemein*. Bei Verdi sei alles nur »Gefühlsraffinement, Gefühls-Renommage, Gefühlsheuchelei, seine Musik pomphaft, aber innerlich hohl etc.«. Nur jemand, der Verdi nicht kennt, kann so sprechen. Verdi war niemals ein Gefühlsheuchler; auch was uns in seinen Opern übertrieben und roh erscheint, hat er aufrichtig so empfunden und unbefangen herausgesagt. Ob Mascagni ihn übertreffen werde, das mögen seine künftigen größeren Werke dartun; in der ›Cavalleria‹ erreicht er keineswegs die Melodienfrische, die Originalität, die unerschöpfliche Erfindung Verdis. Er enthält sich nur mancher Geschmacklosigkeiten des früheren Verdi, und dies verdankt er der Zeit, den musikalisch veränderten Anschauungen der Zeit, in welcher er aufwuchs; er verdankt es zum großen Teile Verdi selbst, dessen ›Aida‹ und ›Othello‹ ihre Spuren in die ›Cavalleria‹ unverkennbar eingedrückt haben. »On est toujours le fils de quelcun«, sagt Beaumarchais. Auch Mascagni ist nicht vom Himmel gefallen, und als sein musikalischer Vater kann schlechterdings nur Verdi bezeichnet werden. Von Verdi hat die italienische Oper, hat speziell Mascagni die leidenschaftliche Spannung, die mächtigen Steigerungen, die Musik, »welche Blut zieht«. Von dem jungen Verdi hat er die lodernde Sinnlichkeit, von dem alten die deklamatorische Prägung. Und wie so manche melodische und harmonische Wendung dazu! Klingt nicht gleich die Serenade in der Ouvertüre verdisch? Ist nicht Turiddus a-Moll-Satz: »Laß mich, Santuzza!« mit seinem Triolengeklopfe verdisch? Und Alfios wütendes f-Moll-Allegro (im Duett mit Santuzza), und die banalen Unisoni in dem Duett zwischen Turiddu und Santuzza – sind sie nicht verdisch?

Ich durfte nicht verschweigen, daß die epidemisch sich fortpflanzende, schrankenlose Bewunderung der ›Cavalleria‹ in Übertreibungen verfällt. Das ist kein Unglück. Der Mascagni-Paroxismus hat das Verdienst einer Medizin gegen den Wagner-Paroxismus. Mascagni hat gegen das falsche ungesunde Prinzip des Wagner-Stils ein richtiges und gesundes wieder zu Ehren gebracht: daß es ohne Melodie keine Musik gibt, ohne gesungene Melodie keine Oper. Bei höchst energischer Ausprägung des Dramatischen bleibt in der ›Cavalleria‹ doch der Gesang herrschend, und im Gesang die zusammenhängende Melodie. Daß diese Vereinigung möglich, daß gesungene Melodien noch ergreifender als deklamierte, daß der Vollklang von Chören und Ensembles dramatisch noch mächtiger ist als das eigensinnige Nacheinander- und Einzelsingen, das wußte das Publikum allerdings längst aus ›Don Juan‹, ›Fidelio‹, ›Freischütz‹. Es glaubte aber unter der Tyrannei der ›Nibelungen‹-Musik diese Wahrheit vergessen oder gar bekämpfen zu müssen. Jetzt erinnert man sich ihrer wieder, glaubt wieder daran. Dies ist das unbestreitbare Verdienst Mascagnis und die heilsamste Wirkung seines Erfolges.

Peter Tschaikowsky, ›Eugen Onegin‹

Peter Tschaikowsky, der begabteste und fruchtbarste Vertreter des musikalischen Jung-Rußland, ist uns in Wien bisher nur durch Instrumental-Kompositionen bekannt geworden. Davon haben nur die allerkleinste (das von Rubinstein gespielte Lied ohne Worte in F-Dur) und die allergrößte (die ›Symphonie pathétique‹) einen vollen, ungeteilten Beifall errungen. Die Opern Tschaikowskys, fünf an der Zahl, sind der deutschen Bühne so gut wie fremd geblieben; um so größeren

Dank schulden wir der Hofoperndirektion für die Aufführung von ›Eugen Onegin‹. In Rußland Gegenstand einer beispiellosen Popularität, muß diese Oper auch da, wo die Voraussetzungen solcher Popularität fehlen, lebhaftes Interesse hervorrufen. Die Karriere derselben ist wunderlich genug. Wie E. Zabel in seinem neuesten Buch über Rußland erzählt, hatte Tschaikowsky seinen ›Onegin‹ ursprünglich nur einer Schülerproduktion am Moskauer Konservatorium zugedacht, für welche sein Freund, der Direktor Nikolaus Rubinstein, etwas Neues wünschte. Zufällig lernte der verstorbene Kaiser von Rußland die Oper aus dem Klavierauszug kennen und befahl ihre Aufführung im Hoftheater für den Winter 1884. Damit wurde Tschaikowsky der beliebteste Komponist in Rußland. Diesen außerordentlichen Erfolg verdankte die Oper zunächst ihrem Sujet; genießt doch Puschkins Roman in Versen ›Eugen Onegin‹ in Rußland ungefähr die Bedeutung und Verbreitung wie bei uns Goethes ›Faust‹.

Die meisten russischen Komponisten, jedenfalls die besten, folgten dem schönen Ehrgeiz, sich Stoffe aus den berühmtesten Dichtungen ihres Vaterlandes zu holen. Das war immerhin mehr patriotisch empfunden als musikalisch überlegt. Allen voranleuchtend griff zuerst Glinka nach den Dichtungen Puschkins. Brandes' Ausspruch, es sei erst mit Puschkin die russische Poesie eine selbständige Macht geworden, läßt sich vollständig auf Glinka und die russische Musik anwenden. Glinka schuf 1842 aus Puschkins Märchen ›Russlan und Ludmilla‹ eine Oper, deren himmelblaue Romantik allerdings nicht den Erfolg seines erzmoskowitischen ›Leben für den Zar‹ erreichte. Puschkins ›Russalka‹ und ›Der steinerne Gast‹ lieferten den Stoff zu zwei Opern von Dargomyzsky, dessen jüngerer Kollege Mussorgsky wieder den ›Boris Godunow‹, Puschkins einziges großes Drama, komponierte. Was Tschaikowsky betrifft, so hat er von Puschkin zwei Erzählungen aus dem modernen Gesellschaftsleben, ›Die Pique-Dame‹ und ›Eugen Onegin‹, für seine Opern bearbeitet. Wenn es sich darum handelte, uns in Wien mit einer russischen Oper bekannt zu machen, so war Tschaikowskys ›Onegin‹ unstreitig die beste Wahl. Dem Komponisten kommen wir bereits mit Vertrauen entgegen, und seine Oper ist nur so weit spezifisch russisch, als sie uns mit dem pikanten Reiz des Fremdartigen anspricht. Keineswegs stellt ›Eugen Onegin‹ so starke Zumutungen an unser Verständnis oder unseren Köhlerglauben wie die meisten anderen Opern russischer Herkunft.

Eugen Onegin, ein russischer Landedelmann, ist eine Art Don Juan des Ruhestandes; blasiert, den Weibern gefährlich und ihrer doch übersatt. Ein Mann von Geist, der jedoch nie etwas geleistet hat; ein Typus russischer Salonkultur mit dem einzigen Beruf, interessant zu sein. Puschkin hat Züge aus Lord Byrons Charakter und aus seinem eigenen in diese Figur verwebt. Onegin wird von seinem Freunde Boris Lenski, einem gutmütigen braven Jungen, bei Frau Larina, seiner Gutsnachbarin, eingeführt. Da sind zwei reizende Töchter, von denen die jüngere, Olga, mit Lenski verlobt ist. Ein musterhaft glückliches Liebespaar. Die ältere Schwester Tatjana, sinnend, träumerisch, durch die Einsamkeit des Landlebens und romantische Lektüre von unbestimmter Sehnsucht beunruhigt, schwärmt sofort für Onegin. Obwohl beider Gespräch im Garten keinerlei intime Wendung genommen, schreibt sie ihm nachts einen langen Liebesbrief voll naiver Hingebung. Am nächsten Morgen lehnt Onegin mit kühler Aufrichtigkeit ihre Neigung ab; sein Herz sei für Liebe abgestorben; sie möge vernünftig sein, sich überwinden. Abends gibt es einen Hausball bei Frau Larina. Onegin langweilt sich und will sich für die Einladung zu diesem »faden Ball« an Lenski rächen. Auffällig bemüht er sich um Olga und tanzt nur mit ihr. Der zurückgesetzte Bräutigam gerät immer heftiger in Eifersucht, schmäht Onegin vor der ganzen Gesellschaft einen Verführer und fordert ihn, als beiderseits die Beleidigungen überlaufen, zum Zweikampf. In dem Duell, das sich vor uns in einem Wäldchen abspielt, fällt Lenski von der Kugel seines Freundes. Von reuevoller Unruhe getrieben, begibt sich Onegin auf Reisen. Wir begegnen dem nach mehreren Jahren Heimgekehrten erst wieder in Petersburg auf einem Ball beim Fürsten Gremin. Dieser stellt den fremden Gast seiner jungen Frau vor – Tatjana! So sieht denn Onegin das einst von ihm verschmähte bescheidene Mädchen jetzt als Fürstin wieder, als glänzende gefeierte Schönheit. Er gerät unverweilt in Feuer und Flammen. Am nächsten Tag dringt er in ihr Empfangszimmer, wirft sich ihr zu Füßen und fleht leidenschaftlich um Gegenliebe. Zwar entringt er ihr das Geständnis, daß sie nie aufgehört habe, ihn zu lieben, aber ihr Pflichtgefühl siegt rasch über diese Aufwallung. Tatjana befreit sich aus seinen umklammernden Armen und entflieht. Onegin bleibt in wenig beneidenswertem Zustande allein auf der Bühne. Der Vorhang fällt. Wirklich zum letzten, zum allerletzten Mal? So spät es schon geworden, die Zuschauer sehen einander doch zweifelnd an, ob man fortgehen oder noch bleiben soll? Der Abschluß ist unbefriedigend; übers Knie gebrochen möchte ich sagen, läge nicht in diesem Ausdruck etwas Energisches, Entschiedenes, was gerade der Schlußszene des ›Onegin‹ so empfindlich fehlt. Der pikante Ausgang einer psychologisch zerfasernden Novelle, aber ein unmöglicher Opernschluß. Ich kenne kein zweites Beispiel in der Opernliteratur. Dieses ungeschickte Ende, eigentlich ein nervöses Ohnmächtigwerden der Handlung, schadet dem Totaleindruck der Oper um so empfindlicher, als bereits mit dem zweiten Aufzuge die so sympathischen Charaktere Olga und Lenski aus dem Stück verschwunden sind.

Also »Ende gut, alles gut« können wir von Tschaikowskys Oper nicht sagen; wohl aber »Ende nicht gut« und trotzdem alles Frühere voll Reiz und Interesse. Wer im ›Eugen Onegin‹ nicht ein stark bewegtes, dramatisch geschlossenes Bühnenstück erwartet, sondern wie der Komponist selbst gewollt, eine Reihe lyrischer Szenen, der wird seine Rechnung gewiß finden und, vielleicht etwas unbefriedigt vom ersten Hören, ein zweites nicht lange aufschieben.

Gleich das Vorspiel mit seiner weichen Schwermut und der die Szene eröffnende zarte Zwiegesang der beiden Mädchen führt uns unmittelbar in die landschaftliche Stimmung, welche den ersten Akt beherrscht. Wie frisch klingt der echt nationale Chor und Tanz der Schnitter, wie innig Lenskis Liebeserklärung an Olga! Die dazwischenliegenden Konversations-Szenen zerbröckeln allerdings den Gesang, zum Nachteil der Melodie und der Deutlichkeit des Wortes; dafür fesselt die einheitlich geführte, reizvolle Orchester-Begleitung fortdauernd unser Interesse. Die Szene verwandelt sich in Tatjanas Schlafgemach. Eine beklemmende Schwüle liegt in der Musik; sie wird von der ermüdenden Erzählung der alten Amme nur zeitweilig gelindert. Sobald sich letztere entfernt hat, bricht das Gewitter los: Tatjanas leidenschaftlicher Ausbruch ihrer Liebe zu Onegin. Sie beginnt, ihm zu schreiben. Die Briefszene dünkt uns die Perle der ganzen Oper. So weit dieser Monolog sich auch ausbreitet, er beschäftigt und fesselt ununterbrochen unser Hören und Mitfühlen. Wie entzückend die Orchestermelodie in d-Moll, welche, in Gruppen von je zwei herabgleitenden Noten zwischen Flöte, Klarinette und Horn verteilt, jeden Takt mit einem leisen Harfenakkord abschließt! Und dann, als Tatjana den unterbrochenen Brief wieder aufnimmt, die seelenvolle Des-Dur-Melodie, die, zuerst von der Oboe und dem Horn angekündigt, Tatjanas Liebesklage begleitet: »Bist du mein Glück aus Himmelshöhen, bist du zum Leide mir ersehen?« Wir gelangen nun wieder in den Garten der Frau Larina und lauschen einem einfachen Mädchenchor von heiter nationalem Charakter. Onegin erteilt der ihm entgegen zitternden Tatjana seinen ablehnenden Bescheid und schließt den Akt mit einer Arie in schleppendem Zwölf-Achtel-Takt, welche nicht dazu beiträgt, ihn besonders interessant oder gefährlich erscheinen zu lassen. Aus der Naturstimmung und der zarten psychologischen Detailmalerei des ersten Aktes führt uns der Komponist in das bunte Gesellschaftsleben russischer Landedelleute. Ein feiner Zug ist es, daß er das Vorspiel wieder mit dem sehnsüchtigen Motiv Tatjanas beginnt, welches allmählich in das Walzertempo mündet. Die teilweise vom Chor sekundierte Tanzmusik bringt frisches Leben auf die Bühne; ein Anklang an den Walzer aus Gounods ›Faust‹ schadet ihr nicht allzusehr. Der Tanz und ein von Monsieur Triquet französisch gesungenes Strophenlied unterstützen die Porträt-Ähnlichkeit dieses russischen Gesellschaftsbildes vom Jahre 1830. Es erklingt eine rauschende Mazurka; in ihre Schlußtakte mischt sich der Streit zwischen Onegin und dem eifersüchtigen Lenski. Ihr leidenschaftlich aufstürmender Wortwechsel und die Herausforderung bedürften einer packenderen Musik; an dem Verpassen dieser in der ganzen Oper nicht wiederkehrenden Gelegenheit verrät und rächt sich der Mangel an dramatischer Energie bei Tschaikowsky. Auch das darauffolgende Duell hätte eine weit stärkere Wirkung vertragen; sie geht uns nur so weit an die Nerven wie der Anblick eines jeden Pistolenduells mit seinem langsamen

Avancieren, dem Signal zum Losschießen und dem jähen Tod eines der beiden Kämpfer. Eine empfindungsvolle, wenn auch nicht sehr originelle Kantilene Lenskis verrät, wie noch manch andere, Tschaikowskys nie ganz verwelkte Liebe zur italienischen Musik. (Man erinnere sich an Tatjanas Des-Dur-Melodie »Sollt' ich auch untergeh'n«, an Lenskis Liebeserklärung im ersten Akt, an Onegins B-Dur-Allegro im dritten usw.) Der dritte Akt bringt als Gegenstück zu der ländlichen Tanzunterhaltung bei Frau Larina ein vornehmes Ballfest beim Fürsten Gremin in Petersburg. Die Polonaise rauscht farbenprächtig, Aug' und Ohr erfrischend, an uns vorüber. Eine Arie des Fürsten, der in dem salbungsvoll biederen Ton älterer französischer Couplets sein Eheglück preist, vermag uns ebensowenig zu begeistern wie Onegins kaltes Feuerwerk: »Es ist kein Zweifel mehr, ich liebe!« Die Szene in Tatjanas Empfangszimmer ist genauso disponiert wie die Schlußszene des vierten Aktes der ›Hugenotten‹: zuerst ein schmerzlich bewegter Monolog der Fürstin, hierauf ihr Duett mit dem sie leidenschaftlich bestürmenden Onegin. Hier stockt leider Tschaikowskys Erfindung. Wenn man mit einem Duett einen langen Akt schließt, geschweige denn eine ganze Oper, so muß dasselbe den musikalischen Reichtum und die gewaltige dramatische Triebkraft besitzen wie das Duett zwischen Raoul und Valentine. Daß Tschaikowsky an diesem entscheidenden Punkt zurückgeblieben ist, er muß es an dem Totaleindruck seiner Oper büßen.

Und dennoch, dennoch – die Oper berührt uns ungemein sympathisch und entläßt uns, trotz zahlreicher Schwächen, mit dem Verlangen, sie wieder zu hören. Das vermag, im Zusammenklang mit Geist und Anmut, nur künstlerische Ehrlichkeit. Nichts ist dem bloßen Effekt zuliebe hingeschrieben. Der Komponist läßt überall seine natürliche zarte Empfindung sprechen. Wo sie nicht ausreicht, verschmäht er wenigstens, sie mit gemeinen Surrogaten zu fälschen. Tschaikowsky mahnt hin und wieder an italienische Kantilenen, an französische Konversationsmusik, an die selbständig singende Orchesterbegleitung Wagners. Aber nirgends kann man ihn direkter Nachahmung zeihen; er bleibt immer er selbst, gibt nur, was und wie er empfindet. Er ist voll schwermütiger Sehnsucht wie Tatjana, heiter und naiv wie Olga, herzenswarm wie Lenski. Nur für die ironische Überlegenheit des unwiderstehlichen Onegin fehlen ihm die entsprechenden Akzente. Da muß allerdings die Persönlichkeit und das schauspielerische Talent des Darstellers stark nachhelfen. Überwältigende Wirkung liegt dieser Musik fern; sie ist keineswegs »dramatisch« in dem superlativen Sinn, den man heute mit dem Wort verbindet. Aber den feinen aromatischen Duft ihrer lyrischen Blüten schätzen wir höher und atmen ihn lieber als die scharfe giftige Dramatik unserer modernsten Opern. Tschaikowsky teilt mit seinem Dichter Puschkin den angeborenen aristokratischen Zug. Er bewährt ihn in den Gesangspartien, noch mehr in der Instrumentierung, deren unvergleichlicher Beredsamkeit und Klangschönheit wir uns willig hingeben, wo stellenweise das auf der Bühne Gesungene nicht unser volles Interesse erringt.

Das Publikum hat bei der ersten Aufführung dem fremdartig anmutenden Werke so lebhaftes Interesse und Verständnis entgegengebracht, daß wir ein vorzeitiges Verschwinden des ›Eugen Onegin‹ nicht zu befürchten haben. Die Aufführung der Novität gehört zu den glänzendsten des Hofoperntheaters. Der erste Dank dafür gebührt Herrn Direktor Mahler, dessen ruhiger, scharfer Blick gleicherweise das Orchester wie das Bühnenbild durchdringt und beherrscht. Von den Darstellern war es Fräulein Renard, welche als Tatjana den größten Triumph feierte. Das Publikum, das immer freudig aufgeregt scheint, wenn die Renard in einer neuen großen Rolle auftritt, ward nicht müde, sie bei offener Szene und nach jedem Aktschlusse auszuzeichnen. Vortrefflich als Sängerin und Schauspielerin, hat Fräulein Renard uns im ›Onegin‹ überdies als graziöse unermüdliche Tänzerin überrascht. Die kleinere Gestalt der Olga umgibt Fräulein Michalek mit dem Reiz ihrer natürlichen Anmut und unverbrauchten Jugend. Man hat sie noch in jeder Partie gern gesehen und gehört. »So oft sie kam, erschien mir die Gestalt – So lieblich wie das erste Grün im Wald«, heißt es bei Lenau. Herrn Schrödters erquickende Stimme und warmer seelenvoller Vortrag machten seinen Lenski zu einer überaus sympathischen Figur.

›Es war einmal‹
Gelegentliches über Zemlinsky und Richard Strauss
1900

»Muß denn immer gewagnert sein?« So klagt ein Berliner Korrespondent der ›Zeit‹ – bei der Besprechung einer neuen Oper ›Ratbold‹ von Reinhold Becker. Der Fall ist charakteristisch, denn Becker, ein beliebter und tüchtiger Komponist, hatte bisher nur klare melodiöse Musik geschrieben. Nun hat den 58jährigen Mann auch die Wagner-Influenza gepackt. Er quält sich »mit Meistersinger-Stollen und reckt die bescheidenen Themen zu einer aufdringlichen Breite, einer Massenhaftigkeit aus, daß in dem Stoffe der Geist erstickt«. Unwillkürlich mußte ich an diese Kritik denken, als ich der letzten Aufführung von Zemlinskys Oper ›Es war einmal‹ beiwohnte. Meine Befriedigung über den Erfolg eines talentvollen jungen Österreichers war ebenso aufrichtig wie die Anerkennung Direktor Mahlers, der nicht erst ein Urteil des Auslandes abgewartet hat, um eine Erstlingsoper hier festlich aus der Taufe zu heben. Publikum und Kritik haben die Vorzüge dieser Novität so beifällig begrüßt, daß es ihr nicht schaden kann, wenn nachträglich auch ihrer Schattenseiten erwähnt wird. Gegenüber der vielstimmig erklingenden Ermunterung, unser Komponist möge so fortfahren, möchte ich ihn doch ersuchen, *nicht* ganz so fortzufahren. Unleugbar ist sein Talent, sind die Vorzüge seiner überaus geschickten, ja brillanten Technik. Auch die glückliche Wahl des Stoffes rechnen wir ihm als ein Verdienst an. Wie sehr dieses poetische Märchenspiel schon als Drama zu interessieren und zu erfreuen vermag, davon konnte ich, zwölf Jahre vor der Komposition von Zemlinskys Oper, mich leibhaftig überzeugen. Damals sah ich im königlichen Theater zu Kopenhagen das Volksstück ›Dar var engang‹, dem mit wenigen Abweichungen Zemlinskys Oper getreu nachfolgt. Die Handlung des Originalstückes (nach einem Märchen Andersens) ist von dem geistvollen dänischen Poeten Holger Drachmann so klar exponiert und anschaulich geführt, daß selbst der Fremde ihr in den Hauptzügen zu folgen vermag. ›Es war einmal‹, ein Lieblingsstück des dänischen Publikums, macht den erfreulichsten Eindruck, ohne der Musik zu bedürfen. Freilich nicht, ohne musikalischen Schmuck ganz zu verschmähen. Diese an rechter Stelle maßvoll und anmutig einsetzende Musik des Originals hat den dänischen Komponisten Lange-Müller populär gemacht. Außer einigen melodramatischen Orchesterbegleitungen hören wir da Lieder des Prinzen und seines Dieners, ein Schlummerlied der Hofdamen, Jäger-, Soldaten- und Spielmannslieder. In der Oper muß natürlich die Musik sich ungleich breiter ausdehnen, auch mächtiger in die Höhe und Tiefe streben, aber etwas von dem naiven Reiz, von der Naturschönheit des Volkstümlichen wäre gewiß auch der Opernbehandlung unseres Märchens zum Vorteile gediehen. Zemlinskys Musik scheint mir für diesen Lustspielstoff zu künstlich, um nicht zu sagen gekünstelt; zu häufig zerhackt deklamatorisch, melodienarm in den Singstimmen, überfüllt und ruhelos im Orchester. »Muß denn immer gewagnert sein?«

Ähnlichen Erscheinungen begegnen wir heute überall. Alle jungen Opernkomponisten bemühen sich zu wagnern nicht bedenkend, daß, wenn zwei dasselbe tun, es nicht mehr dasselbe ist. Sie verschmähen bereits Wagners frühere gesangreiche Opern, klammern sich an ›Tristan‹, die ›Nibelungen‹, vollends an die ›Meistersinger‹. In den ›Meistersingern‹ erheben sich jedoch über dem Wogen des polyphon verschlungenen Orchesters die blühenden Inseln: Walthers Preislied, Pogners Anrede, das Quintett, endlich die heiteren Volksszenen im dritten Akt! Vergebens späht man nach solchen melodiengesegneten Oasen in Zemlinskys Partitur. Ich möchte nicht entscheiden, ob Zemlinsky der selbständigen, originellen Gesangsmelodie absichtlich ausweicht oder sie ihm. Für ersteres sprechen in den beiden ersten Akten die vielen zarten, empfindsamen Stellen des Gedichtes, welche, nach Melodie schmachtend, von Zemlinsky nur deklamatorisch abgefertigt werden. Die letztere Vermutung erregt der dritte Akt, wo Zemlinsky in die zweite und dritte Szene norwegische Volkslieder einschiebt, anstatt selber welche und bessere zu erfinden. Über den Begriff von »Melodie« in den Gesangspartien einer Oper kann kein ehrlicher Streit sein. Würde diesen Namen jede Aufeinanderfolge von

Tönen, im Gegensatze zur »Harmonie«, verdienen, so wären auch Czernys Fingerübungen mit stillstehender Hand Melodie. Und nicht viel besser das uferlos melodisierende Schweifen ohne Anfang und Ende oder die rezitativisch abgerissenen Dialoge, die, um ein Heinesches Bild zu gebrauchen, wie erhitzte Flöhe durcheinander springen. Die schön geformte, dabei von dramatischem Leben erfüllte Melodie vermissen wir nur zu sehr in der Oper Zemlinskys. Wohlgemerkt des jungen Zemlinsky! Da sollte doch die schöne Sinnlichkeit noch in vollem Safte stehen, die Sangesfreudigkeit noch nicht erdrückt sein von der selbstherrlichen Polyphonie eines atemlos arbeitenden Orchesters. »Muß denn immer gewagnert sein?«

Daß selbständige, dabei dramatisch belebte Gesangsmelodie ein Wahn sei, das ist der allergrößte Wahn. Er dürfte sich vielleicht früher demaskieren, als die jungen Herren glauben. Blättern wir in den Bänden einer beliebigen Musikzeitung und notieren, wieviele von den seit 25 Jahren erschienenen Opern deutscher Wagnerianer heute noch existieren – ja, wieviele davon ihre Heimatstadt überschritten und ihr Leben über ein halb Dutzend Aufführungen gefristet haben? Der lärmende, vorausversicherte Beifall der »Partei« vermochte sie nicht zu retten. Wagner hat in seinen letzten Werken sich einen eigenen Weg gebahnt, kühn, mit Lebensgefahr; die ihm blindlings Nachkletternden brechen den Hals. Mögen sie ja nicht nach seinen Erfolgen ähnliche für sich erwarten! Auf allen deutschen Opernbühnen ist Wagner heute so vor- und überragend vertreten, daß seine Verehrer sich vollauf davon ersättigen können. Keineswegs bedarf es ohne Ende schwächlicher Wiederholung des besser schon Vorhandenen. Ja, die Atmosphäre ist so stark geladen mit Wagner, daß daneben jede gute Aufführung einer – Lortzingschen Oper ihr dankbares Publikum findet!

Die Entwicklung einer Kunst läßt sich nimmer beliebig zurückschrauben. Nur ein Narr könnte verlangen, unsere Musik solle sich auf die knappen Formen und dürftigen Kunstmittel beschränken, mit welchen die Meister des vorigen Jahrhunderts gewirkt haben. Kein Opernkomponist kann heute im Stil der ›Zauberflöte‹ schreiben wollen; jeder muß die Fortschritte seiner Zeit mit Wahl und Besonnenheit in sich aufnehmen. So dehne er denn immerhin im Orchester die Melodie ins »Unendliche« aus, verwickle sie in die Maschen der dichtesten Polyphonie, instrumentiere so »dramatisch«, daß unausgesetzt jedes einzelne Instrument bedeutungsvoll seine eigene Meinung sagt – nur oben auf der Bühne vergönne er uns etliche fühlende Menschen, die aus voller Seele singen und nicht aus einer beliebigen zweiten Violinstimme.

Diese Bemerkungen, lange nach der Premiere des erfolgreichen Zemlinskyschen Werkes geschrieben, geben sich durchaus nicht als eine Kritik desselben. Als solche wären sie ungerecht, da sie wissentlich nur die Schattenseiten, eigentlich *eine* Schattenseite dieser Komposition hervorheben. Im aufrichtigen Interesse für die Zukunft des begabten jungen Komponisten. Ich kenne Herrn Zemlinsky nicht persönlich und weiß nicht, wie er sich zur Kritik überhaupt verhält. Vielleicht akzeptiert auch er nach modernem Muster Verherrlichung als schuldigen Tribut und empfindet jeden Tadel als Unrecht und Unverstand. Etwa nach dem Beispiel eines gefeierten Komponisten, des Herrn Richard Strauss, welcher kürzlich ein Manifest in diesem Sinne an die ›Grazer Tagespost‹ erlassen hat. Das starke Lob des Blattes genehmigt er gnädig, jedoch mit dem Beisatz, er wünsche, *»daß die Wiener Kunstrichter von ihren Grazer Kollegen lernen möchten!«* »In der Hauptstadt«, fährt er fort, »herrschen leider noch die ewigen Schönheitsgesetze, die unsereins auch gern einmal zu Gesichte bekäme, die aber bis heute als rätselhafte Geheimnisse im Busen der Herren Hanslick und Genossen schlummern.« Diese rätselhaften Geheimnisse liegen aber in Wahrheit offen vor allen musikalischen Menschen, welche lesen können: in den Partituren von Mozart und Beethoven, Schubert, Mendelssohn und Schumann, Brahms und Dvořák. Jeder von ihnen, wohlgemerkt, war ein *Neuerer* gegen seine Vorgänger – sie alle aber haben in ihren Symphonien Musik gemacht und nicht Bilderrätsel. Niemals pedantisch, doch immer ernst. Hingegen kann man sich der Vermutung kaum erwehren, ob Herr Strauss sich mit seinen Hörern und Verehrern nicht ein wenig Spaß macht? Wie mag der geistreiche Mann verstohlen lächeln, wenn die Konzertbesucher in ihren Programmen nervös herumsuchen, bei welchem Takt Eulenspiegel an den Galgen heraufgezogen wird, oder wo im ›Zarathustra‹ »die Hinterweltler« aufhören und »das Kapitel von der

Wissenschaft« beginnt, oder wann sie auf das »heilige Lachen« und wann auf das »Motiv der Verachtung« aufzupassen haben. Kaum dürfte Herrn Strauss eines der treffendsten Aphorismen seines Meisters Nietzsche unbekannt geblieben sein, welches lautet: »*Im Verhältnis zur Musik* ist alle Mitteilung durch Worte von schamloser Art; das Wort verdünnt und verdummt; das Wort entpersönlicht; das Wort macht das Ungemeine gemein.«

Ich war fest überzeugt, der berühmte Autor so vieler symphonischer Bilderbücher stehe längst jenseits von Lob und Tadel und blicke auf vereinzelte nicht zustimmende Kritiker mit dem Gleichmut des richtigen Übermenschen herab. Nach dem Erlaß an seine getreue Hauptstadt Graz scheint dies jedoch nicht ganz der Fall zu sein. Freundlich lobt er, die ihn loben, und bitter tadelt er die Tadler. Das ist ja »menschlich, allzumenschlich«. Niemand wird es ihm verübeln. Hübsch wäre es aber doch, wenn der musikalische Hofkaplan Zarathustras auch der Weisheit eines freilich schon unmodernen deutschen Dichters sein Ohr leihen wollte:

Also sprach Friedrich Rückert:

»Unstatthaft ist's, willst du das Lob
Als bare Münz' einnehmen
Und dann zum Tadel kraus und grob
Nicht gleichfalls dich bequemen.
Entweder beides oder keins
Mußt du in Rechnung schreiben,
Und immer wird das Facit eins:
Dein eigner Wert dir bleiben.«

Kunst und Leben

Waffenruhe am Klavier
Wien, im August 1866
nach Beendigung des Preußisch-Österreichischen Krieges

Wir hatten den Feldzug redlich mitgemacht. Nicht durchgekämpft, aber durchgelitten. Es gibt Mißgeschicke, die tiefer treffen als eine Gewehrkugel, und Wunden, welche nicht schmerzloser sind, weil sie nach innen bluten. Auch das Herz hat seine Blessierten. Vielleicht war ihre Zahl größer unter uns friedlichen Männern als in den Feldlazaretten der Armee. Seit den ersten Atemzügen des Krieges hatte keiner von den Freunden an Musik gedacht, die teure, mitunter einzige Gefährtin unserer Tage. »Ras't dieses Volk, daß es dem Mord Musik macht?« riefen wir unwillkürlich mit Rudolph von Harras, wenn irgendwo eine Polka oder Opern-Arie aus offenem Fenster lärmte. Die Ruhe des Waffenstillstandes, das Trostgefühl des immer näheren, immer gewisseren Friedens legte sich allmählich wie eine linde Hand besänftigend auf den brennenden Kopf, das tobende Herz. Nicht die stille Belagerung der Sorge, aber das Kreuzfeuer der Telegramme und Gerüchte hat endlich ausgetobt, und es bringt jeder Morgen wenigstens nicht ein neues Unheil. Eine gewisse müde und doch wohltuende Abspannung bemächtigt sich der Geister. Das ist der Moment, wo das aufatmende Gemüt sich wieder nach der Kunst zu sehnen beginnt, wie der gerettete Kranke nach dem Sonnenlicht.

Wir Freunde hatten den ganzen Spaziergang hindurch Politik getrieben, Vergangenes und Künftiges erwägend, erduldend. An der Haustür angelangt, war es uns, als könnten wir nicht so scheiden. Fast schüchtern regte sich die Frage, ob wir nicht ein wenig Musik machen sollten? Es lag ein Paket Novitäten auf meinem Klavier, uneröffnet wie seit geraumer Zeit dieses selbst. Nicht ohne freudige Bewegung gingen wir an die kleinen Vorbereitungen; der eine öffnete das Paket, der andere das Piano. Es verstand sich von selbst, daß mit vierhändigem Spiel der Anfang gemacht werde. Ist es doch die intimste, die bequemste und in ihrer Begrenzung vollständigste Form häuslichen Musizierens. Sie ist jünger, als unsere Generation wähnt, und verdankt der rapiden Verbreitung des Klavierspiels, der Erweiterung und Vervollkommnung der Pianofortes ihren Aufschwung. Das Streichquartett, Trio oder Quintett, das sonst in keinem gut musikalischen Haus fehlte, ist dadurch verdrängt; ein Verlust ohne Zweifel, doch kein Nachteil für die bestmögliche Kenntnis der Orchester-Literatur auf der eigenen Stube. Wenn man die Musikalien-Kataloge aus Haydns und Mozarts Zeit bis über die Mitte von Beethovens Wirksamkeit durchblättert, so begegnet man kaum einem vierhändigen Arrangement auf Dutzende von Bearbeitungen für drei, vier und fünf verschiedene Instrumente. Auch Beethovens erste Symphonien waren längst für Streichquartett arrangiert, ehe man sie vierhändig zu setzen begann. Heutzutage bringen unsere Konzerte keine Ouvertüre, keine Symphonie, die man nicht sofort im vierhändigen Arrangement verkosten oder nachgenießen kann. Eine Quelle von Vergnügungen und Belehrung fließt den Musikfreunden aus diesem bescheidenen Gebiet zu. – »Wer ist Ihr Vierhändiger?« fragte mich einst ein passionierter Dilettant. Seine kühne Wortbildung, so ganz die Persönlichkeit negierend und bloß die musikalische Nützlichkeit betonend, schien mir so übel nicht. Ein rechter »Vierhändiger« ist ein Inbegriff von soliden Eigenschaften, er steigt im Werte, je weniger er zweihändige Prätensionen macht. Nicht jedermann kann eine Frau, eine Geliebte, einen Herzens- und Geistesfreund sein nennen, aber »einen Vierhändigen« sollte jeder Sterbliche besitzen, gleichsam als engagierten Tänzer für die musikalische Lebenszeit.

Mein Vierhändiger also ergreift das Notenpaket, hebt ab wie im Kartenspiel und liest überrascht auf einem Heft die Aufschrift: »*Walzer zu vier Händen* von Johannes Brahms«. *Brahms* und *Walzer*; die beiden Worte sehen einander auf dem zierlichen Titelblatte förmlich erstaunt an. Der ernste, schweigsame Brahms, der echte Jünger Schumanns, norddeutsch, protestantisch und unweltlich wie dieser, schreibt Walzer? Ein Wort löst uns das Rätsel, es heißt: *Wien*. Die Kaiserstadt hat Beethoven zwar nicht zum Tanzen, aber doch zum Tänzeschreiben gebracht, Schumann zu einem ›Faschingsschwank‹ verleitet, sie hätte vielleicht Bach selber in eine ländlerische Todsünde verstrickt. Auch die Walzer von Brahms sind eine Frucht seines Wiener Aufenthaltes, und wahrlich von süßester Art. Nicht umsonst hat dieser feine Organismus sich Jahr und Tag der leichten, wohligen Luft Österreichs ausgesetzt – seine »Walzer« wissen nachträglich davon zu erzählen. Fern von Wien müssen ihm doch die Straußschen Walzer und Schuberts Ländler, unsere Gstanzel und Jodler, selbst Farkas' Zigeunermusik nachgeklungen haben, dazu die hübschen Mädchen, der feurige Wein, die waldgrünen Höhen und was sonst noch. Wer Anteil nimmt an der Entwicklung dieses echten und tiefen, bisher vielleicht einseitigen Talentes, der wird die »Walzer« als glückliches Zeichen einer verjüngten und erfrischten Empfänglichkeit begrüßen, als eine Art Bekehrung zu dem poetischen Hafisglauben Haydns, Mozarts und Schuberts. Welch reizende, liebenswürdige Klänge! Wirkliche Tanzmusik wird natürlich niemand erwarten: Walzer-Melodie und Rhythmus sind in künstlerisch freier Form behandelt und durch vornehmen Ausdruck gleichsam nobilisiert. Trotzdem stört darin keinerlei künstelnde Affektation, kein raffiniertes, den Total-Eindruck überqualmendes Detail – überall herrscht eine schlichte Unbefangenheit, wie wir sie in diesem Grade kaum selbst erwartet hätten. Die Walzer, sechzehn an der Zahl, wollen in keiner Weise großtun, sie sind durchwegs kurz und haben weder Einleitung noch Finale. Der Charakter der einzelnen Tänze nähert sich bald dem schwunghaften Wiener Walzer, häufiger dem behäbig wiegenden Ländler, mitunter tönt wie aus der Ferne ein Anklang an Schubert oder Schumann. Gegen Ende des Heftes klingt es wie Sporengeklirr, erst leise und wie probierend, dann immer entschiedener und feuriger – wir sind, ohne Frage, auf ungarischem Boden. Im vorletzten Walzer tritt dies magyarische Temperament mit brausender Energie auf; der Dreivierteltakt erscheint fast als eine Skurzze des raschen Allabreveschrittes im Csárdás, als Begleitung erdröhnt nicht der ruhig stolze Grundbaß des Straußschen Orchesters, sondern das leidenschaftliche Geflatter des Cymbals. Ohne Zweifel hätte dies Stück den effektvollsten Abschluß gebildet, allein es liegt ganz in dem Wesen Brahms', den feineren und tieferen Eindruck dem rauschenden vorzuziehen. Er schließt, zum österreichischen Ländlertone zurückkehrend, mit einem kurzen Stück von bezauberndem Liebreiz: ein anmutig wiegender Gesang über einer ausdrucksvollen Mittelstimme, welche im zweiten Teil unverändert als Oberstimme erscheint, während dazu die frühere Hauptmelodie nun die Mittelstimme bildet. Das Ganze in seiner durchsichtigen Klarheit zählt zu jenen echten Kunststükken, die keinem auffallen und jedermann entzücken. Das Brahmssche Heft erläßt dem Spieler jedwede Bravour oder Anstrengung, appelliert aber an ein feines musikalisches Gefühl. Die einzelnen Walzer sind sehr verschiedenen Temperaments, der Spieler errät dasselbe mehr aus ihrem musikalischen Inhalt, als aus den sparsamen Tempo- und Vortragsbezeichnungen.

Auch Schuberts ›Ouvertüre im italienischen Stile‹ in C-Dur (Partitur und vierhändiges Arrangement bei Spina) spielten wir zum ersten Male. Sie war nebst einer gleichbetitelten zweiten (in D-Dur) noch zu Lebzeiten des Komponisten ein beliebtes Konzertstück in Wien, was bekanntlich wenig Schubertsche Kompositionen von sich rühmen konnten. Während wir jetzt die früher verkannten oder ganz ungekannten Werke Schuberts hervorsuchen und hochschätzen, sind seine ›Italienischen Ouvertüren‹ fast spurlos verschollen. Schubert schrieb sie zur Zeit des epidemischen Rossini-Fiebers in Wien, teils mit ironischer Absicht, teils wirklich getroffen von der glänzenden Neuheit dieser Erscheinung. Der Rossinische Einfluß wirkte zu Anfang der zwanziger Jahre mit der Unwiderstehlichkeit einer Naturgewalt. Vielleicht der merkwürdigste Beleg dafür ist, daß in den Werken Spohrs, Webers und Schuberts, dieser drei leidenschaftlichen Rossini-Gegner, sich deutliche Spuren dieses Einflusses erkennen und durch eigene Aussprüche dieser Meister biographisch konstatieren lassen. Die ›Italienische Ouvertüre in C‹, gefällig erfunden und effektvoll instrumentiert, gibt freilich weder den echten Schubert noch den echten Rossini. Schubert mußte seine beste Eigentümlichkeit verleugnen, um jene Rossinis – doch nicht zu erreichen.

Unsere vier Fäuste hatten die besten Stollen des Notengebirges allmählich ausgeschürft, nur ein unheimlich glimmerndes Gestein lag noch unberührt: Richard Wagner. Mit etwas ängstlicher Neugierde schlugen wir den neuen ›Huldigungsmarsch‹ auf, den Richard Wagner dem jungen Könige von Bayern widmete. Der Marsch beginnt mit einer sentimental-pathetischen

Einleitung, in welcher das unvermeidliche chromatische Gewinsel wenigstens auf langsame Noten verteilt ist. Ein Trompetenstoß unterbricht diese Meditationen, und die Huldigung marschiert nun etwas strafferen Schrittes, aber mit äußerst alltäglichen Ideen weiter. Wir zweifeln keinen Augenblick, daß Wagner, als er sich behufs dieser Inspiration »das Verzeichnis seiner Schlafröcke« reichen ließ, den rotsamtenen mit Goldquasten und Türkisenbesatz gewählt habe. Aber leider kommt dieser Farben- und Juwelenglanz selbst in dem begeistertsten Klavier-Auszug nicht zutage und bleibt nur der einfache musikalische Schnitt. Wir können nicht dafür, daß dieser Schnitt uns überaus gewöhnlich und bürgerlich vorkommt. Der ›Huldigungsmarsch‹ erinnert in vielen Wendungen an die Festzüge im ›Tannhäuser‹ und ›Lohengrin‹, ohne diese auch nur entfernt zu erreichen. Wir wissen nicht, was alles die Eingeweihten in diese Musik etwa hineingeheimnissen, bezweifeln aber, daß sie jemand anderem als dem damit begrüßten freigiebigen Souverän besonders teuer sein werde. Ist das Arrangement des ›Huldigungsmarsches‹ eine neue Probe von Bülows Gewandtheit, so grenzt das Unternehmen seines Freundes Tausig, die Ouvertüre zu den ›Meistersingern von Nürnberg‹ für vier Hände zu setzen, hart ans Unmögliche. Der ›Huldigungsmarsch‹ ist doch noch jedenfalls königlich bayerische Musik, aber in dem Spektakel der »Nürnberger« Wolfsschlucht hört jeder Gedanke an Musik auf. Das Wiener Publikum hat dies blutrünstige Vorspiel zu einer »komischen Oper« vor zwei Jahren im Original genossen und erinnert sich, was es damals hörend erlebte. Was aber vollends Menschenhände spielend dabei erdulden, weiß nur, wer es selbst versucht. Uns war zumute, als bahnten wir uns mit bloßen Armen einen endlosen Weg durch Nesselgebüsch und Dornenhecken, um zu einem Ziele zu gelangen, das fast noch schlimmer als der Weg dahin. Zu erschöpft waren wir von dem mörderischen Handgemenge, um weiterzuspielen, zu ärgerlich aufgeregt, um so den Abend zu beschließen, den wir dem Frieden und der Harmonie zugedacht. »Diese Musik ist ja ärger als Krieg und Politik!« rief entrüstet mein mir an die linke Hand getrauter Kamerad. Was nun anfangen? Wie eine Leuchtkugel stieg uns der Gedanke auf, daß heute Strauß im Volksgarten spiele, und spornstreichs eilten wir hin, als folgte uns die Zunft der Meistersinger auf den Fersen. Im Volksgarten schimmerte es fröhlich von Lichtern und Klängen, Strauß begann eben mit schwungvollem Geigenstrich seine Walzer: ›Auf den Bergen‹. Die Opfer des Nürnberger Meistergesanges aber sanken aufatmend auf eine Gartenbank und waren glückselig wie – auf den Bergen. –

Wir hatten diesmal nichts Neues zu vier Händen, sondern wechselten einander einzeln am Klavier ab; ein Spieler, ein Hörer. Mehrere Klavier-Kompositionen aus Liszts neuester geistlicher Periode erregten vorzugsweise unser Interesse; kann doch niemand, der je mit dem merkwürdigen Mann verkehrte, selbst dem nachwirkenden Zauber seiner Persönlichkeit sich entwinden. Und eben diese Persönlichkeit beschäftigte uns auch heute lebhafter als deren musikalische Spenden. Die Hefte durchblätternd, erinnerten wir uns eines Briefes von Alexander von Humboldt an Varnhagen, worin ersterer ungefähr ausspricht, er sei alt genug geworden, um selbst über das Ungereimteste nicht mehr zu erstaunen. »Nur«, so schließt der Brief, »nur der ungarische Ehrenmönch bleibt mir rätselhaft.« Jene von Humboldt angespielte Ehrenaufnahme Liszts in den Status eines ungarischen Klosters, das sich ihm äußerst gastfrei erwiesen hatte, war nicht viel mehr als ein Akt der Höflichkeit von beiden Seiten, ohne bindende Konsequenzen. Warum sollte der phantasievolle Metamorphosenmann, der in Jena im deutschen Studentenwams, in Pest im verschnürten Magyarenrock mit Säbel und Sporen, anderswo wieder anders auftrat, nicht auch einmal den poetischen Kontrast des Klosterhabits empfinden und sich für einen Tag zum Kapuziner träumen? Als jedoch Liszt vor etwa einem Jahre in Rom wirklich die Weihen empfing, machte es mit Recht einige Sensation, denn nach seinem Lebenslauf und Temperament schien der berühmte Pianist nicht eben vorzugsweise zum Geistlichen prädestiniert. Indes – wer vermöchte in das Innerste eines Menschenherzens zu blicken! Wer wäre vermessen genug, über einen Schritt zu urteilen, der nur über einen Abgrund von Gemütskämpfen hinweg denkbar ist und verleugnungsstark ein Leben in zwei Hälften bricht? Wir hatten ernstlich versucht, uns diesen Schritt aus Liszts Wesen psychologisch zu erklären, und gelangten dahin, ihn auffallend zwar, aber nicht unbegreiflich zu finden. Wäre es denn wirklich so unnatürlich, daß ein leicht erregbarer, phantastischer Mensch, der, seit seiner Kindheit von einem Triumph zum anderen geworfen, in einem wildbewegten Leben alle Genüsse, Ehren und Aufregungen bis zum Übermaß durchgekostet hat, sich in seinem 55. Jahre schmerzlich übersättigt und unbefriedigt fühle? Daß er von dem rauschendsten Weltgenuß in den Gegensatz einer asketischen Frömmigkeit verfalle und den Blick von dieser ihm nur zu bekannten Welt nach einer anderen, ungekannten wende? Wir glaubten in der Tat, Liszt sehne sich, mit der weltlichen Tracht auch alles weltliche Trachten abzulegen, und werde, unbekümmert um den Schmerzensschrei der feinen Gesellschaft, fortan in frommer Beschaulichkeit ausruhen. Was geschah, war gerade das Umgekehrte. Liszt, der sich vor seiner Priesterweihe eine Zeitlang hinter den Sixtinischen Weihrauchswolken verborgen gehalten, tritt rasch und munter in die sündhafte Welt heraus. Er eilt von Rom nach Pest als König eines ihm vorbereiteten Musikfestes, dirigiert dort im geistlichen Kleid seine ›Heilige Elisabeth‹ und entzündet durch sein Klavierspiel das magyarische Publikum. Hierauf stürzt er sich in den künstlerischen Strudel von Paris, bringt seine Festmesse mit großem Pomp zur Aufführung und soll dort sogar – wie witzig ist das Leben! – durch sein heiliges Klavierspiel ein Frauenzimmer zur Tugend bekehrt haben. Das Weltkind Liszt spielte wunderbar, der Abbé spielt Wunder.

Liszt hat seit seiner Priesterweihe ziemlich viel Klavierstücke publiziert; Transkriptionen aus Mozarts Requiem und aus Pergolesis geistlichen Melodien, eine Hymne an den Papst, endlich zwei ›Legenden‹ für Klavier, die uns besonders charakteristisch erscheinen. Sie behandeln ein Wunder des heiligen Franz von Assisi (›La prédication aux oiseaux‹) und eines vom heiligen Franz de Paula (›St. François de Paule marchant sur les flots‹). Wie uns das französische Vorwort ausführlich erzählt, traf Franz von Assisi einst auf der Heerstraße eine Menge Vögel und hielt ihnen eine Predigt. Die Vögel hörten aufmerksam zu und rührten sich nicht vom Fleck, obgleich der Heilige, unter ihnen wandelnd, sie mit dem Talar streifte; erst nachdem er ihnen den Segen erteilt, flogen die Vögel genau in Kreuzesform nach den vier Weltgegenden davon. Dem heiligen Franz de

Paula versagten einst in Messina einige Schiffer die Aufnahme in ihr Boot; der Heilige achtete nicht darauf und ging trockenen Fußes über das Meer. Zur ersten Legende bemerkt Liszt gar bescheiden, daß seine geringe Geschicklichkeit und vielleicht die engen Grenzen des musikalischen Ausdruckes im Klavier ihn genötigt hätten, hinter der wunderbaren Überfülle der Vogelpredigt sehr zurückzubleiben, weshalb er »le glorieux pauvret du Christ« um Vergebung anfleht.

Sieht man nach alledem die beiden Musikstücke selbst an, so findet man zwei gewöhnliche brillante Konzert-Etüden, deren eine als musikalisches Motiv das Vogelgezwitscher, die andere das Meeresbrausen nachahmend fortspinnt. Die Stücke sind dankbar für den Virtuosen und nicht ohne pikantes Dissonanzengewürz; natürlich sorgt die Vogelpredigt für die Bravour der rechten Hand, der Wogenspaziergang für die der linken. Diese Kompositionen können offenbar ebensogut ›Les amours des oiseaux‹ und ›Souvenir des bains d'Ostende‹ heißen und hätten vor zehn Jahren wahrscheinlich auch so geheißen. Vielleicht führt uns Liszt nach und nach auch die übrigen Heiligen in derselben gefälligen Manier vor. Vorläufig müssen wir bekennen, daß diese Appretierung des Heiligenscheins für den Konzertsaal, diese getrillerten und gehämmerten Mirakel uns einen unsäglich kindischen Eindruck machen.

Wir waren, wie gesagt, wirklich der Meinung, der Abbé Liszt werde seine Weltentsagung ernsthaft nehmen und den musikalischen Salonbestrebungen von ganzem Herzen Adieu sagen. Haben wir darin geirrt, so war noch ein zweiter Weg denkbar: die vollständige Trennung des Künstlers vom Geistlichen. Manche seiner Freunde äußerten wiederholt die Meinung, Liszt habe durch die neue Standeswahl hauptsächlich eine vollständige materielle Unabhängigkeit erreichen wollen. So wenig wir dieser Motivierung beifallen möchten, welche zu Liszts allzeit nobler, uneigennütziger Denkart nicht wohl stimmt, so wenig hätten wir, falls sie wahr ist, ein Recht, ohne weiteres darüber abzuurteilen. Mannigfache uns unbekannte, vielleicht sehr erhebliche Umstände mögen hier zusammengewirkt haben, und Umstände sind, nach Rahel, die Minister der Götter. In diesem zweiten Fall (daß nämlich nicht Glaubensbedürfnis, sondern triftige äußere Motive Liszt dem geistlichen

Stand zuführten) wäre es uns nur natürlich erschienen, wenn er *als Komponist* der Kunstwelt gegenüber seine Geistlichkeit gar nicht betont, sondern als eine rein innere, häusliche Angelegenheit ignoriert hätte. Er wäre für den Vatikan der neue Abbé, für die Musikwelt der alte Liszt geblieben, derselbe Liszt, welcher mit seinen Symphonien Shakespeare, Goethe und Byron, mit seinen Klavierstücken lediglich die moderne Virtuosität gefeiert hat. Wir hätten ihm den Mut zugetraut, seine Musik untonsuriert zu lassen. Gerade diese Verquickung geistlicher Titel mit weltlichem Inhalt, dieses Abbé-Spielen und Liszt-Sein, oder Liszt-Spielen und Abbé-Sein, ist es, was uns an der neuesten Phase des ausgezeichneten Mannes nicht recht behagen will. Die Salon-Bigotterie der ›Legenden‹, zusammengehalten mit der Hast des Komponisten, sich dem ungarischen, französischen, deutschen Publikum im Abbémäntelchen vorzuführen und so mit einem neuen Reiz ausgestattet die langgemiedene Öffentlichkeit wieder aufzusuchen, mußte die Verteidiger seines wahren geistlichen Berufes befremden. Wenn nicht das Wesen, so ist doch der Anschein vorhanden, als pfropfe Liszt weltliche Reiser auf geistlichen Stamm.

In dieser seltsamen Stellung und Tätigkeit hat Abbé Liszt in der Musikgeschichte einen Vorgänger von frappanter Ähnlichkeit: den berühmten Abbé Vogler. Es nimmt uns Wunder, diese Doppelgängerschaft noch nirgends hervorgehoben zu finden. Abbé Vogler (geboren 1749, gestorben 1814) war ein Mann von unbestreitbarer Genialität und glänzender Vielseitigkeit: eine Erscheinung, mit der verglichen zu werden Liszt sicher nicht zur Unehre gereicht. Berühmt als Schriftsteller und Komponist, als Klavier- und Orgelvirtuose, spielte Vogler durch sein geistreiches, originelles Wesen eine glänzende Rolle in der Gesellschaft und übte auf seine Schüler und Verehrer eine Art Zauber. In der schildernden, poetisierenden Tendenz seiner Musik deutet er gewissermaßen auf die Zukunftsmusik; er spielte auf der Orgel den ›Tod Herzog Leopolds in den Fluten‹, die ›Belagerung von Jericho‹ u. dgl. Seinen Verehrern war Vogler geradezu ein Wundermann, seinen Gegnern ein geistreicher Charlatan. Voglers Erfolge in Wien in den Jahren 1803 und 1804 repräsentierten für jene Zeit ungefähr den Liszt-Enthusiasmus unserer Tage. Ein gewisses Maß von Charlatanerie konnte Abbé Vogler in keinem seiner Fächer entbehren, namentlich wußte er seinen künstlerischen Nimbus trefflich durch den geistlichen zu erhöhen. Forkels Almanach erzählt, wie Vogler, »wenn er bei jemandem spielt, zuvor sein *Betbuch* hinschickt, und nachdem er eine Weile dagewesen ist, plötzlich aufsteht, in ein anderes Zimmer geht, wo er keine Seele neben sich leidet, und da aus seinem Buche betet«. Zu solch eitlem Komödienspiel wird Liszt – unseres Erachtens der aufrichtigere und bedeutendere Künstler – ganz gewiß nie herabsinken. Aber die äußere Ähnlichkeit und die innere Verwandtschaft zwischen diesen zwei merveilleusen Naturen ist unverkennbar, und so leisten uns beide Abbés gleicherweise den Dienst, einer den andern zu erklären.

Johann Strauß als Opernkomponist

Kaum hat man je in Wien das Theater so überfüllt, das Publikum so gespannt gesehen wie bei der ersten Aufführung der dreiaktigen Operette ›Indigo‹ von Johann Strauß (1871). ›Indigo‹ ist ein erster Versuch auf dem Gebiete der Oper, aber der ihn gewagt, ist ein Mann von europäischem Rufe und einer der populärsten Lieblinge Wiens. Ein Vierteljahrhundert ist verflossen, seit der »junge Strauß« an der Spitze eines eigenen Orchesters als Walzer-Komponist auftrat. Seitdem hat er, unermüdlich für den musikalischen Bedarf des Karnevals sorgend, die unglaubliche Anzahl von dreihundert Werken geliefert. Lauter Tanzmusik. Es ist dies ein kleines, ja kleinstes Feld, auf welchem auch der Dilettant sich mühelos anbaut; aber auch hier unterscheidet sich sofort die bloß nachahmende Fertigkeit von der angeborenen, schöpferischen Kraft. Man darf behaupten, daß Strauß auch ohne den Namen seines Vaters seine rasche, glänzende Karriere gemacht hätte. Gerade in seinen ersten Kompositionen (›Liebeslieder‹, ›Johanneskäfer‹ etc.) trat sein reizendes melodisches Talent am auffallendsten hervor und übte eine bezaubernde Gewalt. Dabei erwies sich Strauß fein und pikant in der Instrumentierung, sinnreich in harmonischen und rhythmischen Einfällen, sogar ein bißchen reformatorisch in Erweiterung der zu eng gewordenen alten Formen. »Keine Gattung«, sagt Goethe, »ist gering zu achten; jede ist erfreulich, sobald ein großes Talent darin den Gipfel erreichte.« Alt-Strauß und Lanner waren solche großen glänzenden Talente, und in der genialen Beherrschung ihres kleinen Gebiets hoch überlegen unzähligen »ernsthaften« Komponisten, deren in Schweiß gebadete Messen, Symphonien und Sonaten niemals eines Menschen Herz erfreut haben. Von dem jüngeren Johann Strauß gilt dasselbe; das fröhliche Zepter seines Vaters fiel ihm unwidersprochen zu, ja sein Beispiel und Name vermochte überdies noch das schlummernde verwandte Talent in zwei Brüdern zu wecken, so daß die drei jungen Strauß bald die gesamte tanzende Welt beherrschten – »soldats sous Alexandre, et rois après sa mort«.

Durch diese Verhältnisse war das Talent Johanns (des begabtesten der drei Brüder) von allem Anfang fraglos auf eine strengbegrenzte Bahn, die der Tanzmusik, gewiesen und auf derselben in ununterbrochener, aufreibender Tätigkeit festgehalten. Vielleicht wäre dieses Talent auch in höheren Kunstsphären heimisch und stark geworden, wenn es sich früh hätte auf größere Aufgaben werfen und durch tiefere Studien kräftigen können. Allein wer 25 Jahre in der Tanzmusik gelebt, ausschließlich und in enormen Quantitäten Tänze komponiert hat, der vertauscht später nur schwer dieses Feld und selten ungestraft. Seit einigen Jahren machte sich überdies in den Straußschen Novitäten eine unverkennbare Erschöpfung seines Talentes bemerkbar; sie wurden matt, gekünstelt, raffiniert, reminiszenzenreich und fielen – mit einer einzigen glänzenden Ausnahme – gegen seine älteren Sachen ab. Diese Ausnahme ist die berühmte Walzerpartie: ›An der schönen blauen Donau‹, deren Reiz und Erfolg in der Rückkehr zu der ländlerartigen Einfachheit des alten Strauß-Lanner-Stiles bei engstem Anschmiegen an österreichische Volksweisen wurzelt. Der Erfolg der Donau-Walzer vermochte aber die Ermüdung und Übersättigung nicht aufzuhalten, welche sich in Strauß lange vorbereitet und ihm die Tanzmusik nahezu verleidet hatte. Er mußte fühlen, daß nicht bloß die Freude am Walzer, sondern auch seine verschwenderisch ausgebeutete Erfindung zu versagen anfing. Das ist kaum die richtige Verfassung, in welcher man plötzlich

Opernkomponist wird. Ich bekenne unverhohlen die Besorgnis, mit welcher ich Strauß' erster Oper entgegensah. Ein Schilderer von Stilleben und Tierstücken, der plötzlich Historienmaler wird, eine Dichter-Spezialität im Epigramm oder Sonett, welche sich ans Drama wagt: sie haben schwerlich einen grelleren Übergang, eine schwierigere Stellung. Die Einseitigkeit, in welche das ganze musikalische Denken eines durch Jahrzehnte tätigen spezifischen Tanzkomponisten gerät, hat kaum eine Analogie in den übrigen Künsten. Er kommt aus dem hüpfenden Rhythmus, der knappen strengen Symmetrie, der populären sinnlichen Wirkung niemals heraus. Mag er sich noch so sehr bemühen, diese Fesseln abzustreifen, sie werden doch wie neckende Kastagnetten überall wieder durchklingen. Wenn wir unsere geistigen und körperlichen Tätigkeiten aus dem psychologischen Gesetz mehr oder minder unbewußter *Gewohnheit* ableiten, wenn wir, noch weiter gehend, mit dem geistreichen Physiologen Dr. Hering sogar die Gewohnheiten des *Vaters* im Sohn noch mitbestimmend und fortwirkend annehmen, so begreift sich die Gebundenheit des musikalischen Denkens und Schaffens in einem geborenen Tanzkomponisten wie Johann Strauß. Diese Macht angewöhnter Tanzrhythmen wird es dem Walzerkomponisten schwer machen, bei der Komposition eines Gedichtes zunächst auch nur den Punkt zu finden und festzuhalten, auf welchem seine stets freischweifende Phantasie sich sammeln und in das Wort einströmen kann. Es scheint, daß die Walzer ›An der schönen blauen Donau‹ in Strauß diesen Übergang vermittelt, vielleicht sogar die Idee zur Opernkomposition in ihm geweckt haben. Sie sind nämlich *gesungene* Walzer, für Männerchor mit Orchester-Begleitung geschrieben. Daß sie allenthalben ohne Text gespielt werden und den Gesang in keiner Weise vermissen oder nur vermuten lassen, konnte freilich wieder bedenklich stimmen. Indessen, es bedurfte nur noch eines mutigen Schrittes weiter. Diesen Schritt vollbrachte Strauß mit seiner Oper ›Indigo‹. Es ist Straußsche Tanzmusik mit untergelegten Worten und verteilten Rollen. Einen heiteren oder auch nur behaglichen Text kann Strauß in gar keiner anderen Form denken als in der des Walzers oder der Polka. Alle schnellen oder mäßig beschleunigten Tempi im ›Indigo‹ fallen in diese Rubrik; ja selbst in manchen der sentimentalen Nummern entdeckt ein schärferes Auge verschämt verschleierte Tanzmelodien. Wo sich ein Allegro oder Allegretto zeigt, da schiebt der Walzerkönig den Opernkomponisten ohne Umstände beiseite; dabei macht er aber seine Sache sehr gut, so gut, daß die Füße und Füßchen der Hörerschaft unter den Sperrsitzen toll zu werden beginnen. Als mitten in der Ouvertüre solch ein rattenfängerisches Polka-Thema auftauchte, geschah das Unerhörte, daß die Galerien jetzt schon in jubelnden Beifall ausbrachen: die Leute träumten sich offenbar im Volksgarten. Gleich in der Introduktion des ersten Aktes folgt dem (nichts weniger als originellen, aber wohlklingenden) Allegretto eine unverfälschte Polka (»Der Bajaderen Wahlspruch sei«). In der hübschesten Nummer der Oper, dem Terzett im ersten Akte, mündet das einleitende Andante gleich in ein Polka-Motiv (»Dort an der blauen Donau«) und schließt mit einem echt Straußschen allerliebsten Walzer: »Ja, so singt man!« Das erste Lied des Eselstreibers ist eine maskierte Polka, sein zweites im Refrain (»Nur Esel«) ein unmaskierter Walzer von zweideutigster Herkunft. Das Lied des Narren in B-Dur schleppt sich in seiner ersten Hälfte (»O ihr Thoren«) zäh und monoton hin, schließt aber mit einer Polka, deren Abstammung von einer sehr populären Ahnfrau namens ›Pechpolka‹, wenn ich nicht irre, durch allgemeinen Applaus agnosziert wurde. Die inkorrekte Deklamation des Textes erregt in dieser Nummer, und in noch mancher anderen, den entschiedensten Verdacht, daß die Melodie früher da war als der Text. Eine Polka (»Weh', ich bin verloren«) bildet das Finale des ersten Aktes; der Räuberchor in F-Dur und Toffanas Zank-Ariette im zweiten Akte sind demselben Geschlecht angehörig, nur leider nicht Zierden desselben. Fantascas Trinklied ist ein unverblümter Straußscher Walzer und keiner von den besten. Blicken uns aus allen schnellen Tempi die bekannten freundlichen Züge des »Walzerkönigs« entgegen, der seine unwiderstehliche Geige auch in der Oper handhabt, so sehen wir ihn eigentümlich zaghaft, fast verlegen vor allen ernsteren, sentimentalen Nummern stehen. Da findet Strauß an nichts Eigenem anzuknüpfen und verfällt leicht allgemeinen Phrasen ohne bestimmtes Gepräge oder auch Reminiszenzen. Was an diesen ernsteren Nummern für die mangelnde Tiefe und Originalität einigermaßen entschädigt, ist ihre Sangbarkeit und Natürlichkeit, die fast naive Unschuld, mit welcher der Komponist daran geht. So machten manche dieser Gesangsstücke, wie die G-Dur-Ballade Fantascas, der Frauenchor an die Sterne und dergleichen, einen zwar nicht bedeutenden, aber harmonischen Eindruck. Strauß verdient das aufrichtigste Lob dafür, daß er weder Meyerbeer noch Richard Wagner nachäfft, nicht durch raffinierte Modulationen und Dissonanzen sich künstlich zu strecken sucht, sondern lieber als ein natürlich empfindender, gut musikalischer Mensch von anständiger Mittelgröße einhergeht. Die Singstimme behandelt Strauß meistens schonend, angemessen und wirksam, das Orchester sehr brillant und wenigstens nicht zur Unzeit lärmend. Ansprüche an jene polyphone und kontrapunktische Kunst, welche aus den Themen erst den rechten höheren Gewinn zu ziehen lehrt und den Meister des Satzes dahin bringt, daß er nicht am Ende steht, wenn die Melodie zu Ende ist – sie entfallen gegenüber einer Operette, welche lediglich durch anmutige Melodien und beflügelten Rhythmus zu wirken beabsichtigt. Und diese Eigenschaften muß man dem Werk nachrühmen. Insbesondere ist es der starke rhythmische Zug, der die Melodien des ›Indigo‹ bald allenthalben populär machen wird.

Fragt man nach der *dramatischen* Kraft und Begabung des melodienreichen Komponisten? In der Musik zu ›Indigo‹ ist von spezifisch dramatischem Talent wenig zu verspüren. Der Dichter dieses heillosen Librettos gibt freilich dem Komponisten keine Charaktere, nicht einmal mögliche Wesen, sondern ausgestopfte Puppen, die kein Ziel und keine Vernunft haben, deren einziges Pathos der Unsinn und deren einziger Witz die lerchenfelderische Aussprache ist. Dieses in der Handlung armselige, im Dialog beleidigend platte und gemeine Libretto wird den Erfolg der Operette überall empfindlich schädigen. Ein Mann von dem Namen und Talent eines Johann Strauß hätte sich lieber gar nicht dazu hergeben sollen. Diese Fantasca, die abwechselnd wie eine Amazonen-Königin und wie eine Wäscherin vom Thury spricht, dieser König Indigo und sein Oberpriester – geistlose Kopien von Offenbachs König Bobêche und Kalchas –, die als Räuber verkleideten Odalisken etc. können das Talent eines Komponisten nur lähmen, nicht anregen. Und wenn das alles sich noch rasch abspielte! Aber diese »Operette«

währt gegen vier Stunden! Der ganze dritte Akt (der auch musikalisch tief unter die beiden ersten sinkt) besteht aus lauter Lükkenbüßern, die mit der Handlung gar nicht zusammenhängen und die Geduld der Zuschauer auf die Folter spannen. Der Komponist scheint beim Niederschreiben dieses Aktes die unausbleibliche Mißstimmung des Publikums geahnt zu haben; er bringt am Schlusse schnell alle hübschen Tanzmotive der Oper nacheinander wieder zum Vorschein, gesungene »Pièces justificatives« für diesen bedenklichen Ausgang. Die Sünden des Textbuches suchte man durch eine wahrhaft blendende Ausstattung gutzumachen. Für Strauß kann es aber doch nicht gerade eine Ehre sein, Musik zu schönen Kleidern zu schreiben. Durch seine frische, lebhafte Musik vermöchte sich ›Indigo‹ auf dem Repertoire zu erhalten. Ob sich nachträglich das Libretto so gründlich werde waschen und färben lassen, daß es die Musik nicht entstellt, steht dahin; ich fürchte, dieser ›Indigo‹ ist echtfarbig.

Auf den ›Indigo‹ hat Johann Strauß noch zwei komische Opern folgen lassen, welche viel Beifall fanden: ›Der Karneval in Rom‹ (1873) und ›Die Fledermaus‹ (1874). Zu beklagen ist auch bei diesen beiden die schlechte Beschaffenheit der Textbücher. ›Indigo‹ war vollständig in Wien gekocht, und zwar von so vielen mit- und gegeneinander arbeitenden Köchen, daß man gar nicht weiß, wer eigentlich für das Machwerk verantwortlich sei. Die beiden später genannten Opern hingegen sind nach französischen Originalen bearbeitet; der ›Karneval‹ nach Sardous anmutigem und rührendem Schauspiel ›Piccolino‹, die ›Fledermaus‹ nach der ergötzlichen Posse ›Le Réveillon‹ von Meilhac und Halévy. Es gehörte schon einige Kunst dazu, zwei gute französische Theaterstücke so gründlich jedes geistreichen und anmutigen Reizes zu entkleiden und in die Trivialität des Wiener Vorstadtwitzes herabzuziehen. Im komischen Singspiel hängt die Wirkung des Ganzen noch viel enger mit dem Libretto zusammen als in der Großen Oper – Strauß wird in diesem Punkte wählerischer vorgehen müssen. Es ist doch schade um seine hübschen lustigen Melodien! Und daran ist kein Mangel im ›Karneval von Rom‹, wie in der ›Fledermaus‹, wenngleich die melodische Erfindung hier nicht mehr ganz so reich quillt wie im ›Indigo‹, für welchen offenbar ein ganzes

Füllhorn aufgesparter, disponibler Tanzmotive umgestürzt worden ist. Hingegen zeigen sich Fortschritte des Komponisten nach Seite der technischen Gewandtheit und des Theatereffekts, namentlich in der ›Fledermaus‹, welche doch mindestens eine zusammenhängende Handlung hat. Voll hübscher Einfälle, tragen aber trotzdem beide Opern den Charakter von großen Potpourris aus Walzer- und Polkamotiven. Wir beobachten hier die interessante Tatsache, wie ein in bestimmten, engbegrenzten musikalischen Denkformen eingewohnter Komponist dieselben auch an ungehörigem Ort nicht los wird, d. h. wie er auch seine Opern aus offenen oder versteckten Tanzmelodien zusammensetzt. Die Gewohnheit seiner ganzen künstlerischen Karriere bringt es ferner mit sich, daß er auch für diese Art melodischer Erfindung keinen langen Atem hat, sie niemals breit und behaglich ausführt, sondern immer rasch wieder abspringt zu einem neuen Motiv. Wie der Walzer oft dramatisch behandelt werden kann, zeigt uns das erste Finale aus Marschners ›Hans Heiling‹, das zweite aus Gounods ›Faust‹, endlich in einem kleineren, bescheidenen Genre das zweite Finale aus Lecoqs ›Madame Angôt‹. In allen drei Fällen ist die Walzermelodie dramatisch gefordert; von allen drei Komponisten wird sie breit ausgesponnen, durch Zwischensätze, welche sich dem Dialog dicht anschmiegen, flüchtig unterbrochen, dann wieder aufgenommen und in immer höherer Steigerung zu Ende geführt. Es ist in allen drei Opern das einzige vorkommende Walzermotiv. Die Straußschen Operetten überhäufen den Hörer von Anfang an mit so vielen gesungenen Walzer- und Polkathemen, die kaleidoskopisch einander drängen, daß, wenn wirklich einmal ein Walzer an berechtigter Stelle erscheint (wie der sehr hübsche in dem Ball-Finale der ›Fledermaus‹), er weitaus nicht den Effekt macht, welchen er, wohlaufgespart, in einer anderen Oper machen würde. Es ist eine Täuschung zu glauben, es komme notwendig durch den Walzer ein rascher, dramatischer Zug, eine vorwärts treibende Kraft in die Opernmusik. Der Walzer ist lyrisch, nicht dramatisch; er hat keinen dialektischen Fortgang, sondern beharrt im Gleichmaß des Rhythmus, der Stimmung, kehrt wie ein Kreis stets in sich selbst zurück. Wo demnach die Situation sich verändert, fortschreitet, wo erzählt, gehandelt wird, da bewirkt das wiegende Walzertempo vielmehr einen lästigen Stillstand als eine forttreibende Bewegung. Auch gibt es einen Unterschied zwischen vornehmen, ausdrucksvollen Gesangsmelodien »in Walzertempo« und jenen mehr für die Geige als für den Gesang geeigneten Wiener Walzerthemen, deren zuckender, juckender Geist doch eigentlich nur im Tanzsaal eine legitime Herrschaft ausübt. So sehen wir denn in den drei Operetten von Strauß ein unstreitig glänzendes Talent außerhalb seiner rechten Sphäre. Daß jene immerhin noch besser, weil musikalisch erfindungsreicher sind als die meisten übrigen Wiener Produkte dieser Gattung, sei zugestanden, aber mit dem dramatischen Leben und Esprit der besseren Stücke von Offenbach oder Lecoq halten sie keinen Vergleich aus. In theatralischer Komposition sind eben die Franzosen in ihrem eigensten Element, geradeso wie Strauß in der Tanzmusik. Als das Beste, was der jüngere Strauß geschrieben, wird man nicht seine Opern, sondern seine Walzer rühmen, und hätte er auf die ersteren noch hundertmal mehr Mühe verwendet. Wie der angeklagte Scipio, statt über seine Verwaltung sich zu rechtfertigen, davon sprach, daß er den Hannibal an diesem Tag bei Zama geschlagen – so möchte ich, statt den ›Indigo‹ oder die ›Fledermaus‹ zu kritisieren, dem Leser die Walzer ›An der schönen blauen Donau‹ vorspielen lassen. Sie wirken überzeugend. Es braucht nur irgendwo das Anfangsmotiv graziös auf den drei Staffeln des D-Dur-Dreiklangs emporzusteigen, so ruft und klatscht schon alles vor Vergnügen. Die Donau-Walzer von Strauß haben aber nicht bloß eine beispiellose Popularität, sie haben eine ganz merkwürdige Bedeutung erlangt, die Bedeutung eines Zitates, eines Schlagwortes für alles, was es Schönes, Liebes, Lustiges in Wien gibt, sie sind dem Österreicher nicht bloß schöne Walzer wie andere, sondern ein patriotisches Volkslied ohne Worte. Neben der Volkshymne von Vater Haydn, welche den Kaiser und das Herrscherhaus feiert, haben wir in Strauß' ›Schöner blauer Donau‹ eine andere Volkshymne, welche unser Land und Volk besingt. Wo immer in weiter Ferne Wiener sich zusammenfinden, da ist diese wortlose Friedens-Marseillaise ihr Bundeslied und Erkennungszeichen. Wo immer bei einem Festmahl ein Toast auf Wien ausgebracht wird, fällt das Orchester sofort mit der ›Schönen blauen

Donau‹ ein. Man kann sich das gar nicht mehr anders denken, denn diese uns allen eingeprägte Melodie sagt deutlicher, eindringlicher und wärmer als alle Worte, was über das Thema »Wien« Schmeichelhaftes gesagt werden kann.

Und das ist die denkwürdige Bedeutung, welche diese Komposition, jedem Volkslied zu Trotz, allmählich erlangt hat: ihre Melodie wirkt wie ein Zitat, wie denn auch ihr Titel ein poetisches Zitat ist. Manche Verehrer des Straußschen Walzers wissen nicht, daß die Worte »An der Donau, an der schönen blauen Donau« der Refrain eines vielstrophigen, herzenswarmen Gedichtes von Karl Beck sind. Kein Zweifel, daß der glücklich gewählte Titel dem Straußschen Walzer die bedeutsame Signatur aufgedrückt hat und daß dieselbe Komposition mit einem anderen, fremdartig phantastischen Titel kaum dieselbe Popularität errungen hätte. Aber auch der Becksche Refrain würde ohne Strauß nicht die Tour um die Welt gemacht haben. So wie wir aber der Poesie Karl Becks den liebgewonnenen, beredten Namen der Straußschen Walzer verdanken, so erinnern auch diese wieder unwillkürlich an den Taufpaten, das schöne Gedicht Karl Becks, dessen drei erste Strophen zum Schluß hier stehen mögen:

»Und ich sah dich reich an Schmerzen,
Und ich sah dich jung und hold,
Wo die Treue wächst im Herzen,
Wie im Schacht das edle Gold
An der Donau, an der schönen blauen Donau!

In den Sternen stand's geschrieben,
Daß ich finden dich gemußt,
Und auf ewig dich zu lieben,
Und ich las es mir zur Lust
An der Donau, an der schönen blauen Donau!

Wieder ward mein Herze blühend,
Der verschneite öde Strauch,
Knospen kamen freudesprühend,
Nachtigallen kamen auch
An die Donau, an die schöne blaue Donau!«

Das Monument

Ein merkwürdiges künstlerisches Ereignis in Wien, das auch des Humors nicht entbehrt, trifft mit Wagners Hinscheiden zusammen und steht damit in enger Verbindung. Daß nämlich die Idee eines *Mozart-Denkmals* mit einem Male wieder auftaucht, und nicht als bloßes Projekt auftaucht, sondern tatkräftig angepackt und mit Begeisterung gefördert wird, das verdanken wir – Richard Wagner, oder vielmehr den Wagnerianern. Darüber herrscht nicht der mindeste Zweifel. Als Richard Wagner kaum die Augen geschlossen hatte, begingen einige seiner Verehrer sofort die Taktlosigkeit, zu Geldsammlungen für ein *Wagner-Monument* in Wien aufzufordern. Diesem Ansinnen antwortete wie aus einer Kehle der laute Ruf: *Mozart!* Die Wiener Bevölkerung befand sich ungefähr in der Situation des Wagnerschen Parsifal, der, von den Schmeichelworten der Zauberin Kundry umstrickt und beinahe gefangen, sich ihr plötzlich mit dem Ausruf: Amfortas!! entreißt. Parsifal hatte, Kundrys wollüstigen Tönen lauschend, auf Amfortas vergessen – beiläufig, wie die Wiener auf Mozart –, sobald ihm aber das Ziel der Verführung klar wird und die Erinnerung wiederkehrt, überläßt er Kundry ihrem Schicksale und eilt zu seiner Pflicht, eilt zu Amfortas zurück.

Wien, die Mozartstadt, mußte sich in ihrem patriotischen und künstlerischen Ehrgefühle angetastet fühlen durch die Aufforderung, Wagner ein Denkmal zu errichten, bevor Mozart eines besitzt. Und dann, wenn einmal diese Schuld an Mozart abgetragen ist, wird in Österreich jeder Mund die Namen Gluck und Haydn nennen und keinen andern. Wien ist gottlob reich genug an eigenen großen Tondichtern und leider auch reich genug an eigenen Ehrenschulden gegen dieselben, um nicht auswärts Stoff für seine Monumente suchen zu müssen, suchen zu dürfen. Wagners Anspruch auf ein Denkmal, selbst auf mehrere, bestreitet niemand[16].

Leipzig, sein Geburtsort; Dresden, die Stätte der ersten Aufführung seines ›Rienzi‹, ›Holländer‹, ›Tannhäuser‹; endlich Bayreuth, an sich schon ein ruhmvolles Wagner-Monument – sie mögen wetteifern, die Gestalt Wagners in Erz oder Marmor zu verewigen. Aber Wien? Wie kommt Wien zu dieser Ehre?

Man müßte den Satz aufstellen, daß *jedem* großen Komponisten in *jeder* Stadt ein Denkmal gebühre, um ein Standbild Wagners in Wien zu begreifen. Einen engeren persönlichen Zusammenhang zwischen dem Künstler und dem Lande oder der Stadt müssen wir doch immer voraussetzen. Es ist noch keinem Verehrer Bachs und Händels eingefallen, für ein Monument dieser Meister in Wien zu agitieren, denn sie hatten keinen Zusammenhang mit Wien. Selbst an ein Denkmal Carl Maria von Webers in Wien hat nie jemand gedacht, obwohl er seine ›Euryanthe‹ eigens für Wien geschrieben und hier oft persönlich tätig war. Ein halbes Jahrhundert ist zudem seit Webers Tod verstrichen und hat die dauernde Lebenskraft seiner Werke erprobt. Auch das ist nicht bedeutungslos für unsere Frage. Ein Monument wollen wir doch nicht bloß für die Zeitgenossen des Meisters setzen, sondern recht tief in die Nachwelt hinein, und darum sollte auch die Nachwelt noch eine Stimme dabei haben. Das erst verleiht einem Monument die rechte Weihe, wenn es fünfzig, hundert Jahre nach dem Tode des gefeierten Mannes aus der einhelligen und abgeklärten Verehrung eines späteren, unbefangenen Geschlechtes heraus ersteht.

Hören wir, wie Liszt, dieser wärmste und werktätigste Bewunderer Wagners, sich über die Monument-Frage äußert. Er preist die in Deutschland üblichen »Erinnerungsfeste zum Andenken großer Männer, welche, weit entfernt, den nicht minder schönen Brauch der Errichtung von *Denkmälern* zu verdrängen, solche vielmehr anregen und die Bevölkerung aufrufen, zu ihrer Erfüllung beizutragen«. Nur müßte eine längere Periode seit dem Tod des berühmten Mannes verflossen und eine Zeit angebrochen sein, »in der sich nach und nach die unvermeidlichen Wogen des Für und Wider beruhigt und die Schwankungen sich ausgeglichen haben, welche sein Ruhm einerseits durch die Böswilligkeit seiner Gegner erdulden mußte« – anderseits »durch den lauten Beifall der Coterie und *der sich neben einen kaum geschlossenen Sarg drängenden Panegyriker, die auf ihr eigenes Antlitz einige der ihn umgebenden Strahlen lenken wollen, sich gleichsam mit der Unfähigkeit ihres Schaffens hinter seinem Totengeleit verschanzen und ihre Existenz zu befestigen suchen, indem sie sich zu Klienten eines durch den Tod heilig gesprochenen Patrons aufwerfen*«.

Liszt schrieb diese Worte, die so wunderbar auf die jüngsten Ereignisse passen, bei Gelegenheit des Mozart-Jubiläums 1856 in Wien. Die vortreffliche Stelle, die wir oben hervorgehoben, trifft allerdings mehr die »Panegyriker« von heute als jene von 1791. Damals ist einem Tonkünstler, selbst dem größten, noch nicht entfernt jene Wichtigkeit beigelegt worden wie in unseren Tagen, und vollends die Verehrer Mozarts haben nach seinem Hinscheiden sich keineswegs durch übermäßige Huldigungen, sondern leider nur durch übermäßige Indolenz hervorgetan.

Die Idee, den größten musikalischen Genius, der, ein Besitz der ganzen Welt, doch zunächst Wien angehört hat, hier durch ein Monument zu verkörpern, datiert selbstverständlich nicht erst von heute. Wien, das dem sechsjährigen Wunderkinde die ersten Lorbeeren geweiht, war von Mozarts fünfundzwanzigstem Jahr an die ausschließliche Stätte seines Wirkens als Tondichter, Lehrer, Virtuose. Für Wien schuf er seine bedeutendsten Werke, in Wien wurde er durch die ›Entführung‹ und die ›Zauberflöte‹ der Schöpfer der *nationalen deutschen Oper*. In seinem österreichischen Patriotismus, seinem treuen weichen Gemüte, seinem liebenswürdigen Frohsinn ist Mozart der ideale Wiener. Sein Tod fiel in eine Zeit, da man Monumente noch als ein Privilegium von Monarchen und Feldherren betrachtete. Auch die folgenden zwanzig Jahre ließen den Gedanken an ein Mozart-Denkmal nicht aufkommen. Österreich lag danieder unter dem Drucke langer unglücklicher Kriege, die Bevölkerung war entmutigt und verarmt. Im Jahre 1815 sehen wir in Wien zum ersten Mal die Idee eines Monuments für Mozart auftauchen, aber bald wieder verschwinden. Dann regte sich vor etwa fünfzig Jahren das Projekt, in der Karlskirche ein gemeinsames Monument für Mozart, Haydn, Gluck und Beethoven zu errichten. Das Jubiläum von Beethovens Geburt 1870 gab endlich einen neuen Anstoß für ein Beethoven-Denkmal, nachdem kurz vorher Franz Schubert ein eigenes Monument im Stadtpark schon erhalten hatte. In der Begeisterung für diese Standbilder Schuberts und Beethovens schien Wien wieder auf Mozart vergessen zu haben, obwohl es an vereinzelten Kundgebungen und Beiträgen nicht fehlte. Ausgiebiger jedoch und schneller als alles andere wirkte die verunglückte Agitation für ein Wagner-Monument in Wien 1883.

Diese hat keine andere Folge gehabt als den lauten Ruf nach einem Mozart-Monument. Es blieb dem rührigen Impresario des Wagner-Monuments nichts anderes übrig als die nachträgliche gewundene Erklärung, er habe die Sache »bis auf günstigere Zeit sistiert«. Dieser schnelle Rückzug wurde motiviert mit »*politischen* Bedenken«, welche sich gegen ein Wagner-Denkmal in Wien erhoben hätten. Warum nicht gar! Ich bin überzeugt, daß nicht einmal der König von Sachsen, der sich doch gewiß zuerst »politischer Tendenzen« Wagners erinnern dürfte, einem Denkmal dieses Komponisten Schwierigkeiten bereiten wird. Und Österreich sollte sich vor dessen politischer Bedeutung zu fürchten haben? Am Ende macht man uns noch glauben, daß es Richard Wagner gewesen, welcher Österreich bei Königgrätz besiegt und aus Deutschland herausgedrängt hat. Nein, wir halten uns lieber an die einfachere, natürliche Erklärung: daß man die Aussichtslosigkeit dieses im Trauerrausch beschlossenen Aufrufes nachträglich einsah. Der monumentale Wagnerianer kann sich mit der Gewißheit trösten, daß die von ihm bereits gesammelten Beträge anderswo höchst willkommen sein werden. Wir anderen hingegen verfolgen fortan mit freudiger Teilnahme die rüstigen Vorbereitungen zu unserem Mozart-Denkmal. Wir kommen spät damit, aber keineswegs *zu* spät.

Unsere Mozart-Liebe verjährt nicht. –

Gemeine, schädliche und gemeinschädliche Klavierspielerei

Man weiß, daß Brahms bei seiner sonst so bescheidenen Lebensführung sich *einen* Luxus gern gestattete: eine geräumige Junggesellenwohnung von drei bis vier Zimmern. Zur Sommerszeit (in Ischl, Mürzzuschlag, Thun) – pflegte er sogar ein ganzes Stockwerk in einem billigen Hause allein zu bewohnen. Er hatte Angst vor einer musizierenden Nachbarschaft. Die Musik, zitierte er aus Kant, ist eine zudringliche Kunst. Gewiß, erlaubte ich mir zu bemerken – sie ist aber noch mehr eine egoistische. Wir selber wollen musizieren, viel und nach Herzenslust – daß aber unser Nachbar dieselbe Passion hege, das finden wir empörend. Brahms wünschte oft, ich möchte etwas gegen die ausschreitende Ausbreitung des Klavierspiels schreiben. Aber dieser »Epidemie« gegenüber war ich doch nur Patient, nicht Arzt; höchstens ein Doktorand jener Klasse, welche, unfehlbar im Erkennen der Krankheit, doch kein Mittel weiß, sie zu heilen. Ja noch mehr: Ich halte die herrschende Seuche für unheilbar und glaube, daß wir nur mittelbar, auf weiten ästhetischen und pädagogischen Umwegen dahin gelangen können, ihren verheerenden Fortgang allmählich einzudämmen.

Die Qualen, die wir täglich durch nachbarlich klimpernde Dilettanten oder exerzierende Schüler erdulden, sind in allen Farben oft genug geschildert. Ich glaube allen Ernstes, daß unter den hunderterlei Geräuschen und Mißklängen, welche tagsüber das Ohr des Großstädters zermartern und vorzeitig abstumpfen, diese musikalische Folter die aufreibendste ist. In irgendeine wichtige Arbeit oder ernste Lektüre vertieft, der Ruhe bedürftig oder nach geistiger Sammlung ringend, müssen wir wider Willen dem entsetzlichen Klavierspiel neben uns zuhören; mit einer Art gespannter Todesangst warten wir auf den uns wohlbekannten Akkord, den das liebe Fräulein jedesmal falsch greift; wir zittern vor der Passage, bei welcher der kleine Junge unfehlbar stocken und nun von vorn anfangen wird. In diesem psychologischen Zwang, dem verwünschten Klavierspiel mehr oder minder aufmerksam zu folgen, liegt wohl hauptsächlich die quälende Spezialität gerade dieses Geräusches.

Die Briefe von Berthold Auerbach enthalten hierüber noch eine andere, feine Bemerkung. Auerbach klagt aus seinem Sommeraufenthalt Gernsbach, daß allerlei unruhige Nachbarschaft ihn in der Arbeit wie im Schlaf störe, und fügt bei: »Das Rauschen der Murg und auch des Sturmes (wie heute Nacht) ertrage ich leichter als das Geräusch, von Menschen erregt. Warum? Unsere Nerven haben auch Verstand. Was wir hindern könnten, ertragen wir schwerer als das Unabänderliche in der Natur draußen.«

Was wir hindern könnten? Ja, wenn wir das Recht und die Macht besäßen, es zu hindern! Aber darin liegt es eben, daß wir gegen den Tasten-Vampyr nebenan dieses Recht, die Macht nicht haben, niemals haben können. Er ist, so gut wie wir, Herr im eigenen Hause, Herr am eigenen Klavier. Wann er da spielen darf, wie oft, wie stark, wie gut oder schlecht, das entzieht sich der gesetzlichen Einmischung, und die Polizeigewalt wird uns höchstens jenseits der Grenzlinie schützen können, wo das öffentliche Ärgernis, der Skandal beginnt.

Es sind mir im Moment nur zwei Arten erinnerlich von behördlichem Einschreiten gegen die Belästigung durch Klavierspiel. Die Pariser Polizei hat einzelne Beschwerden dahin entschieden, daß ohne Erlaubnis der Nachbarn nicht vor sieben Uhr früh und nach elf Uhr abends musiziert werden darf. Ähnliche Beschränkungen bestehen in manchen deutschen Städten, mehr noch durch Gewohnheitsrecht als gesetzlich. Dadurch ist aber bloß unsere Nachtruhe geschützt, nicht die uns gleichwichtige Arbeitsruhe bei Tage. Nur »den heiligen Schlaf zu morden«, wie Macbeth so schön sagt, verwehrt das Gesetz den pianisierenden Unholden – verwehrt es »im Prinzip«, denn eine wirklich strenge Handhabung würde alle Hausbälle, alle Privat-Abendkonzerte u. dergl. unmöglich machen.

Eine zweite polizeiliche Fürsorge besteht, den Zeitungen zufolge, in Weimar, wo es gegen zwei Mark Strafe verboten ist, bei offenen Fenstern zu musizieren. Es ist dies eine wohltätige Verordnung – beschämend nur durch den Gedanken, daß eine Obrigkeit erst befehlen mußte, was das eigene Anstandsgefühl einem jeden von selbst diktieren sollte.

Auf diesem Gebiet musikalischer Attentate darf ich mich der schmerzlichsten Erfahrungen rühmen. Es war eine angeblich »ruhige«, etwas enge Gasse, in welcher ich vor einigen Jahren das Glück hatte, ein klavierfreies Haus zu bewohnen. Aber mir gegenüber stürmten aus drei Stockwerken alle bösen Geister zu den stets offenen Fenstern heraus. Während im ersten Stock mehrere musikalische Schwestern von liberalstem Gehör und stets verstimmtem Klavier Beethoven, Strauß, Offenbach und Chopin bunt durcheinander schüttelten, blutete über ihnen ein junges Opfer musikalischer Dressur stundenlang unter Tonleitern und Übungen. Am frühesten begann die Sopran-Dame im dritten Stock ihr Tagewerk mit italienischen Arien aus ›Lucia‹ und ›Lucrezia‹. Es schien ihr Appetit zum Frühstück zu machen; wir andern verdienten keine Rücksicht, und Donizetti war ja längst tot. So ging es des Morgens. Der Abend pflegte im anstoßenden Hause durch vierhändiges Abschlachten altersschwacher Ouvertüren gefeiert zu werden, und wenn gerade Vollmond war, so stöhnte überdies eine Physharmonika ihren Weltschmerz in das liebliche Ensemble. Und niemals, gar niemals kam diesen kunstsinnigen Gemütern der Gedanke, es könnten ihre musikalischen Orgien wehrlose Leute in der Nachbarschaft belästigen. Liegt nicht in diesem rücksichtslosen Musizieren bei offenem Fenster auch eine Barbarei, ähnlich jener der Drehorgelmänner, die sich vor unsere Wohnung postieren? *Musikalisches Faustrecht* – oben oder unten. Die Weimarische Polizei-Verordnung schützt wenigstens das vis-à-vis des musikalischen Ungeheuers, indem sie diesem die Fenster verschließt. Den Nachbar vermag sie nicht zu retten, welcher durch die dünnen Wände alles und jedes mit anhören muß.

In Österreich gibt es meines Wissens keinerlei gesetzliche Verordnung gegen nachbarliche Klavierinsulten, soweit diese nicht in das Gebiet des »öffentlichen Ärgernisses« überspringen. Vereinzelte Klagen, von denen ich erfuhr, wurden von der Behörde mit dem Bemerken abgewiesen, es bleibe dem Kläger kein anderes Mittel, als die Wohnung zu wechseln. Nun ereignete es sich, daß zur selben Zeit zufällig zwei ganz andere Beschwerden mit glücklicherem Erfolg bis vor Gericht kamen, Beschwerden, die im Zusammenhang mit unserem Thema sehr charakteristisch sind. Die Mutter einiger sittsamer Töchter führte Klage gegen einen ihr gegenüber wohnenden Schneidermeister, weil dessen Gesellen zur Sommerszeit in allerluftigstem Negligé bei offenen Fenstern arbeiteten. Der Klage wurde stattgegeben und den im Gladiatorenkostüm befindlichen Schneidergesellen befohlen, ihre Fenster oder sich selbst zu verhängen. Ebenso erfolgreich verlief der zweite Fall: die Beschwerde mehrerer Mietsparteien gegen einen Seifensieder, dessen Laboratorium die Gasse verpestete; er zog den kürzeren und mußte das Feld räumen. Man sieht aus diesen zwei Beispielen, wie ganz anders das Auge und die Nase geschützt werden gegen verletzende Nervenreize als das Ohr, dieser empfindlichste und wehrloseste der Sinne. Juristisch ist das freilich unanfechtbar. Eine Gesetzgebung, die es unternehmen wollte, uns vor dem Klavierspiel der Nachbarn zu schützen, müßte die Musik überhaupt verbieten. Denn im Wesen der Musik liegt es ja, daß man ihr nicht entfliehen kann, daß man sie hören muß, man wolle oder nicht, daß sie mit einem Wort (es rührt von Kant her) eine »zudringliche Kunst« ist.

Könnte und wollte man übrigens einige tausend Städter von den Qualen nachbarlichen Klavierspielens befreien, so müßte man ebenso vielen Tausenden ihre beste, oft einzige Freude und Erholung rauben, den Fachmusikern oft geradezu ihre Existenz. Ja, das Merkwürdigste ist, daß in sehr vielen, vielleicht in den meisten Fällen hier Kläger und Geklagter, Selbstspieler und Angespielter in demselben Individuum zusammenfallen; denn gerade wir, die wir unter den unerbetenen nachbarlichen Klängen am empfindlichsten leiden, sind in der Regel selbst musikalisch und musizierend. Wir fangen selber an, wann der andere aufhört, und so dreht sich die Klage in ewigem Kreise. Wie man sieht, vermag die Hand des Gesetzes hier nichts auszurichten, oder doch nur ein verschwindend Geringes. Auch wir, die Partei der Defensive, besitzen wenig schützende Mittel; dicke Wände und Geduld sind vielleicht die einzigen.

Viel mehr vermag schon die gegnerische, die offensive Partei für uns zu tun, wenn sie humane Bildung und einiges Mitgefühl mit dem Nebenmenschen besitzt – heißt es doch, daß Musik die Sitten mildere und die Herzen veredle. Überdies ist anzunehmen, daß die Technik des Instrumentenbaues, die so riesige Fortschritte in der Verstärkung des Tones aufweist, auch noch Fortschritte in der beliebigen Abschwächung desselben machen kann und wird. Die erste Erfindung dieser Art ist mir 1862 in der Londoner Weltausstellung aufgefallen: eine gewöhnliche Militärtrommel, »Practice silent drum« (stille Übungstrommel) genannt, welche mittelst beliebiger Abspannung des Felles es ermöglichte, daß ein halb Dutzend Tambours sich in ihrer Kunst üben konnten, ohne die Nachbarschaft im mindesten zu belästigen. Dieselbe Idee, auf das Klavier übertragen, tritt mir in einer Annonce des Hamburger Pianofortefabrikanten E. Dührkopp entgegen; sein neu erfundener »Ton-Moderateur« setzt den Spieler in den Stand, den Ton jedes Klaviers beliebig abzudämpfen, »auf Wunsch bis zur

Tonlosigkeit«. Ich weiß nicht, ob die neue Erfindung, die mir nicht zu Gesicht gekommen, ihren Zweck erreicht; die Idee selbst ist gut und ermöglicht wenigstens einen Schritt zum Bessern: daß man leise spielen *kann*.

Wer aber darf dem Nachbar befehlen, daß er leise spielen *muß*! Wer zwingt uns zum »Ton-Moderateur«? Die Macht eines Regiments-Kommandanten, welcher seinen Tambours die »stille Übungstrommel« umhängt, sie erstreckt sich nicht über unsere klaviertrommelnden Zivilisten.

Die Klage über Belästigung durch nachbarlichen Klavierlärm ist keineswegs so alt wie das Klavier selbst. Dieses war zur Zeit Haydns und Mozarts ein schwächlicher, dünner Kasten mit zartem Ton, kaum bis ins Vorzimmer hörbar. Die Klage entstand erst nach und nach mit dem immer stärker werdenden Ton und größeren Umfang des Pianofortes; sie ist zum Wehgeschrei, die Belästigung zur Landplage geworden seit den fünfzig bis sechzig Jahren, da alles Streben der Klavierfabrikanten dahin zielte und noch immer dahin zielt, die Schallkraft dieses Instrumentes zu verstärken. Vor hundert Jahren war das Klavier nicht viel mehr als ein vergrößertes Hackbrett (Cymbal), heute ist es ein verkleinertes Orchester. Der Klangfülle und schleudernden Kraft des heutigen Pianoforte entspricht der gewaltige Umfang und das durch die starke Eisen- und Metallarmatur bedingte kolossale Gewicht derselben. Wie anders vor hundert Jahren! Der berühmte Wiener Klavierfabrikant J.B. Streicher erzählte mir, daß sein Großvater mütterlicherseits, Andreas Stein, als junger Mann sein Klavier oft stundenweit unter dem Arme getragen hat, wenn er in den benachbarten Ortschaften sonntags zum Tanz aufspielen sollte. Und von Georg Benda, dem einst hochbeliebten Gothaer Opernkomponisten, weiß man, daß er einmal spät abends eigenhändig sein Klavier über die Straße trug, um seinem bereits zu Bett liegenden Textdichter eine eben komponierte Arie in unabgekühlter Begeisterung vorzuspielen. Damals gab es Klaviere genug, aber noch keine »Klavierseuche«. Erst in unseren Tagen gewann dieses Instrument offensive Kraft und leider auch offensiven Charakter. Mit dieser Qualität steigert sich auch fortwährend die Quantität der Klavierfabrikation; kaum gibt es in den Großstädten ein Haus, in welchem nicht ein bis zwei Pianos, auch mehr, zu finden wären.

Notgedrungen sind wir bei dem wenig tröstlichen Resultate angelangt, daß das Unheil durch äußere Maßregeln nicht zu heilen oder zu vertreiben ist, daß wir vielmehr gut tun, sie wie manches andere unabwendbare Übel unserer Zivilisation mit möglichster Resignation zu tragen.

Nur mittelbar, so bemerkte ich gleich eingangs, dürfte eine allmähliche Besserung dieser Zustände sich anbahnen lassen, nur mittelbar und auf weitem Umweg: indem wir in den heranwachsenden Generationen weniger Klavierspieler aufkommen lassen. Diejenigen, die heute bereits Klavier spielen – worunter wohl fünfzig Stümper auf einen Künstler kommen –, vermögen wir am Ausüben ihrer Fertigkeit nicht zu hindern; wir können aber – jeder in seinem Kreis – dahin wirken, daß künftig nicht mehr so viele Klavier spielen lernen. Nur dann wird weniger und wird besser gespielt werden. Es ist dies, meine ich, eine wichtige Angelegenheit, von einer weit über das Musikalische hinausreichenden Tragweite. Daß der Kultus der Musik, insbesondere des Klavierspiels, heutzutage übertrieben wird, auf Kosten höherer und dringender Interessen, gehört zu den nicht mehr bestrittenen Wahrheiten. Der pädagogische Wert des Musikunterrichts, den ich gewiß nicht verkenne, wird heute ohne Frage überschätzt und einseitig im Technischen gesucht. Jedes Kind zum Klavierlernen zu zwingen, es stundenlang ans Piano zu schmieden, gleichviel ob es Lust und Talent dazu hat, ist ein Unsinn, eine Versündigung. Der unverhältnismäßige Zeitaufwand, den unsere Jugend dem Klavierspiele opfert, wird zum Raube an der ernsteren wissenschaftlichen Ausbildung.

Wir sehen den Unterricht im Zeichnen auffallend vernachlässigt gegen das Musizieren, und in diesem wieder den Gesang vernachlässigt durch das alles verdrängende Klavierspiel. Was jeder lernen und können soll, ist: in einem Chor mitzusingen. Wie spärlich wird gerade dafür bei uns gesorgt! [17] Die Opfer des Klaviers sind nicht bloß die Zuhörer der klimpernden Schüler, sondern diese Schüler selbst, vor allem die zahllosen jungen Mädchen, welche ihre Nerven abnützen und so viel kostbare Zeit verlieren, um doch so selten gute Pianistinnen zu werden.

Wie schön, wie wertvoll ist es, eine gute Pianistin in der Familie zu besitzen! Aber dieser glückliche Phönix findet sich äußerst selten. Möchte doch die Statistik folgende Aufgabe lösen: wieviele Millionen Stunden werden jetzt auf das Klavierspiel verwendet, und wieviele Stunden wahrer, genußreicher Musik bringen sie zuwege? In der Tat, diese Menge dem Klavier gewidmeter Stunden sollte nur durch eine entschiedene, gebieterische Begabung gerechtfertigt werden.

Ist das Überhandnehmen des dilettantischen Klavierspiels, das obligate Zwangspiano in den Familien zu beklagen, so zeigt sich heute noch bedenklicher die maßlos anschwellende Konkurrenz der Pianisten von Fach, welche als Virtuosen oder als Lehrer das Klavierspiel zu ihrem Lebensberuf erwählen. Davon sollte allerorten so dringend als möglich abgemahnt werden. In erster Linie, glaube ich, wären die Konservatorien verpflichtet, dem Andrange von Klavierschülern entgegenzuwirken, aber gerade sie befördern im Gegenteil die massenhafte Drillung von Pianisten und dadurch das Anwachsen eines bedauernswerten musikalischen Proletariats. Die Musikkonservatorien haben den Beruf, für die Ausbildung und den Nachwuchs von Orchestermusikern zu sorgen. Ehedem hielten sie auch fest an dieser Tendenz, gönnten dem Klavierspiele höchstens eine untergeordnete Stelle und überließen es in der Regel dem Privatunterricht. Heute droht dieses Verhältnis sich umzukehren; die Zahl der Klavierschüler übersteigt in den meisten Konservatorien die der Geiger oder Bläser. Greifen wir die nächstbesten Jahresberichte des Wiener Konservatoriums heraus. Dasselbe war im Schuljahr 1898/99 von 392 Klavierzöglingen besucht, worunter 353 Mädchen. Als Beweis, daß dies nicht etwa so sein muß oder anderwärts so ist, führe ich das Pariser Konservatorium an, das seine Aufgabe richtiger auffaßt. Es nimmt in der Regel von hundert sich bewerbenden Pianisten kaum zehn auf; nur die allertalentvollsten, deren hervorragende Befähigung doch einige Gewähr leistet für ihre künstlerische Karriere. Das ist der richtige Standpunkt. Der absolvierte Geiger oder Bläser findet leicht ein festes Unterkommen bei einem der zahlreichen Theater-, Konzert- oder Ballorchester; für den Pianisten existieren dergleichen sichere Asyle nicht. In Wien hat nach je drei bis vier Jahren stets ein neuer Schwarm junger Pianisten und Pianistinnen mit guten Zeugnissen das Konservatorium verlassen; er überschwemmt zuerst erfolglos konzertierend die kleinen Städte und Badeorte, um sich dann kümmerlich mit Lektionen fortzufristen.

Dem Leser wird das unverhältnismäßige Übergewicht der *weiblichen* Pianisten aufgefallen sein. Ein schlimmes gesellschaftliches Symptom! In der Tat gebührt den Klavierspielerinnen eine eigene Strophe, und nicht die heiterste, in unserem heutigen Klageliede. Es geht mit der Klaviervirtuosität in Deutschland jetzt ungefähr so wie in England mit der Romanschriftstellerei – beide sind fast gänzlich in den Händen der Damen. Wenn wir englische Buchhändleranzeigen durchsehen, so kommt etwa auf ein Dutzend Romane von weiblichen Autoren einer von männlicher Herkunft; eine Heerschau über unsere Konzertzettel ergibt ungefähr dasselbe Verhältnis zwischen Pianisten und Pianistinnen. Ja, in mancher Saison verschwinden bereits die Klaviervirtuosen völlig gegen die Übermacht ihrer »tastenden« Schwestern. Daß die jetzt überall etablierte Fräuleinherrschaft auf dem Klavier weder dem Fräulein noch dem Klavier zu großem Vorteil ausschlägt, wird jeder Kundige zugeben. Die Analogie mit den Romanschriftstellerinnen hört auch bezüglich der Qualität nicht ganz auf: wir haben viele tüchtige Pianistinnen, einige vorzügliche, hie und da erreicht einmal eine die Höhe ausgebildeter männlicher Kunst. Dies bleibt eine Ausnahme, welche die Regel nur bestätigt, die Regel, daß die Frauen durch ihre zartere physische wie geistige Organisation auf ein engeres Kunstgebiet, meistens das der Klein- und Feinmalerei beschränkt bleiben und selbst in ihren glänzendsten Repräsentantinnen ein Letztes, Entscheidendes in der Kunst vermissen lassen. Von den praktischen, sozialen Nachteilen des überhandnehmenden Virtuosentums junger Damen möchte ich am liebsten ganz schweigen. Wer fühlt nicht das innigste Mitleid mit all diesen jungen Mädchen, die das Pianospielen zum Lebenszwecke erwählen und auf das bißchen Virtuosität eine Existenz gründen wollen! Nur zu sicher kommt die Reue darüber, so unendlich viel Fleiß und Mühe auf eine Kunstfertigkeit verwendet zu haben, die als öffentliche Produktion sich nicht mehr lohnt, ja kaum noch interessiert.

»Der massenhafte Andrang des weiblichen Geschlechts zum Virtuosentum«, schrieb einmal der Musikkritiker Gumprecht, »ist eine böse Krankheitserscheinung der Zeit. Alle Väter und Mütter sollen sich zwei- oder dreimal besinnen, bevor sie den höchst verantwortlichen Entschluß fassen, ihre Töchter zu Künstlerinnen oder auch nur zu Musiklehrerinnen zu erziehen. Die Frage, von deren Beantwortung hier alles abhängt, die nach dem Talent, kommt dabei gewöhnlich gar nicht in Betracht. Köchinnen, Näherinnen, Verkäuferinnen sind ungleich nützlichere und fröhlichere Mitglieder der menschlichen Gesellschaft als jene bedauernswerten Geschöpfe, die ohne jeden inneren Beruf zu Pianistinnen gedrillt werden, um ihr Leben lang nur sich und anderen zur Last zu sein. Gerade das Klavier leistet mit seinen von Haus aus fertigen, von aller Unreinheit bewahrten Tönen der leidigen musikalischen Massendressur den verhängnisvollsten Vorschub. Genug des Unfugs wird auf den Tasten jahraus jahrein in den Familien und in den Salons getrieben. Zu verhindern, daß er sich nicht auch in der Öffentlichkeit breitmache, ist eine gebieterische Pflicht der Tageskritik.« Die Sache hat wirklich ihre sehr ernste Seite. Wieviel Zeit und Kraft wird nicht fort und fort an den Erwerb der danklosesten, unfruchtbarsten Fingerbravour verschwendet. Selbst dem Talente ist heutigentags die Klaviervirtuosen-Laufbahn mit Dornen besäet. Von ihr gilt Wort für Wort, was Goethe einst von der dichterischen Produktion gesagt: »Das ganze Unheil entsteht daher, daß die poetische Kultur in Deutschland sich so sehr verbreitet hat, daß niemand mehr einen schlechten Vers macht. Die jungen Dichter, die mir ihre Werke senden, sind nicht geringer als ihre Vorgänger, und da sie nun jene so hoch gepriesen sehen, so begreifen sie nicht, warum man sie nicht auch preiset. Und doch darf man zu ihrer Aufmunterung nichts tun, eben weil es solcher Talente jetzt zu Hunderten gibt und man das Überflüssige nicht befördern soll, während noch so viel Nützliches zu tun ist. Der Welt kann nur mit dem Außerordentlichen gedient sein.«

Nur wenn einflußreiche Stimmen nicht müde werden zu warnen – wenn unsere Konservatorien der Überproduktion an Pianisten und Pianistinnen entgegenwirken, anstatt sie leichtsinnig noch zu befördern – wenn endlich jeder von uns im eigenen Kreise seine Kraft dagegen einsetzt: dann und nur dann ist es zu hoffen erlaubt, daß die Geißel, die man schauerlich genug »Klavierseuche« nennt, allmählich mildere Formen annehmen und künftighin weniger Opfer, auf der spielenden wie auf der hörenden Seite, fordern werde.

Bildnisse und Büsten

Verdi

Als die ersten Klänge von Verdi in Deutschland ertönten, hätte niemand geglaubt, daß dieser Name binnen kurzem den obersten Machthaber der italienischen Opernbühne, ja einen Mitbeherrscher der deutschen bezeichnen würde. Am 4. April 1843 war es, daß in Wien die erste Oper des damals noch unbekannten Komponisten, ›Nabucco‹, von italienischen Sängern gegeben wurde. Der junge Maestro dirigierte selbst, Ronconi sang die Titelrolle. Die Oper machte sehr geringe Wirkung. Nur die Italianissimi im Publikum wagten es, ihr Wohlgefallen zu bekennen; die Kritik brandmarkte die Geistlosigkeit und Trivialität dieser Musik und protestierte damals noch gegen den entferntesten Vergleich Verdis mit Donizetti. In Italien hingegen ist Verdi gleich bei seinem ersten Auftreten als eine epochemachende Erscheinung enthusiastisch begrüßt worden, und insofern mit richtigem Instinkt, als seine Musik sich seither auf allen europäischen Bühnen durchgesetzt hat und seit fünfundzwanzig Jahren das italienische Repertoire ohne Rivalen beherrscht.

Verdi begann seine Karriere mit der im Jahre 1839 an der Scala in Mailand aufgeführten Oper ›Oberto, Conte di San Bonifazio‹, eine geradezu schülerhafte Komposition, die von Bellinischen Reminiszenzen wimmelte, aber einige Züge dramatischen Talents aufwies. Ein Mailänder Bericht über diese erste Aufführung huldigte im Tone prophetischen Entzückens dem »neuen Genie«. Die Entscheidungsgründe klangen uns ebenso unbegreiflich wie das Urteil selbst. »Verdi«, so schreibt der Korrespondent, »hat den rechten Weg eingeschlagen, den Weg der Rührung, der reineren Gefühle. So wie Bellini, so meidet auch Verdi jedes ohrenbetäubende Geräusch. So haben wenige begonnen! Das Fortschreiten hängt nur von ihm ab.« Der nächste Schritt war freilich ein Rückschritt: die nach einem französischen Vaudeville bearbeitete Oper ›Un giorno di regno‹, die bei ihrer ersten und zugleich letzten Vorstellung in der Scala (1840) durchfiel. Unbeirrt durch diese Schlappe, nahm Verdi sofort dem Poeten Solera das Textbuch der heroischen Oper ›Nabucco‹ ab, welches Otto Nicolai (unser damals italienisch komponierender Landsmann) refüsiert hatte. Dieser ›Nabucco‹ erregte in der Scala, 1842, unendliches Furore und hat Verdis Ruf fest begründet.

Herr Temistocle Solera verdient für sein Libretto einen Kranz von Stechpalmen anstatt des Lorbeers. Er entstellt den biblischen Stoff mit großer Ungeniertheit; überdies entbehren seine willkürlichen Erfindungen aller inneren Wahrheit und Poesie. Neben den gewöhnlichen, hier zur Ungeheuerlichkeit gewachsenen Mängeln der italienischen Oper mußte an dieser Musik noch der Mangel eines fließenden melodiösen Gesanges auffallen. Ein Wiener Kritiker wendete auf Verdis Oper das Witzwort Shakespeares an: »In was ist sie gut als in gar nichts? und in was ist sie schlecht als in allem?« Kurz, den Deutschen war die Kost nicht genießbar, noch weniger wurde es ihnen leicht, im ›Nabucco‹ die Elemente jenes angeblich neuen und originellen Stils herauszufinden, den die Italiener sofort daran priesen. Wir Deutschen bemerkten kaum einen wesentlichen Unterschied zwischen den Opern Verdis und den gleichzeitigen eines Mercadante, Pacini, Donizetti, höchstens ein derberes Dreinfahren mit kecker Rhythmik und Instrumentierung. Die Italiener, welche, mit den feineren Unterschieden ihrer eigenen Musik natürlich genauer vertraut, in zwei einem deutschen Ohr kaum unterscheidbaren Opern verschiedene Stilrichtungen nachweisen (gerade wie die Neger sich untereinander sehr unähnlich vorkommen, während sie für den Europäer alle ein Gesicht haben), die Italiener bewiesen an den ersten Versuchen Verdis jedenfalls die schärfere Spürnase.

Von den Mailändern noch enthusiastischer aufgenommen, für die Deutschen ebenso ungenießbar, war die auf ›Nabucco‹ folgende Oper ›I Lombardi alla prima Crociata‹ (1843). Das Libretto – abermals von Solera – ist ein Muster von Abgeschmacktheit und Unklarheit. Im ersten Akt war es uns jederzeit unmöglich zu enträtseln, was der eine Bruder und was der andere wollte, wer die Mutter und wer die Tochter sei, woher die Feindschaft und wofür die Rache. Nur das eine wird schließlich klar: daß der Held des Stückes, Pagano, hinter der Szene seinen Vater umbringt, anstatt seinen Bruder, und über diesen Mißgriff untröstlich Mailand verläßt. Im zweiten Akt finden wir die ganze Gesellschaft in – Antiochien wieder, ohne daß einer weiß (auch nicht das Publikum), wie der andere hingekommen. Der eine Bruder, Pagano, lebt als Einsiedler in einer Höhle, der andere Arvino, zieht als Kreuzritter gen Jerusalem, seine Tochter Giselda herrscht als Favoritin im Serail des Sultans. Im dritten Akt ist alles auf dem Kreuzzug begriffen; der Eremit Pagano, immer unerkannt, führt Arvino und dessen Krieger, die Exfavoritin Giselda folgt ihnen als Nonne, der in sie verliebte Exmuselmann Prinz Oronte als Kreuzritter. Oronte wird tödlich verwundet, von Giselda in eine Höhle geführt und von Pagano getauft. Das Final-Terzett zwischen diesen drei Personen, von einem konzertanten Violinsolo durchflochten (»Qual voluttà trascorrere«), ist die beste, gesangvollste Nummer der Oper. Was sollte im vierten Akt noch geschehen, als daß auch Pagano sich nun verwunden läßt und als Sterbender – merkwürdig spät – von den Seinen erkannt wird? Zuvor hat noch Giselda eine Vision: sie sieht himmlische Geister (durch ein Tableau vorgestellt) und hört die Stimme des verewigten Oronte (von ihm selbst nach Art des Trovatore-Ständchens in der Kulisse gesungen). »Es war kein Traum!« ruft sie nach dem Verschwinden dieser Erscheinungen und singt das lustig-freche F-Dur-Allegro, das später für Elvira in ›Ernani‹ eingelegt und von daher allgemein bekannt ist. Wir hören also hier eine Nonne ihre religiösen Gefühle mit denselben Tönen ausdrücken, in welchen die feurige Elvira ihre Leidenschaft für den Banditenhäuptling austobt. Dieses Allegro ist eine der ersten Originalknospen des spezifischen Verdi-Stils, es klingt ungefähr, als wenn jemand plötzlich durch's Fenster hereinspringend uns eine schallende Ohrfeige versetzt. Die Musik zu den ›Lombardi‹ ist teils roh und trivial, teils langweilig, ein abgestandener Trank, gegen welchen ›Traviata‹ und ›Trovatore‹ wie Rheinwein schmecken. Nur wenige Nummern heben sich vorteilhaft hervor; außer dem lobend erwähnten Terzett hat in Italien ein Männerchor von ausgesuchter Gemeinheit besondere Popularität erlangt – eine schöne Kultur, die diese Kreuzritter nach Osten tragen!

Verdis nächste Oper war ›Ernani‹, zum ersten Mal in Venedig im März 1844 gegeben. Sie ist die beste Produktion aus der ersten, bis zum ›Rigoletto‹ reichenden Periode des Maestro und die einzige daraus, die sich auch außerhalb Italiens erhalten hat. Es wurde erwähnt, daß Verdis Landsleute schon in dessen früheren Opern ein neues, dem modernen italienischen Volksgeist entsprechendes Element witterten, das den Deutschen weder auffiel noch zusagte. Im ›Ernani‹ trat dieses Element zuerst greifbar und ausgebildet hervor, es war (im Vergleich zu Bellini und Donizetti) eine größere rhythmische Lebendigkeit und packende Kraft. Mochte auch diese Kraft und Lebendigkeit von Rohheit durchdrungen und oft bis zur Karrikatur übertrieben sein; immerhin war damit gegen die verschwommene Weichheit Bellinis, gegen die virtuose tändelnde Eleganz Rossinis und den inzwischen schwebenden Eklektizismus Donizettis derjenige Punkt getroffen, an dem die Musik dieser Komponisten bereits zu welken begann. Mit der Einfachheit Bellinis verglichen, dieses letzten Ausläufers der neapolitanischen Schule, hat schon Donizetti, und noch mehr seine talentlosere Umgebung, die italienische Oper dem Raffinement zugeführt. Seine Themen waren schon hüpfender, die Begleitung lärmender, die Effekte gehäufter und derber; die Richtung ging entschiedener gegen das Triviale zu. Dennoch übte die getragene Melodie noch immer ihre sanfte Herrschaft aus, und war auch die einstige Höhe der Gesangskunst längst verlassen, es wurde doch noch Gesangskunst überhaupt vorausgesetzt. An die Stelle dieser künstlerischen Reste sollte nun ein ausgesprochener Naturalismus treten. Ein halbwegs neuer und vorteilhafter Seitenweg war nach Donizetti nur einzuschlagen, indem man alles Gewaltsame, Leidenschaftliche, Materielle in dessen Musik steigerte, hingegen die bereits langweilende Wehmut des »bel canto« noch weiter unterdrückte. Ein siegreicher Nachfolger Donizettis hatte ferner durch größere Massenhaftigkeit die früheren Opern zu überbieten: das Orchester mußte voller, der dramatische Ausdruck energischer, der Chor neben dem Einzelgesang häufiger und breiter verwendet werden. Man sieht, wie in diesem Streben die Ahnung eines Richtigen schlummert: die Weiterführung der italienischen Oper vom bloß musikalischen Wohlklang zum *Dramatischen*. Bei dieser Ahnung bleibt es im ›Ernani‹ auch so ziemlich. Das Textbuch zu ›Ernani‹ ist bekanntlich eine Nachbildung des gleichnamigen Trauerspiels von Victor Hugo. Der Dichter erhob deshalb einen wütenden Protest gegen die Aufführung des Verdischen ›Ernani‹, so wie er einige Jahre früher (1840) gegen Donizettis Bearbeitung seiner ›Lucrezia Borgia‹ und deren projektierte Aufführung in Paris Verbot eingelegt hatte. In Sachen des literarischen Eigentums verstehen die Franzosen bekanntlich keinen Spaß; Hugo drang mit seiner Klage durch und Donizettis ›Lucrezia‹ mußte sich damals eine schmähliche Umarbeitung gefallen lassen. Aus ›Lucrezia Borgia‹ machte man ›La Renegata‹ und aus den Edelleuten am päpstlichen Hof Alexander VI. lauter Türken. Nicht lange darauf erschien Verdis ›Ernani‹ – gleiche Sehnsucht der Pariser Opernfreunde, gleicher Protest des erzürnten Dichters. Zum Überfluß rührten sich, durch Hugos Erfolge ermutigt, gleichzeitig noch mehrere andere Poeten, welche von italienischen Librettisten, diesen Piraten der Poesie, beraubt worden waren und nun auf die musikalisch wieder importierte Beute Verbot legten. Man mußte ihren Rechtsanspruch anerkennen, billigerweise aber auch die Bedrängnis der Operndirektoren, welche auf diesem Wege sich bald vis-à-vis de rien gesehen hätten. Es wurde ein gütliches Abkommen getroffen: die italienischen Raubstaaten zahlen von jeder musikalischen Beute bestimmte Tantiemen, und der Sultan der französischen Romantik läßt sie gewähren. Aus privatrechtlichem Gesichtspunkt handelte Victor Hugo ganz sachgemäß, er wehrte sich um ein wichtiges Recht. Wäre unser Schiller in Frankreich geboren, seine Erben hätten heute einen unverhofften Entschädigungsanspruch an die Große Oper wegen Verdis ›Don Carlos‹, wie denn das Théâtre lyrique in jüngster Zeit noch die Kindeskinder Beaumarchais' befriedigen mußte, bevor es die ›Hochzeit des Figaro‹ von Mozart aufführte.

Ob der ästhetischen Vergewaltigung durch die Maestri Donizetti und Verdi hatte aber Hugo kaum Ursache, großes Geschrei zu erheben. Wer seine Stücke heutzutage unbefangen ansieht, dem erscheinen sie weniger als Tragödien, an denen die Musik gefrevelt, denn als Opernlibrettos, zu denen die Komposition noch fehlt. Namentlich in dem Trauerspiel ›Hernani‹, das ich im Théâtre français unleidlich grell und unnatürlich deklamieren hörte, kamen mir der Titelheld, seine Geliebte, König Karl und gar der alte Hornbläser Don Silva noch viel unvernünftiger vor als ihre singenden Doppelgänger bei Verdi. – Mit dem ›Ernani‹ war Verdi die musikalische Hegemonie über sein führerloses Volk gesichert. Er siegte, ohne daß er nötig gehabt, gegen irgendeinen ernsthaften Rivalen zu kämpfen. Seine Physiognomie ist in dieser Oper zum erstenmal ausgeprägt: jene Mischung von Energie und Leidenschaft mit häßlicher Rohheit, welche wir Verdisch nennen. Neben unsäglich langweiligen und kindischen Szenen packten doch die effektvollen Finales des ersten und zweiten Aktes, das Terzett zwischen Elvira, Ernani und Carlo, die Sopran-Arie, das Schlußterzett. Dazu kamen die unleugbaren praktischen Vorzüge in guter Stimmlage sich bewegender, höchst dankbarer und doch in der Darstellung überaus bequemer Rollen. ›Ernani‹ verbreitete sich über die halbe Welt.

Was zunächst darauf folgte, ist lauter schlechtes Zeug, obendrein fast lauter durchgefallenes. Zwischen dem ›Ernani‹ und dem ›Rigoletto‹ erlebte Verdis Muse eine sechsjährige Periode des Mißwachses und Hagelschlags. Da sind zuerst ›Die beiden Foscari‹ 1844 in Rom mit einer Kälte aufgenommen, welche gottlob jede Verpflanzung dieses Gewächses auf außeritalienischen Boden unmöglich machte. Auch die Frucht des nächsten Jahres, ›Giovanna d'Arco‹ (1845), fiel in Mailand durch. Es zeugt von der äußersten Armut an Opernnovitäten, daß man diese Verdische ›Jungfrau von Orléans‹ vor einigen Jahren in Wien und (1868) in London aufführte. Wie die ›Lombardi‹ und die meisten anderen Opern aus Verdis früherer Zeit, so weiß auch ›Giovanna d'Arco‹ nichts von jener Einimpfung französischen Giftstoffes, welche Verdis spätere Werke charakterisiert, sie gehört noch zu den sanften natürlichen Schafblattern des Maestro. Man kann sich nach Geschmack an die gute oder an die schlimme Seite dieses Gegensatzes halten. ›Giovanna‹ ist an melodiöser Erfindung nicht bloß ärmer als die bekannten späteren Opern Verdis, sie ist darin gänzlich bettelarm, splitternackt. Mit Ausnahme von zwei bis drei Gassenhauern, welche unser Ohr wie Keulenschläge treffen (Dämonenchor im ersten Akt, Krönungsmarsch im dritten etc.), herrscht das langweilende Element über das aufregende vor. In dieser unbesorgten, zufrieden-langweiligen Naivität, welche an die schwächeren Opern der vorletzten italienischen Epoche erinnert, liegt etwas, das jeder Kritik das Schwert aus den Händen windet. Schon die Bearbeitung des Stoffes ist von einer beneidenswerten Kindlichkeit. Die ganze große Historie wird von drei Personen gespielt: Johanna d'Arc, ihr Vater und Karl VII. Johanna übernimmt zugleich die Aufgabe Agnes Sorels: sie liebt den König. Sie foltert sich ob dieses Zwiespaltes zwischen ihrer Mission und ihrem Herzen, wie es sich denn auch wirklich für eine starke Patriotin nicht schickt, einen Monarchen zu lieben, der in der größten allgemeinen Not Polkas singt. Irgendein unerfahrener deutscher Komponist, Beethoven zum Beispiel, würde versucht haben, diesen inneren Kampf der Jungfrau psychologisch zu schildern. Verdi macht das viel klüger und effektvoller. Johanna steht ruhig auf der Bühne; ihre sündhaften Gedanken sind durch einen unsichtbaren Dämonenchor repräsentiert, der unter dem Podium einen unbeschreiblichen Walzer mit dem Reim »Gioventù, Belzebù« brüllt. Hierauf flötet das gute Prinzip vom Schnürboden herab als unsichtbarer Engelchor. Die Jungfrau läßt abwechselnd die gute und die böse Dusche auf sich einwirken. In der Partitur steht zwar ausdrücklich: »Alla sola anima di Giovanna si fa sentir questo coro«, ich kann jedoch versichern, daß der Zuhörer nicht weniger dabei aussteht.

Eine ansehnliche Perlenschnur von Mißerfolgen reihte sich nun für Verdi in kurzer Zeit aneinander. In Deutschland kennt man kaum dem Namen nach Verdis ›Alzira‹, durchgefallen in Neapel 1845; ›Attila‹, 1846 in Venedig gegeben und bald verschollen; ›Il corsaro‹, mit vollständigstem Fiasko in Triest 1848 aufgeführt; endlich die ›Schlacht bei Legnano‹, eine verlorene Schlacht Verdis aus dem Jahre 1849. Interessanter, sei's auch nur durch die Wahl der Stoffe, sind uns aus derselben Unglücksperiode Verdis ›Macbeth‹, ›I Masnadieri‹ und ›Louisa Miller‹. Es ist ein Jammer und ein Frevel, wie hier Verdi mit den Dramen Shakespeares und Schillers umgeht; die Rache blieb dafür nicht aus. ›Macbeth‹, für Florenz komponiert und dort im Jahre 1847 aufgeführt, verschwand rasch wieder. Man hat auch in Wien einen unglücklichen Versuch mit dieser Oper gemacht, deren Haupteffektstücke in einem ruchlosen Trinklied der Lady Macbeth besteht. Das Gespräch der beiden Mörder bei Shakespeare ist bei Verdi zu einem ganzen »Chor von Mördern« aufgebauscht und macht mit seinen geheimnisvollen Pianissimos und Stakkatos einen überaus erheiternden Eindruck. Durch seine ›Johanna d'Arc‹ hatte Verdi Appetit nach Schillers Dramen bekommen, er verschlang nacheinander ›Die Räuber‹, ›Kabale und Liebe‹ und in neuester Zeit auch den ›Don Carlos‹. – Ein im italienischen Stil singender Franz Moor ist ohne Frage eine komische Figur, eine der widerwärtigsten ist die Verdische Amalia. Sie kommt in tiefer Trauer an das Grab des alten Moor und weint daselbst in einem tödlich langweiligen Largo ihren Schmerz aus. Wie macht es der Komponist, um das ersehnte lustige Allegro, das nun folgen muß, herbeizuführen? Ein Diener erscheint eiligst auf dem Friedhof, überreicht Amalien einen Brief, genau im letzten Takt des Largo, sie öffnet ihn und bricht, sehr erfreut von dessen Inhalt, in ein Allegro von mutwilligster Lustigkeit aus. Wenn die zarte Dame plötzlich eine Schnapsflasche am Grabe des alten Moor herauszöge, es könnte keinen überraschenderen Eindruck machen. Verdis ›Räuber‹ (›I Masnadieri‹) waren für die italienische Oper in London geschrieben und fanden daselbst im Sommer 1847 ihren verdienten Untergang. Entschieden besser ist ›Louisa Miller‹, die im Dezember 1849 zum ersten Mal in Neapel gegeben wurde. Diese Oper, sorgfältiger gearbeitet als die früher genannten, hat unter anderem ein Quintett am Schluß des ersten Akts, das zu Verdis gelungensten Musikstücken zählt. Enthielte aber ›Louisa Miller‹ ein Dutzend solcher Nummern, sie würde dennoch an der verfehlten Wahl des Stoffes und dessen ganz falscher Auffassung zugrunde gehen. Ein bürgerliches Trauerspiel wie ›Kabale und Liebe‹ macht als Oper, als Verdische zumal, den widerwärtigsten Eindruck, der sich allerdings bei den zärtlichen Kavatinen des Sekretärs Wurm und den Regimentsmusik-Melodien des alten Miller zur erheiterndsten Komik mildert. Schon die Verwandlung des biederen Stadtmusikus in einen Soldaten beweist, wie wenig Verdi und sein Librettist das Schillersche Drama verstanden. ›Louisa Miller‹ ist in Deutschland unbekannt geblieben, in Paris wurde sie (italienisch) im Jahre 1852 nicht ohne Beifall gegeben. Die Cruvelli, recht eigentlich Verdis Pasta, sang die Titelrolle. Bei diesem Anlaß drängt sich die Bemerkung auf, daß gerade die drei ersten, in Deutschland so hart getadelten Stücke Schillers (›Die Räuber‹, ›Fiesko‹, ›Kabale und Liebe‹) im Ausland das meiste Glück gemacht haben. Das Théâtre français z. B. hat von den übrigen Dramen Schillers nur noch ›Maria Stuart‹ mit

Erfolg zur Aufführung gebracht. – Für Paris hatte Verdi (1847) auch seine ›Lombardi‹ zur französischen Oper unter dem Titel ›Jerusalem‹ umgearbeitet, oder besser: umgetötet. Denn durch die Unterlegung ganz heterogener Situationen unter die ursprüngliche Musik, durch das Einschieben von Musikstücken aus anderen seiner Opern entstand ein mühsames Stoppelwerk, das nicht einmal die Natürlichkeit und das frische Kolorit der alten ›Lombardi‹ für sich hatte.

Noch eine Oper ist aus dieser Periode Verdis und als Abschluß derselben anzuführen: ›Stiffelio‹, gegeben und durchgefallen in Triest im Jahre 1850. Diese Oper, auf welche der Komponist einen besonderen Wert zu legen schien, entstand später in einer Umarbeitung (›Aroldo‹), welche auch in Wien die geduldigen Bretter des Hofoperntheaters heimsuchte. Der ursprüngliche Held Stiffelio ist das Haupt einer modernen deutschen Religionssekte und auf der Titelvignette der Ricordischen Ausgabe in der Tracht unserer protestantischen Prediger zu sehen. Das Bedenkliche solchen Stoffes mag Verdi bestimmt haben, für seine deutschen Provinzen jene zweite Bearbeitung zu veranlassen, welche den Pastor in einen Kreuzritter umwandelt. Wir sehen diesen Kreuzritter Aroldo zu Anfang der Oper aus Palästina zurückkehren und sich des Wiedersehens mit seiner Gattin Mina erfreuen. Diese hat inzwischen einen Liebeshandel mit einem faden Jüngling namens Godwino gehabt, ist dessen überdrüssig und will sich ihrem Gatten reuig entdecken. Darin wird sie jedoch von ihrem Vater, einem furchtbaren Eisenfresser, gehindert, der es auf sich nimmt, den lästigen Godwino abzutun. Der zweite Akt spielt auf dem Kirchhof bei Mondscheinbeleuchtung. Frau Aroldo erscheint und singt das Grab ihrer Mutter an; Godwino erscheint, macht der Dame den Hof, wird aber nicht mehr erhört; Papa Egberto erscheint und fordert Godwino zum Duell. Der Friedhof scheint die Stelle einer öffentlichen Promenade zu vertreten und besonders um Mitternacht beliebt zu sein, denn alsbald kommt auch Aroldo des Weges. Er greift zum Schwert – da erklingen aus der Kirche fromme Psalmen, und auf den Stufen zeigt sich zum Überfluß der fromme Briano. Dieser »pio solitario« erscheint jedesmal, wenn ein Ensemble gesungen werden soll (auch bei glänzenden Festen) und trieft von Salbung. So kommt er denn auch jetzt sehr gelegen auf den Friedhof, wo ein frommer Vermittler, der zweiten Baß singt, dringend Not tut. Aroldo läßt sich von ihm rühren und fällt erweicht zu Boden. Hier könnte die Oper zu Ende sein, aber die Firma Piave und Verdi hat noch vieles mit uns vor. Sie läßt den dritten Akt im traulichen Familienkreise spielen. Zuerst erscheint der allezeit wütende Papa im blauen Schlafrock mit gezogenem Degen, seinem Lieblingskostüm. Er tobt eine Weile herum und will sich sogar zwischen dem Andante und dem Allegro seiner Arie vergiften. Leider besinnt er sich eines Schlechteren und beschließt seinen Monolog mit einer Rachepolka. Aroldo tritt auf, von seiner Gattin begleitet, schlägt ihr die Scheidung vor und übergibt ihr die betreffenden Akten; sie protestiert. Während die beiden noch um das Glück ihres Besitzes streiten, kommt der Alte abermals im blauen Schlafrock mit gezogenem Degen herein und erklärt, angenehm beruhigt, daß er soeben den faden Jüngling im Nebenzimmer gespießt habe. Beinahe macht dieses erfreuliche Familienereignis Eindruck auf Aroldo, allein da ist auch schon der zudringliche Weise Briano bei der Hand und überredet ihn, mit ihm eine reizend gelegene Einsiedelei zu beziehen. Abermals hätte die Oper hier die schönste Gelegenheit, zu Ende zu sein – aber nein, *vierter* Akt! Die beiden Zweisiedler wandeln am Seegestade; Mondschein, Abendläuten, Gebet. Hierauf Sturm, Zusammenlaufen der Landleute und Ankunft eines Schiffes, auf welchem zu unserem Leidwesen Vater und Tochter wohlbehalten ankommen. Natürlich suchen sie Schutz in der Einsiedlerhütte, man befühlt und erkennt sich, und Aroldo tut, was er schon zu Ende des ersten Aktes hätte tun können: er vergibt seiner Frau. – Verdis ›Aroldo‹ teilt das Los zahlreicher Umarbeitungen, welche ein schlechtes Libretto in ein noch schlechteres umzwingen. Zu den langweiligen drei Akten des ›Stiffelio‹ ist, der Seelandschaft zulieb, ein unvernünftiger vierter hinzugestoppelt worden. Im ›Stiffelio‹ waren aus der priesterlichen Eigenschaft des Helden einige wirksame dramatische Motive gewonnen, z. B. im dritten Akt, wo seine Frau von ihm, dem Priester, fordert, ihre Beichte zu hören. In der Schlußszene predigt Stiffelio seiner Gemeinde, und zwar über das Evangelium von der Ehebrecherin. Bei den Worten: »wer sich rein von Sünde fühlt, der werfe den ersten Stein auf sie!« stürzt die reuige Gattin Stiffelio zu Füßen und erwirkt so seine Verzeihung. Diese und ähnliche Szenen, die eigentümlichsten des ganzen Dramas, mußten dem Kreuzrittertum des Aroldo zum Opfer fallen. Auch entgeht uns in der Bearbeitung sehr viel Spaß dadurch, daß im ›Stiffelio‹ *deutsche* Zustände mit der ganzen unglaublichen Naivität eines italienischen Librettisten geschildert waren. So ist z. B. Stiffelio nur ein angenommener Name des Helden, der sich unter seinem wahren Namen Müller nicht sicher genug glaubt! Wenn die Primadonna in den tragischsten Momenten »Müller! O mio Müller!« singt, so ist das von unwiderstehlichem Effekt. Auch ein Jüngling namens Frederico tritt auf »il Klopstock« unter dem Arm und macht Miene, daraus vorzulesen.

Für die Musik dieser Oper schöpften wir in Deutschland einige günstige Hoffnung; sie hatte nämlich in Italien mißfallen und wurde dort »zu gelehrt« und »deutsch« befunden. Daß dies in einem Lande nicht viel sagen will, wo Mercadante noch heutzutage als ein kontrapunktischer Zopf gilt, liegt auf der Hand. Allein jene Scheu der Italiener ließ wenigstens vermuten, Verdi habe sich im ›Stiffelio‹ den dramatischen Ausdruck und die musikalische Technik ernsthafter angelegen sein lassen und allenfalls aus Caprice eine gediegenere Arbeit geliefert. Diese Vermutung wird vollkommen getäuscht, und wir können feierlich versichern, daß ›Stiffelio‹ wenigstens kein *deutscher* Stiefel ist. Eine einzige Nummer ist interessanter ausgeführt, nach Art der breiten wirksamen Ensembles in ›Ernani‹, nämlich das Septett in g-Moll des ersten Finales. Kleinere Stellen, die etwas inniger im Ausdruck und gewählter in der Ausführung sind, finden sich spärlich verstreut, wie das Arioso »Salvame tu« in Minas erster Szene und eine hübsche Orchesterbegleitung unmittelbar nach dem Sturm. Alles übrige sind teils langweilige, teils triviale Phrasen, die uns auf breitgetretenen Wegen entgegentraben.

Unmittelbar nacheinander erschienen nun ›Rigoletto‹, ›Il Trovatore‹ und ›La Traviata‹, das beliebteste und bekannteste Kleeblatt von Verdis musikalischem Acker. Vom ›Rigoletto‹ (1851) kann man eine neue Phase des Komponisten, eine Transformation seines Stiles datieren. So gewiß Verdi im wesentlichen derselbe bleibt, es lassen sich doch zwei verschiedene

Trachten an ihm unterscheiden: die streng nationale und die mehr kosmopolitische. Das Entscheidende des Übergangs ist das Maß, in welchem Verdi *französische* Elemente in seine Musik aufnimmt. Im Anfang seiner Laufbahn vermehrte Verdi lediglich die Masse von Karnevalsopern, die, durch die Einrichtung der Stagiones hervorgerufen, in Italien dutzendweise kommen und gehen, ohne daß man diesseits der Alpen davon auch nur sprechen hört. Sobald Verdi durch seinen ›Ernani‹ die Aufmerksamkeit des Auslandes auf sich gezogen hatte und nach dem Verstummen von Rossini, Bellini und Donizetti sich ohne Konkurrenten sah, mußte er bedacht sein, diesen vorteilhaften Markt über Italien hinaus zu einem europäischen auszudehnen. Das Wesen der deutschen Musik existiert für die Italiener nur als dunkle Ahnung, die französische ist demnach der einzige Quell, aus welchem sie zu ihrer süßen Kantabilität auch das Charakteristische, die Schärfe des Ausdrucks, die Bedeutsamkeit des Orchesters schöpfen können. Die wertvollsten Eigenschaften der Franzosen, Grazie und Leichtigkeit, sind Verdi immer unerreichbar gewesen. Weit vertrauter klangen ihm die packenden Massenwirkungen, die grellen Rhythmen und Dissonanzen der französischen Großen Oper. Meyerbeer wurde nun Verdis eifriges Studium. Die Meisterschaft Meyerbeers hat er niemals erreicht, wohl aber durch eine fast ironische Fügung dessen erledigten Fauteuil in der französischen Akademie der Wissenschaften eingenommen. Durch diese Anlehnung an Meyerbeer in dem grellen Akzentuieren des Dramatischen überhaupt und in hunderten technischer Handgriffe hat sich Verdi vom ›Rigoletto‹ an von seinem bisherigen rein italienischen Stil wissentlich und absichtsvoll entfernt. Schon in der Wahl der Texte bevorzugte er von nun an die grelle Romantik der Franzosen. ›Rigoletto‹ folgt in der Handlung getreu dem (1831 erschienenen) Drama von Victor Hugo ›Le roi s'amuse‹; ein Zusammenwirken aller Schlechtigkeit und Niedertracht im Dienste raffinierter Romantik. Vom Standpunkt theatralischer Zweckmäßigkeit ist das Libretto nicht schlecht bearbeitet. Es läßt zwar alle feinere Motivierung fallen, mildert aber dafür manche Häßlichkeit des französischen Originals. Das gilt namentlich von der Titelrolle. Triboulet (so heißt der Held bei Victor Hugo) ist ein abgefeimter Schurke und seinem Herrn, dem König Franz, bei jeder Schlechtigkeit behilflich. Diese Figur interessant zu machen, verwendet der Dichter einen echt französischen doppelten Kontrast. Erstens ist der erbärmliche Geselle ein äußerst zärtlicher Vater, der seine Tochter von jedem verderblichen Einfluß sorgsam abgesperrt hält. Die Gefühle dieses liebevollen schwerbekümmerten Vaters sollen nun weiter durch den zweiten Kontrast wirken, daß dieser Vater ein häßlicher, buckliger Zwerg ist. Die französische Romantik, Schöpferin der »interessanten« Mißgestalten Quasimodo, Triboulet etc., liebt es, erhabene und zärtliche Gefühle auf lächerlichen Fratzengesichtern toben zu lassen, während wir in der Glut edler Leidenschaft auch edle Züge erblicken wollen. Von Stoffen dieser Art sollte die Musik ihre zum Schönen und Harmonischen drängende Natur reinhalten. Verdische Musik vollends kann das moralisch und poetisch Widerwärtige nur noch abstoßender machen. Das Talent, welches sich im Gedicht und der Musik des ›Rigoletto‹ ausspricht, sei deshalb nicht verkannt, nur steht es hier wie dort im Dienste effektvoller Häßlichkeit. Der vierte Akt namentlich erhält in ununterbrochener Spannung; hier ist alles tätig, um jedes natürliche Gefühl in uns niederzumartern. Während der Vater an der Leiche seiner unschuldig hingeschlachteten Tochter zusammensinkt, schlendert der Urheber all dieses Greuels, der Herzog, weinselig einen Gassenhauer trällernd, aus der Osteria nach Hause. Bei V. Hugo muß Triboulet auch noch in wilder Freude auf dem Sack herumspringen, in welchem die Leiche seines Kindes zu Boden liegt. Die Musik zu ›Rigoletto‹, ernsthafter gedacht und sorgfältiger ausgeführt als Verdis Opern aus der vorhergehenden Epoche, ist trotzdem sehr ungleich. Zunächst sollte ein Künstler, der sein Gemälde dem lasterhaften Treiben eines glänzenden Hofes entnimmt, imstande sein, diesen Sumpf in den brillantesten Farben schillern zu machen. Feinheit und Leichtigkeit fehlen aber Verdi gänzlich; er besitzt nicht einmal die Grazie der Frivolität. Das ganze Vorspiel, welches der Geschichte den glatten glänzenden Boden bereiten soll, wird unter seinen Händen unsäglich plump. Ja, während die Trivialität gewöhnlich sehr klar ist, wird hier Verdi aus übermäßiger Trivialität geradezu dunkel. Überhaupt gehört eine elende Ballettmusik zu den Charakterzügen Verdis; man tanzt bei ihm stets auf einem Vulkan. Im Verlauf der Oper blitzt Verdis Talent mehr als einmal glänzend auf, und zwar nicht bloß als melodische, sondern als wirkliche dramatische Kraft. Außer dem durch breite Anlage und glücklichste Steigerung wirkenden Quartett im letzten Akt gefällt uns das charakteristisch instrumentierte kleine Duett zwischen Rigoletto und dem Banditen im zweiten Akt am besten. Das Schwächste ist die kokette kalte Figur der Gilda, »cette rose de grâce et de virginité« bei V. Hugo; ihre Bravourarie aus den steirischen Alpen und das herabtänzelnde »Addio!« in dem Liebesduett wirken geradezu komisch. Und die Männerchöre! »O rabbia, esser buffone!« könnte hier der Komponist statt seines Helden ausrufen.

Die nächste Oper Verdis, ›Il Trovatore‹, zuerst in Rom im Jänner 1853 aufgeführt, ist dem ›Rigoletto‹ musikalisch nahe verwandt, aber reicher ausgestattet; die packenden Melodien und die dankbaren Nummern stehen dichter aneinander. Das Libretto, der modernen spanischen Bühne entlehnt, behandelt eine ebenso gräßliche als dunkle Begebenheit. Aus der Naturgeschichte ist es zwar bekannt, daß die Zigeuner mit einer unauslöschlichen Neigung behaftet sind, kleine Kinder mit Muttermalen zu stehlen, an denen sie meistens im fünften Akt von vornehmen Eltern wiedererkannt und requiriert werden. Der ›Trovatore‹ bringt dies aber viel komplizierter und unverständlicher. Ein alter Haushofmeister singt gleich anfangs zu einer Mazurkamelodie eine Geschichte von ausgesuchter Gräßlichkeit, in welche eine Zigeunerin samt einigen gestohlenen und verbrannten Kindern bedenklich verwickelt ist. Die alte Azucena (eine Übersetzung der unausstehlichen Fides ins Zigeunerische) eröffnet ihrerseits den zweiten Akt mit einer ähnlichen Erzählung (in traurigem Walzerton) von einem verbrannten und nicht assekurierten kleinen Kinde, welches sie nicht gestohlen hat, während ein anderes kleines Kind, welches sie gestohlen hat, nicht verbrannt ist, oder umgekehrt. Im dritten Akt erscheint wieder der alte Kastellan mit seinem riesigen Gedächtnis für Mazurken und gestohlene Kinder und erkennt sogleich die alte Zigeunerin als eine Person, die ihm in sehr ungebührlichen Verhältnissen zu verbrannten und gestohlenen Kindern zu stehen scheint. Sie wird – was wir aus musikalischen Gründen nicht mißbilligen können – zum Scheiterhaufen verurteilt. Welcher aber von den beiden Rittern, der mit der Tenor- oder der mit der Baritonlage, das gestohlene und verbrannte Kind gewesen, wird wohl nie ergründet werden. – Die Musik zum ›Trovatore‹ ist gleichzeitig der vollste Ausdruck von Verdis künstlerischer Rohheit und seinem intensiven Talent. In den Höhepunkten dieser Oper übertrifft Verdi an dramatischer Energie unstreitig seine (als Musiker ihn überragenden) Vorgänger Rossini, Bellini und Donizetti. Wäre der vierte Akt nicht durch das häßliche Bravour-Allegro Leonorens (welche genauso im ersten Akt ein schön erfundenes und empfundenes Andante mit einem Gassenhauer schließt) entstellt, er gehörte zu dem Besten, was die neuere italienische Oper aufzuweisen hat. Die Szene, wo Leonorens Klage, erst von dem fern herübertönenden Miserere unterbrochen, über aufsteigenden Posaunen-Akkorden anschwillt, bis sie endlich von der Romanze des Gefangenen sanft aufgelöst wird, ist von bedeutender echter Wirkung. Auch der Anfang des darauffolgenden Duetts enthält leidenschaftliche Motive. Endlich ist die Szene im Kerker hübsch gedacht, wo Leonore den Geliebten zur Flucht zu bewegen sucht, dieser heftig widerstrebt, bis endlich in den leidenschaftlichen Streit die sanften Töne der Zigeunerin einfallen: »Ai nostri monti ritorneremo«. Schade, daß solche Anfänge sich bei Verdi nie lange auf gleicher Höhe erhalten, vielmehr mit mathematischer Gewißheit einen möglichst trivialen Satz nach sich ziehen. Es ist dies weniger ein Herabsinken aus Schwäche, wie es häufig bei Bellini vorkommt, als vielmehr absichtliches, doloses Aufsuchen und Ersinnen des Trivialen. Ich möchte es ästhetischen bösen Willen nennen.

Im selben Jahre mit dem ›Trovatore‹ erschien ›La Traviata‹, für welche es keine schlechte Empfehlung ist, daß sie am ersten Abend (im März 1853 in Venedig) durchfiel, hierauf aber eines der populärsten Werke in Italien, bald auch ein Repertoirestück des Auslandes wurde. Sie behandelt bekanntlich die ›Dame aux camélias‹ vom jüngeren Dumas. Für die Musik bleibt dies immer ein widerwärtiger Vorwurf. Die erste Hälfte der Oper verherrlicht die Liederlichkeit, die zweite die Lungenschwindsucht: dort haben wir das übertünchte, hier das offene Grab. ›Traviata‹ ist das letzte jener Experimente, welche den Hautgoût des Pariser Schauspielrepertoires für die Oper zurichten;

sie sucht einen noch unausgebeuteten pathologischen Reiz, die Lungenschwindsucht, auf die Bühne zu bringen. Im ersten und zweiten Akt enthüllt das Libretto eine entscheidende Schwäche des Komponisten, seinen Mangel an leichtem Blut, an Eleganz und glänzender Beweglichkeit. Trotzdem muß man auch in diesem Punkt, in der Aneignung des Konversationstones und des Ausdrucks leichter Fröhlichkeit einen entschiedenen, wenn auch nicht zureichenden Fortschritt Verdis einräumen. Musikalisch liegt der Schwerpunkt dieser Oper im dritten Akt. Der Komponist empfängt hier aus den Händen des Dichters eine bedenkliche Aufgabe. Will man aber die mildernde, versöhnende, idealisierende Macht der Musik an einem schlagenden Beispiel wahrnehmen (der Musik überhaupt, also auch der Verdischen), so sehe man den letzten Akt des französischen Originals ›La dame aux camélias‹ auf der Bühne. Da macht die trostlose Handlung durch die Schärfe des gesprochenen Wortes und all die unausweichlichen realistischen Details einen so peinlichen Eindruck, daß man ihn lange nach dem Fallen des Vorhanges nicht loswerden, dem scharfen Leichengeruch mit aller Anstrengung nicht entfliehen kann. Anders in der Oper. Die Musik, die selbst das Gräßlichste niemals ganz ohne Schönheit darstellen kann, durchdringt idealisierend alle Poren selbst der Verwesung und löst die entsetzliche Wirklichkeit des Dramas in einen schwermütigen Traum. Verdis ›Traviata‹ enthält neben oberflächlichen und banalen Partien wieder Stellen von glänzender musikalischer Eingebung, von energischer Leidenschaft, ja von ergreifender Wahrheit der Empfindung. Mit allen musikalischen Schwächen seiner Nation hat Verdi das dramatische Talent derselben in gesteigertem Maße mitbekommen; es ist viel leichter, das Schlechte in der ›Traviata‹ zu verspotten, als das Gute darin nachzuahmen oder zu übertreffen. Im dritten Akt tauchen Melodien auf, Herzenstöne, welche ein empfänglich gestimmtes Gemüt so überzeugend ergreifen, daß sie, mit unserem Blute gleichsam sich verflößend, uns nicht wieder loslassen. Turgenjew, der seelenkundige russische Novellist, muß diese Wirkung an sich erfahren haben, so ergreifend weiß er in seine neueste Erzählung ›Helene‹ eine Vorstellung der ›Traviata‹ zu verflechten und darin die Reminiszenz: »O Dio, morir si giovane« nachklingen zu lassen. Wie der ›Trovatore‹

die vollkommenste Verkörperung von Verdis Talent nach Seite des Leidenschaftlichen, des packenden Effekts ist, so bezeichnet (von ›Aida‹ noch immer abgesehen) die ›Traviata‹ dessen Höhepunkt nach Seite der tieferen und zarteren Empfindung hin. In dieser Oper tritt seine glänzende Begabung unzweifelhafter als bisher auf und vergütet hin und wieder, was roher Ungeschmack uns erdulden läßt. Über seine Natur kann niemand hinaus, besonders wenn sie eine triviale ist – im ›Rigoletto‹, ›Trovatore‹ und ›La Traviata‹ wird man wenigstens inne, daß hier »eine Natur« vorhanden.

Von keinem der Rivalen Verdis läßt sich das gleiche sagen, und dies allein würde hinreichen, Verdis Erfolge in dieser sterilsten Epoche der italienischen Opernmusik zu erklären. Verdi ist eine bittere Pille für die musikalische Kritik, welche das Übel nur noch größer macht, wenn sie einen so überaus erfolgreichen Komponisten ignoriert oder als vollkommen schlecht und nichtssagend hinstellt. Sie muß doch gestehen, daß Verdis ›Trovatore‹, ›Rigoletto‹, ›Traviata‹ und ›Ballo in maschera‹ das Beste sind, was die italienische Bühne seit einem Vierteljahrhundert hervorgebracht, und daß diese Opern ihren Schöpfer als den einzigen gegenwärtigen Maestro dokumentieren, der einen Stil hat – gut oder schlecht. Das fühlten die jüngeren seiner Landsleute auch sehr bald und griffen in ihrer Talentlosigkeit zu dem verrückten Entschluß, Verdi nachzuahmen. Nachahmen mag man einen großen Meister, nicht aber ein populäres Talent aus einer Epoche des Verfalls wie Verdi. Ein junger Bildhauer, der Bernini nachahmt, würde Werke fürs Irrenhaus liefern, denn Bernini war nur der größte Mann in einer schlechten Zeit. Hört man die Opern von jüngeren Komponisten, z. B. von Ferrari (›Pipelet‹ etc.), von Pedrotti (›Tutti in maschera‹), von Petrella (›Marco Visconti‹ etc.) u. a., so gewahrt man den großen und sehr verderblichen Einfluß Verdis. Er äußert sich zunächst in der Nachahmung von lärmenden, rohen Effekten, weiter schon in dem Ausklügeln raffinierter Rhythmen und leider schließlich in der Korruption dessen, was etwa an ernsterem Talent und natürlicher Empfindung in dem jungen Tonsetzer vorhanden war. Aber es bleibt nicht einmal bei der Verdisierung der Jungen. Altgewordene Komponisten, die noch nicht abdizieren wollen, stehen oft dem Einfluß der tonangebenden jüngeren noch mehr offen. Die neue Mode ist ihnen ein Greuel, aber sie glauben ihr nachgeben zu müssen. Da wird denn mancher zum unerträglichen geschminkten Gecken, der noch immer ein recht hübscher alter Herr sein könnte. So z. B. Pacini, der vor einigen Jahren als Siebziger die Oper ›Elisa Valasco‹ schrieb, in welcher man den Komponisten der gefeierten ›Saffo‹ kaum wiedererkennt. Was er einst an Frische und Melodienfülle besessen, hat ihm das Alter geraubt, und die harmlose Einfachheit seines früheren Stils wagt er selbst nicht mehr der jetzigen Generation zu bieten. Da geht denn der alte Maestro bei dem letzten Unterjocher des Publikums, den er wahrscheinlich von Herzen haßt, in die Schule. Jugend und Talent kann er von ihm nicht nehmen, er sieht ihm also seine Nichtswürdigkeiten ab, um sich für die Neuzeit möglich zu machen.

Ebenso unheilvoll wie auf die moderne italienische Komposition wirkt Verdis Musik auf die *Gesangskunst*. Die Wechselwirkung zwischen den tonangebenden Komponisten und den Sängern einer Periode ist zweifellos und nachweisbar. Der Opernkomponist steht im Anfang seiner Laufbahn unter dem Einfluß der Sänger, die er vorfindet, später bilden seine Werke sich die entsprechenden Sänger. Eine wirksame Darstellung der Hauptpartien von Rossini, Bellini, Donizetti ist ohne glänzende Koloratur, ohne breites edles Portamento, ohne feinen Geschmack nicht möglich. Für Verdis Partien genügt eine starke siegreiche Stimme und ein gewisses elementarisches Feuer des Vortrags. Von namhaften Aufgaben der Gesangskunst, wie Norma, Adina, Rosina, ist nicht entfernt mehr die Rede. Die Analogie mit den Gesangsaufgaben R. Wagners ist handgreiflich. Von talentvollem Naturalismus geschaffen, bedürfen Verdis Rollen auch nur des talentvollen Naturalismus zu ihrer Ausführung. Verdi hält zwar die Stimmen meist in sangbarer Lage und mutet ihnen nichts Übertriebenes zu, allein er nötigt sie zum Schreien, teils durch seine dicke, lärmende Instrumentierung, teils durch die materielle Natur seiner herausfordernden Effekte, denen auch regelmäßig der Applaus folgt, »wie die Trän' auf die Zwiebel«. Eigentliche Koloratur fordert er gar nicht, wo er einzelne reicher bewegte Gänge oder brillantere Gruppetti bringt, sind sie so geschmacklos, daß die vollendetste Gesangskunst sie nicht zu adeln vermag. Verdis

Opern haben keinen einzigen großen Sänger, keine einzige große Sängerin herangebildet, wie dies Rossini, Bellini, Donizetti von ihren Werken rühmen konnten – aber mehr als eine schöne Stimme, mehr als ein edleres Talent ging an ihm zugrunde.

In ›Rigoletto‹, ›Trovatore‹ und ›La Traviata‹, den drei Opern, welche Verdis zweite Periode charakterisieren, hält seine natürliche melodische Erfindungskraft so ziemlich das Gleichgewicht mit dem französischen Einfluß einer sorgfältigeren und raffinierteren Behandlung. Sie sind die beliebtesten von allen seinen Opern, wohl auch die effektvollsten, wenn ich auch für mein Teil den minder erfolgreichen ›Ballo in maschera‹ ihnen mindestens gleichstelle. Ohne Frage nimmt aber nach der ›Traviata‹ die melodiöse Erfindung und Frische Verdis ab, das Raffinement und der französische Einfluß im selben Maße zu. So sehr der dramatische Ausdruck und das Detail der Ausführung durch letzteren gewann, so unleugbar gibt er andererseits der Verdischen Musik ein schielendes, verlogenes Gesicht, das der rein italienischen Oper nicht eigen ist. Wie Vischer Heinrich Heine die »giftig gewordene Romantik« nennt, könnte man Verdi als die giftig gewordene italienische Musik bezeichnen.

Zwei Jahre nach der ›Traviata‹ folgten ›Les vêpres siciliennes‹. Verdi schrieb dieses Werk auf einen französischen Text von Scribe für die Große Oper in Paris. Dort wurde es im Juni 1855 mit sehr mäßigem Erfolg gegeben. Wir haben im Gegensatz zu Verdis früheren Stücken eine jener französischen fünfaktigen Großen Opern vor uns, die weltgeschichtliche Stoffe und mit Vorliebe die entsetzlichsten behandeln. Schon der Titel weist auf die nahe Verwandtschaft mit der Blutnacht der Hugenotten. Es läßt sich nicht leugnen, daß Scribe den spröden und gräßlichen Stoff mit großer Geschicklichkeit behandelt hat. Die geschichtlichen Daten sind wie ein großer Rahmen festgehalten, in welchen der Dichter frei erfundene Szenen, doch mit unverwandter Beziehung auf die historische Katastrophe, einpaßt. Für die Musik zur ›Sizilianischen Vesper‹ war Meyerbeer das Vorbild, dem Verdi mit einer oft ans Diebische grenzenden Zärtlichkeit nachgeeifert hat. Die Bestimmung dieser Oper für die Pariser Bühne hat maßgebend auf die Musik eingewirkt, welche weit mehr als ›Rigoletto‹ oder ›Trovatore‹ Verdis Tendenz verrät, die monoton gewordene Lyrik Italiens mit den Deckfarben der französischen Musik aufzufrischen. Verdi hat sich begreiflicherweise an die grelle Seite der letzteren gehalten, die jede Leidenschaft bis zum lautesten Aufschrei, jede Empfindung auf die äußerste Spitze zu treiben liebt. Das Bizarre und Gewaltsame vermochte er sich am leichtesten anzueignen, die feinen liebenswürdigen Vorzüge der Franzosen bleiben ihm unerreichbar. Nach der ersteren Richtung wußte sich Verdi merkwürdig gut zu akkommodieren, insbesondere in den zwei ersten Akten, wo er die Stimmen effektvoller, die Chöre breiter als zuvor behandelt und sich, wie in guter Gesellschaft, merklich zusammennimmt, um nicht die dramatische Wahrheit zu verletzen oder in seine ärgsten Trivialitäten zu verfallen. Für diesen redlichen Willen muß man dankbar sein. Verdi ist bei all seiner Intelligenz, seinem lebhaften, energischen Temperament eine gemeine Natur. Er hält es keine fünfzig Takte aus, ohne einer Trivialität zu verfallen oder sie aufzusuchen. Solche »Naturfehler« lassen sich, selbst den Parisern zuliebe, nicht willkürlich ablegen. Den Parisern zuliebe kopiert er auch die Äußerlichkeiten Meyerbeers und Halévys, künstelt mit dem Rhythmus und der Instrumentierung bis zur Verzerrung[18]. Am glücklichsten gelangen ihm in der ›Sizilianischen Vesper‹ zwei Nummern, wo er echt national sein mußte: die Tarantella und die Barcarole im zweiten Akt. In einer freien Landschaft mit dem Ausblick auf das Meer versammelt sich fröhliches Landvolk und tanzt die Tarantella, während die Verschworenen lauernd beiseite stehen. Die Klänge einer mehrstimmig gesungenen Barcarole kommen immer näher. Man sieht eine reichverzierte offene Gondel, worin französische Ritter und Damen unter Gesang und Scherz vorüberfahren. Hier stimmen Landschaft, Musik und Figuren zu einem reizenden Bild zusammen, das sich von dem blutigen Ernst des Ganzen freundlich abhebt. Mit den letzten Strophen der Barcarole vereinigt sich leider einer jener entsetzlichen Verdischen Pianissimo-Chöre, deren kurzabgebrochenes Luftschnappen wie fernes Hundegebell klingt. – Die melodiöse Erfindung in der ›Sizilianischen Vesper‹ ist dürftig, der Totaleindruck der Oper (deren musikalisches Interesse nach dem zweiten Akt abnimmt anstatt zu wachsen) überwiegend ungünstig.

Von ähnlicher Richtung, aber ungleich besserer Ausführung und reicherer Erfindung ist die Oper ›Il Ballo in maschera‹, zuerst in Rom im Jahre 1859 aufgeführt. Zwischen dieser Oper und der ›Sizilianischen Vesper‹ liegen noch der in Venedig durchgefallene ›Simon Boccanegra‹[19] (1856) und die ebenso schnell verschollene Bearbeitung des ›Stiffelio‹ unter dem Titel ›Aroldo‹ (1857). Der ›Maskenball‹ hatte seltsame Schicksale. Das Scribesche Textbuch, ›Gustave, ou le bal masqué‹, war ursprünglich für Rossini bestimmt. Dieser, lebhaft von der Handlung angezogen, übernahm das Libretto zur Komposition, verließ aber bald arbeitssatt und ruhmesmüde Paris, ohne eine Note geschrieben zu haben. Scribe bot hierauf das Buch Auber an, der es anfangs »fast zu dramatisch« fand, bald aber eine seiner beliebtesten und graziösesten Opern daraus schuf. Verdi folgt der Scribe-Auberschen Ballnacht Szene für Szene. Er hatte ursprünglich das historische Sujet getreu nach Scribe komponiert und aus der schwedischen Königskrone seines Tenoristen kein Hehl gemacht. Mit dieser Aufrichtigkeit kam er aber in Neapel äußerst übel an; die Zensur befahl eine gründliche Umänderung des königsmörderischen Textbuchs, der Direktor des San Carlo-Theaters (für welches die Oper ursprünglich bestimmt war) fiel in Ohnmacht und erholte sich aus derselben nur, um mit fabelhaften Entschädigungsansprüchen gegen Verdi loszufahren. Unser Maestro nahm seine Partitur unter den Arm und fuhr ohne sonderliche Segenswünsche für Neapel sofort nach Hause. Hier hielt er grollend seinen ›Gustav III.‹ Jahr und Tag verschlossen, bis er ihn auf wiederholtes Drängen im Jahre 1850 dem Teatro Apollo in Rom überließ – eine Zuversicht, die von der wahrhaft kindlichen Naivität des Komponisten rührendes Zeugnis gibt. Die römische Zensur erhob natürlich einen noch größeren Lärm als die neapolitanische, und Verdi mußte sich schließlich ihren Wünschen fügen. Die Handlung wurde nach Amerika verlegt (nur recht weit!), aus dem Schwedenkönig entpuppte sich ein Graf Warwick, Gouverneur von Boston, und der Mörder desselben, der historische Ankarström, präsentiert sich uns derzeit als Renato, Sekretär des Gouverneurs. Infolge einer mächtigen Protektion wahrscheinlich durfte wenigstens die Gattin des gefährlichen Statthaltereisekretärs ihren Namen Amalia beibehalten. Die

Musik zum ›Ballo in maschera‹ gehört zu Verdis gelungensten Leistungen: sie enthält glückliche Einfälle und verrät eine zwar derbe, aber sichere und geschickte Hand. Verdi auf die höchsten Eigenschaften der dramatischen Kunst hin zu untersuchen, wird natürlich niemandem einfallen. Gewiß aber hat er sich hier redliche Mühe gegeben, seine Musikstücke dramatischer zu erfinden, sorgsamer auszuführen, charakteristischer zu instrumentieren – und diese Mühe ist keine vergebliche gewesen. So vermißt man im ›Maskenball‹ zum ersten Mal und mit dankbarer Anerkennung jenen Gemeinplatz, auf dem sich Verdi sonst mit äußerstem Behagen tummelte: die frechen Allegrosätze nach dem sentimentalen Andante seiner Arien – wahre gesungene Real-Injurien. Im ›Ballo‹ ist diese den ›Ernani‹, ›Trovatore‹, ›Rigoletto‹ etc. beschmutzende Gewohnheit abgelegt, um auch in den späteren Opern (›La forza del destino‹, ›Don Carlos‹) nicht wieder aufzutauchen. Der Gedanke, eine Vergleichung mit Aubers Musik notwendig hervorrufen zu müssen, mag viel zu der gesammelteren, sorgfältigeren Haltung Verdis beigetragen haben. Deutsche und Franzosen werden übereinstimmen, daß Aubers ›Bal masqué‹ an Originalität und Anmut wie an feiner, geistreicher Ausführung dem ›Ballo in maschera‹ hoch überlegen sei. Es gilt dies namentlich von jenen Partien, wo Aubers glänzendste Gabe, das Fächerspiel einer liebenswürdigen Grazie und Fröhlichkeit, auf ihrem Platze ist: in der Rolle des Pagen und den Ballszenen. Eine Eigenschaft, die Verdi so gut wie gänzlich abgeht, ist aber Leichtigkeit und Grazie. Er ist immer pathetisch, wie in der Regel seine komponierenden und dichtenden Landsleute; dieses Pathos treibt ihn nur zu oft in leere prahlerische Aufgeblasenheit, hebt ihn jedoch mitunter zu einer bedeutenden dramatischen und musikalischen Energie. In letzterer Eigenschaft ist Verdis ›Ballo‹ wieder stärker als Aubers Oper. Der erste Akt ist unbedeutend und vielfach banal. Der zweite hingegen, die Szenen bei der Wahrsagerin, zeigen Verdis Talent in frischem Fluß. Das Duett Amaliens mit der Zigeunerin enthält sehr hübsche Züge; namentlich in dem schmerzlichen Ausruf Amaliens: »Pace!« auf die Frage der Hexe, was sie suche, liegt echte Empfindung. Das klingt gar nicht mehr Verdisch im früheren Sinn. In solch vorübergehenden Momenten etwas zu suchen und zu finden, ist ihm vordem doch kaum in den Sinn gekommen. Durch den hinter dem Vorhang halbversteckten Riccardo wächst das Duett in breiter langgezogener Kantilene sehr wirksam zum Terzett. Durch die Barcarole Riccardos in as-Moll mit ihrem eigentümlichen Wohllaut scheint eine der schönen italienischen Volksweisen durchzuklingen. Es folgt ein scherzendes Allegretto, womit Riccardo die Unglücksprophezeiung verlacht; mit dem Eintritt der Sopranstimme, die eine ausdrucksvolle Melodie in weitem Bogen darüber spannt, gewinnt der Satz tiefere Bedeutung und wächst zu einem Ensemble, das zu den besten Erzeugnissen der neuen italienischen Oper gehört. Die Arie Amalias und ihr Duett mit Riccardo im dritten Akt sind von energischem, leidenschaftlichem Zug, wenn auch nicht frei von italienischen Gewohnheitsphrasen. Das Finale des dritten Akts hat sich auf den meisten Bühnen als die wirksamste Nummer der Oper bewährt; der Spottchor der Kavaliere ist nicht eben fein, aber seine Verflechtung in das ganze Ensemble mit großem Geschick und sicherer Kenntnis des theatralischen Effektes vorgenommen. Der vierte Akt ist der längste und schwächste, das Terzett der drei Verschworenen vielleicht die schlechteste Nummer der Oper und gewiß diejenige, die Verdi zur besten machen wollte. Er häuft maßlos die Ausdrucksmittel und äußerliche Effekte (Harfen, Posaunen, Unisono der drei Bassisten) und wird dabei von seiner melodiösen Erfindung gründlich im Stich gelassen. Dafür bringt die Schlußszene etwas sehr Hübsches: eine bloß vom Streichquartett hinter der Kulisse gespielte sanfte Tanzmusik, zwischen Menuett und Mazurka ungefähr die Mitte haltend; sie begleitet die letzte Unterredung zwischen Amalia und Riccardo.

Das Verhältnis des Verdischen Librettos zu dem ursprünglich französischen Opernbuch von Scribe und Auber (›Le bal masqué‹) ist vielfach und sehr verschieden beurteilt worden. Über die musikalische Benützung von bereits früher komponierten Operntexten hegen Franzosen und Italiener ganz verschiedene Anschauungen. In der älteren italienischen Oper war die Bearbeitung desselben Librettos durch verschiedene Komponisten durchwegs Sitte, so daß es bekanntlich keinen Operntext von Metastasio gibt, der nicht von mehreren italienischen Komponisten in Musik gesetzt worden wäre. Manche Tonsetzer, z. B. Hasse, haben sogar dasselbe Libretto mitunter mehrmals komponiert. Diese Sitte, die in Italien seit einem halben Jahrhundert sehr abgenommen, aber nie gänzlich aufgehört hat, erklärt sich aus der geringen Bedeutung, die man dem Gedicht, und aus der fast absoluten Wichtigkeit, die man der Musik beilegte. In Frankreich dagegen betrachtete man von jeher die Dichtung als untrennbar zur Musik gehörend, ja das Textbuch wird selbst in materieller Hinsicht (Tantième) der Partitur an Wichtigkeit gleichgeachtet. Während in Italien ein bereits komponiertes Libretto als herrenloses Gut angesehen ist, gilt es in Frankreich als das unantastbare Eigentum eines bestimmten Komponisten und einer bestimmten Bühne. Deutschland hat sich, seit es eine selbständige Oper besitzt, hier wie überhaupt, mehr den Anschauungen der Franzosen zugeneigt und perhorresziert das wiederholte Komponieren desselben Gedichts. Dieses Neukomponieren eines bereits von namhafter Hand bearbeiteten Operntextes hat gegen bedeutende Nachteile vielleicht nur den einen nicht unbedenklichen Vorteil, daß es den Komponisten zu ungewöhnlichen Anstrengungen zwingt. Er muß, will er mit seinem entlehnten Textbuch durchdringen, seinen Vorgänger nicht nur erreichen, er muß ihn übertreffen und fortan unmöglich machen, »Il faut tuer, quand on vole«, dieses Wort Voltaires paßt hierher wie nirgends. Nebeneinander können auf unseren heutigen Bühnen zwei Kompositionen desselben Opernbuches nicht bestehen: wo Rossinis ›Barbier von Sevilla‹ erschien, da war die früher hochgefeierte Komposition von Paisiello geliefert, Donizettis ›Liebestrank‹ hat den ›Philtre‹ von Auber in ewigen Schatten gestellt, und neben Lortzings ›Zar und Zimmermann‹ wäre Donizettis älterer ›Bürgermeister von Saardam‹ ein unmögliches Unternehmen. In diesen Fällen halten wir es allerdings mit den Siegern; haben sie doch ihre Vorgänger so hoch übertroffen, daß niemand die entthronten rechtmäßigen Souveräne zurückwünscht. Allein nicht immer liegt die Sache so glatt. Es geschieht auch mitunter, daß eine Oper, weil sie moderner und in einigen Effekten stärker ist, eine gleichnamige Vorgängerin vom Repertoire stößt, deren Verlust man unbedingt bedauern muß. Die neueste Zeit kennt zwei solche Fälle: Spohrs ›Faust‹, den der Gounodsche, und Aubers ›Maskenball‹, den der Verdische verdrängt hat. Für die musikalische Welt wäre es deshalb am zuträglichsten, wenn unsere Komponisten nur solche älteren Librettos wieder vornehmen wollten, deren frühere Kompositionen bereits in vollständiger Vergessenheit ruhen. Von den tragischen Opernbüchern aus früherer Zeit wird kaum etwas jetzt noch brauchbar erscheinen, hingegen würden die Komponisten komischer Opern manch gute Beute heimtragen, wenn sie das Repertoire der Opéra Comique aus der französischen Kaiserzeit und der Restauration aufmerksam durchstreiften.

Mit dem Aufgebot aller seiner Kräfte schrieb Verdi die vieraktige Oper ›La forza del destino‹, welche bei ihrer ersten Aufführung (in St. Petersburg 1862) einen kühlen Achtungserfolg davontrug und wenige Jahre darauf in Wien durchfiel. Das Libretto – gleich dem ›Trovatore‹ der spanischen Bühne entlehnt – gehört in der Zurichtung durch H. Piave zu den widerlichsten, die wir kennen. Die Macht der Logik hat hier abgedankt und der bloßen Macht des Schicksals den Platz geräumt. Dieses Schicksal, das aus einer weggeworfenen Pistole zufällig losgeht, besteht eigentlich darin, daß zwei Liebende von einer wütenden Hyäne (Carlo) allenthalben verfolgt und endlich zerrissen werden, bei welcher Gelegenheit diese Bestie auch ihrerseits verendet. In diese peinlich abstoßende Handlung fällt kaum ein labender Sonnenstrahl. Dichter und Komponist mußten diesen Übelstand bemerken und flickten denn eine Reihe heiterer Szenen ein, die mit dem Trauerspiel selbst nicht den entferntesten Zusammenhang haben: Chor der Maultiertreiber, ländlicher Tanz, Couplets der Wahrsagerin, Hausiererlied, Chor und Tanz der Marketenderinnen und der Rekruten, Rataplanlied etc. Derlei liegt in unserer Schicksalstragödie buntfarbig umher, wie Kinderspielzeug neben einer Totenbahre. Sogar zu einer vollständigen Buffopartie hat sich Verdi hier zum ersten Mal verstiegen! Es ist ein humoristisch sein sollender, grober Klosterbruder, der mit einer getreuen Nachäffung der Kapuzinerpredigt aus ›Wallensteins Lager‹ wie eine Bombe in den dritten Akt fällt. Interessant ist diese Rolle nur zur Charakteristik von Verdis Talent, das hier den vollständigsten Mangel an Humor und komischer Laune ans Licht bringt. Die Musik schließt sich in Ausdruck und Technik vollständig dem ›Ballo in maschera‹ an. Die rohe, schablonenhafte Melodik der älteren Verdischen Opern hat hier einer auf dramatisches Leben und interessante Faktur gerichteten Methode Platz gemacht, dazu sind französische und deutsche Elemente mit entschiedenem Gewicht in das naive italienische Naturell eingetreten. Die Maultiertreiber und Rekruten in ›La forza‹ singen anständiger als die Ritter in ›Trovatore‹ und ›Ernani‹. Sogar die Ballettmusik – niemals Verdis starke Seite – ist recht schmuck und diskret instrumentiert, und was vollends wie ein Märchen klingt: in den Lagerszenen des dritten Aktes spielt keine Regimentsmusik auf der Bühne! Kurz, das Bestreben des Komponisten, ernstere Ziele mit würdigeren Mitteln zu erreichen, ist unverkennbar; ebenso unverkennbar aber, daß dieser besseren Tendenz nicht mehr die melodiöse Erfindung von ehedem zur Seite steht. ›La forza del destino‹ ist noch sorgfältiger, um nicht zu sagen mühsamer, komponiert als der ›Maskenball‹, aber mit schwächeren musikalischen Fonds. Den ungleich höheren ästhetischen Standpunkt, den hier der Komponist gegenüber seiner älteren Oper einnimmt, wird niemand leugnen, ebensowenig zahlreiche gelungene Einzelheiten. Wer das große Talent Verdis im Kleinen kennenlernen will, der sehe sich die Einleitung dieser Oper an. Ein ganz kurzer Dialog zwischen dem alten Marchese und seiner Tochter (»Buona notte, mia figlia, addio!«), halb Arioso, halb Rezitativ, erfüllt von einer drückenden, ahnungsvollen Schwermut und von einer Behandlung der Modulation und der Instrumentierung, welche mit italienischer Musik kaum mehr etwas gemein hat. Diese auf keinerlei Effekt abzielende Exposition geht am Publikum spurlos vorüber und ist doch in ihrer Art ein kleines Kabinettstück. Ebenso ist der Ausdruck schmerzlicher Resignation selten schöner getroffen als in Leonorens letzter Szene: »Pace, mio Dio!« Leider fließt die melodische Erfindung in ›La forza del destino‹ spärlicher, und das geradezu wüste, unverständliche Sujet untergräbt überall den Erfolg der Oper.

In der Richtung des ›Ballo in maschera‹ zur ›Forza del destino‹ hat Verdi noch einen großen Schritt weiter getan. ›Don Carlos‹, noch anspruchsvoller und mühsamer in der Ausführung, noch dürftiger und matter in der Erfindung als die ›Macht des Schicksals‹, wurde im Frühling 1867 zum ersten Mal an der Großen Oper zu Paris gegeben. Die glänzende Darstellung und der enorme Ausstattungsprunk zog zwar ein großes Publikum herbei, das sich durch den Fremdenzug zur Weltausstellung massenhaft erneuerte, aber die nächsten Monate schon zeigten, daß ›Don Carlos‹ unter regelmäßigen Verhältnissen keine Lebensdauer besitze. Wenn wir Verdi in der ›Traviata‹, im ›Trovatore‹, ›Rigoletto‹, ›Ballo in maschera‹ so oft mit kräftigem Naturalismus instinktiv ins Schwarze treffen sehen, dann bestreiten wir ihm gewiß nicht länger Recht und Fähigkeit, auch im guten Sinn er selbst zu sein. Im ›Don Carlos‹ aber bemüht er sich, alles zu sein, nur nicht »er selbst«. Er versucht eine komplette Maskerade. Nun denke man sich einen Verdi ohne seine nationale Frische und Sinnlichkeit, einen Verdi ohne Leichtsinn und ohne Melodie und urteile, was da noch Gutes übrigbleibt! Im ›Don Carlos‹ verleugnet der Komponist ängstlich seine musikalische Wiege, will halb Deutscher, halb Franzose sein, nicht melodiös, sondern tief und gelehrt schreiben und dort fortsetzen, wo Meyerbeer aufgehört. An der Partitur des ›Carlos‹ klebt mehr Schweiß als an allen früheren Opern Verdis zusammengenommen. Dieser stets unentschiedene Kampf zwischen dem alten und dem neuen Verdi, diese krampfhafte Anstrengung, sich höher zu strecken, als er gewachsen ist, wirkt geradezu peinlich. An seiner ›Carlos‹-Musik ist alles gezwungen, schwerfällig, dunstig; die Melodien tragen wir weder im Ohr noch im Herzen heim, es ist, als klebten sie uns an allen Fingern. Dafür hat Verdi sich das für einen Italiener bewundernswürdige Geschick angeeignet, die musikalische Form à la Richard Wagner zu zerbröckeln, als Amphibium lange Zeit zwischen Kantilene und Rezitativ zu atmen und eine »unendliche Melodie« zu spinnen, wenn ihm keine endliche einfällt. Mit großer Anstrengung hat er bösartige Modulationen und stolpernde Rhythmen erdacht und die Gesangspartien so eingerichtet, daß die Stimmen sich fast nur in den äußersten Grenzen ihrer natürlichen Skala bewegen. Und vollends die Instrumentierung! Wie licht sah es sonst zwischen den Taktstrichen einer Verdischen Partitur aus, wie schnurgerade und wohnlich! Schlagen wir aber die ungeheuren Bände des ›Don Carlos‹ auf, so kriecht uns ein schwarzes, ameisenartiges Gewimmel von Noten entgegen, alle Instrumente arbeiten zugleich, über, unter, nebeneinander, jeder Moment bringt eine andere Figuration, eine verschiedene Klangfarbe, ein neues Solo-Instrument, und dazwischen jenes nervenschneidende Tremolieren der geteilten Violinen, das seit dem ›Tannhäuser‹ zum gemeinen dramatischen Hausmittel geworden ist. Trotz alledem kann man kaum von *einer* Stelle im ›Don Carlos‹ rühmen, daß sie orchestermäßig gut klingt, wie z. B. das Allergewöhnlichste bei Mozart oder Rossini. »Das ist ja Zukunftsmusik!« rief neben mir entrüstet ein Italiener. Ich tröstete ihn damit, daß einer solchen Musik am wenigsten in Italien eine Zukunft blühe, es hätte denn die italienische Musik überhaupt keine Zukunft mehr. Aber ein richtiges Gefühl lag doch in jenem Ausruf. Verdi und Wagner vollziehen beide in ihren neueren Werken einen Bruch mit ihrer eigenen Vergangenheit und verleugnen die reizvolleren, populäreren Elemente ihres Talents zugunsten einer ihnen vorschwebenden idealeren Dramatik. ›Don Carlos‹ verhält sich zu ›Ernani‹ ungefähr wie ›Tristan und Isolde‹ zum ›Tannhäuser‹. Das tugendstolze Streben beider Tondichter, in ihren alten Tagen sich der sündhaften Melodie zu enthalten, scheint übrigens hier wie dort von der Natur mächtig unterstützt; die Melodie verläßt man niemals, sie verläßt uns.

Das Textbuch der neuen Oper ist bei handgreiflichen Mängeln doch bedeutend besser als ›La forza del destino‹. Daß Verdi, dessen Musik bereits Schillers ›Räuber‹, ›Kabale und Liebe‹ und die ›Jungfrau von Orléans‹ überfallen hat, jetzt bloß aus Zufall oder Caprice den ›Don Carlos‹ erwählte, können wir nicht recht glauben; ohne Zweifel fühlt sich der allzeit pathetische Verdi von Schillers edlem Pathos angesprochen und gehoben. ›Don Carlos‹ ist übrigens kein günstiger Opernstoff: Elisabeth, Eboli und Carlos, schon bei Schiller in ziemlich allgemeiner Färbung verschwimmend, werden in der Oper zu matten, physiognomielosen Schablonen; die beiden eigentümlichsten Gestalten, König Philipp und Marquis Posa, sind für musikalische Behandlung zu reflektiert und rhetorisch, die absolutistische Staatsraison wie die Schwärmerei für Gedankenfreiheit streifen gesungen leicht an die Karrikatur.

Mit Ausnahme des ersten Akts, welcher den Infanten mit der noch unvermählten Elisabeth in Fontainebleau zusammenführt, somit das übliche große Liebesduett schon als Exposition bringt, folgt das Libretto ziemlich treu der Schillerschen Handlung. Im zweiten Akt sehen wir Carlos und Posa im Kloster St. Just ihren Freundschaftsbund erneuern, Posa sich der Königin und ihrem Hofstaat vorstellen; es folgt die Zusammenkunft Elisabeths mit Carlos, die Verbannung der Hofdame und eine politische Vorlesung, welche Posa seinem königlichen Gönner Philipp hält. Der dritte Akt bringt ein Maskenfest in den Gärten der Königin und das unvermeidliche Ballett, eine mythologische Allegorie auf die Königin von unabsehbarer Länge und der langweiligsten Ballettmusik, die je geschrieben wurde. Carlos, der in der Dunkelheit die Eboli für Elisabeth hält, kompromittiert sich mit einer Liebeserklärung, Posa tritt hinzu und ergänzt das Verzweiflungs- und Rache-Terzett. Die Szene verwandelt sich hierauf in einen großen Marktplatz vor der Kathedrale; hier wickelt sich das Finale ab, das, mit grobem Pinsel, aber höchst effektvollen Farben gemalt, den Höhepunkt der Oper bildet. Was ist nicht alles hier aufgeboten! Großer Krönungszug des Königs mit Regimentsmusik auf der Bühne, festlicher Jubelchor des Volks, Trauerchor der Mönche und der zum Scheiterhaufen geführten Ketzer, Bittgesang der flandrischen Deputierten (sentimentales Unisono von zwölf Bassisten, Kopie des bischöflichen Geschreies im ersten Akt der ›Afrikanerin‹); Carlos verteidigt sie, zieht den Degen gegen Philipp, dieser wütet, die Damen jammern, Posa arretiert den Infanten, es brennen die Scheiterhaufen, es läuten die Glocken, dazu Festmarsch, Jubelchor und Mönchsgebet, alles zugleich, und aus den Wolken herab ein Engelchor, welcher die verbrannten Ketzer als Märtyrer begrüßt. Kein Zweifel, Verdi müßte denjenigen fordern, der mehr forderte. Nach diesem dritten Akt fühlt sich jeder normal organisierte Mensch halbtot, hat aber noch zwei Akte vor sich, die alles Frühere zu überbieten sich anstrengen. Der vierte Akt beginnt mit einem Monolog des Königs und seinem Gespräch mit dem Groß-Inquisitor, eine großenteils wörtlich aus Schiller genommene Szene, für welche Verdi eine charakteristische Färbung zu finden und festzuhalten verstand. Es folgt der heftige Auftritt zwischen dem König und der Königin wegen der entwendeten Kassette, die Selbstanklage der Eboli, Carlos im Gefängnis und Posas Tod an seiner Seite. Mit Hilfe des Groß-Inquisitors bezwingt der König die zugunsten Carlos' entfesselte Rebellion. Eine Szene statt eines ganzen fünften Aktes würde hier zum Abschluß der Handlung genügen. Aber wir müssen im letzten Akt noch eine Arie der Königin im Kloster St. Just, ein langes Abschiedsduett zwischen ihr und Carlos, endlich das Finale hören, in welchem der König, von Mönchen begleitet, seinen Sohn der Inquisition ausliefert. Mit dem schaurig-lakonischen »Kardinal, tun Sie das Ihre!« fällt bei Schiller der Vorhang, den die Geschichte noch immer nicht ganz zu lüften vermochte. Bei Verdi muß aber nach diesem Ausruf des Königs noch der Geist Karls V. erscheinen, der mit seinem Mantel den Infanten einhüllt und mit ihm verschwindet. Die über fünf Stunden währende und alle Sinne hinrichtende Oper mußte sich in Paris nach den ersten Vorstellungen mehrere Kürzungen gefallen lassen. Die Londoner Direktion (»wie sie kurz angebunden war!«) strich sogar den ganzen ersten Akt und läßt die Oper ohne Umstände mit dem zweiten beginnen.

Wir haben nunmehr Verdi Schritt für Schritt zu immer größerer Bedeutsamkeit des Dramatischen sich emporarbeiten gesehen, immer sorgfältiger wird seine Arbeit, immer länger werden die Pausen zwischen seinen Novitäten. Im ›Don Carlos‹ versuchte Verdi statt eines Schrittes einen Sprung, und zwar über sein eigenes Naturell hinaus. Ihre Bestimmung für die Pariser Große Oper wirkte nachteilig auf den Stil dieser Tondichtung; über die gesteigerte Kunst und Künstelei ging die Aufrichtigkeit und Natürlichkeit verloren, die wir doch in der Musik so wenig als im Leben missen wollen. Aber der künstlerische Ernst und Fleiß, den Verdi auf den ›Don Carlos‹ verwendete, flößen nicht weniger Respekt ein als die echt dramatische, geistvolle Behandlung einzelner Szenen, wie jene zwischen Philipp II. und dem Groß-Inquisitor, das große Finale mit dem Autodafé und andere. Ich hatte in Paris leider nur einmal Gelegenheit, Verdis ›Don Carlos‹ zu hören, und äußerte danach etwas voreilig die Überzeugung, daß Verdi mit seiner musikalischen Schöpferkraft zu Ende sei. ›Aida‹ hat zu meiner lebhaftesten Freude bewiesen, wie sehr ich mich damals geirrt.

Diese ›Aida‹ ist ein merkwürdiges, echt künstlerisches, nach Verdis früheren Opern höchst überraschendes Werk. Hier lohnt sich in der Tat ein aufmerksames Nachlesen der Partitur, sie enthüllt uns eine Reihe musikalischer Schönheiten, die unter dem Eindrucke einer ersten Aufführung verloren gehen. Würdig und nach der Individualität des Hörers mehr oder minder ergreifend ist schon jener erste Eindruck, freilich nicht von durchaus wohltuender, die Seele befreiender Wirkung. Während einzelne hinreißende Melodien uns entzücken, drückt uns der fatalistisch düstere Charakter des Stoffes und der Musik wie mit unsichtbarer Hand allmählich nieder. Es liegt etwas unsäglich Trauriges über der Gesamtstimmung dieser Oper, fast etwas von der gedämpften Trostlosigkeit Lenauscher Poesie. Zunächst die Handlung mit ihren erbarmungslos tragischen Konstellationen. Die gefangene Aida, in Leidenschaft für den feindlichen Feldherrn entbrennend; dieser eingekeilt zwischen seine Liebe zu der Sklavin und die verhängnisvolle Neigung der Königstochter; endlich Amneris, welche die Hand des Geliebten erringt, aber sein Herz im Besitz einer anderen weiß – das alles ist von Haus aus dem Verderben verfallen, einem Verderben, gegen das von keiner Seite ein ernsthafter Kampf möglich ist. Der Dichter unterließ es, für erhellende Lichter, für freundlichen Wechsel der Farben zu sorgen; schwer und langsam fließt die Handlung dem grauenhaften Ende des Lebendigbegrabenwerdens zu. Der Komponist folgt seinerseits mit treuester Hingebung dem Sujet, verschmäht jeden frivolen Effekt und verstärkt so mit den intensiven Mitteln seiner Musik ganz ungemein jenes wunde Leidwesen der Dichtung. Zwar finden wir Amneris anfangs in seligen Hochzeitsgedanken, später Aida und Radames einen Moment lang schwärmend für gemeinsame Flucht und gemeinsames Glück, aber hier wie dort fehlt der rechte Glaube. Man horche nur auf die Musik. So wahrhaft sie ist und *weil* sie es ist, sie läßt uns nicht recht an jenes Glück, jene Hoffnung glauben. Selbst unter diesen spärlichen grünen Oasen rieselt leise wie ein verborgener Quell das künftige Unglück. Von der Grundstimmung seiner Tragödie ganz erfüllt, tut hier Verdi instinktiv, unbewußt, was Gluck mit reflektierender Absicht in seiner taurischen ›Iphigenia‹ getan; der schuldgepeinigte Orest spricht von rückkehrendem Seelenfrieden, die unruhig wühlenden Akkorde flüstern dazu: Er lügt! Selbst durch die Festgesänge in der ›Aida‹ zieht ein feiner klagender Ton; dem Triumphmarsch fehlt zwar nicht der Glanz, aber die Heiterkeit. Wie der Textdichter, so hat auch der Komponist zu sehr die Kunstmittel des Kontrastes verschmäht; die langsamen Tempi und die zweiteiligen Taktarten herrschen in der Partitur auffallend vor, ein dreiteiliger Takt kommt in den beiden ersten Akten gar nicht vor, erst im dritten in zwei kurzen Andante-Stellen der Aida, endlich im letzten Akt in dem Duett zwischen Amneris und Radames.

Die beiden Grundgebrechen, welche den Total-Effekt der ›Aida‹ schädigen, liegen schon vollständig im Textbuche: nach innen die fast ununterbrochene Elegik der Handlung, nach außen das ägyptische Kostüm im weitesten Sinne des Wortes. Die alten Ägypter mit allen Wunderlichkeiten ihrer Tracht und Gesittung, ihrer Politik und Religion stehen uns allzu fremd gegenüber; wir fühlen uns unter lauter braun und schwarz geschminkten Menschen nicht recht unter unseresgleichen. Mag man das eine Äußerlichkeit nennen, immerhin, aber sie erkältet die Sympathien des Zuschauers für die Ideale des Stückes. Sei es noch um die greulichen Götzen, die sitzenden Kolossal-Statuen, die verschiedenen heiligen Bestien, welche schon den Persern, als diese Ägypten eroberten, so fürchterlich vorkamen. Aber lauter braune Sänger auf der Bühne! Dazu diese häßlichen hüpfenden Mohren und die mit widerwärtiger Kostümtreue gefärbten, frisierten und geputzten Tänzerinnen! In der Oper, diesem privilegierten Asyl des schönen Scheins, ist uns die ethnographische Gewissenhaftigkeit nicht wertvoll genug, um auf alle Schönheit zu verzichten. Besonders angenehm ist es auch nicht, fortwährend so viele Priester und Priesterinnen sehen zu müssen und aus den Zeremonien des ägyptischen Kultus gar nicht herauszukommen. Die Oper ›Aida‹ ist bekanntlich auf Veranlassung des Vizekönigs von Ägypten entstanden und zuerst in Kairo (1872) aufgeführt worden; der nationale Stoff war eine Grundbedingung[20]. Verdi hat das nationale Kolorit in seiner Musik mit großer Gewandtheit, ebenso bescheiden wie charakteristisch, angewendet; in den Tänzen und Tempelgesängen die eigentümlich wimmernde Melodik der Orientalen mit ihrer übermäßigen Quart und verminderten Sext, ihrer ärmlichen Harmonie und einfachen, fremdartigen Instrumentierung. Zwei ägyptische Original-Motive (sie zählen von Haus aus nur wenige Takte) sind im ersten Finale benützt, in dem Gesang der Priesterinnen mit Harfenbegleitung und in der von drei Flöten vorgetragenen Tanzmelodie in Es-Dur. In der geistreichen und reizenden Verarbeitung dieser beiden National-Motive zeigt sich eine wahre Meisterhand. In fremden Lokalfarben haben wir bekanntlich heutzutage große Routine; was aber Verdi hierin vor vielen auszeichnet, ist der musikalische Schönheitssinn, mit dem er diesen Absonderlichkeiten ihre rechte, d. h. untergeordnete Stellung anweist, uns das Orientalische nicht mit photographischer Treue bringt, sondern idealisiert durch die Grazie und Fülle unseres modernen europäisch-abendländischen Tonwesens. Verdi, der bisher keinerlei Vorliebe für musikalische Lokalfarben verriet, sondern jederzeit Italiener blieb in seiner Musik, zeigt in der ›Aida‹ zum ersten Male, daß er auch über dieses fremde Gebiet Herrschaft zu erlangen wußte. Aber ein Hemmschuh blieb trotzdem das ägyptische Kostüm in der ›Aida‹ für die freie Entfaltung seines Talentes. Wenn Verdi mit der gleichen Energie, Erfindungskraft und Gewissenhaftigkeit nunmehr eine Oper von romanischem Stoff und farbenreicher Handlung komponieren wollte, er würde damit ohne Zweifel ›Aida‹ und alle seine früheren Werke überflügeln.

All der äußere, fremdartige Glanz, den ›Aida‹ ausstrahlt, ist jedoch Nebensache im Vergleich zu dem üppigen Blumenduft ihrer Melodien, zu dem dramatischen Wurf ihrer Rhythmen, zu dem heißen Strome der Empfindung, der diese ganze Musik durchzieht. Man denke an das schöne, innige Motiv der Aida: »Und meine Liebe! Sollt' ich sie vergessen?«, an das prachtvolle Des-Dur-Thema der Amneris: »Nein, du wirst leben, in Liebe mir verbunden«, an den rührenden verklärten Schlußsatz des letzten Duetts: »Leb' wohl, o Erde!« und an so manches andere.

Auffallend und doch wohlbegründet ist es, daß ›Aida‹, das jüngste Werk eines längst auf seiner Ruhmeshöhe angelangten Sechzigers, vornehmlich gelobt wird ob seiner Fortschritte. In der Tat herrscht in ›Aida‹ eine dramatische Gewissenhaftigkeit, ein Fleiß in der technischen Ausarbeitung, vor allem eine Noblesse und Einheit des Stils, welche von dem Komponisten des ›Ernani‹ überraschen mußte. Die deutsche Kritik, sonst beinahe feindselig gegen die Opernmusik Italiens, ist diesen Vorzügen der ›Aida‹ auf das erfreulichste gerecht geworden.

Vielleicht führt dies manchen endlich zu dem Zugeständnis, daß ein Komponist, welcher jetzt im Alter solches Lob erntet und verdient, doch auch schon früher nicht so ganz nichtsnutzig gewesen sein dürfte, wie die gestrenge Kritik ihn seit fünfundzwanzig Jahren schildert. Man schützt freilich vor, Verdi sei eben in der ›Aida‹ ein vollständig anderer geworden, gar nicht mehr zu erkennen – ein Irrtum, der nur solchen passieren kann, welche in Verdis früheren Opern nicht Bescheid wissen. Dramatisches Talent, allerdings ohne die wünschenswerte künstlerische Zucht und Bildung, besaß Verdi schon von Anfang her in höherem Maße als die meisten seiner berühmten und unberühmten Landsleute. Während Rossini, der geniale Buffonist, an dem historischen Rechte der Italiener festhält, reizende Melodien um ihrer selbst willen zu erfinden, so daß auch seine ernsten Opern (mit Ausnahme des ›Tell‹) großenteils nur konzertante Lustspielmusik sind, bringt Verdi, dem dafür Rossinische Grazie und jede Spur von Humor versagt blieben, selten eine Melodie, welcher der leidenschaftliche dramatische Wurf fehlte. Die Kritik muß an jeder Oper Verdis beklagen – und sie hat es unermüdlich getan –, daß neben schönen und ergreifenden Stellen so viel Rohheit auftritt; man sollte aber billigerweise den Satz auch einmal stilistisch umkehren und aussprechen, welch großes dramatisches Talent und welche reiche Erfindung neben jenen Kruditäten in seiner Musik stecken.

In der ›Aida‹ ist Verdi, nach seinem ›Don Carlos‹, bei gleicher künstlerischer Gewissenhaftigkeit, wieder zu größerer Einfachheit und ruhigerem Ausdrucke zurückgekehrt. Losgesagt von allen äußerlichen Rücksichten auf die Prätention der Sänger und den Beifall der Menge, folgt er diesmal nur seiner besten, neuerdings gereiften und geklärten Einsicht; er hat nicht an den bloßen Tageserfolg gedacht, sondern an die »Unsterblichkeit«, wie man schmeichelhaft die Aussicht nennt, daß ein Werk sich relativ sehr lange erhalten werde. In dieser neuesten Schöpfung erscheint die leidenschaftliche Beredtsamkeit und dramatische Kraft, die schon Verdis vorhergehende Opern charakterisiert, künstlerisch gebändigt, von Schlacken gereinigt, in einer Art von ästhetischer Katharsis. Nichtsdestoweniger ist es der volle, echte Verdi. Eine Nachahmung Richard Wagners, wie sie in manchen Kritiken behauptet wird, liegt hier nicht vor. Gewiß hat Verdi, wie jeder moderne Opernkomponist von Verstand, Wagner bedeutende Anregungen zu verdanken, aber in der ›Aida‹ steht nicht ein Takt, für welchen der Italiener dem Deutschen direkt verschuldet wäre. Ebensogut wie ›Aida‹ müßte man Gounods ›Romeo‹ und den ›Hamlet‹ von Ambroise Thomas wagnerisch nennen, weil sie von dem alten Schema abgehen, dem Worte mit größerer Treue folgen, das Orchester bedeutsamer verwenden und allenfalls einige seit dem ›Tannhäuser‹ landläufig gewordene Instrumental-Effekte adoptieren. Wie Gounod und Thomas, so hat eben auch Verdi sich den modernen Entwicklungen der Tonkunst nicht engherzig verschlossen und, unbeschadet seiner längst ausgeprägten Individualität, das Beste oder ihm Tauglichste aus jenen dramatischen Reformen aufgenommen, welche, von Weber und Meyerbeer vorgezeichnet, neuestens mit methodischer Konsequenz von Wagner weitergeführt sind. Wo sich Wagnerscher Einfluß verrät bei Italienern oder Franzosen, ist es übrigens stets nur der Einfluß des *früheren* Wagner-Stils, speziell des noch halb orthodoxen ›Tannhäuser‹. Von der entscheidenden späteren Phase des Wagnerschen Musikdramas, wie es mit ›Tristan‹ begann, in den ›Meistersingern‹ sich fortsetzte und im ›Ring des Nibelungen‹ gipfelt, von diesem dialogisch-deklamatorischen Gesang über der unendlichen Melodie eines unersättlichen Orchesters ist weder in der ›Aida‹ noch in irgendeiner anderen italienischen oder französischen Oper die leiseste Spur. In der ›Aida‹ herrscht überall die ausdrucksvolle Melodie in den Singstimmen, der Gesang folgt nicht so sehr dem einzelnen Worte als dem Stimmungsgehalt der jeweiligen Situation; die Form ist mit voller Freiheit behandelt, wo der dramatische Fortgang es verlangt, beläßt jedoch die Romanze, das Duett, Terzett und Strophenlied in ihrer Geltung. Es waltet in der ganzen Komposition der ›Aida‹ das dramatische Gesetz, gleichsam als unsichtbare Kirche, ihr sichtbares Oberhaupt jedoch bleibt vom Anfang bis zum Ende die musikalische Schönheit. Kurz, es ist eine Freude zu sehen, wie ein Mann von Verdis genialer Begabung sich aus seinen lockeren argen Sitten so schön emporgearbeitet hat.

Verdi lebt im vollen Sonnenschein des Glücks. Er besitzt einen sehr ansehnlichen Komplex von Landgütern bei Busseto im Herzogtum Parma. In diesem Dorfe Busseto, etwa sechs Stunden von der Stadt Parma und ebensoweit von Piacenza entfernt, wurde Giuseppe Verdi am 9. Oktober 1814 geboren. Der Organist des Ortes gab dem Knaben den ersten musikalischen Unterricht, der kaum über die notwendigsten Elementarkenntnisse hinausgereicht haben mag. Der neunzehnjährige Verdi fühlte selbst das Mangelhafte seiner musikalischen Schulung und sehnte sich nach einem besseren Unterrichte, wie er in der Regel nur in größeren Städten erreichbar ist. Einer mittellosen Familie angehörend, gelangte Verdi nur durch die großmütige Unterstützung eines Mitbürgers, Barezzi, dazu, sich endlich im Jahre 1833 nach Mailand begeben zu können. Er wollte ins Konservatorium eintreten; man nahm ihn nicht auf. Der Grund dieser Ablehnung (man wird sie später schmerzlich genug bereut haben) ist noch immer nicht aufgeklärt. Fétis meint in seinem Tonkünstlerlexikon, der Direktor des Mailänder Konservatoriums, Francesco Basili, einer der letzten strenggeschulten Meister aus dem vorigen Jahrhundert, habe offenbar aus der äußeren Erscheinung Verdis kein Vertrauen in dessen künstlerische Zukunft fassen können. »Il est évident«, fügt Fétis hinzu, »que jamais physiognomie de compositeur ne fut moins révélatrice du talent.« Abgesehen davon, daß man doch die musikalische Begabung eines Schülers nicht nach dessen Gesicht taxiert, scheint mir hier Verdis Physiognomie mit auffallender Ungerechtigkeit beurteilt. Sie ist düster, unbeweglich, aber nichts weniger als geistlos oder unbedeutend. Als mir vor einigen Jahren in Her Majesty's Theatre in London eine flüchtige Bekanntschaft mit Verdi gegönnt war, machte mir sein ernstes, ruhiges, wenn auch nicht allzu liebenswürdiges Wesen einen günstigen Eindruck. Gleichviel, Verdi wurde nicht in die Kompositionsklasse des Konservatoriums aufgenommen, er begnügte sich mit der durchaus praktischen Unterweisung des Theaterkapellmeisters Lavigna und brachte es auf diesem Wege und ohne den Maestro Basili dazu, sich bald von dem Ertrag seiner Musik die ausgedehnten Ländereien zu kaufen, deren ich erwähnte. Seine schöne Villa bei Busseto ist den Landleuten unter dem Namen »La villa del professore Verdi« bekannt. Jeder Bauer im Umkreise von mehreren Stunden weiß dem Fremden den Weg nach dem reizenden Schlosse zu weisen und genau anzugeben, ob Verdi anwesend sei oder nicht. Hier pflegt der Maestro von seinen Mühen und Triumphen auszuruhen. Das Gewehr über der Schulter oder ein Buch in der Hand durchstreift er die Gegend, bei seinen zahlreichen Pächtern vorsprechend und mit ihnen alle Details der Feldarbeit verhandelnd. Herr Escudier (Verdis Verleger, also auch glühendster Bewunderer) hat in einigen Pariser Feuilletons Verdis Landleben geschildert. Nach seiner Versicherung besitzt Verdi »ebenso tiefe Kenntnisse in der Landwirtschaft wie im Kontrapunkt«. (Glückliche Felder!) Das Landvolk betet ihn an und beweist seine Anhänglichkeit auf die verschiedenste Weise. Des Abends, wenn Verdi mit seiner Frau spazieren geht, vereinigen sich seine Bauern und singen ihn mit Chören aus seinen Opern an. Escudier schildert die »süße Rührung«, die er bei einem solchen Bauernchor aus ›I Lombardi‹ empfand.

Auf dem großen und schönen Landgut Sant Agata, das Verdi einzig seinem Talent und Fleiß verdankt, komponiert er den größten Teil seiner Opern. Er scheint stets von enthusiastischer Verehrung umgeben zu sein; zwei originelle Typen davon sind Verdis Schwiegervater Antonio und sein Diener Luigi. Papa Antonio kann niemals von Verdi oder dessen Musik sprechen hören, ohne zu weinen. Er lebt in Busseto und bewahrt daselbst wie ein Heiligtum die frühesten Notenkritzeleien seines Schwiegersohnes. Verdis Diener Luigi ist seines Zeichens eigentlich Lohnkutscher in Reggio; Musikliebe hat ihn zum Kammerdiener gemacht. Verdi ist »sein Gott«, in diesem Glaubensartikel unterscheidet er sich kaum vom Papa Antonio und von Herrn Escudier. Wer sich mit Rossini, Bellini und Donizetti abgibt, ist ihm »ein Kretin«. Über Verdis Persönlichkeit spricht sich der Freund und Verleger so überschwenglich aus, daß kein Mensch daran zweifeln kann, der Komponist des ›Rigoletto‹ sei zugleich der vollkommenste aller Sterblichen. In der Literatur aller Nationen verkehre er wie zu Hause und keine der großen politischen, sozialen, wissenschaftlichen Fragen sei ihm fremd. Zum Deputierten im italienischen Parlament ist Verdi bloß als »unvergleichlicher Patriot« gewählt worden, was um so wunderbarer erscheint, als er noch nie eine Silbe in der Kammer gesprochen hat. – Dennoch ist sein Name nicht ganz ohne politische Bedeutung geblieben – die italienische Aktionspartei band denselben in Form eines Anagramms als harmlose Maske vor. Als nämlich in Lombardo-Venetien, in Rom, Toscana, Neapel der Ruf »Viva l'Italia!« verpönt war, schrie man »Viva Verdi!«. Die einzelnen Buchstaben des Namens Verdi wurden gedeutet als: *V*ittore *E*mmanuele *R*è *d'I*talia. Man findet dieses mysteriöse Stichwort noch heute an den Mauern mancher öffentlicher Gebäude, in welchen an alles andere eher als an Verdi und seine Opern gedacht worden ist.

Grillparzer als Musiker
Neue Beiträge 1888

Als im Jahre 1872 die erste Gesamtausgabe von Grillparzers Werken erschien, war weder ein vollständiger, noch ein durchweg fehlerfreier Text zu erzielen. Manches wertvolle Manuskript, wie die Fortsetzung der ›Esther‹, zahlreiche Tagebuchblätter, Epigramme u. a., schien den ersten Herausgebern nicht vorgelegen zu sein. War schon die zweite und dritte Auflage durch größere Reinheit und Treue des Textes ausgezeichnet, so hat uns jetzt die Cottasche Verlagsbuchhandlung mit der jüngsten, wesentlich verbesserten und vermehrten vierten Auflage (1887) vollends auf das angenehmste überrascht. Dieselbe füllt sechzehn Bände, während die erste nur deren zehn enthielt. Es steht so vieles Neue in dieser vierten Auflage, daß sie wohl unentbehrlich heißen darf für jeden Verehrer Grillparzers. Mit der Herausgabe hat die Verlagsbuchhandlung den Professor der deutschen Literatur an der Prager Universität, Herrn August Sauer, betraut, der in einer ausführlichen vortrefflichen Einleitung uns das Leben des Dichters und die Geschichte seiner einzelnen Werke erzählt.

Die erste Gesamtausgabe, durch welche wir eigentlich den *Menschen* Grillparzer erst wahrhaft kennen und lieben gelernt, hat in zahlreichen Gedichten und ästhetischen Aufsätzen auch dessen ungewöhnliche musikalische Bildung und bis ins höchste Alter nachhaltende Liebe zur Tonkunst verraten. In einem längeren Essay: ›Grillparzer und die Musik‹[21], habe ich vor mehreren Jahren diese Seite von Grillparzers Wesen zu beleuchten versucht. Nun bringt uns die jüngste, sechzehnbändige Gesamtausgabe zum ersten Mal verschiedene so interessante Gedichte und Aufsätze über Musik, daß ich eine Art Verpflichtung fühle, auf sie hinzuweisen und jenen ersten Aufsatz über Grillparzer als Musiker damit zu vervollständigen. Ich bin in der angenehmen Lage, hierbei nicht einmal auf das in der neuen Ausgabe zum ersten Mal Veröffentlichte beschränkt zu sein, sondern außerdem manches bisher ungedruckte und *in die neue Ausgabe nicht aufgenommene* Blatt von Grillparzer benutzen zu können. Professor Sauer hatte ohne Zweifel gute Gründe für die Ausschließung einiger kleinerer Gedichte und Aufsätze; doch glaube ich, daß diese für Grillparzers musikalische Anschauungen charakteristischen Flugblätter darum nicht unwiederbringlich verloren gehen sollten.

Grillparzers musikalisches Ideal war bekanntlich Mozart. Die neue Ausgabe enthält ein schönes Gedicht auf ihn in Form eines Trinkspruches. »Ihm, der sich am Dasein freute«, möge man »kein lebloses Totenopfer bringen, sondern ein Glas leeren, wie er's selbst geliebt«, und dazu sprechen:

»Dem großen Meister in dem Reich der Töne,
Der nie zuwenig tat und nie zuviel,
Der stets erreicht, nie überschritt sein Ziel,
Das mit ihm eins und einig war: das Schöne!«

Die leeren Logen bei einer Aufführung der ›Zauberflöte‹ (welche damals noch mit tanzenden Affen und Bären ausstaffiert war) reizen Grillparzer zu folgendem Epigramm:

»Daß euch die Oper nicht gefällt,
Es wundert uns fürwahr im Ganzen:
Wir sehn doch eures Gleichen drei
Froh zu Taminos Flöte tanzen.«

Neu aufgenommen ist eine Kantate: ›Weihgesang‹, welche, mit Musik von Franz Lachner, zur Eröffnung des neuen Musikvereinssaales Unter den Tuchlauben am 4. November 1831 gesungen wurde, und ein Gedicht zur Grundsteinlegung dieses Gebäudes. Ein kleines Gedicht ist dem Beethoven-Denkmal in Heiligenstadt gewidmet; es schließt mit den Worten:

»Nur arm der Platz, kaum schön zur Ruhestatt,
Und wer sind wir, die wir ihn weihten!
Der Ort, den je ein edler Mann betrat,
Er *ist* geweiht für alle Zeiten.«

Der schönste von den erst jetzt veröffentlichten musikalischen Aufsätzen Grillparzers ist seine zweite Rede an Beethovens Grab. Die erste, bekannte, hatte Grillparzer für das Leichenbegängnis Beethovens verfaßt, wo sie auch am 29. März 1827 von Anschütz gesprochen worden ist. Als im Herbst desselben Jahres Beethovens Grab mit einem Denkstein geschmückt wurde, schrieb Grillparzer abermals eine Rede für diese Feierlichkeit. Seine tiefen und innigen Worte, welche, wie es scheint, bei der Denkmals-Errichtung *nicht* gesprochen worden und bisher unbekannt geblieben sind, mögen hier vollständig Platz finden: »Sechs Monden sind's, da standen wir hier an demselben Orte; klagend, weinend: denn wir begruben einen Freund. Nun wir wieder versammelt sind, laßt uns gefaßt sein und mutig: denn wir feiern einen Sieger. Hinabgetragen hat ihn der Strom des Vergänglichen in der Ewigkeit unbesegeltes Meer. Ausgezogen, was sterblich war, glänzt er ein Sternbild am Himmel der Nacht. Er gehört von nun an der Geschichte. Nicht von ihm sei unsere Rede, sondern von uns. – Wir haben einen Stein setzen lassen. Etwa ihm zum Denkmal? Uns zum Wahrzeichen! Damit noch unsere Enkel wissen, wo sie hinzuknien haben und die Hände zu falten und die Erde zu küssen, die sein Gebein deckt. Einfach ist der Stein, wie er selbst war im Leben, nicht groß; um je größer, um so spöttischer wäre ja doch der Abstand gegen des Mannes Wert. Der Name Beethoven steht darauf, und somit der herrlichste Wappenschild, purpurner Herzogsmantel zugleich und Fürstenhut. Und somit nehmen wir für immer Abschied von dem Menschen, der gewesen, und treten an die Erbschaft des Geistes, der ist und bleiben wird. – Selten sind sie, die Augenblicke der Begeisterung in dieser geistesarmen Zeit. Ihr, die ihr versammelt seid an dieser Stätte, tretet näher an dieses Grab. Heftet eure Blicke auf den Grund, richtet alle eure Sinne gesammelt auf das, was euch wissend ist von diesem Manne, und so laßt, wie die Fröste dieser späten Jahreszeit, die Schauder der Sammlung ziehen durch euer Gebein; wie ein Fieber tragt es hin in euer Haus, wie ein wohltätiges, rettendes Fieber, und hegt's und bewahrt's! Selten sind sie, die Augenblicke der Begeisterung, in dieser geistesarmen Zeit. Heiligt euch! Der hier liegt, war ein Begeisterter. Nach einem trachtend, um eines sorgend, für eines duldend, alles hingebend für eines, so ging dieser Mann durch das Leben. Nicht Gattin hat er gekannt, noch Kind; kaum Freude, wenig Genuß; ärgerte ihn ein Auge, er riß es aus und ging fort, fort, fort bis ans Ziel. Wenn noch Sinn für Ganzheit in uns ist in dieser zersplitterten Zeit, so laßt uns sammeln an seinem Grab. Darum sind ja von jeher Dichter gewesen und Helden, Sänger und Gotterleuchtete, daß an ihnen die armen zerrütteten Menschen sich aufrichten, ihres Ursprungs gedenken und ihres Zieles.« –

Grillparzer war als Musiker gründlich gebildet. In seiner Selbstbiographie erzählt er uns, wie seine leidenschaftlich der Musik ergebene Mutter ihm Klavierunterricht gab, ehe er noch »den vollkommenen Gebrauch seiner Gliedmaßen hatte«. Wie er dann bei dem Komponisten Johann Mederitsch (genannt Gallus) das Klavierspiel fortsetzte, später bei Sechter Unterricht im Kontrapunkt nahm und selbst einiges komponierte. Mit Netti Fröhlich hat er (wie diese mir mitteilte) fast täglich vierhändig gespielt, auch bei ihr Gesangsunterricht genommen, und zwar, wie er ausdrücklich forderte, »gründlich«. Um recht fest zu werden im A-vista-Lesen, sang Grillparzer durch lange Zeit allsonntäglich in der Augustiner-Kirche, wo der ihm persönlich befreundete Pieringer die Kirchenmusik leitete. Als dort eines Tages ein alter Chorist zu Grillparzer äußerte: »Sie singen ja jetzt ganz prächtig vom Blatt!«, da freute sich Grillparzer, wie er versicherte, mehr, als wenn man seine Stücke gepriesen hätte. Auf seinem alten engbrüstigen Klavier (Firma: Ignaz Bösendorfer, vormals Brodmann, Wien, Josephstadt) pflegte Grillparzer in der Dämmerung zu phantasieren und, dazu singend, zu improvisieren, am liebsten Verse aus der ›Iliade‹ oder von Horaz. Auf einem (*nicht* in der neuen Ausgabe enthaltenen) Tagebuchblatt aus dem Jahre 1822 verzeichnet Grillparzer folgende musikalische Erinnerungen aus seiner

Kindheit: »Mein Musiklehrer, der bekannte Gallus, hatte einige Klaviersonaten mit Begleitung der Violine geschrieben und mir zu spielen gegeben. Zu derselben Zeit, als ich sie einübte, las ich einen gräßlichen Ritterroman ›Der schwarze Ritter‹ mit Gespenstern, sprechenden Totengerippen u. dgl., der einen großen Eindruck auf mich machte. Die gleichzeitige Beschäftigung mit beiden Werken verwebte die Eindrücke in meiner Phantasie so sehr miteinander, daß ich zuletzt nicht mehr die Sonate spielen konnte, ohne die Begebenheiten des Romans vor mir zu sehen, noch den Roman lesen, ohne dabei die Melodien jener Sonaten zu hören. Die Sonaten selbst waren aber nichts weniger als düster oder heftig, vielmehr sehr lieblich; demungeachtet ergriff mich beim Spielen ein Schauder nach dem andern. Vorzüglich war dies der Fall bei jenen Stellen, wo die Melodie von der (bei mir fehlenden) Violinstimme aufgegriffen wurde und das Klavier bloß die Begleitung in arpeggierten Akkorden hatte. Hier hatte die Phantasie den freiesten Spielraum und ersetzte das Fehlende halb mit Tönen und halb mit Bildern. Hier hatte ich schon Gelegenheit zu bemerken, daß, was mich in der Musik vorzüglich ansprach, eigentlich der Ton, der Klang war, der als Nervenreiz Gemüt und Phantasie aufregt, wäre es auch nur, um sie dann dem Spiel mit ihren eigenen Bildern zu überlassen. Ebenso magisch wie der Ton an sich wirkte von jeher auf mich die Verbindung der Töne nach *ihrem eigenen Gesetz*, d. h. nicht nach der Bestimmung eines von außen hinzugekommenen, als eines Textes, der gegebenen Aufgabe des Ausdruckes dieser oder jener Empfindung oder Leidenschaft. Für mich hat die Musik also solche, bloß den Gesetzen ihrer Wesenheit und den Einflüssen einer begrifflichen Begeisterung gehorchend, immer etwas unendlich Heiliges, Überirdisches gehabt. Ich ziehe daher die Instrumentalmusik eigentlich jeder anderen vor und würde es noch mehr tun, wenn nicht der Zauber der Menschenstimme so sehr für gesungene Musik spräche. Aus eben dieser Ursache verzeihe ich einem Komponisten in letzterer Gattung nichts leichter, als wenn er seinem Text untreu wird, vorausgesetzt, daß er seinen Texte bloß der organischen Entwicklung und Gestaltung des musikalischen Teiles aufopfert, und nichts ist mir unerträglicher als ein Opern-Kompositeur, der den Worten seines Textes nachläuft und ihm deshalb eine zerstückelte, nicht-melodische, nicht organisch ausgebildete und abgerundete Musik unterlegt.«

Diese Anschauung von der ureigenen, selbständigen Schönheit der Musik blieb für Grillparzer zeitlebens ein ästhetisches Dogma, das er in Versen und Prosa zu predigen nicht müde wurde. Im Zusammenhange damit stehen folgende zwei Aperçus von Grillparzer aus dem Jahre 1820, welche in die neue Ausgabe *nicht* aufgenommen sind: 1. »Vergißt man denn immer bei Vergleichung der Poesie mit Worten und mit Tönen (Dichtkunst und Musik), daß das Wort bloß Zeichen, der Ton aber, nebstdem, daß er ein Zeichen, auch eine Sache ist?« 2. »Die *Poesie* will den Geist verkörpern, die *Musik* das Sinnliche vergeistigen. Darin liegt beider Wesen und der Grund ihrer Verschiedenheit. Seiner Basis aber kann nichts Fortschreitendes ungestraft untreu werden, darum auch nie die Poesie dem Begriff und die Musik nie dem Sinne.«

Diese Anschauungen entwickelt Grillparzer auch in einer Kritik des ›Freischützen‹, welche ich zuerst in jenem früher erwähnten Essay mitgeteilt habe und die jetzt in die neue Ausgabe aufgenommen ist. Unserem Dichter widerstrebte an Webers Musik deren überwiegend dramatisches, charakterisierendes Wesen; immerhin schreibt er über den ›Freischütz‹ in ruhigem Ton, und hauptsächlich um seine eigenen ästhetischen Grundsätze daran zu prüfen und zu verteidigen. Aber wie grausam verfährt er mit der armen ›Euryanthe‹! Wir können heute dieses Tagebuchblatt nur mit sehr gemischten Empfindungen lesen. Es heißt darin: »Was ich schon bei Erscheinung des Freischützen geahnt hatte, scheint sich nunmehr zu bestätigen. Weber ist allerdings ein poetischer Kopf, aber kein *Musiker*. Keine Spur von Melodie; abgerissene Gedanken, bloß durch den Text zusammengehalten und ohne innere (musikalische) Konsequenz. Der romantisch-leichte Stoff beschwert und herabgezogen, daß man sich bang und ängstlich fühlen muß. Kein lichter Moment ausgespart, das Ganze in einem Tone düster und trübselig gehalten. Ich sehe in diesem Kompositeur einen musikalischen Adolph Müllner. Beide treten glänzend auf, indem sie, erst im späteren Mannesalter beginnend, die kärgliche Poesie ihres ganzen früheren Lebens durch einen treibenden Stoff gehoben, in einer knallenden Feuerwerkfronte abbrannten (›Die Schuld‹, ›Der Freischütz‹). Beide Männer von scharfem Verstande, mit mannigfachen Talenten, beide Theorie-Männer und daher auch Un-Künstler, beide sich hinneigend zur Kritik. Kritik wird das Ende Webers sein, wie es Müllners Ende war.«

Noch ungleich schärfer, ja geradezu empört klingt ein zweites Tagebuchblatt über ›Euryanthe‹, das mir vorliegt, aber nicht in der neuen Ausgabe erscheint. Der Wunsch, dem Tonsetzer nicht unrecht zu tun, treibt Grillparzer ein zweites Mal in die ›Euryanthe‹, und da findet er diese Musik »scheußlich« und »polizeiwidrig«: »Dieses Umkehren des Wohllautes, dieses Notzüchtigen des Schönen würde in den guten Zeiten Griechenlands mit Strafen von seiten des Staates belegt worden sein.« So vieles wir auch an der ›Euryanthe‹ zu beklagen haben, in der Weber offenbar sein liebenswürdiges Talent überspannt und vergewaltigt hat – die flammende Entrüstung Grillparzers muß uns heute doch sehr befremden. Vergessen wir aber nicht, daß wir es hier mit einem begeisterten Mozartianer zu tun haben, dessen prophetischer Instinkt in der ›Euryanthe‹ einen entscheidenden, von Mozart schroff ablenkenden und zu gefährlicher Nacheiferung verleitenden Wendepunkt der Opernmusik ahnte. Vergessen wir auch nicht, daß damals noch ganz andere Leute sich von der ›Euryanthe‹ abgestoßen fühlten: Beethoven und Schubert!

Weber blieb nun fortan die Bête noire Grillparzers. Offenbar gegen Weber gerichtet ist ein in der neuen Ausgabe enthaltener satirischer Aufsatz, der »Avertissement« überschrieben ist und ein neues Mittel anpreist, »wodurch die Musik zu einer wirklichen, nur etwas unbeholfeneren *Wortsprache* erhoben wird«. Die Erfindung besteht in der Identifizierung der Buchstaben des Schriftalphabets mit den Benennungen der Töne, wonach man also zum Beispiel einen Bach musikalisch ganz genau durch die Töne b, a, c, h ausdrücken könnte. Auch der Wahlspruch »Wie Gott will!« unter Webers Porträt reizte Grillparzer (nach der Aufführung der ›Euryanthe‹ 1823) zu einem Spottgedicht, das hier zum ersten Male mitgeteilt werden soll:

»Wie Gott will!« so sprach ein Kutscher,
Hing die Zügel, fuhr vom Fleck,
Wie Gott will! Der Wagen taumelt,
Schlägt sich über, liegt im Dreck.

Und der Herr springt aus dem Wagen,
Schwingt sein Rohr und schlägt drauf zu:
»Wie Gott will, so fährt ein jeder,
Hanns und Jörge, nicht bloß du;

Aber willst du *Kutscher* heißen,
Triff' dein Ziel nach eigner Richt',
Wollt' auch – er verzeih' die Sünde! –
Unser Herrgott selber nicht.«

Wir finden in der neuen Grillparzer-Ausgabe noch manchen geistreichen Einfall über Musik, Epigramme auf Liszt und Dr. Alfred Becher, eine eingehende Vergleichung der Aufführungen von ›Robert der Teufel‹ im Kärntnertor- und im Josephstädter Theater, endlich einen satirischen Aufsatz über die ›Tannhäuser‹-Ouvertüre. Von Grillparzers Auslassungen gegen C. M. Weber mag man ungefähr schließen, wie unangenehm ihm Richard Wagner gewesen! Er kannte von diesem (außer den theoretischen Schriften) allerdings nur die Ouvertüre zum ›Tannhäuser‹, welche – lange vor der Aufführung der ganzen Oper – durch ein Gesellschaftskonzert und durch die Straußsche Kapelle in Wien bekannt geworden war. In dem erwähnten satirischen Aufsatze macht sich Grillparzer vornehmlich über das gedruckte Programm zur ›Tannhäuser‹-Ouvertüre lustig. Als die Oper selbst endlich zur Aufführung kam, schrieb Grillparzer (1858):

»Erscheint Freund Wagner auch denn auf der Bühne?
Ein mag'rer Geist mit einer Crinoline.«

Zwei besonders boshafte Epigramme datieren aus dem Jahre 1865, der Münchener Periode Wagners. Sie sind in die neue Ausgabe nicht aufgenommen und mögen hier, als Schluß unserer kleinen Anthologie, *zum ersten Male* gedruckt erscheinen:

1.

»Die Agnes Bernauer,
Eine Baderstochter,
Warfen die Bayern in die Donau,
Weil sie ihren Fürsten bezaubert.
Ein neuer Salbader
Bezaubert euren König,
Werft ihn, ein zürnender Landsturm,
Nicht in die Isar, doch in den Schuldturm.

2.

Wäre Richard Wagner ein Alt-Bayer,
Wäre der König in seiner Vorliebe freier,
Doch jetzt in seinem Sturm gegen Altgewohntes,
Ist er für München ein Lolo Montes.«

Giacomo Meyerbeer
Zur hundertsten Wiederkehr seines Geburtstages, 5. September 1891

Wenn Meyerbeer heute von irgendeinem Aussichtspunkte des Jenseits auf die Erde herabsehen könnte, etwa wie ein Schauspieler an seinem Benefiz-Abend durchs Guckloch späht – ich glaube, ein zufriedenes Lächeln würde sein ernstes, geistvolles Gesicht erhellen. In sämtlichen Hauptstädten Europas und ringsum in der Provinz würde er Festvorstellungen seiner Opern wahrnehmen, volle Häuser, rauschenden Beifall. Wendet dann der Jubilar von seinem Aussichtssterne den Blick nach der anderen Hemisphäre, so begegnet er demselben Schauspiel, denn die Musikfreunde von New York und Mexiko, von Rio und San Francisco können sich noch immer nicht satt hören an den Melodien des ›Robert‹ und der ›Hugenotten‹, die sie längst auswendig wissen. Die Theaterdirektoren sind diesmal nicht in Verlegenheit, wie sie es bei den Jubiläen von Spontini, Cherubini, Méhul, Spohr und Hérold gewesen, deren Opern erst hastig hervorgesucht und neu szeniert werden mußten, sollte das Jubiläum dieser Meister nicht total ignoriert bleiben, was oft genug auch geschah. Meyerbeers Opern bedürfen keiner Wiedererweckung, sie sitzen fest in dem Repertoire aller Theater und herrschen da seit ihren ersten Aufführungen ununterbrochen. ›Robert der Teufel‹, ›Die Hugenotten‹, ›Der Prophet‹ haben eine Zahl von Bühnen erobert und eine Summe von Wiederholungen erlebt, wie in gleichem Zeitraume kaum eine andere große Oper. Um nur Wien zu zitieren: ›Die Hugenotten‹ (am 19. Dezember 1839 zum ersten Mal im Kärntnertor-Theater gegeben) sind im Laufe von 50 Jahren (1889) gegen 500 mal aufgeführt worden, eine Ziffer, die in Wien überhaupt nur von ›Don Juan‹ erreicht worden ist. In Paris haben ›Robert‹ und die ›Hugenotten‹ bereits die 1000. Aufführung hinter sich. Eine Popularität wie diese ist ohne Beispiel. ›Robert‹ versorgt seit 60 Jahren, ›Die Hugenotten‹ beherrschen seit 55 Jahren mit beinahe ungeschwächter Kraft alle Opernbühnen. Und wenn ihre anfangs geradezu ungeheure Wirkung seither doch etwas nachgelassen hat, so geschah es eben infolge dieser gehäuften Wiederholungen. In so langem Zeitverlauf sind die Aufführungen fast überall nachlässiger, schleuderischer geworden, überdies die Hauptpartien nirgends mehr im Besitz so großer Gesangskünstler, so herrlicher Stimmen, wie ehedem. Trotzdem bewähren Meyerbeers Opern heute noch ihre alte Zugkraft; ›Robert‹ und die ›Hugenotten‹ mit Recht voran, nach ihnen ›Prophet‹ und ›Afrikanerin‹. Selbst der ›Nordstern‹ und ›Dinorah‹ – schwächere Produkte Meyerbers in dem ihm fremderen Gebiet der Opéra comique – fehlen kaum in einem Opernhause, das noch die Seltenheit einer glänzenden, jugendlichen Koloratursängerin besitzt.

So könnte denn Meyerbeer von seinem himmlischen Lugins-Land wahrnehmen, daß seine Werke kräftig fortleben vor einem unermeßlichen, ihm mit seltener Anhänglichkeit treu gebliebenen Publikum. Meyerbeer war so glücklich, sich noch bei Lebzeiten durch die glänzendsten Erfolge anerkannt und belohnt zu sehen. Ungetrübt war diese Freude keineswegs. Man hat dem Mann, welcher persönlich neidlos, bescheiden und grenzenlos wohltätig war, seinen Ruhm nach Kräften vergällt. Börnes Ausspruch, daß Undankbarkeit gegen die eigenen Landsleute im Charakter der Deutschen liege, findet ein starkes

Echo in den Erfahrungen Meyerbeers. Je wärmer die Franzosen ihn, den Fremden, anerkannten und feierten, desto tiefer glaubte die deutsche Kritik ihn herabzerren zu müssen. Man neidete ihm zweierlei: seinen Wohlstand und seine Erfolge. Was hat man ihm nicht alles angedichtet! Sinnlose Anekdoten, wie die, daß Meyerbeer sämtliche Orgeln in Paris angekauft habe, damit kein Nebenbuhler diesen im ›Robert‹ verwendeten Effekt nachahmen könne, wurden blindlings geglaubt und verbreitet. Am lächerlichsten ist aber die bekannte Lieblingsverdächtigung: Meyerbeer habe seine Erfolge auf Schleichwegen der Reklame und der Bestechung erreicht. Wer dergleichen für möglich hält, der macht dem europäischen Publikum und seinem eigenen Verstande ein schlechtes Kompliment. Reklame und Bestechung können einen äußeren Erfolg für ein paar Theaterabende und in zwei oder drei Städten erschleichen, niemals aber für längere Zeit und über weite Entfernungen hinaus. Man gebe heute einem beliebigen Komponisten Millionen zu Bestechungszwecken – wenn seine Oper dem Publikum nicht gefällt, nicht sehr gefällt, so wird sie in kurzer Zeit und innerhalb bescheidener Grenzen verschollen sein. Meyerbeer ist seit 27 Jahren tot; seine Opern wirken aber heute wie zu seinen Lebzeiten, der beste Beweis, daß man nicht von ihm bestochen ist, sondern von seinen Melodien. Meyerbeer war allerdings ein ängstliches Genie, stets zweifelnd und besorgt um das Schicksal seiner Werke; das hindert nicht, daß diese durch ihren eigenen Gehalt gesiegt und sich über ein halbes Jahrhundert lang wirksam erhalten haben. Die deutsche Journalistik hat Meyerbeer unausgesetzt mit gehässigem Eifer verfolgt; das Publikum aber ist ihm treu geblieben, überall, in allen Ländern. Er brauchte keine Meyerbeer-Vereine zu gründen, kein eigenes Meyerbeer-Theater zu erbauen; das ganze Publikum war sein Verein und Europa sein Bayreuth.

Zaghafte, nervöse Naturen wie Meyerbeer sind in der Regel sehr empfindlich. Der Schöpfer der ›Hugenotten‹ fühlte schmerzlich jeden Nadelstich der Kritik. Am tiefsten kränkte ihn die verächtlich wegwerfende Kritik Richard Wagners, den er doch in schwersten Tagen tatkräftig unterstützt und gefördert hatte. Die Frage der persönlichen Dankbarkeit möge hier gar nicht aufgeworfen, vielmehr willig zugestanden werden, daß man Gutes von einem Freunde empfangen und doch seine Werke verfehlt finden könne. Aber ich glaube, daß das Bewußtsein genossener Wohltaten jedem nicht ganz verhärteten Gemüt von selbst einige Zurückhaltung im Maß und Ausdruck eines öffentlichen Tadels auferlegen müßte. Obendrein, wo es sich nicht um eine Abwehr, sondern um einen durch seine Nötigung motivierten Angriff handelt. Man weiß, daß der junge unbekannte Wagner die Annahme seines ›Rienzi‹ in Dresden (die seine Anstellung als Hof-Kapellmeister zur Folge gehabt) nur Meyerbeer verdankte, desgleichen die Aufführung des ›Fliegenden Holländer‹ in Berlin. »Ohne Meyerbeer hätte ich in Paris mit meiner Frau verhungern können«, sagte mir wörtlich R. Wagner im August 1846 in Marienbad. Aber gleich auf dieses unbefangene Geständnis folgte eine Flut von Schmähungen gegen Meyerbeers Musik, die nur »eine widerwärtige Fratze« sei. Meyerbeer, dem meine jugendliche Neugier damals gern ein Wort über Wagner entlockt hätte, sagte nichts weiter als: »Seine Opern gefallen sehr«, und wendete sofort das Gespräch. An Meyerbeers Richtung ist viel zu beklagen, in seinen Opern gar manches zu verwerfen, und meine Leser wissen ganz gut, daß ich für das Raffinierte, Gewaltsame und Geschmacklose darin niemals blind oder nachsichtig gewesen bin. Aber in der Hauptsache, glaube ich, beurteilt ihn Wagner falsch und ungerecht. Er sagt nämlich in ›Oper und Drama‹ (zweite Auflage, S. 91): »Beachtenswert ist es vor allem, daß Meyerbeer diesem Gange der Opernmusik nur immer folgte, nie aber *mit* ihm, geschweige denn ihm irgendwie vorausging. Er glich dem Star, der der Pflugschar auf dem Felde folgt und aus der soeben aufgewühlten Ackerfurche lustig die an die Luft gesetzten Regenwürmer aufpickt. Nicht eine Richtung ist ihm eigentümlich, sondern jede hat er *nur seinem Vorgänger abgelauscht*.« Wenn Meyerbeer keine Originalität besäße, nur Abgelauschtes und Erborgtes wiederholte, nimmermehr hätten seine Opern eine so gewaltig zündende Wirkung machen und bis heute bewahren können. Gerade das Originelle in ›Robert‹ und den ›Hugenotten‹ hat das Glück dieser Opern begründet. Wer sich der Zeit erinnert, da diese Werke erschienen, dem ist auch das blendend Neue, ganz Eigenartige ihres Eindruckes unvergeßlich. Was darin etwa an Weber, Rossini, Auber erinnert, ist verschwindend gering gegen das Eigenartige, spezifisch Meyerbeersche dieser Musik. Niemand würde eine Meyerbeersche Oper irgendeinem anderen Komponisten zuschreiben können. Man kann im Gegenteil behaupten, daß Meyerbeer mit ›Robert‹ und den ›Hugenotten‹ der modernen großen Oper den Stempel seiner Persönlichkeit aufgedrückt hat. Was auf gleichem Gebiet darauf folgte, und nicht bloß in Frankreich, verrät mehr oder minder die Einwirkung Meyerbeers: Halévys ›Jüdin‹, ›Guido und Ginevra‹, ›Karl VI.‹, Gounods ›Faust‹ und ›Königin von Saba‹, A. Thomas‹ ‹Hamlet‹, Massenets ›König von Lahore‹ und ›Cid‹, Verdis ›Sizilianische Vesper‹, Donizettis ›Don Sebastian‹ und ›Favorite‹. Und nicht auch Wagner selbst? Er hat ganz recht, wenn er in einem von Demut und Dankbarkeit triefenden Briefe an Meyerbeer (1842) sich dessen »alleraufrichtigster Schüler« nennt; denn nicht bloß ›Rienzi‹ ist eine unverhohlene Nachbildung Meyerbeers, auch ›Tannhäuser‹ würde schwerlich existieren, wenn nie ein Meyerbeer existiert hätte. Vollends unbegreiflich erscheint aber, wie jemand, sei er dem dramatischen Raffinement Meyerbeers noch so sehr abhold, zweifeln könne an dessen großem *musikalischem* Talent. Wagner aber nimmt keinen Anstand (in ›Oper und Drama‹, S. 80), »Meyerbeers *spezifisch musikalische Begabung vollkommen auf Null zu setzen*«! Man braucht nicht einmal die ›Hugenotten‹ zu kennen, sondern nur ›Robert der Teufel‹, nur den ersten Akt von ›Robert der Teufel‹, um darüber klar zu sein, daß hier eines der üppigsten musikalischen Talente einen Reichtum an Erfindung entfaltet, wie er zu den größten Seltenheiten gehört. Aber Wagner war nicht immer so schlecht zu sprechen auf Meyerbeers Opern. Es existiert ein durchaus von Wagners Hand geschriebener Aufsatz von fünf Folioseiten über Meyerbeer, der alles übertrifft, was der entzückteste französische Kritiker je zum Preise dieses Komponisten schreiben konnte. Dieser ganz druckfertige Aufsatz, wahrscheinlich aus dem Jahre 1842, war offenbar für eine Musikzeitung bestimmt. Warum er trotzdem nicht zur Veröffentlichung gelangte, ist unbekannt; schade ist's jedenfalls. Der Besitzer dieses kostbaren Autographs, Herr Leo Liepmanssohn in Berlin, hat es weislich vor der öffentlichen Versteigerung drucken lassen, damit es nicht etwa von liebevoller Hand heimlich angekauft und ungekannt aus der Welt geschafft werde. Nicht das Gelüste einer verspäteten Polemik, sondern der Wunsch, gerade an Meyerbeers Jubiläum etwas zur Rettung seines Namens beizutragen, veranlaßt mich, den Wagnerschen Aufsatz, von welchem bisher auffallend wenig die Rede gewesen, hervorzusuchen und einige Hauptsätze daraus mitzuteilen.

»Betrachten wir die Erscheinung Meyerbeers«, schreibt R. Wagner, »so werden wir sowohl ihrer Tendenz als zumal auch ihren äußeren Zügen nach unwillkürlich an Händel und Gluck erinnert, und selbst ein wesentlicher Teil in der Richtung und Bildung Mozarts scheint sich hier wiederholt zu haben. Vor allen Dingen ist nie aus dem Auge zu verlieren, daß jene *Deutsche waren, wie dieser es ist*... Meyerbeer war so deutsch, daß er bald in die Fußstapfen seiner alten deutschen Vorfahren geriet; diese zogen mit der vollen Kraft des Nordens über die Alpen und eroberten sich das schöne Italien. Meyerbeer ging nach Italien, er machte selbst die üppigen Söhne des Südens in seinen Tönen schwelgen, und dies war sein erster Sieg. Muß es nicht mit Stolz erfüllen, sich nicht nur das fremde Schöne zu eigen machen zu können, sondern selbst die, denen wir es entnehmen, sich der Veredlung desselben erfreuen lassen zu können? Aber selbst damit sehen wir den deutschen Genius sich noch nicht begnügen, an diesem Siege wollte er ja erst nur noch lernen. Die verschwimmenden, unbestimmten Nebel des Spiritualismus haben sich zu Formen schönen, warmen Fleisches gestaltet, das reine, keusche, deutsche Blut fließt aber in seinen Adern; die Gestalt des Mannes ist fertig und tadellos – nun kann er schaffen und Taten für die Ewigkeit verrichten... Es war nun aber Meyerbeer, der diese Manier erweiterte, ja der sie dann zu einer *allgemein gültigen klassischen Schreibart erhob.* Von gewissen gebräuchlichen und populären Rhythmen und Melismen hat er die moderne Schreibart zu einem grandios einfachen Stil geführt, der den unendlichen Vorzug besitzt, daß er seine Basis in den Herzen und Ohren des Volkes hat – und nicht bloß als eine raffinierte Erfindung eines neuerungssüchtigen Kopfes vage und ohne Grund und Boden in der Luft herumschwimmt... Meyerbeer schrieb Weltgeschichte, Geschichte der Herzen und Empfindungen, er zerschlug die Schranken der Nationalvorurteile, vernichtete die beengenden Grenzen der

Sprachidiome, er schrieb Taten der Musik, Musik, wie sie vor ihm Händel, Gluck und Mozart schrieben, und diese waren Deutsche und Meyerbeer ist ein Deutscher ... Er hat sein deutsches Erbteil bewahrt, die Naivität der Empfindung, die Keuschheit der Empfindung. Diese jungfräulich verschönten Züge tiefen Gemütes sind die Poesie, das Genie Meyerbeers; er hat ein unbeflecktes Gewissen, ein liebenswürdiges Bewußtsein bewahrt, das neben den riesigsten Produktionen oft selbst raffinierter Erfindungen in keuschen Strahlen erglänzt und sich bescheiden als den tiefen Brunnen erkennen läßt, aus dem alle jene imposanten Wogen des königlichen Meeres geschöpft werden.«

In diesem Tone geht es in mehr als 300 langen Zeilen fort. Man traut seinen Augen nicht und fragt sich bestürzt: Wie ist es möglich, daß Wagner, wenn er auch nur die Hälfte von seinem Lobesartikel wirklich geglaubt hat, einige Jahre später mit so leidenschaftlicher Gehässigkeit über Meyerbeer herfallen und alles früher Gesagte rundweg in das Gegenteil verwandeln konnte? Wir stehen hier vor einem Rätsel, aber vor keinem schönen. Eine beiläufige Aufklärung liefert vielleicht Wagners Ausspruch: »Es hat etwas tief Betrübendes, beim Überblick unserer Operngeschichte nur von den Toten Gutes reden zu können, die Lebenden aber mit schonungsloser Bitterkeit verfolgen zu müssen.« Das heißt, Wagner wollte nicht bloß als der erste, sondern als der einzige Tondichter der Gegenwart gelten. Seine Parteigänger haben sich natürlich nur an das absolute Verdammungsurteil gehalten, das Wagner in dem Aufsatze ›Das Judentum in der Musik‹ und in dem Buche ›Oper und Drama‹ gegen Meyerbeer schleudert. Ihr Haß sprudelt um so heftiger, als sie sehen, daß trotz ihrer Anstrengungen die ›Hugenotten‹ noch immer nicht von den ›Nibelungen‹ verdrängt sind und neben ›Tristan und Isolde‹ sogar ›Robert der Teufel‹ ein fröhliches Dasein führt. Die von Wagner anbefohlene »schonungslose Bitterkeit« wird von seinen Anhängern mit einem Eifer betätigt, der erheiternd wirken müßte, wäre er nicht gar so häßlich. Es wurde beispielsweise ein vielversprechender junger Tenorist von seinen Wagnerschen Freunden veranlaßt, in seinem Engagementskontrakt auf die Klausel zu dringen, daß er niemals verhalten werden dürfe, in einer

Meyerbeerschen Oper mitzuwirken! Dieser Künstler, der französischen Opern von Gounod und Massenet seine besten Erfolge verdankt und für Rollen wie Raoul und Robert wie geschaffen ist, mußte sich gegen seinen eigenen Vorteil urkundlich verbarrikadieren, bloß um als Wagnerianer seinen Haß gegen Meyerbeer zu bezeugen.

Solchen Parteibestrebungen gegenüber bietet das Verhalten des Publikums und der Theaterdirektionen bei der Zentennarfeier Meyerbeers einen erfreulichen Anblick. Sie beide wissen, daß sie dem Schöpfer der ›Hugenotten‹ zu Dank verpflichtet sind, und freuen sich, dies laut und herzlich zu dokumentieren. Gerne feiern wir heute das Gedächtnis eines Meisters von ebenso glänzendem Talent wie außerordentlichem Kunstverstand, welcher durch die Verschmelzung reizendster Melodienfülle mit packendem dramatischem Leben ein halbes Jahrhundert lang mächtig auf die Gemüter aller Nationen gewirkt hat. Die heutige Feier gibt Zeugnis von der ganz einzig dastehenden Popularität der Meyerbeerschen Opern, deren letztes Stündlein gewiß noch lange nicht geschlagen hat.

Totenkränze

Zum 13. Februar 1883

Die Kunde von Richard Wagners plötzlichem Tode hat unsere musikalischen Kreise schmerzlich überrascht und erschüttert. Stand es auch kaum in menschlicher Voraussicht, daß der Siebzigjährige die stolze Reihe seiner Werke noch weiter vermehren, seinen Ruhm noch höher steigern werde – das Verschwinden einer so außerordentlichen Persönlichkeit ist und bleibt ein Verlust. Sobald dieser Mann sich nur zeigte, gab es Anregung, Aufregung, lebhafteste Diskussion, die vom Zentrum der Kunst aus immer weitere Wellenkreise zog nach allen Richtungen der Kultur. Wo immer die Wünschelrute seines Tuns oder Wollens aufschlug, da sprudelte irgendein verborgenes Problem auf. Und wenn es ein Kennzeichen bahnbrechender Künstler ist, daß sie über den unmittelbar ästhetischen Eindruck hinaus Prinzipienfragen hervorrufen, so steht Wagner unter den bewegenden Mächten der modernen Kunst obenan. Durch volle vierzig Jahre hielt er die Welt in Atem, und wenn schließlich dieser Atem geradezu krankhaft, fieberisch flog, die nächste Zeit wird ihn wieder zu gelassenerem Tempo besänftigen. Aus einer an Stagnation grenzenden bequemen Ruhe hat Wagner die Oper und alle daran hängenden theoretischen und praktischen Fragen aufgerüttelt – wir können nur wünschen, daß die jetzt naturgemäß eintretende Beschwichtigung nicht abermals zur Stagnation führe.

Ein Mann, dem so weitgreifende Wirkung und beispielloser Erfolg vergönnt war, hinterläßt, wenn er nicht aus geistigem Scheintod, sondern in voller Tatkraft plötzlich abberufen wird, eine von Freunden und Gegnern tief empfundene Lücke. Gegner im Sinne einer absolut feindseligen Einseitigkeit hatte Wagner eigentlich gar nicht; kein Musiker ist uns noch begegnet, so unfähig oder so leidenschaftlich, die glänzende Begabung und erstaunliche Kunst Wagners zu verkennen, seinen enormen Einfluß zu unterschätzen, sich dem Großen und Genialen seiner Werke selbst bei eingestandener Antipathie zu verschließen. Wagner ist bekämpft worden, aber niemals geleugnet. Wer mit uns dafür hält, es habe Wagner mit der theoretisch erklügelten und eigensinnig durchgeführten Methode seines letzten Stils die Oper auf einen lebensgefährlichen Abweg gedrängt, dem fehlt doch nimmermehr die bewundernde Einsicht, daß Wagner diesen schwindelnden Pfad sich aus eigenster Kraft allein gebahnt, daß er eine neue Gattung, eine neue Kunst geschaffen hat. Vor der Kühnheit und Konsequenz dieser neuen Kunst ziehen wir den Hut, ohne ihr Heerfolge zu leisten und ohne der »alten« Kunst Mozarts, Beethovens, Webers einen Augenblick untreu zu werden. Der Versuch, Wagners kunstgeschichtliche Bedeutung im großen und ganzen zu würdigen, muß einem späteren Zeitpunkt vorbehalten bleiben. Heute möchten wir nur den so oft mißdeuteten Sinn der »Gegnerschaft« richtigstellen und aussprechen, daß eine sogenannte »faktiöse Opposition«, eine von vornherein zum Angriff gerüstete und gereizte Parteinahme nicht gegen Wagner besteht, sondern nur gegen die Wagnerianer. Übrigens dürfte auch unter diesen eine mildere, maßvollere Stimmung sich geltend machen, nicht heute schon, aber in naher Zeit. Was tröstend wie eine weiche Hand sich auf ihre Trauer legen muß, ist der Gedanke an den beneidenswerten, schönen Tod, der dem Meister beschieden war. Nur halb wahr ist das Wort des griechischen Dichters, daß die Götter ihre Lieblinge jung abberufen. Glücklicher preisen wir den Sterblichen, der wie Wagner zu hohen Jahren und hohen Ehren aufgestiegen ist, um dann ohne Siechtum heiter und ahnungslos aus dem Leben zu scheiden. Ja, als ein Glücklicher ist Wagner gestorben. Es war ihm noch vor wenig Monden beschieden, sein letztes großes Werk in Bayreuth lebendig zu machen, sich tagtäglich an der eigenen Rüstigkeit zu erfreuen und im vollen Sonnenschein eines Erfolges zu schwelgen, wie er keinem Künstler irgendeiner Zeit oder Nation je zuvor geleuchtet hat. Wie wir ihn dort zuletzt gesehen, auf dem Söller seines »Festspielhauses« – das bald nur ein historisches Monument sein wird – siegesfroh in seiner alles bändigenden Willenskraft, so hegen wir Richard Wagner gern in der Erinnerung. Und will man uns an seine irdischen Schwächen und Leidenschaften mahnen, so finden wir ihre Spur nicht mehr in unserem Gedächtnis, denn der Tod, sagen wir mit Grillparzer, »ist wie ein Blitzstrahl, der *verklärt*, was er *verzehrt*«.

Johannes Brahms, Die letzten Tage
Wien, 3. April 1897

So haben wir ihn denn auch verloren, den echten, großen Meister und treuen Freund! Ihn, der noch vor kurzem sich rühmen durfte, in seinem ganzen Leben nie krank gewesen zu sein, nicht einen einzigen Tag! Das hielt auch glücklich an bis gegen Ausgang des Sommers; da war er unversehens erkrankt, ohne es selbst zu wissen. Einige Freunde machten ihn in Ischl aufmerksam auf seine krankhafte gelbe Gesichtsfarbe. Mit der Erklärung, er schaue ohnehin nie in den Spiegel, brach er das ihm ärgerliche Gespräch ab. Brahms, der Vierundsechzigjährige, wollte niemals von Krankheit hören, nie von Schonung oder Vorsicht; durch seine beneidenswerte Rüstigkeit dünkte er sich gefeit. Als er mir vor etwa fünf Jahren mit naiver Befriedigung erwähnte, er habe sich ein hübsches Vermögen zusammenkomponiert, welches ihm Simrock in Berlin verwalte, bemerkte ich: »Du hast doch ein Testament gemacht?« – »Ein Testament?« rief er ganz erstaunt, »ich bin ja ganz frisch und gesund!« – »Eben darum«, erklärte ich. »Verschiebt man dieses Geschäft, bis man recht alt und krank geworden, dann kommt man entweder gar nicht mehr dazu oder macht etwas Dummes.« Brahms schwieg und schien mit dem Gedanken wie mit etwas Weltfremdem zu ringen. Nach ein paar Tagen brachte er mir trotzdem ein versiegeltes Testament zur Aufbewahrung. Ich behielt es vorläufig, bis bald darauf Simrock in Wien eintraf und auf mein Ersuchen die Urkunde zu sich nahm. Als der Jüngste von uns dreien hatte er die meiste Wahrscheinlichkeit des Überlebens für sich.

In Ischl bequemte sich Brahms doch endlich seinen Freunden zulieb, ärztlichen Rat anzunehmen. Die Ärzte erklärten seine Gelbsucht aus einem vorläufig noch unbedenklichen Leberleiden und schickten Brahms nach Karlsbad. Sehr widerwillig gehorchte er dieser Weisung, war doch seine Vorliebe für Ischl ebenso groß wie seine Abneigung gegen jeden »ernsten Kurplatz«. Ende August 1896 langte er in Karlsbad an. Ich hatte dort zwei musikalische Freunde (Professor Emil Seling und Musik-Direktor Janetschek) brieflich ersucht, Brahms auf dem Bahnhofe zu erwarten und ihm beim Wohnungssuchen und sonst behilflich zu sein. Als sie ihm aus dem Wagen aussteigen halfen, waren beide, wie sie mir schrieben, über sein furchtbares Aussehen so entsetzt, daß sie Mühe hatten, ihn es nicht merken zu lassen. Nachdem Brahms den Eindruck des Fremden und Ungewohnten überwunden hatte, begann ihm Karlsbad besser zu gefallen, als er je gedacht. »Wie leid mir ist,« schreibt er mir anfangs September, »am 11. nicht *dabei* zu sein, und manches andere brauche ich dir nicht zu sagen[22]. Von hier aber wollte ich recht behaglich zu dir plaudern – dies ist das erste Blatt Papier, das ich nehme! Aber da werde ich gleich heute früh mit soviel teilnahmsvollen Briefen überschüttet, daß ich wirklich nicht anfangen mag. Aber ich bin meiner Gelbsucht ganz dankbar, daß sie mich endlich in das berühmte Karlsbad bringt. Es begrüßten mich auch gleich so herrliche Tage, wie wir sie den ganzen Sommer nicht hatten. Dazu habe ich eine überaus reizende Wohnung (›Stadt Brüssel‹, am Hirschensprung) bei allerliebsten Leuten, so daß ich höchst vergnügt bin. Sei für heute mit dem flüchtigen Gruße zufrieden deines J. Br.«

Nicht so tröstlich lautete ein Brief, den Brahms' ausgezeichneter Karlsbader Arzt Dr. Grünberger die Güte hatte, mir am 24. September zu schreiben, und worin es heißt: »Nach wiederholter genauer Untersuchung und durch volle drei Wochen fortgesetzter Beobachtung des Patienten ergab sich als Resultat das Vorhandensein einer bedeutenden Schwellung der Leber mit vollständigem Verschluß der Gallengänge und den hierdurch bedingten Folge-Erscheinungen, Gelbsucht, Verdauungsstörungen usw. Trotzdem ich eine Neubildung der Leber direkt nachzuweisen nicht imstande war ... kann ich doch nicht umhin, den Zustand als einen *recht ernsten* zu bezeichnen.« Kein Zweifel, daß die hervorragenden Ärzte, welche Brahms nach seiner Rückkehr hier konsultierte, über seine unheilbare Krankheit ebenso im reinen waren, wenn sie auch den trostlosen Namen derselben gegen niemanden aussprechen mochten. Am wenigsten durfte natürlich Brahms selbst Verdacht bekommen. Wie lebhaft er auf psychologische Eindrücke reagierte, sah ich mit Staunen, als ich ihn eines Vormittags besuchte und seine Stimme auffallend kräftiger, seine Bewegung viel freier fand als tags vorher. »Ja«, rief er, mit einem zufriedenen Ton, wie ich ihn lange nicht mehr von ihm gehört, »ich bin jetzt wirklich beruhigt; es war ein Konzilium von Ärzten bei mir, und sie haben nach genauester Untersuchung durchaus *nichts* Gefährliches bei mir gefunden!« Tatsächlich war in den ersten zwei bis drei Monaten nach seiner sechswöchigen Karlsbader Kur eine Verschlimmerung seines Zustandes kaum zu bemerken, freilich auch keine Besserung. Brahms ging noch ziemlich viel spazieren; auffallend erschien dabei nur sein schwankender Gang und die gebückte Haltung. Auch war er sehr reizbar geworden, besonders heftig und unwirsch, wenn man nach seinem Befinden fragte oder vorgab, ihn besser aussehend zu finden. Wenn man überhaupt den Mut hatte, ihn zu fragen, antwortete er meistens: »Alle Tage ein bißchen schlechter.« Das war auch objektiv richtig. Eine langsame, aber stetig zunehmende Verschlimmerung machte sich deutlich bemerkbar. Der gelbe, fast orangefarbene Teint wurde immer dunkler und gab seinen einst so schönen blauen Augen einen unheimlichen Ausdruck. Sein kräftiger, zu starker Fülle neigender Körper schrumpfte zu entsetzlicher Magerkeit ein; die langen weißen Haare hingen wirr herab über das faltige, abgemagerte, bekümmerte Gesicht. Trotzdem kam er noch vier Wochen vor seinem Ende fast regelmäßig als Mittagsgast zu befreundeten Familien, auch manchmal in deren Loge ins Burgtheater, das er ebenso gern besuchte, als er der Oper auswich. »Ich bitte dich dringend,« schrieb er mir in jener Zeit, »entbehre Bösendorfer und Reinecke und benütze beiliegende Karte, um Anzengrubers ›G'wissenswurm‹ zu sehen! Es ist ein ganz vortreffliches Stück und wird dich herzlich erfreuen, ja wahrhaft erquicken. Du kennst es aber wahrscheinlich und weißt, daß es kein trauriges Stück ist.« Die letzte Opernvorstellung, welche Brahms besucht hat, war das ›Heimchen‹ von Goldmark, den er persönlich liebte und schätzte. Im Theater wie auch am Mittagstisch geschah es nun häufiger als je, daß Brahms einnickte. Er war bereits recht schwach, als Strauß' neue Operette ›Die Göttin der Vernunft‹ herauskam; aber wiederholt hatte er mich gemahnt, ihm gewiß einen Platz in meiner Loge zu reservieren. Für Johann Strauß, mit dem er, zumal in Ischl, viel und gern verkehrte, empfand Brahms die herzlichste Sympathie und hatte noch an dessen letztem Werke: ›Waldmeister‹ sich aufrichtig erfreut. Auf einen Fächer von Frau Adele Strauß schrieb Brahms unter die Anfangstakte des ›Donauwalzers‹ die Worte: »J. Brahms, der dies komponiert haben möchte.« Er erschien auch am 13. März pünktlich im Theater an der Wien zur Premiere der ›Göttin der Vernunft‹, fühlte sich aber zu angegriffen, um bis zum Ende zu bleiben. Nach dem zweiten Akt verließ er das Theater, wie immer heftig dagegen protestierend, daß man einen Wagen hole oder ihn nach Hause begleite, was doch bereits sehr ratsam erschien. Nur durch eine listige Vorspiegelung gelang es, daß er die Begleitung meines Schwagers annahm. Es war das letzte Mal, daß Brahms ein Theater betreten hat. Dem Besuch von Abendkonzerten hatte er schon früher entsagt; das Konzert der von ihm sehr hochgeschätzten Marcella Sembrich hätte er gern gehört und kam selbst zu ihr, sich zu entschuldigen.

Das letzte von Brahms besuchte Konzert war das »Philharmonische« vom 7. März 1897. Die Erinnerung daran wird sich jedem Anwesenden tief eingeprägt haben. Man begann mit Brahms' 4. Symphonie in e-Moll. Gleich nach dem ersten Satz erhob sich ein Beifallssturm, so anhaltend, daß Brahms endlich aus dem Hintergrund der Direktions-Loge vortreten und sich dankend verneigen mußte. Die Ovation wiederholte sich nach jedem der vier Sätze und wollte nach dem Finale gar kein Ende nehmen. Es ging ein Schauer von Ehrfurcht und schmerzlichem Mitleid durch die ganze Versammlung; eine deutliche Ahnung, daß man die Leidensgestalt des geliebten, kranken Meisters in diesem Saal zum letzten Mal begrüße. Diese ganz außergewöhnliche Huldigung wirkte umso stärker, als gerade seine e-Moll-Symphonie niemals populär gewesen ist. Wir Freunde, die wir an der ersten kalten Aufnahme dieses Werkes im Jahre 1886 nun diesen glänzenden Erfolg messen konnten, freuten uns für Brahms unsäglich über diesen Triumph. Aber die rechte innere Fröhlichkeit wollte sich doch nicht einstellen; das Weh der Sorge, des Mitleidens ließ sich nicht wegmusizieren.

Es ging nun zusehends abwärts mit Brahms. Seine Füße wollten nicht mehr gehorchen; so holten ihn denn seine Freunde zu Spazierfahrten in den Prater ab. Auch diese karge

Herrlichkeit währte nur ganz kurze Zeit. Brahms mußte, wogegen er sich am längsten gesträubt, vor acht Tagen zu Bett gebracht werden. Er hat es nicht wieder verlassen. So kraftlos war er in diesen letzten Tagen, daß er auch wachend in einer Art Betäubung hinzudämmern schien. Die unbeschreiblich rührende Sorgfalt seiner Freunde Victor von Miller-Aichholz, Arthur Faber, Dr. Fellinger und ihrer Frauen hat ihn, den Alleinstehenden, unausgesetzt umgeben. Wie es scheint, hat Brahms kein Bewußtsein von der Hoffnungslosigkeit seines Zustandes und von der Nähe der Gefahr gehabt; die Freunde und Ärzte erhielten ihn liebevoll in dieser Illusion; die Zeitungen, die er noch zeitweise durchblätterte, enthielten sich rücksichtsvoll jeder Notiz über seine schwere Erkrankung.

Brahms' letzte Komposition (op. 121) waren bekanntlich die auf Bibelworte gesetzten ›Vier ernsten Gesänge‹, deren bittere Klage über die Vergänglichkeit des Menschen von schmerzlichem Todesschauer durchweht sind. Sie schienen uns, als sie in diesem Winter zum ersten Male gesungen wurden, ein böses Omen, und in der Musikgeschichte werden sie ohne Zweifel als eine merkwürdige, bestimmte Todesahnung fortleben. Dennoch stand Brahms, als er die Lieder komponierte, in leidlicher Gesundheit und war noch Monate später ganz unberührt von Todesgedanken. Aber die ›Ernsten Lieder‹ blieben seine letzten: sie präludierten seinem Sterben.

Als wir am 7. Mai vorigen Jahres Brahms' 63. Geburtstag im Freundeskreis so heiter begingen, da mochte niemand, niemand ahnen, daß es sein letzter war. Wir werden keinen 7. Mai mehr feiern.

Johann Strauß († 1899)

Als wir vor fünfzig Jahren den älteren Johann Strauß begruben, schloß ich einen Nachruf mit der Klage, Wien habe seinen talentvollsten Komponisten verloren. Das Wort verdroß allerlei Musiker und Laien, die nicht begreifen wollten, daß ein schulgerechtes, physiognomieloses Kirchen- oder Konzertstück weniger Talent, das heißt geringere Naturkraft offenbare als ein melodienreicher, origineller Walzer. In diesem Sinne müssen wir auch heute, am Grab des jüngeren Johann Strauß, die Klage wiederholen, es sei mit ihm das ursprünglichste Musiktalent in Wien hinübergegangen. Seine melodische Erfindung quoll so köstlich wie unerschöpflich; seine Rhythmik pulsierte in lebendigem Wechsel; Harmonie und Form standen rein und aufrecht. ›Liebeslieder‹ nannte er eine seiner schönsten Walzerpartien. Sie alle hätten so heißen dürfen: kleine Herzensgeschichten von schüchternem Werben, schwärmerischer Neigung, jubelndem Glücksgefühl, dazwischen auch ein Hauch leichtgetrösteter Wehmut. Wer könnte auch nur die reizendsten von Strauß' zahlreichen Tanzstücken aufzählen! Schade nur, daß jede Ballsaison schonungslos wie Kronos ihre eigenen Kinder aufzehrt, um nachfolgenden Platz zu machen. So kennen wir tatsächlich die frühesten, besten Walzer von Strauß heute so wenig, als stammten sie aus der Zeit Maria Theresias. Sie sind nicht veraltet, nur verdrängt und vernachlässigt. Eine Walzerpartie aus Hunderten will aber gerade heute ausdrücklich genannt und gerühmt sein, weil sie etwas wie monumentale Bedeutung erlangt hat: ›An der schönen blauen Donau‹. Es braucht nur – so schrieb ich davon vor Jahren – irgendwo das Anfangsmotiv auf den drei Staffeln des D-Dur-Dreiklanges emporzusteigen, so färbt Begeisterung alle Wangen. Nicht bloß eine beispiellose Popularität, der Donauwalzer hat auch eine ganz einzige Bedeutung erlangt: die Bedeutung eines Zitates, eines Schlagwortes für alles, was es Schönes, Liebes und Lustiges in Wien gibt. Ein patriotisches Volkslied ohne Worte. Neben Haydns Volkshymne, welche den Kaiser und das Herrscherhaus feiert, besitzen wir in Strauß' ›Blauer Donau‹ eine andere Volkshymne, welche unser Land und Volk besingt. Wo immer in weiter Ferne Österreicher sich zusammenfinden, da ist diese wortlose Friedens-Marseillaise ihr Bundeslied und Erkennungszeichen. Wo immer bei einem Festmahl ein Toast auf Wien, auf Österreich ausgebracht wird, fällt das Orchester sofort mit der ›Schönen blauen Donau‹ ein. Und das ist die denkwürdige Bedeutung, welche diese Komposition, jedem Volkslied zum Trotz, allmählich erlangt hat: ihre Melodie wirkt wie ein Zitat.

Unser Johann Strauß hat den von seinem Vater geschaffenen

Wiener Walzer erweitert, bereichert, modernisiert. Strauß hat Schule gemacht, und sie ist fast zum unwiderstehlichen Zwang geworden. Was heute in Walzerform erklingt, ist meist nur durchtönender Strauß. Unsere Operetten-Komponisten mögen sich noch so sehr zusammennehmen, nach ein paar Takten im Walzertempo haben sie unwillkürlich Strauß kopiert. Das heutige Wien ist der Tanzmusik abgünstig. Bis vor wenigen Tagen stand sie noch auf zwei Augen; seitdem diese sich geschlossen, haben wir nicht nur unseren besten, wir haben unseren einzigen Walzerkomponisten verloren.

Nachdem Strauß durch volle 25 Jahre seine Melodienfülle verschwenderisch als Tanzkomponist ausgeströmt, fühlte er sich doch etwas ermüdet und unbefriedigt von so enger Form. Er versuchte es mit dem Theater und schrieb 1871 seine erste Operette ›Indigo‹. Der Übergang zur dramatischen Komposition fiel ihm nicht leicht. Der regelmäßige Walzer- und Polka-Rhythmus steckte ihm noch zu fest im Blut. ›Indigo‹ strotzte von Melodien, aber man merkte ihnen an, daß sie nicht aus dem Text heraus geboren waren. Strauß selber hat mir gestanden, daß meine Vermutung richtig gewesen und daß sein Textdichter zu meist fertigen Musikstücken nachträglich die Worte gut oder übel unterlegen mußte. Von dieser dilettantischen Methode hat Strauß in seinen späteren Operetten sich größtenteils befreit – nicht ohne einige Anstrengung. Er blieb doch jederzeit mehr der rein musikalisch erfindende als der dramatisch schaffende Opernkomponist. Ein Unglück für ›Indigo‹ war das unglaublich alberne, ordinäre Textbuch, ein Unglück, das in Strauß' Bühnenlaufbahn leider nicht allein geblieben ist. Strauß verfuhr in der Auswahl seiner Librettos zu nachsichtig und zu unselbständig, hörte willig auf verschiedene Ratgeber, deren letzter dann meistens recht behielt. Von seinen fünfzehn Operetten sind manche ihrem schlechten Textbuche zum Opfer gefallen und trotz zahlreicher musikalischer Schönheiten rasch von den Bühnen verschwunden. Wie wenig beachteten diese Textdichter die spezifische Natur von Strauß' Talent, das durchaus heitere, lebensvolle Stoffe brauchte und am freiesten atmete in heimatlicher Luft. Statt dessen drängten sie ihn in exotische Abenteuer, auf italienischen, spanischen, französischen Boden. Strauß' Meisterwerk ›Die Fledermaus‹ verdankt ihren anhaltenden, außerordentlichen Erfolg gewiß zumeist der reizvollen Musik, aber diese war nicht denkbar ohne die durchaus lustige, auf Wiener Boden übertragene Handlung. Die Flut der Straußschen Melodie strömt da in einem engen Bette, aber sie füllt es bis an den Rand. Wo, wie in der ›Fledermaus‹, Scherz und Frohsinn den ganzen Stoff durchdringt und Tanzrhythmen emporwachsen läßt, da spendet Strauß sein Bestes und Echtestes. In sentimentalen oder gar tragischen Szenen stockt sein Puls, und er wird leicht gezwungen, uninteressant, banal. Das beweist manches Stück im ›Zigeunerbaron‹, nächst der ›Fledermaus‹ wohl seiner beliebtesten Operette. Das Textbuch bringt einige neue charakteristische Figuren und interessante Situationen; die Musik ist vortrefflich, solange sie nicht in Sentimentalität oder gar in tragischer Leidenschaft sich ergeht wie im zweiten Finale. Von den früheren Operetten scheinen mir ›Das Spitzentuch‹ und ›Der lustige Krieg‹ doch gar zu schnell aus dem Repertoire beseitigt, von den späteren der ›Waldmeister‹. Der Text des letzteren ist, bei aller Dürftigkeit der Handlung, durchweg heiter und harmlos, also gerade recht für Strauß, der eine sehr anmutige, wenngleich nicht überall auf früherer Höhe stehende Musik dazu gespendet hat. Was selbst in seinen weniger erfindungsreichen Operetten den musikalischen Hörer fesselt und erfreut, ist die echt musikalische Empfindung, der natürliche Fluß des Gesanges, endlich der herrliche Orchesterklang. In der Premiere des ›Waldmeister‹ äußerte Brahms zu mir, das Straußsche Orchester erinnere ihn an Mozart.

Gegen Ende seiner Laufbahn fühlte sich Strauß von dem sehr begreiflichen, aber unheilvollen Ehrgeize gestachelt, ein größeres Werk für die Wiener Hofoper zu schaffen. Er nahm einen gewaltsamen Anschwung und komponierte den dreiaktigen ›Ritter Pazman‹. Des Wiener Publikums war er sicher, und auf die lustigsten seiner Operetten durfte er stolz sein. Aber jede Macht ist an eine Ohnmacht gebunden. Seine Macht lag in den kleinen Formen, den Tanzrhythmen, dem Frohsinn; seine Ohnmacht in den breiten Ensembles, der dramatischen Charakteristik, dem leidenschaftlichen Gefühlsausdruck. Merklich reagierte seine Natur gegen die matte, konventionelle Handlung, die lauter ernsthafte Personen in sentimentalen, oft ans

Tragische streifenden Situationen zueinander führt. Unser Johann Strauß mußte sich verleugnen, sich umzwingen – und das führt selten zu gutem Ende. Mit einer wirklich komischen Oper älterer Form, wie etwa ›Zar und Zimmermann‹, würde Strauß auch im Hofoperntheater durchgedrungen sein. Aber die langgestreckten, durch keine Rezitative oder Prosastellen unterbrochenen, durchaus gesungenen Verse zwangen den Komponisten zu einem fortlaufenden Arioso, aus dem abgerundete Musikstücke sich nur selten scharf herausheben. Man bewunderte die Geschicklichkeit, womit Strauß in diesen ihm bisher ganz fremden Stil und fremden Ton sich hineingearbeitet hatte. Aber das ist nicht unser Strauß! hörte man während der zwei ersten Akte im Publikum murmeln. Da kam gegen Ende des dritten Aktes etwas Unerwartetes: eine prächtige Ballettmusik, die weithin glänzende Perle des Ganzen! Mit den ersten Takten des Balletts scheinen Strauß plötzlich die Flügel zu wachsen; mit jugendlicher Kraft und Freudigkeit schwingt er sich in die Lüfte; Textbuch und Dichter verschwinden vor seinen Augen – »jetzt bin ich allein Herr!« Diese köstliche Ballettmusik erneuerte in mir einen alten, wiederholt öffentlich ausgesprochenen Wunsch: Strauß möchte ein vollständiges Ballett für die Hofoper schreiben, er, der einzige deutsche Komponist, der dies mit starker Wirkung und spielender Leichtigkeit vermochte: Lange wollte er nichts davon hören. Da, wenige Monate vor seinem Tod, schien er sich plötzlich mit dem Gedanken zu befreunden. Fast als wolle er sich selbst jede Umkehr abschneiden, schrieb er einen bedeutenden Preis aus für das beste Libretto zu einem heiteren Ballett. Ich hege ein durch Erfahrungen vollauf begründetes Mißtrauen gegen Preisausschreibungen. Sie kosten viel Geld, machen unsägliche Mühe und bringen selten den gehofften Schatz zutage. Eine Sintflut von sieben- bis achthundert Ballettentwürfen ergoß sich verheerend in die Igelgasse. Aus den relativ besten wählte Strauß ein ins Moderne übertragenes ›Aschenbrödel‹, das wenigstens im letzten Akt (einem Ballfest) seiner glänzenden Spezialität entgegenkam. Hier, glaubte ich, hätte Strauß den Anlaß und das Recht gehabt, eine Anzahl seiner halbvergessenen schönsten Tänze zu neuem, erhöhtem Leben zu erwecken. Verdankt doch das überaus siegreiche Ballett ›Wiener Walzer‹ seinen Erfolg zumeist den eingeflochtenen alten Walzern von Lanner und den beiden Strauß. Warum sollte er, der Erfinder, nicht selber tun, was ein fremder Bearbeiter tun durfte? Ich denke, daß Strauß, mit dem ich in Ischl und zuletzt in Wien eingehend über das neue Ballett sprach, schließlich seine Skrupel wegen solcher Auffrischungen überwunden hätte. Fröhlich machte er sich an den Anfang seines letzten, lustigsten Werkes – da klopfte ihm, wie man auf alten Bildern sieht, der Tod mit dem Fiedelbogen auf die Schulter. Das Leben ein Tanz – das Leben ein Traum[23].

Mit Johann Strauß ist nicht bloß ein glänzendes Talent, ein Herold des Wiener musikalischen Ruhmes von uns geschieden, sondern auch ein überaus liebenswerter, wahrhafter und wohlwollender Mensch. Es ist nicht möglich, bescheidener von sich selbst zu sprechen und zu denken, als Strauß es tat. Seine von den Jahren ungebeugte, elastische Gestalt mit dem vollen Haarbusch und den blitzenden Augen, sie wird in Wien schmerzlich vermißt werden. Ein letztes Wahrzeichen aus fröhlichen, gemütlichen Tagen, das herüberleuchtete in unsere unfrohe, zerklüftete Gegenwart.

Wir lesen eben von dem Projekt eines Doppeldenkmales für Lanner und Alt-Strauß. *Unser* Johann Strauß darf darauf nicht fehlen; er erst wird den hellen Dreiklang vollständig machen. Lange Zeit war in Wien ein Gesamtdenkmal für Haydn, Mozart und Beethoven geplant; es scheiterte, wenn ich nicht irre, an der technischen Schwierigkeit, zu den dreien später auch noch Schubert zu gesellen. Wäre ähnliche Besorgnis denkbar für ein Monument Lanners mit den beiden Strauß? Keine Angst; es wird kein vierter kommen!

Anmerkungen

1 »Als der Dichter«, erzählt Goethe, »den Werther geschrieben, um sich wenigstens persönlich von der damals herrschenden Empfindsamkeits-Krankheit zu befreien, mußte er die große Unbequemlichkeit erleben, daß man ihn gerade diesen Gesinnungen günstig hielt.« Er mußte manchen schriftlichen Andrang erdulden, der ihm bald lästig zu werden begann. Unter allen aber, die sich ihm mit der Bitte um Beistand in ihren »Herzens- und Geistesnöten« nahten, war ihm besonders ein junger Theologe, Plessing, in Wernigerode aufgefallen, welcher in zwei Briefen, nach Goethes Worten, »schreibselig-beredt und dabei so ernstlich durchdrungen von Mißbehagen und selbstischer Qual sich zeigte, daß es unmöglich war, nur irgendeine Persönlichkeit zu denken, wozu diese Seel-Enthüllungen passen möchten.« Goethe beschloß, den Jüngling aufzusuchen, aber unerkannt. Mitten im Winter, am 29. November 1777, trennte er sich von der herzoglichen Reisegesellschaft und ritt einsam dem Harz entgegen. Gleich bei seiner Ankunft in Wernigerode besuchte er den jungen Mann, der »seinem Schreiben völlig glich und so wie jenes Interesse erregte, ohne Anziehungskraft auszuüben«. Goethe gab sich für einen Zeichner aus Gotha aus und ließ den Jüngling gewähren, als dieser ihm seinen traurigen Seelenzustand nochmals mündlich darlegte. Er riet ihm nun, sich »aus einem schmerzlichen, selbstquälerischen Zustand durch Naturbeschauung und herzliche Teilnahme an der äußeren Welt zu retten und zu befreien«, fand sich jedoch mit jedem »Versuchsmittel einer zu unternehmenden Kur so entschieden abgewiesen, daß sein Innerstes sich zuschloß und er sein Gewissen durch den beschwerlichen Weg, im Bewußtsein des besten Willens, völlig befreit und sich gegen ihn von jeder weiteren Pflicht entbunden glaubte«. So schied Goethe von dem Wunderlichen, um ihn nachmals erkannt, in Weimar, dann in Duisburg, wo Plessing später als Professor und philosophischer Schriftsteller lebte, wiederzusehen. Der mittlere Teil von Goethes ›Harzreise im Winter‹ (das von Brahms komponierte Fragment) beschäftigt sich mit dem Bilde des einsamen, menschenscheuen Jünglings und hat diesem zur Unsterblichkeit verholfen.

2 Ich kann mir nicht versagen, hier die treffenden Worte zu zitieren, mit welchen Ferdinand Hiller seine Kritik des Verdischen Requiems schließt:

»Man wird«, sagt Hiller, »auch nach dem Klavier-Auszug keinen Augenblick im Zweifel darüber bleiben, daß Verdi sein Orchester zur vollsten Wirkung bringt, es auch an modernen, pikanten, aparten, glänzenden Instrumental-Effekten in diesem Requiem nicht fehlen lassen wird. Aber ebensowenig bleibt man darüber im Unklaren, daß der italienische Meister vor allem seinen Singstimmen das in den Mund legt, was er zu sagen hat und zu sagen weiß. Sie singen – es sind tönende Seelen – keine Zwittergestalten zwischen musikalisch und unmusikalisch Redenden, die sich in acht zu nehmen haben, nicht einem Horn oder einer Bratsche ins Gehege zu kommen. Mit der ganzen Herrlichkeit, die der göttlichen Menschenstimme innewohnt, treten sie auf. Freilich verlangt Verdi Sänger – und zwar in der vollsten Bedeutung – keine Stimmen ohne Schule – keine Virtuosen ohne Stimme – keine Deklamatoren ohne beides. Und das ist das Wohltuendste in diesem Werke, daß es eine lebendige Protestation ist gegen den immer mehr um sich greifenden Unsinn einer Vokalmusik, in welcher die Dienenden zu den Herrschern gemacht werden, in welcher der aus der Tiefe der Brust und der Seele sich aussingende Mensch nur elende Worte klar machen soll, statt sein innerstes Herz erklingen zu lassen, ein Unsinn, der Unsinn ist und bleibt, wenn er auch noch so genial gehandhabt und noch so fanatisch beklatscht wird, und der, ehe man sich's versieht, zurückgelegt werden wird in die kolossale Rumpelkammer ästhetischer, philosophischer, poetischer und prosaischer Irrtümer, zu welchen auch eine so aufgeklärte Zeit wie die unsere ihr Kontingent zu liefern nicht ermangelt.«

3 Das von den Philharmonikern gespielte Stück ist die zweite von sechs Symphonischen Dichtungen, welche Smetana unter dem Gesamttitel ›Mein Vaterland‹ veröffentlicht hat. Ihre Aufschriften lauten: 1. Wyschehrad. 2. Die Moldau. 3. Scharka (Name der Amazonenführerin und eines Tales bei Prag). 4. Aus Böhmens Flur und Hain. 5. Tabor. 6. Blanik.

4 16 erste Violinen, 16 zweite, 12 Bratschen, 12 Violoncelli, 8 Kontrabässe, 2 große Flöten, 2 kleine Flöten, 1 Englischhorn, 3 Oboen, 3 Klarinetten, Baßklarinette, 3 Fagotte, 1 Kontrafagott, 6 Hörner, 4 Trompeten, 3 Posaunen, 2 Tuben, 2 Harfen, Pauken, große Trommel, Becken, Orgel, Triangel, Glockenspiel, 1 große Glocke (am Schluß).

5 Seine berühmte Abhandlung ›De l'harmonie réduite à ses principes naturels‹ veröffentlichte Rameau 1722, in demselben Jahr, in welchem J. Seb. Bach den ersten Teil seines Wohltemperierten Klaviers schrieb.

6 »Meint Junker Ihr, in Sang' und Dicht' – Euch rechtlich unterwiesen, seid Ihr bereit, ob Euch geriet – mit neuer Find' ein Meisterlied

– nach Dicht' und Weis' Eu'r eigen, – zur Stunde jetzt zu zeigen?« – Walther antwortet: »Was heilig mir, – der Lieb' Panier – schwing' ich und sing' ich, mir zu Hoff.« Ein schönes Deutsch.

7 Eine Stilprobe aus dieser Szene:

Eva: »Ihr wißt nichts, Ihr sagt nichts? Ei, Freund Sachs, Jetzt merk' ich wahrlich, Pech ist kein Wachs!«

Sachs: »Lieb' Evchen, machst mir blauen Dunst?«

Eva: »Nicht ich! Ihr seid's, Ihr macht mir *Flausen*« usw.

8 ›Rheingold‹ war viel früher im Druck erschienen als die ›Meistersinger‹.

9 Hier auf Geradewohl zwei Proben aus der ersten Szene. Magdalena singt:

und gleich darauf:

10 Eine ausführliche Besprechung des ›Rheingold‹ (auf Grund der Münchener Aufführung) findet man in meiner ›Modernen Oper‹.

11 Die erste Aufführung von ›Hoffmanns Erzählungen‹ hat in Wien am 7. Dezember 1881 im Ringtheater stattgefunden, vierundzwanzig Stunden bevor das Haus in Flammen zusammenstürzte und

Hunderte von Menschen in seinen Trümmern begrub. Wie freudig hatten wir seinerzeit die Entstehung des neuen Theaters begrüßt, das als »Komische Oper« eine Lücke im deutschen Opernwesen auszufüllen bestimmt war! Wie teilnahmsvoll beglückwünschten wir später dessen vielverheißendes Aufleben unter Direktor Jauner, welcher das gesunkene Institut so herzhaft wieder emporzuheben begann! Nun ist die glänzende Premiere vom 7. Dezember 1881 zum grauenvollen Requiem des Ringtheaters geworden und die »lange Reihe von Wiederholungen«, die man ihr prophezeite, hat sich in eine lange Reihe von Leichenwagen verwandelt. Heute noch wagt es keine Wiener Bühne, ›Hoffmanns Erzählungen‹, trotz ihres großen Erfolges, wieder aufzuführen, denn bei der bloßen Nennung dieses »letzten Werkes von Offenbach« (wie es der Theaterzettel nachdrücklich betonte) denkt jedermann schaudernd nur daran, daß es auch das letzte des Wiener Ringtheaters war.

12 Es ist ein schöner Charakterzug Verdis, daß er sich seinem Librettisten Piave, trotz manches schauderhaften Textbuchs, zeitlebens anhänglich und großmütig erwies. Als Piave 1876 starb, hatte er, schwerer Körperleiden wegen, bereits mehrere Jahre nichts arbeiten können. Um seine früheren Dienste zu belohnen und ihn vor Mangel zu schützen, warf ihm Verdi eine lebenslängliche Rente aus, die stets pünktlich ausbezahlt wurde. Nicht genug daran: er stiftete ein Kapital für die junge Tochter Piaves, das ihr samt den aufgelaufenen Interessen am Tage ihrer Großjährigkeit eingehändigt wird. So konnte Piave, dank der Erkenntlichkeit Verdis, ruhig sterben.

13 Ich kann der Versuchung nicht widerstehen, hier einige goldene Worte des Ästhetikers Fr. Th. Vischer zu zitieren. »Man hat neuerdings wieder gelesen,« sagt Vischer, »der zweite Teil Faust sei in Leipzig mit ungemeiner Wirkung aufgeführt worden. Ich will's schon glauben; die Leute sind längst gewohnt, das Theater zu meiden, wenn Stücke zu sehen sind, die im gesunden poetischen Sinne zu denken geben, und in prunkende Schaustücke und Opern zu laufen, die nichts zu denken geben. Der zweite Teil Faust gibt freilich zu denken, aber da das Denken, das er dem Zuschauer auflegt, verzweifelt schwer, beunruhigend und großenteils vergeblich ist, so entschlägt sich die Menge, wie wir sie kennen, einfach des Denkens ganz und gafft den Prunk an, der dem Auge geboten wird. Aber auch des Fühlens entschlägt sie sich gerne, auch dies ist ihr zu bemühend. Dieser Arbeit enthebt sie ein Drama, *für dessen Personen sich nichts fühlen läßt, weil sie nicht leben, sondern nur bedeuten*. Ein solches Werk mit seinem unnatürlichen Mißverhältnis zwischen Sinn und

Anschauung aufführen, heißt nichts anderes als unser Publikum noch mehr in ein gedankenloses Gafferpublikum verderben, als es darin schon verdorben ist.«

14 Im Mai 1887 war die erste Aufführung des ›Mikado‹ im Wiener Carltheater (durch Mr. Oyly Cartes' englische Operettengesellschaft), die 8954. Gesamt-Aufführung dieser Burlesk-Oper. In der Theatergeschichte steht ein derartiger Erfolg unerreicht da. Der Statistiker der ›Dramatic Authors Union‹ in London, Mr. Edwards, hat mittelst sorgfältig gesammelter Informationen festgestellt, daß während der letzten zwanzig Jahre eine solche Zahl von Aufführungen, wie der ›Mikado‹ sie erlebt, überhaupt von keinem andern Stück erreicht worden ist. Ihm zunächst steht Jules Vernes ›Reise um die Welt in achtzig Tagen‹ mit 5630 Aufführungen, Byrons Lustspiel ›Unsere Jungen‹ mit 5344, ›Patience‹, die ästhetische Burlesk-Oper Sullivans, mit 5160, Johann Strauß' ›Fledermaus‹ mit 3844 und Offenbachs ›Orphée aux Enfers‹ mit 3194 Aufführungen.

15 Sogar im deutschen Schauspiel trieb dieser Geist sein Wesen. Als der erste deutsche ›Othello‹ (Brockmann) die erste Desdemona (Dorothea Ackermann) unter Schröder, welcher den Jago gab, in Hamburg erwürgte, fielen so viele Damen in Ohnmacht, daß die Tragödie Shakespeares auf Befehl des Senats von da an mit einem »glücklichen Ausgang« gegeben werden mußte.

16 Es sei mir hier zu erwähnen gestattet, daß ich der erste in der günstigen Lage gewesen, für ein Denkmal R. Wagners in Wien am rechten Ort zu wirken. Als nämlich die künstlerische Ausschmückung des (1869 eröffneten) Neuen Opernhauses in Wien beraten wurde, war ich als Mitglied der kaiserlichen Kommission unter anderem damit beauftragt, den Vorschlag für die im Foyer aufzustellenden Marmorbüsten berühmter Opernkomponisten zu erstatten. Unter den von mir Beantragten befand sich auch R. Wagner. In der unter dem Vorsitz des Ministers Graf Wickenburg und des Direktors Franz von Dingelstedt darüber abgehaltenen Sitzung fand mein Vorschlag bezüglich Wagners die wärmste Unterstützung durch den Hofkapellmeister Herbeck, hingegen mehrfache Opposition von Seiten anderer Mitglieder der Kommission. Sie machten geltend, einmal daß für einen lebenden Tondichter diese Ehre überhaupt verfrüht erscheine, sodann daß gerade R. Wagners Autorität keineswegs unbestritten sei. Herbeck und ich glaubten trotzdem bei dem Antrag beharren und das Votum zu Protokoll geben zu müssen, daß Wagner als epochemachende Erscheinung und als der bedeutendste Opernkomponist der Gegenwart nicht fehlen dürfe unter den Mar-

morbüsten in einem neuen deutschen Operntheater. Unsere Gründe fanden schließlich bei den durchaus loyalen und wohlwollenden Kollegen Gehör, und mein Antrag wurde angenommen – vielleicht gerade weil er von keinem Wagner-Enthusiasten herrührte. –

17 In diesem Punkte übertreffen wir allerdings weit die Franzosen, könnten aber manches von den Engländern lernen. So hat die ›Bristol Musical Festival Society‹ in London (eine Privatgesellschaft, welche alle drei Jahre große Musikfeste veranstaltet) in verschiedenen Teilen der Stadt Singklassen etabliert, in welchen etwa 800 Zöglinge im Chorsingen und besonders im prima vista-Lesen ausgebildet wurden; von den Schülern passierten ungefähr 260 die Prüfung mit Auszeichnung. Das Honorar für den Unterricht beträgt 25 Pfennig für die Stunde. Welchen vorteilhaften Einfluß eine derartige Pflege des Gesanges auf die Leistungsfähigkeit des Chors ausüben muß, ist unschwer einzusehen.

18 Beispiel solcher gekünstelten Melodien mit bizarren Akkorden und lebensgefährlich zu intonierenden Intervallen sind die Themen in Monforts Arie (fis-Moll), in Heinrichs Arie (c-Moll), in dem Bolero Helenens etc.

19 In dieser mir nicht bekannten Oper soll Verdi versucht haben, sich Elemente der deutschen Zukunftsmusik anzueignen.

20 Das Sujet der Oper ›Aida‹ schrieb ursprünglich ein gelehrter Ägyptologe, der Direktor des Museums von Boulaq, und zwar in Prosa. Herr Camille du Locle setzte dasselbe in französische Verse um, und der als Textdichter allein auf dem Titelblatte genannte Signor Ghislanzoni hat diese französischen Verse wiederum ins Italienische übertragen. Die deutsche Übersetzung ist entsetzlich. Es bleibt unbegreiflich, daß die deutschen Musikverleger, welche so viel Geld und Mühe an die Erwerbung und Publikation einer ausländischen Oper wenden, nicht auch Sorge für eine gute Übersetzung tragen. Daß sie ferner bloß ihre deutsche Übersetzung unter die Noten drucken, ohne den Originaltext, ist auch eine Barbarei und ein kläglicher Rückschritt gegen die älteren Opernausgaben, welche stets den Originaltext unter die deutsche Übersetzung stellten. Wer die ›Aida‹ nur in der Ausgabe von Bote & Bock mit der Schanzschen Übersetzung kennt, kann weder dem Libretto noch selbst der Komposition vollkommen gerecht werden.

21 Musikalische Stationen. Kritiken und Schilderungen von Eduard Hanslick, Berlin 1876, S. 331 ff.

22 Wir hatten gehofft, Brahms werde, wie ein Jahr zuvor, den 11. September (meinen Geburtstag) wieder in Gmunden bei Freund Victor

von Miller mit uns zubringen. Er schickte aber diesmal ein langes, launig abgefaßtes Gratulations-Telegramm aus Karlsbad.

23 Die von J. Strauß veröffentlichten Kompositionen erreichen (seine 16 Bühnenwerke nicht mitgezählt) die Zahl 477. Eine fast unglaubliche Fruchtbarkeit! Seine Bühnenwerke sind, chronologisch gereiht, die folgenden: Indigo, Der Karneval von Rom, Die Fledermaus, Cagliostro, Methusalem, Blindekuh, Das Spitzentuch der Königin, Der lustige Krieg, Eine Nacht in Venedig, Der Zigeunerbaron, Simplicius, Ritter Pazman, Ninetta, Das Apfelfest, Waldmeister, Die Göttin der Vernunft.

Peter Wapnewski
Eduard Hanslick als Kritiker der Musik seiner Zeit

»Seine Artikel sind von klassischem Werte. Sie haben stets die höchsten Ziele der Kunst vor Augen und behandeln doch alle neuen Schöpfungen wohlwollend.«

Heinrich Laube[1]

I

Das Urteil Laubes einer Sammlung von Hanslicks Musikkritiken als Motto vorauszuschicken, verdankt sich einem Vorschlag von Hans Weigel – der in seinen ›Kleinen Beiträgen zu einem großen Thema‹ (unter dem Obertitel »Apropos Musik«) 1982 eine ebenso elegante wie vehemente »Ehrenrettung« des viel Bewunderten, viel Gefürchteten, viel Gescholtenen vorlegte. Es hält nicht schwer, aus der Fülle der Literatur ein flagrant widersprechendes Votum herauszugreifen, und das Urteil als Verurteilung muß durchaus nicht etwa bei einem Wagnerianer als Exponenten der Gegenpartei gesucht werden. So etwa William M. Johnston in seiner ›Österreichischen Kultur- und Geistesgeschichte‹: »Von 1860 bis 1900 war Eduard Hanslick (1825–1904) die am meisten gefürchtete Persönlichkeit im Wiener Musikleben. Heute erinnert man sich seiner hauptsächlich noch als jenes Mannes, der Wagner, Bruckner und Hugo Wolf verunglimpfte«[2].

Verunglimpfte: Solche Behauptung macht es sich und uns zu einfach. Man erinnert sich seiner – wenn auch in begrenztem Kreise – durchaus noch als des bedeutendsten Musikkritikers des 19. Jahrhunderts. Wenngleich der undifferenzierte Haß der Wagnerianer in den Nebelschwaden des Bayreuther Tempelkultes das seine getan hat, das Bild des schärfsten, einflußreichsten und wirkungsvollsten Wagner-Kritikers zu verzerren und zu verdunkeln – und, bittere Ironie, den entscheidenden Beitrag geleistet hat zum Nachleben des Namens Hanslick.

Hanslicks Leben ist uns bis in viele Details hinein mit einem hohen Grad von Genauigkeit bekannt. Freilich mittels einer Quelle, der man wiederum den Charakter der Befangenheit nicht wird absprechen wollen: nämlich durch seine Autobiographie ›Aus meinem Leben‹. Sie erschien in zwei Bänden, Berlin 1894, zuletzt (1987) erneut herausgegeben bei Bärenreiter in Kassel. Sie ist sehr viel mehr als eine Autobiographie – nämlich, wenn auch in perspektivischer Verengung, ein Kapitel Kulturgeschichte in der zweiten Hälfte des großen 19. Jahrhunderts, das mit Anbruch des 20. ja nicht beendet war und das die politischen und sozialen Probleme entstehen sah und ließ, denen auch unsere Epoche ihre Signatur verdankt. An Hanslicks Beschreibung seiner selbst in seiner Zeit »wird wieder einmal deutlich, daß man eine Epoche besser erfaßt, wenn man sich mit ihren Nebenfiguren einläßt als mit den Erlauchten, die ja sozusagen *über* den Epochen stehen. Hanslick ist sicher für die Wiener viel exemplarischer als Zeitgenosse Grillparzer« (Rolf Hochhuth)[3].

Bestimmungs- und naturgemäß subjektiv gefärbt, durch das Prisma der persönlichen Befangenheit gebrochen, liefert die Autobiographie bei der Verfolgung des privaten Werdegangs auch die Lineatur des großen Panoramas, so daß hier verzichtet werden kann auf die Wiedergabe dessen, was in mehr als 400 Seiten (gezählt nach der Neuausgabe von 1987) detailliert dargestellt ist. Dargestellt bei übrigens charakteristischer Aussparung mancher privaten Einzelheit, die nach Meinung des Autors als den Intimbereich antastend der Öffentlichkeit vorenthalten werden sollte.

Im Nachwort zur Neuausgabe der Autobiographie von 1987 habe ich versucht, Hanslick, seiner Persönlichkeit, seiner Begabung, seinen Verdiensten, seinen Stärken und Schwächen gerecht zu werden. Er kann als exemplarisch gelten für die Figur eines Bildungsbürgers aus dem Böhmischen, der in Wien dank glänzenden Talenten und gesellschaftlichem Ehrgeiz zu einem Zentrum im Zirkel des künstlerischen Lebens, schließlich zu einem Orakel des Musikbetriebs wird. Nach Herkunft und Gemüt konservativ gestimmt, widmet er der Musik als Kunst und Geschichte, widmet er »alten Opern, die mich stets am meisten interessierten«, sein intensives Studium, ohne doch deshalb die neuen Opern, die Musik seiner Gegenwart zu ignorieren oder gar zu mißachten. Unter den kompositorischen Genies seiner Zeitgenossen verehrte er Schumann, liebte er Brahms – und so fremd und befremdlich ihm Wagner Zeit seines reifen Lebens blieb, so war ihm doch auch Verdi nicht geheuer, indem er etwa aus dessen letztem Werk – dem ›Falstaff‹ – einen Ton des »Verdorrens« heraushört. Doch bleibt stets bei Betrachtung dieses Lebens und seiner Wirkung zu bedenken, daß Hanslick, wo er ästhetischen Konventionen und tradierten Normen verpflichtet ist, eben auch den Konventionen seiner Zeit getreuen Ausdruck gibt. Nicht anders, wenn das großdeutsche Nationalgefühl aus ihm spricht oder ein naiver Fortschrittsglaube ihn die Segnungen des technischen Fortschritts begrüßen läßt.

Auch bei gebotener Berücksichtigung der Relativität jedes ästhetischen Urteils zufolge des Wandels der Geschmacksbildung gilt die Feststellung Peter Gays in seinem scharfsinnigen Essay ›Eine Lanze für Beckmesser. Eduard Hanslick – Opfer und Prophet‹: daß »Hanslicks musikalisches Weltbild verhältnismäßig begrenzt war. Die Pole seines Enthusiasmus bildeten Mozart und Brahms«[4].

Die wissenschaftlich-philosophische Begründung für solche Haltung lieferte er in seinem zu Recht gerühmten und berühmten Buch ›Vom Musikalisch Schönen‹, publiziert 1854 (da war der Verfasser noch nicht dreißig Jahre alt). Es erschien noch 1922 in 13. bis 15. Auflage und wurde übersetzt in fünf Sprachen. Sein ästhetisches Programm konzentriert sich in dem Axiom, Musik stelle sich dar als System »tönend bewegter Formen«; ihr Spiel und Widerspiel ruft den Eindruck der Schönheit hervor und fordert den Primat der Melodie. Musik hat keinen wie immer gearteten »Zweck«, sondern sie »ist«. Sie will nicht »Ausdruck«, sondern sie will, sie ist »Form«. Die als solche identisch ist mit dem Inhalt: »Die Form ist nichts anderes als die Form des Inhalts, das Äußere des Innern; man kann sie nicht trennen, denn man hat schon dieses in jener, diesen in jener, man muß sie mitwägen; es sind nicht zwei Werte, sondern es ist nur ein Wert«. Was weitergedacht heißt: Es ist dem *Wort* zu mißtrauen, wofern es zum Ausdrucksträger wird und als solcher die Musik dominiert. Dies alles auf die Musik seiner Zeit, deren Programmatik und Praxis bezogen, heißt eine Kampfansage Hanslicks gegen die Liszt und Berlioz und Wagner, gegen eine Kunst, die Programm und Ausdruck und Bilder liefert – statt sich selbst. Solche Polemik gegen die »verrottete Gefühlsästhetik« kann wohl in Verbindung gebracht werden mit Hegels und Herbarts gedanklichem und terminologischem Instrumentarium und – trotz der scheinbar empirisch-nüchternen Argumentation – verstanden werden als Weiterentwicklung eines spätromantischen Formbegriffs (Carl Dahlhaus)[5]. Hanslicks Verehrung der »reinen Form« hatte dann auch konsequent die Distanzierung zur Vokalmusik zur Folge; mithin grundsätzlich zur Kunst der Oper; und also zu Wagner: »Die Instrumentalmusik allein, das war seine These, bringt echte musikalische Schönheit hervor; nur sie ist die ›reine, absolute Tonkunst‹« (Peter Gay, S. 278). Was ihn mißtrauisch stimmen mußte gegenüber einem Programm, das die Einheit von Wort und Musik forderte, ja den Verdacht auf eine Prädominanz des Wortes erwecken konnte.

Indessen war Hanslick des trocknen Tones eines Tages herzlich satt, der Philosoph wurde zum Kritiker, das heißt, er gab die Nötigung zur »objektiven« Betrachtung des Kunstschönen auf zugunsten der von ihm eindrucksvoll und oft überzeugend genutzten Chance eines souverän waltenden Subjektivismus.

Was nun das große und leidige Kapitel Hanslick contra Wagner angeht, so kann man sich bei genauer Betrachtung nicht freimachen von dem irritierenden Gefühl, daß hier ein sinn- und heilloses Mißverständnis zwei Gestalten der Musikgeschichte zu Antipoden gemacht hat, die einander hätten nahe sein oder doch zumindest verstehen können. Wagners polarisierende Wirkung, am furchtbarsten offenbart in seiner Beziehung zu Nietzsche (und der Nietzsches zu ihm), schlägt sich auch in dem Verhältnis zu Hanslick nieder, der als junger Musikenthusiast passioniert den ›Tannhäuser‹ rühmte. Wenn Hanslick endlich feststellt: »Die hypnotisierende Gewalt, welche Wagner nicht bloß durch seine Musik ausübt, sondern auch durch seine Persönlichkeit allerwärts erprobte, alles niederzwingend und seinem Willen beugend, reicht hin, ihn zu einer der bedeutendsten Erscheinungen, zu einem Phänomen von Energie und Begabung zu stempeln« (›Aus meinem Leben‹, S. 222) – dann trifft jedes Wort zu, »reicht« indes »nicht hin«.

Denn Wagner, wie man weiß, war mehr, sein Werk war mehr, und diese tiefere Erkenntnis ist Hanslick entgangen, und es ist wohl so, daß er Wagners Musik als Kunst zu verstehen gehindert war und ihr Wesen in Lob wie Tadel verfehlte. Ein weites und von mancherlei Wildwuchs und Gestrüpp, erwachsen auch aus den Unzulänglichkeiten der menschlichen Natur, durchfurchtes Feld, von dem hier nur skizzenhaft die Rede sein kann. Ausführlicher versuche ich auch diesen Komplex darzustellen in dem erwähnten Nachwort (dessen Formulierungen und Zitate ich hier gelegentlich wieder aufnehme). Doch muß bei allem Betracht von Ambivalenz und Widerspruch im Charakter des einen wie des anderen ständig bedacht sein, daß wohl die erste und letzte Erklärung von Hanslicks Distanz, Abkehr und Aversion zu sehen ist in Wagners wütendem Antisemitismus, in den Invektiven seines unsäglichen Pamphlets ›Das Judentum in der Musik‹ (zuerst 1850, in die Neufassung 1869 hat er denn auch die Person Hanslicks »eingeschmuggelt«).

II

Die Daten von Hanslicks äußerem Leben können hier reduziert werden auf ein knappes Gerüst angesichts der Möglichkeit, leichthin genauere Auskunft einzuholen mit Hilfe der Lektüre seiner Autobiographie. Er wurde 1825 geboren in dem damals noch gänzlich von deutscher Kultur geprägten Prag. Der Vater, vom Sohn auf das liebevollste geschildert als Mann bescheidenen Wesens und ganz hingegeben der Gelehrsamkeit und Kunstliebe, heiratete die Tochter des Bankiers Salomon Abraham Kisch, die aus Anlaß ihrer Verehelichung 1823 zum Katholizismus konvertierte. Hanslick, vom Gefühl einer künstlerischen Berufung nicht durchaus durchdrungen, studierte und doktorierte als Jurist, verpflichtete sich dem Staatsdienst und bewährte sich im Fiskalamt zu Klagenfurt, später in Wien als Beamter erst des Finanz-, dann des Unterrichtsministeriums. All dies aber blieb ihm Broterwerb; Begabung und Passion gehörten von früh auf der Musik, und seine Fähigkeiten am Piano müssen beträchtlich gewesen sein. Im »Nebenbei« wirkte er seit 1852 als Rezensent der ›Wiener Zeitung‹, wechselte dann zur ›Presse‹ und arbeitete von 1864 an für die ›Neue

Freie Presse‹ als deren Musikreferent. Bereits 1856 hatte er sich an der Wiener Universität habilitiert für das Fach der Musikästhetik und Musikgeschichte und avancierte 1861 zum außerordentlichen, 1870 zum ordentlichen Professor. Als er 1895 »quiesziert« wurde (Nachfolger auf seinem Lehrstuhl war Guido Adler), trug er neben anderen Ehrungen die Titel eines Dr.phil.h.c. und (seit 1886) den eines Hofrates. – Der Fünfzigjährige hatte eine Neunzehnjährige geehelicht, er streift Sophies Figur in seinen Erinnerungen mit zarter Reverenz, ein übriges vertraut er der lesenden Öffentlichkeit nicht an. Am 6. August 1904 stirbt er in Baden bei Wien. Im 16. Wiener Bezirk trägt seit 1932 eine Straße seinen Namen.

III

> »Inzwischen ist es so, daß Beckmesser die Garantie geworden ist für Eduard Hanslicks Unsterblichkeit. Er wäre sonst, steht zu vermuten, all seiner Schreibgewandtheit zum Trotze bloß noch eine Figur der Kulturgeschichte des 19. Jahrhunderts von allenfalls akademischer Relevanz.«
>
> Rolf Schneider[6]

Die Fülle des von Hanslick Geschriebenen ist in des Wortes umfassendem Sinne unfaßbar. Neben der Abhandlung vom ›Musikalisch Schönen‹ und einer ›Geschichte des Konzertwesens in Wien‹ liegen etwa ein Dutzend Bände ausgewählter Kritiken und Artikel vor (siehe die Bibliographie – die Zahl schwankt je nachdem, ob man die Titel oder die Bände zählt). Indessen: »Viel mehr als diese sechzehn Bände hat Hanslick geschrieben, vermutlich vieles, was heute gleichfalls interessant und lesenswert wäre; es liegt vergraben in den Bibliotheken und müßte aus Zeitungen und Zeitschriften zutage gefördert werden.« Hans Weigel fährt fort: »Die große Hanslick-Gesamtausgabe gehört zu den zahlreichen österreichischen Gesamtausgaben von Johann Strauß Sohn bis Ödön von Horváth, deren Herausgabe sträflich unterlassen wurde und wird.«

IV

Auch hier wird sie nicht geliefert. Vielmehr nur eine Auswahl. Man scheut sich, die wohlfeile Formel zu repetieren, die da die Fragwürdigkeit und den Willkürcharakter eines jeden eklektischen Verfahrens betont. In unserem Fall war äußerlich eine klare Begrenzung durch den geplanten Umfang des Bandes vorgegeben. Auf etwas mehr als 300 Seiten soll das Bild des Kritikers gespiegelt werden, der viele tausend Seiten geschrieben, tausende von Musikstücken besprochen hat. Zur Vereinfachung trug der Entschluß einer wenn auch nicht radikal ausgrenzenden Epochen-Beschränkung, nämlich auf die Musik der Zeitgenossenschaft, bei. Denn nicht am Umgang mit dem »gesicherten Erbe«, sondern an den Produkten der Gegenwart entfaltete und entflammte sich sein kritisches Temperament. Mithin ging es uns grundsätzlich nicht um das Typische der Arbeit Hanslicks, sondern um das Besondere. Daß er, über Jahrzehnte hin rezensierend, sich auch auf seine Routine verlassen und ihr weniger zum Opfer fallen als vielmehr sich ihr anvertrauen konnte, wird nicht Wunder nehmen. Beispiele aber für das Übliche und Gewohnte waren hintanzusetzen, auch wenn – oder eben weil – sie charakteristisch sind für den habituellen Duktus, den geläufigen Stil und die Verfahrensweise des Rezensenten. Vielmehr suchte unsere Auswahl das Eigen-Willige auf, Exempel des scharfen Blicks, der antizipierenden Einsicht, des polemischen Zorns, der enthusiastischen Zustimmung, der eklatanten Verkennung. Auch ging es um prägnante, auch exponierte Beispiele des spezifischen Hanslick-Tons: seine Brillanz der (Metaphern liebenden) Formulierung; seinen kaustischen Witz; die weitschweifende Ausführlichkeit der darstellenden und nachvollziehenden Analyse, der in epischem Flusse sich genießenden Beschreibung. Den Fall Wagner mußten wir nicht eigens herausstellen, er ist bis zum Überdruß behandelt worden und zieht sich in vielen Strängen duch die Autobiographie (wie dementsprechend durch das ihr gewidmete Nachwort von 1987). Daß Hanslick auf diesen Mann und sein Werk in versehrender Weise fixiert war, geht beharrlich auch aus jenen Kritiken hervor, die durchaus nicht Wagner sondern anderen Komponisten gelten: Da muß immer wieder als Kontrast, als verderbliches Vorbild, als handwerklicher Über-Ich-Lehrmeister der andere herangezogen, als bewegter oder steinerner Gast zu jeder Aufführung geladen, jedenfalls kontrapunktisch mitgehört werden. Unentbehrlich aber war durch Vorstellung von zwei Kritiken der Hinweis auf den Fall Bruckner. Bruckner, dessen Unglück darin bestand, daß Hanslick aus ihm vor allem anderen die symphonische Fortsetzung Wagners heraushörte. So wie aus Richard Strauss die Fortsetzung Liszts.

Es ist offensichtlich: Hanslick hat (nächst R. W.) Liszt, Berlioz, Bruckner, Hugo Wolf und Richard Strauss dramatisch verkannt, und – weniger dramatisch – auch Verdi. Da deutet sich eine merkwürdige Affinität zu Wagner an: Sie beide litten unter partieller Ertaubung, wenn mitlebende Größe sich verlautbarte. Doch entpuppt sich die Eule des Kritikers als die Nachtigall des Schriftstellers: Denn eben in diesen Verurteilungen, die gelegentlich den Charakter der blanken Verdammung annehmen, tritt sein Temperament am klarsten, seine Position in der Geschichte der Musikwissenschaft und -kritik am deutlichsten hervor. Und überdies wächst sein formales Vermögen als Schriftsteller mit den Objekten seines Ärgers, seines Zorns, seiner Empörung, seines Abscheus und seiner Verachtung.

Aus dem Konzertsaal

Es ist ein bemerkenswertes Faktum, daß Hanslick mit dem kritischen Instrumentarium seiner glänzenden theoretischen und praktischen musikalischen Kenntnis zwar immer wieder Richtiges feststellt bei der Charakterisierung der von ihm geschmähten Werke, aber eben diese Feststellungen unangemessen deutet oder ihre Einbeziehung in einen weiteren Verstehensraum unterläßt. So wenn er 1862 »Richard Wagners Konzert« besucht, dem Künstler sehr zu Recht Inkonsequenz anläßlich der Aufführung von Fragmenten vorwirft, dann fair einräumt: (Aber) »Ein Künstlergemüt hat noch andere Bedürfnisse als das, konsequent zu sein« (S. 13), und dann ausführt:

»Wagners Musik wurzelt wirklich vollständig in seinen dramatischen Intentionen, sie ist wirklich untrennbar verwachsen mit der Aktion, mit dem szenischen Bild, mit allem Vorhergehenden und Nachfolgenden« (S. 14). Das trifft durchaus Wagners Intention.

Indes: wie der Tadel, so verfehlt hier auch das Lob sein Ziel. Zum Ende des gleichen Artikels geht es nach dem herben Zweifel an den ›Nibelungen‹ um die ›Meistersinger‹: Das Ganze »bleibt doch ein ansprechendes, bald heiteres, bald rührendes Sittenbild aus dem deutschen Städteleben, auf einfachen Verhältnissen ruhend, bewegt von Leid und Freud schlichter Menschen« (S. 18). Das Tragische, das Anarchische, das Bedrohlich-Dämonische in diesem Drama konnte Hanslick nicht spüren – und mit ihm die vielen nicht, die der »deutschen Festoper« und ihrer Wies'n zujubelten –, konnte Hanslick auch deshalb nicht spüren (das muß gerechterweise hinzugefügt werden), weil 1862 nur Fragmente gegeben wurden. Und auch da, wo sich der Unverstand formuliert, indem er bei den ›Meistersingern‹ (vergebens) nach Melodien sucht, so tut er es mit geschärftem Witz: »Es kommt eben nur auf den Begriff von Melodie an. Nach unserer einfältigen Meinung ist die Melodie verschieden von Eisenfeilspänen und unser Ohr kein Magnet« (S. 16). Vergnügen an solcher Formulierung wird auch der empfinden, der aus historischem Abstand heraus sich zu einem anderen musikästhetischen Urteil bekennt.

Ohne Grenzen wie seine Empörung kann Hanslicks Liebe und Verehrung sein. Sie gilt Brahms, immer wieder Brahms. Und innerhalb des Brahmsschen Oeuvres geht ihm dessen ›Deutsches Requiem‹ (1868) über alles: »Man darf es heute ruhig aussprechen, daß seit Bachs h-Moll-Messe und Beethovens ›Missa solemnis‹ nichts geschrieben worden, was auf diesem Gebiete sich neben Brahms' ›Deutsches Requiem‹ zu stellen vermag. Ja, unserem Herzen steht letzteres noch näher...« (S. 20).

Solch liebender Verehrung steht im anderen Fall eine nicht leicht begreifliche Taubheit gegenüber: dem ›Requiem‹ von Berlioz (1837) wirft er nicht nur den Mangel an Religiosität, sondern eben auch »die große technische Unbeholfenheit des Komponisten« vor – gipfelnd in einer wunderlichen Aufwertung Verdis: »Selbst Verdis Requiem wächst, gegen das Berliozsche gehalten, zu einem musikalischen Meisterstück« (S. 51). Als das Hanslick es indessen nicht gelten läßt außerhalb des Vergleichs. Daß er die ›Aida‹ über das Requiem erhebt, mag man verstehen, weiß er doch, daß Verdi »geborener Theater-Komponist« ist. Aber nach ausführlich nachvollziehender Beschreibung, hier lobend, dort »einiges Unschöne« tadelnd, kulminiert die Besprechung des Requiems in dem wunderlichen Bekenntnis: »Denn so kindisch wird wohl niemand sein, Verdis Manzoni-Messe mit dem ›Deutschen Requiem‹ von Brahms auf eine Höhe zu stellen« (S. 28). So kindisch wird die musikalische Nachwelt sein – und kindischer noch.

Versucht man, der Bedeutung Hanslicks des Kritikers formelhaft gerecht zu werden, so drängt sich der Begriff der »Autorität« auf. Die zur Instanz wurde, sich herleitend aus einem eminenten Maß von theoretischer und praktischer Kennerschaft. Und die sich ihrer selbst unbeirrbar bewußt ist. Das wiederum hat einen Gestus der Endgültigkeit zur Folge, der nur obenhin relativiert wird durch die rhetorische Gebärde der Bescheidenheit. Grundsätzlich zweifelt Hanslick nicht an dem Prinzip seines Urteils. Es leitet sich ab aus einem moral-ästhetischen System, das sich dem »Gesunden«, dem »Reinen«, dem »Natürlichen« unverbrüchlich verbunden weiß. Aus solcher Sicherheit heraus findet Hanslick zu einer Stilform der Rühmung wie Verdammung, die sich nach ihm – sieht man ab von Epochen ideologischer Besessenheit – kaum ein Kritiker mehr gestattet. Eingeschränkt vergleichbar ist allenfalls die Attitüde seiner Wiener Zeitgenossen Max Kalbeck und Hugo Wolf, die sich vom Hanslickschen Ton inspirieren ließen und ihn, je nach Standort, gegen Wagner (Kalbeck) oder gegen Brahms (Wolf) weitersangen. Bedachtsamer geht in der Phase nach Hanslick die Musikkritik vor allem mit neuer, mit neuester Musik um, deren Beurteilung zwar Zweifel und Infragestellung zuläßt, ja provoziert, die aber kaum je sich zu einer derart extremen Tonschärfe versteigt, wie Hanslick sie aus der Sicherheit seines Konzepts immer da für angebracht hält, wo die Verderbnis chromatisch-süchtiger Harmonien oder das Elend programmspendender Schilderungsmelodik unheilvoll und leider auch publikumswirksam ihren Weg nehmen. So auch wenn es gilt, den »Gefahren für das Denken, für die Sittlichkeit, für die Wohlfahrt der Menschen« (S. 65) zu steuern, wie sie sich verdichten in Nietzsches Philosophie. Damit auch in der Tonkunst, in »diesem wüsten Hexenkessel« (S. 66) der Musik, die Richard Strauss liefert unter »dem großartigen Titel: ›Also sprach Zarathustra‹« (S. 61). Hanslick über Nietzsche: »Wer nach der Lektüre dieses Buches, ja auch nur des Gedichtes ›Die Wüste wächst, weh' dem, der Wüsten birgt‹ (im vierten Teil) ernstlich behaupten kann, Nietzsche sei damals noch vollkommen bei Verstand gewesen, dem ist nicht zu helfen« (S. 62). Er war damals durchaus noch bei Verstand – es war das freilich nicht der Verstand der Verständigen.

Es ist andererseits das Bewußtsein von Kennerschaft und Autorität, das Hanslick ermächtigt, Gustav Mahlers ›Lieder eines fahrenden Gesellen‹ und seine Vertonungen der ›Wunderhorn‹-Lieder mit souveränem Respekt zu begrüßen (S. 70f.). Er salutiert »Direktor Mahler« so berechtigt wie gerecht als dem »Feind des Hergebrachten und Gewöhnlichen«, stellt fest, daß er »als der Modernsten einer« das »Wagestück« der Kombination von Volkslied-Schlichtheit und Orchester-Raffinement »mit außerordentlicher Feinheit und meisterlicher Technik ausgeführt« habe. Und endet seine Betrachtung dieser Liederkompositionen mit dem redlichen Bekenntnis: »Jetzt, am Beginne eines neuen Jahrhunderts empfiehlt es sich, den Novitäten der musikalischen ›Secession‹ (Mahler, Richard Strauss, Hugo Wolf etc.) jedesmal nachzusagen: Es ist sehr möglich, daß ihnen die Zukunft gehört«. Es ist indessen nicht nur möglich, sondern gewiß (denn er hat es mehrfach betont), daß Hanslick sich glücklich schätzte, solche Zukunft nicht mehr zu erleben: So bei der Besprechung von Bruckners 8. Symphonie in c-Moll mit dem fatalen Stichwort, das dem Banausentum aller Zeiten die billige Lizenz zur Verhöhnung des Nichtverstandenen gibt: »Es ist nicht unmöglich, daß diesem traumverwirrten Katzenjammerstil die Zukunft gehört – eine Zukunft, die wir nicht darum beneiden« (S. 59f.).

Es bleibt verwunderlich, daß Hanslick es zwar Bruckner und Strauss bitter entgelten läßt, von Wagner bewegt und beeinflußt zu sein – der Hofoperndirektor Mahler indessen, der sich doch nicht minder passioniert als Jünger des Magier-Meisters bekennt, von ihm nobel respektiert wird. Gleicher Noblesse dem scheuen, schüchternen, lebensungewandten Bruckner gegenüber war er nicht fähig. Obwohl er doch den Menschen in ihm nicht verkannte: »Es bleibt ein psychologisches Rätsel, wie dieser sanfteste und friedfertigste aller Menschen (...) im Moment des Komponierens zum Anarchisten wird, der unbarmherzig alles opfert, was Logik und Klarheit der Entwicklung, Einheit der Form und der Tonalität heißt. Wie eine unförmige glühende Rauchsäule steigt seine Musik auf, bald diese, bald jene groteske Gestalt annehmend. An genialen Funken fehlt es nicht, selbst nicht an längeren schönen Stellen. Aber man reiße aus dem ›Hamlet‹ und ›König Lear‹ die tiefsinnigsten Gedanken heraus, meinetwegen noch einige aus ›Faust‹ dazu und bringe sie in den willkürlichsten Zusammenhang mit allerlei platten, konfusen, endlos langen Reden und frage sich dann, ob das ein Kunstwerk gibt« (S. 53f.). So aus Anlaß von Bruckners 3. Symphonie in d-Moll. Allgemeiner: »In Bruckners Kompositionen vermissen wir das logische Denken, den geläuterten Schönheitssinn, den sichtenden und überschauenden Kunstverstand«.

Diese Trias kann als das Bekenntnis von Hanslicks Ästhetik gelten, als das Manifest seiner kritischen Autorität. Hanslick mag ja sensibel gelitten haben unter Bruckners Klanggewalten, so hat Bruckner doch sehr viel tiefer – nämlich existentiell im seelischen und ökonomischen Sinne – unter Hanslicks Wort gelitten. In einem Brief an Wilhelm Tappert vom 1. Oktober 1876, erschütternd durch seine Demut und Ergebenheit und den späten Leser beschämend durch die Gebärde verzweifelter Hoffnung, ist in einem »NB. Privat Notiz« zu lesen: »Und so lebe ich seit 1868 in Wien lebhaft bedauernd je hierher übersiedelt zu sein, da mir Unterstützung, Anerkennung und Existenzmittel mangeln. Wegen meiner Tätigkeit an der Universität, als *unentgeltlicher* Lector für Harmonielehre und Contrapunkt ist Dr. Hanslick mir ein böser Gegner geworden. Diese Gegenstände [sc. Harmonielehre und Kontrapunkt] sind seit Dezember (75!) v.J. durch mich erst dorthin gekommen. Hanslick war immer entgegen. Auch als Hoforganist habe ich noch keine Besoldung«[7].

Hanslick (der sein Urteil, wo es von abwertender Bissigkeit ist, gerne sanktioniert durch das scheinlegitimierende Zitieren von Autoritäten) über Bruckner: »Einer der geachtetsten Musiker Deutschlands bezeichnet (in einem Briefe an mich) Bruckners Symphonie [gemeint ist die in E-Dur, P.W.] als ›den wüsten Traum eines durch zwanzig ›Tristan‹-Proben überreizten Orchestermusikers‹. Das scheint mir bündig und treffend« (S. 55).

Gotthard Wunberg verdanke ich die Anekdote, Bruckner solle anläßlich einer Audienz beim Kaiser Franz Joseph »auf die Frage, ob er einen Wunsch habe, gebeten haben: ›Majestät, wenn's halt dem Hanslick verbieten täten, daß er so schlecht über mich schreibt‹«[8].

Hanslick, auch wenn er »so schlecht« über Bruckner und Strauss und Hugo Wolf schrieb, schrieb doch gut, will sagen: er führte eine meisterlich scharfe, auch eine idyllisch ausmalende und episch ausschreitende Feder. Ein Musikkritiker unserer Zeit wird staunend und neidvoll zur Kenntnis nehmen, welch breiten Raum die Zeitungsherren ihrem Star-Rezensenten zur Verfügung stellten und wie ausladend er ihn zu detaillierter und ausmalender Beschreibung nutzte. (Aber natürlich ist zu berücksichtigen, daß die spätere Buchfassung um Probleme der Raumknappheit nicht besorgt zu sein brauchte.) Seine Begabung zu aperçuhafter Zuspitzung und witzhaltiger Pointe verführt ihn dann wohl auch zu Formulierungen, die nicht frei sind von Malice und Zynismus. So wenn er – Verstoß gegen ein ungeschriebenes Taktgebot – mit Namen spielt (Schalk); oder wenn er witzelnd höhnt: (Der Pianist) »Herr Alfred Reisenauer – Lisztianer, Wagnerianer, aber, nach seiner lieblichen [sic] Körperfülle zu urteilen, kein Vegetarianer – ...« (S. 34). Wie sich bei solcher Gelegenheit der kritische Einwand heikel vermengt mit dem Pointierungsbedürfnis und jener peinlich ausholenden Geste, die dem Lachen und der Lächerlichkeit preisgibt, was doch Anspruch hätte auf den Ernst redlicher Bemessung, das zeigt sich etwa in einer Passage aus der langen Besprechung der zu Ehren des jüngst Verstorbenen eingerichteten »Liszt-Feier in den Konzertsälen« (1886/87): »Fürwahr eine harte Prüfung«, so der Einsatz; dann folgt das Bekenntnis einer naiven Zuneigung: »Auf das letzte Stück, und nur auf dieses, hatten wir uns eigentlich gefreut; lieben wir doch die Ungarischen Rhapsodien als das Beste, was Liszt geschaffen. Lustige, glänzende Improvisationen, zu welchen ein naturwüchsiges Volk den Stoff und Liszt die reizende Stickerei geliefert hat – und noch keine Spur von Geschichts- und Religionsphilosophie. Aber das Schicksal wollte es anders...« (S. 33). Der »freie Blick« solle nun »endlich erkennen«, daß Liszts Werke »Produkte einer geistreich kombinierenden und kolorierenden Impotenz sind« (S. 36). Dieses Urteil verschärft sich noch bei Besprechung der Faust-Symphonie: »Wenn ich den ersten Satz der Lisztschen Symphonie höre und mir sage, dieses entsetzliche Flickwerk soll den Faust vorstellen; wenn ich bei diesen geplagten Akkordfolgen, diesen stolpernden Rhythmen, diesen kläglichen Melodienbrocken, diesen endlosen Wiederholungen eines Motivs, das schon einmal scheußlich ist, an Fausts ersten Monolog oder an den Osterspaziergang denke, dann berührt mich solche Musik noch widerwärtiger. Zum Glück wirken die Verzerrungen dieses Genialitätskrampfes endlich auf die Lachmuskeln. Der erste Satz ›Faust‹ ist geradezu komisch; ein verpfuschter Berlioz, der sich für Goethe hält. Das ›Gretchen‹ Liszts beträgt sich im Andante allerdings feiner, hat Momente der Anmut und Zärtlichkeit; aber seine Naivität ist die gewisser Makartscher Kinderbilder, auf welchen halbwüchsige Mädchen uns mit gekniffenen Augen und begehrlich unter verkürzter Oberlippe vorglänzenden Zähnen anschmachten. Der musikalisch freundlichere Eindruck dieses Liszt-Makartschen Gretchens wird alsbald totgeschlagen von der nackten Häßlichkeit des Scherzos ›Mephistopheles‹. Boito ist ein Mozart dagegen...« (S. 38). Hanslick endet die Besprechung, nachdem er das von ihm so oft als inkompetent geschmähte (wenn nämlich etwa Bruckner zujubelnde) Publikum zum Eideshelfer gemacht hat (»nach dem ersten und zweiten Satz flüchtete das Publikum in hellen Haufen«), mit Versen aus »Vischers köstlicher Faust-Parodie«: »Das Abgeschmackteste/ Hier ward es geschmeckt,/ Das Allervertrackteste/ Hier ward es bezweckt,/ das Unverzeihliche/ Hier sei es verzieh'n,/ Das ewig Langweilige/ Zieht uns dahin!« (S. 39) Hanslick, der hervorragende Pianist, denkt nicht an (z. B.) Liszts h-Moll-Sonate und ihre zukunftsträchtigen Harmonien; noch an etwa die »Trauergondeln«. Freilich ist wiederum zu berücksichtigen, daß Musikwissenschaft und -kritik den Boden für das angemessene Verständnis von Liszts Spätwerk erst in den letzten zwei Jahrzehnten unseres Jahrhunderts bereitet haben.

Die Selbstsicherheit, ihm verliehen durch das Bewußtsein der unbezweifelten Autorität, ermächtigt Hanslick gelegentlich auch zu distanzierender Haltung gegenüber geliebten und kanonisierten Größen, den verklärten Mozart oder den geliebten Brahms betreffend: So kann er Brahms' Doppelkonzert für Violine und Cello nicht viel abgewinnen (S. 44). Und Mozart gilt ihm verständlicherweise wenig in manchem Nebenwerk wie einer Serenade oder einem Divertimento: »Klänge einer verblichenen Geselligkeit, mit der uns kein intimes Band mehr verknüpft« (S. 29). Hier urteilt die reine Vernunft. Dann aber mutet die gleiche Konzertveranstaltung des Jahres 1881 dem Kritiker Tschaikowskys Violinkonzert zu. »Der russische Komponist (...) ist sicherlich kein gewöhnliches Talent, wohl aber ein forciertes, geniesüchtiges, wahl- und geschmacklos produzierendes«; und seine Werke sind »ein seltsames Gemisch von Originalität und Rohheit, von glücklichen Einfällen und trostlosem Raffinement« (S. 30). Wieder begegnen wir einem souveränen Subjektivismus des Urteils – indes, es vermag sich durchaus zu rechtfertigen, wie schneidend es auch formuliert sei. Doch endet die Rezension mit einer peinlichen Wendung. Zwar: »Das Adagio mit seiner weichen slavischen Schwermut ist wieder auf bestem Wege, uns zu versöhnen, zu gewinnen«. Jedoch dann mache es, schnell abbrechend, einem Finale Platz, »das uns in die brutale, traurige Lustigkeit eines russischen Kirchweihfestes versetzt. Wir sehen lauter wüste, gemeine Gesichter, hören rohe Flüche und riechen den Fusel«. So weit so verstehbar. Doch dann erledigt Hanslick das Werk mit Hilfe eines abstoßenden Bildes, zu dem ihm der bewunderte Friedrich Theodor Vischer die Farbe geliehen hat. Denn »Vischer behauptet einmal bei Besprechung lasziver Schildereien, es gebe Bilder, ›die man stinken sieht‹. Tschaikowskys Violinkonzert bringt uns zum erstenmal auf die schauerliche Idee, ob es nicht auch Musikstücke geben könne, die man stinken hört«.

Ein Verdikt, das man nur widerstrebend zur Kenntnis nimmt. Aber das man zu verstehen sich mühen kann, wenn man begreift, daß für Hanslick ästhetische Fragen endlich keine anderen sind als *solche der Moral*. Der sittlichen Gesinnung. Deren System für ihn burgenfest stand. Und die ihn als Propheten einer mittelalterlich anmutenden Schön/Gut- und Häßlich/Böse-Identität wirken ließ.

Doch würde man Hanslick nicht gerecht, beließe man es bei diesem einen Zeugnis für sein Verhältnis zu Tschaikowsky. Wir haben eine weitere Kritik in unsere Auswahl aufgenommen (S. 196ff.). Sie ist dem ›Eugen Onegin‹ gewidmet und kann in ihrer einfühlsamen Aufmerksamkeit und verständniswilligen Offenheit als ein Musterstück gerechten Richtens gelten – mag sich diese Gerechtigkeit auch erklären als Kompensationsprodukt. Denn es findet sich auch bei diesem – wie so manchem anderen – Anlaß Gelegenheit, »die scharfe giftige Dramatik unserer modernsten Opern« zu tadeln und zu bekennen, daß man »den feinen aromatischen Duft« der »lyrischen Blüten« der Tschaikowskyschen Art von Musik höher schätze als das Dramatische »in dem superlativen Sinn, den man heute mit dem Wort verbindet« (S. 202) – und weder das damalige noch das heutige »Heute« wird sich hilflos gefragt haben, welche »moderne Oper« mit diesem Verdikt gemeint sei.

So hat denn manches Werk den schlichten Profit davon, daß es »anders« ist als Wagner und die Wagnerei, wichtiger aber scheint mir hier die Ungezwungenheit des Bekenntnisses zu dem »Frischen«, dem »Natürlichen« in Tschaikowskys Oper, zu ihrer »Ehrlichkeit«, die sich erweise darin, daß »Nichts (...) dem bloßen Effekt zuliebe hingeschrieben« sei, und wenn man auch einen gewissen Mangel an musikalischer Erfindungskraft zu beklagen habe, so bleibt denn doch die Summe: »(...) die Oper berührt uns ungemein sympathisch und entläßt uns, trotz zahlreicher Schwächen, mit dem Verlangen, sie wieder zu hören« (S. 201).

Neue Opern

Als der noch junge Richard Strauss der Grazer Presse dankt für ihr Wohlwollen, nimmt er die Gelegenheit wahr, den Wiener Kunstrichtern und ihrer Selbstherrlichkeit seine Empörung entgegenzuschleudern und ihnen die nicht unberechtigte Frage nach ihren ästhetischen Kriterien zu stellen: »In der Hauptstadt herrschen leider noch die ewigen Schönheitsgesetze, die unsereins auch gern einmal zu Gesichte bekäme, die aber bis heute als rätselhafte Geheimnisse im Busen der Herren Hanslick und Genossen schlummern«. Bezeichnend nun, wie Hanslick, diesen Ausfall zitierend (S. 206), antwortet. Er beruft sich nicht auf die Prinzipien seiner weithin wirkenden berühmten Schrift vom »Musikalisch Schönen«; nicht darauf, daß der Inhalt der Musik »(...) tönend bewegte Formen« sei, sondern er nennt Namen an Stelle der »Gesetze«. Und damit offenbart er sein System weniger als sein Gefühl, seine Neigung, Bewunderung, Liebe. Begriffe, die hier deshalb bedenkenlos benutzt werden dürfen, weil Hanslick sich nicht scheut, unbefangen in souveränem Subjektivismus solchen Stimmungswerten immer wieder Ausdruck zu geben. Welchen Namen? Er nennt die »Partituren von Mozart und Beethoven, Schubert, Mendelssohn und Schumann, Brahms und Dvořák« (S. 206). Kein Bach, kein Vertreter der weiten Bereiche der italienischen, der französischen und (mit der Ausnahme des böhmischen Landsmannes Dvořák) slawischen Musik. Das Fundament von Hanslicks Richterstuhl ist so fest wie schmal.

In die Praxis seiner Opernkritik umgesetzt heißt das: Er liebt und lobt und erklärt als »sympathisch« alles, was »frisch« klingt und »natürlich«; und für solche Vorzüge steht ihm die »Melodie«. Wo es an ihr mangelt, wo die singende Einzelstimme dominiert wird durch die Stimmen des »atemlos arbeitenden Orchesters« (S. 205), durch dessen uferloses Schweifen, dessen selbstherrliche Polyphonie, da hat die Musik, hat die Oper ihr Recht verloren.

Man mag es drehen und wenden wie immer, aus dem Schatten der herrischen Gestalt Richard Wagners kann sich kein Urteil über die Oper in der zweiten Hälfte des 19. Jahrhunderts lösen. Für Hanslick – und er mag das durchaus nicht immer wahrgenommen haben – wird Wagner und »das Wagnern« zum entscheidenden Indiz bei dem hörenden Blick auf das Opernschaffen seiner Zeit: Verdi verdient es, freigesprochen zu werden von einem Verdacht, dem unheilvollen Wagnerschen Einfluß nachgegeben zu haben (S. 182); Boito wird vernichtet als »der erste Italiener, der mit vollem Bewußtsein Wagner nacheifert« (S. 150); Zemlinsky bei allem Wohlwollen getadelt, da er die »schön geformte, dabei von dramatischem Leben erfüllte Melodie vermissen« läßt (S. 205). Dazu, siebzehn Jahre nach Wagners Tod, das gerechte und wahre Wort: »Wagner hat in seinen letzten Werken sich einen eigenen Weg gebahnt, kühn, mit Lebensgefahr; die ihm blindlings Nachkletternden brechen den Hals«.

Es bleibt eine Merkwürdigkeit, in welchem Maße der kluge und hochgebildete Musikkenner vom Sinn für Proportion im Stich gelassen wird, wenn er voll milden Wohlwollens Sullivan und Johann Strauß und Offenbach charakterisiert – hingegen ›Simon Boccanegra‹ und ›Othello‹, den ›Ring‹ und die ›Meistersinger‹ mißmutig, kopfschüttelnd oder gar schonungslos und ohne Ansehen des Genies dieser Partituren aburteilt. Selbst Mascagni profitiert noch von solcher Unausgewogenheit, die fragwürdige Begeisterung des Publikums erkläre sich nämlich daraus, daß die ›Cavalleria rusticana‹ gegen das »falsche ungesunde Prinzip des Wagner-Stils ein richtiges und gesundes wieder zu Ehren gebracht« habe. »Der Mascagni-Paroxismus hat das Verdienst einer Medizin gegen den Wagner-Paroxismus«, und es folgt das bekenntnishafte Insistieren: »daß es ohne Melodie keine Musik gibt, ohne gesungene Melodie keine Oper«. Denn daß sie gesungen sein muß, die Melodie, und nicht als »unendliche« dem organisierten Chaos des Orchesterklangs anvertraut, ist Hanslicks Parole gegen die »Tyrannei der ›Nibelungen‹-Musik« (S. 196). Wo er stärker formulieren möchte, bedient er sich endlich gern der Methode, das Zitat eines Glaubensgenossen an seiner Stelle sprechen zu lassen – und sei es der ihm als Komponist des ›Mephistopheles‹ »wagnernde« und also unerträgliche Boito: »le Wagnerisme c'est la maladie de nos jours, c'est une peste« (S. 184).

Wenn in diese Auswahl auch Kritiken aufgenommen werden, die Stücken von auffallender Belanglosigkeit gelten wie Sullivans Operette ›Der Mikado‹ oder Neßlers Singspiel vom Scheffelschen ›Trompeter von Säckingen‹, so zum einen, weil sie zu ihrer Zeit hochbeliebte Erfolgsnummern waren. Mithin einiges aussagen zur Soziologie des Publikumsgeschmacks. Zum andern aber auch, weil Hanslick bei klarer Einsicht in die gefällige Banalität des einen wie des anderen Produkts nach den Ursachen solcher breiten Wirkung fragt. Er findet freilich eine Antwort, die zu erwarten war: Der »Vorzug Neßlers ist die Rückkehr zu einfacher übersichtlicher Form, zu vorherrschender Gesangsmelodie, zu natürlichem, gemütlichem Ausdruck« (S. 165). »Rückkehr« bleibt das Stichwort, nämlich die »(...) zur Herrschaft der Melodie, zu schlichtem gemütlichem Ausdrucke. Müde der prähistorischen, mythischen und orientalischen Opernsujets, zerdrückt von dem anstrengenden Genusse Wagnerscher Riesenopern, sehnte sich das Publikum längst nach einem musikalischen Ausruhen auf deutschem Boden« (S. 169). Der – nun freilich fernöstlich angesiedelte – ›Mikado‹ erfreut sich, im Gegensatz zu der trivialen Musik Neßlers, deren Dürftigkeit Hanslick klar durchschaut und richtet, eines gewissen nachsichtigen Wohlwollens – und letztlich hängt auch diese Freundlichkeit an dem einen entscheidenden Kriterium: »Das Orchester unterordnet sich bescheiden dem Gesang«. Dann die Variante des Stichworts »Rückkehr«: Die »Musik zum ›Mikado‹ ist ein Rückschritt zum älteren Operettenstil, also ein Fortschritt zum Besseren« (S. 175).

Solchem Stil ist – obwohl ein Spätwerk, wie man ihm anhört – auch noch der ›Zigeunerbaron‹ des Johann Strauß verpflichtet, und als die kardinalen Eigenschaften des guten Operettenstils gelten keine anderen als die der Oper: »unaffektierte Natürlichkeit und gesunde Naivität«, und: »Es ist alles echt und natürlich empfunden, die Empfindung mit einfachen Mitteln wiedergegeben und die Charakteristik nirgends ins Bizarre, Unschöne verzerrt« (S. 161).

Das Bizarre. Das Extreme. Das sich nicht scheut, die Nachtseiten des Menschlichen auch in der Musik auszudrücken: so Wagner; so Bizet; so Verdi. Jener Verdi, der sich zur Komposition eines Stoffes entschloß, dessen Movens die Leidenschaft der Eifersucht ist. Eine Stoffwahl, von der Hanslick mit schöner Offenheit bekennt: »sie ist mir unsympathisch«. Er beruft sich auf seinen Mentor in aestheticis Friedrich Theodor Vischer: die Eifersucht sei »eine schmutzige, klebrige Leidenschaft«. Unwürdig, musikalisch dargestellt zu werden, denn: »Das Häßliche, das in der Musik doch nur als kontrastierendes Moment, als durchgehende Note Berechtigung findet, muß in einem solchen Stoff zu peinlicher Vorherrschaft gelangen« (S. 180).

Es leuchtet ein, daß solche Limitierung des künstlerischen Ausdruckswillens auf den Bereich des ästhetisch und moralisch Schönen sich schwer tun muß mit Kunstwerken, die das Abseitige, das Abgründige des Menschenwesens und Menschenwerks zu ihrem Thema machen. So mit dem ›Othello‹: einer Schöpfung des Alters, dessen Weisheit eben doch nur bestehe »in negativen Tugenden: im Verzichten, Vermeiden, Selbstbeschränken«. Der Meister Verdi habe auf dem Wege zu seinem »edlen Ziel« manches »Wertvolle verloren: die Naivität, die Jugend« (S. 186). Folgt das beharrlich repetierte und variierte Credo: »Und die Jugend in der Musik, das ist die Melodie«, ist deren »gesundes Wangenrot«. Wen es nach solchem Glück verlangt, der wird freilich Desdemonas todesbanges Abschiedslied nicht mit rechten Ohren hören, im Herzen zwar ergriffen, und doch: »als Musikstück aber steht Verdis Lied von der Weide hinter dem Rossinischen entschieden zurück« (S. 187). Was also verlangt Hanslick? »Wir verlangen mit einem Worte vom Opernkomponisten Schönheit und Neuheit musikalischer Ideen, vor allem melodiöser Ideen. Und aus diesem Gesichtspunkte erscheint mir ›Othello‹ dürftiger als ›Aida‹, ›Traviata‹, der ›Maskenball‹« (S. 185f.).

Doch selbst in Betracht der Enge dieser ästhetischen Kategorien und ihrer eigenwilligen Begrenzung bleibt es erstaunlich, daß Hanslick mit einem Werk, das als die Opernoper schlechthin gelten darf, nicht mehr anzufangen weiß, als es nachsichtig der »nach-Auber'sche[n] Opernschule« einzureihen: Bizets ›Carmen‹. Es gilt ihm gleich mit der ›Stummen von Portici‹ und dem ›Fra Diavolo‹ und dem ›Postillon von Lonjumeau‹. »Werke dieser Art erheben und beglücken uns nicht wie die Schöpfungen genialer Meister«, man erkenne hier »Geist und Gewandtheit bei geringer musikalischer Urkraft«, und das Resümee lautet: »Wie geschickt gerade die Franzosen darin sind, selbst ein mittleres Talent durch eine gewisse Formvollendung und Sicherheit wirksam zu machen; wie ihre Opern durch Feinheit, Esprit und Bühnentakt uns wenigstens lebhaft anregen und interessieren können, das beweist unter anderem auch die Oper ›Carmen‹« (S. 92 f.). Nach welcher Charakterisierung es nicht mehr überrascht, daß Hanslick in Bizet musikalisch einen »Adoptivsohn Ambroise Thomas'« erkennt. Hier hätte ihm (später) aus dem Geiste gemeinsamer Wagner-Gegnerschaft der verachtete Nietzsche ein helleres Licht aufstecken können.

Noch einmal Wagner. Die bittere ›Meistersinger‹-Rezension ist ein aufschlußreiches Dokument für das Vorbeisehen, Vorbeihören an Wagners Kunst und Kunstwillen. Hanslick achtet Konsequenz, Ernst und Fleiß, dazu Reichtum an »geistvollen, ja blendenden Zügen«. Das ist, was der Patron der ›Meistersinger‹ Walther von der Vogelweide ein »zwîvellop« würde genannt haben. Denn gegen die gelegentlichen »Schönheiten« stehen hart die »schwachen und abstoßenden Seiten«, steht der Ärger über »trostlos lange Strecken langweiliger oder widerwärtiger Musik« (S. 77). Was Hanslick überdies »am empfindlichsten auffällt, ist Wagners Mangel an Humor«. Eine bemerkenswerte Feststellung angesichts dessen, daß man im allgemeinen Urteil die ›Meistersinger‹ für eine komische, eine heitere Oper anzusehen sich gewöhnt hat. Indessen Hanslick insistiert: »Im Ausdruck des Komischen ist Wagners Musik vollends unglücklich; da wird sie regelmäßig gespreizt, überladen, ja widerwärtig« (S. 85). Hier setzt das Nachdenken ein zu dem heiklen Thema der Entsprechung Beckmesser-Hanslick. Diese mißliche Parallele blieb Hanslick ja nicht unbekannt, und es wäre begreiflich genug, wenn ihm nicht gegeben ist, das »Komische« an der Figur, die ihn zu verhöhnen und bloßzustellen gedacht war, als komisch zu empfinden. Zu schweigen davon, daß Beckmesser auch außerhalb dieses Bezugsrahmens nicht »komisch«, daß schließlich das ganze Werk eher ein Drama der dunklen Entsagung und der mühsam gebändigten Dämonen denn eine »Komische Oper« ist. Das mag Hanslick anders empfunden haben, doch ist dem zweiten Teil des Urteils zuzustimmen, wenn er meint: »Humor, Leichtigkeit und unbefangener

Frohsinn fehlen aber Wagner vollständig, er ist immer pathetisch, wie sein italienisches Gegenbild Verdi« (S. 86).

Das kompositorische System Wagners bleibt ihm durchaus zuwider, »das bewußte Auflösen aller festen Form in ein gestaltloses, sinnlich berauschendes Klingen, das Ersetzen selbständiger gegliederter Melodien durch ein unförmlich vages Melodisieren«, er hört nur eine »knochenlose Ton-Molluske« (S. 86), beklagt die Umkehrung des Verhältnisses Sänger-Orchester (insofern als bei Wagner eher der Sänger das alles dominierende Orchester begleite als umgekehrt) und sehnt sich nach »dem Gesunden«. Das ihm geschenkt wird in Pogners Ansprache »Das schöne Fest, Johannistag«, in dem »gesangvolle(n) Quintett«, auf das man angestrengt gewartet habe wie auf die C-Dur-Akkorde von Walthers Preislied und das »wohltuenden Effekt« macht, eben »weil der Hörer drei Stunden lang nach einem einzigen gesunden Dreiklang geschmachtet hat« (S. 87). In summa: Die ›Meistersinger‹ mögen hingehen als ein »geistreiches Experiment«, sie gehören »für uns mit einem Worte zu den interessanten musikalischen Abnormitäten« (S. 89). Die Kunst, das Normale, das Gesunde: Tonio Kröger und Settembrini wären an Hanslick gescheitert.

An ihm, der wiederum am ›Ring‹ scheitert – nicht zuletzt, weil er »das sittlich Widerwärtige der mit so viel Glut ausgemalten Blutschande (...) niemals überwinden« wird (S. 101). So wie seinem ästhetischen Comment die Vereinigung von Wort und Ton, von Drama und Oper »widernatürlich« erscheinen muß. Wen »Wagners Vorliebe für moralisch Empörendes« (S. 103) empört, wer den Liebestrank des ›Tristan‹ als Mixtur eines Autors empfindet, der »vielleicht ein guter Apotheker, aber gewiß ein schlechter Poet« (S. 102) ist, und der sich bitterer noch ereifert darüber, daß Siegfried erst ein Vergessens-, dann ein Erinnerungstrank eingeflößt wird (»damit er hübsch sentimental à la Werther mit einer zärtlichen Rede an die Geliebte verhauche«, S. 102f.) – der ist als Kritiker im Grunde einer Kritik gar nicht ausgesetzt, weil er einem fundamentalen anderen Kategoriensystem verpflichtet ist. Der mythische Weltenentwurf des ›Rings‹, seine Funktion als skeptische Utopie haben Hanslick nicht erreicht. Was am deutlichsten hervorgeht aus seiner ausführlichen Nacherzählung des Inhaltes, die unzulänglich ist und entscheidende Motive und Moventien nicht erkennt. Der Musik aber wirft er wiederum vor, was ihn grundsätzlich von einem Erfassen der Kunst Wagners trennt: »Erstens: das Fehlen der selbständigen, abgeschlossenen *Gesangsmelodien*, an deren Stelle eine Art erhöhter Rezitation tritt, mit der ›unendlichen Melodie‹ im Orchester als Basis. Zweitens: die Auflösung jeglicher *Form*, nicht bloß der herkömmlichen Formen (Arie, Duett etc.), sondern der Symmetrie, der nach Gesetzen sich entwickelnden musikalischen Logik überhaupt. Endlich drittens: die Ausschließung der *mehrstimmigen Gesangsstücke*, der Duette, Terzette, Chöre, Finale, bis auf einige verschwindend kleine Ansätze« (S. 110).

Diese Einwände mußten noch einmal in ganzer Länge zitiert sein, um deutlich zu machen, daß hier schwerlich eine Brücke des gegenseitigen Begreifens zu schlagen war. Von solcher Position aus ist auch verstehbar, was Hanslick wiederum meint loben zu können: den Gesang der Rheintöchter, die Lenz-Arie Siegmunds, den Feuerzauber, den Walkürenritt, das Waldweben...: kurzum das orchestrale Malen und Charakterisieren in geschlossenen musikalischen Einheiten. Der »Glanzpunkt der ganzen [›Siegfried‹-]Partitur« ist ihm das Waldweben, hier nämlich »porträtiert Wagner den Vogelsang mit einer frappanten Naturwahrheit, wie sie weder Haydn in der ›Schöpfung‹ noch Beethoven in der Pastoralsymphonie oder Spohr in der ›Weihe der Töne‹ erreicht haben« (S. 119f.). Kunst als Nachahmung der Natur – Relikt längst verblichener ästhetischer Thesen. Das ist so richtig wie es nichtssagend ist, nichtssagend die Kunst Wagners insgesamt betreffend. Bleibt: die Bewunderung des »genialen Sinn[es] für den Theatereffekt« (S. 123); bleibt: ein Staunen über die »glänzende Virtuosität« der Tonmalerei; bleibt die Anerkennung: »Wagner ist Manierist, ein geistvoller und genialer, aber doch ein Manierist« (S. 124); bleibt die Einsicht in den Drogeneffekt von Gerüchen und Dämpfen, in die Wirkung, mit der das unsichtbare Orchester »den Hörer in einen leisen Opiumrausch versetzt« (S. 125) – bleibt noch diese und jene weitere Einsicht, die, als solche nicht falsch, isoliert nurmehr die gänzliche Fremdheit des Kritikers angesichts des monströsen Ereignisses bezeugt. So daß er sagen kann: »Die Analogie des Musikers Wagner mit dem Maler Makart und dem Dichter Hamerling liegt auf der Hand« (S. 126). Der Makart-Bezug ist in der Tat nicht von der Hand zu weisen, er meint eine zeitbedingte Aufwandskunst von dekorativem Pathos, die als optischer Part Wagners Gesamt-Konzept illustriert. Eher komisch aber mutet der Hinweis auf jenen Hamerling an, den heute kein Leser mehr kennt und keine Literaturgeschichte mehr nennt, ein national-sentimentaler Pathetiker aus der österreichischen Provinz, und seine Erwähnung nicht im Kontext mit Makart wohl aber mit Wagner ist ein weiteres Zeugnis für Hanslicks Mangel an Proportionssinn. Der sich auch darin erweist, daß er ganz zu Recht den »sinnlich berükkenden Zauber« der Wagner-Musik beschreibt, der »als direkter Nervenreiz so mächtig auf das große Publikum« wirke – und hier wäre ein Punkt, der eindringenden Untersuchung wert. Für Hanslick aber genügt die Feststellung als solche – verstärkt durch die fragwürdige Behauptung: die Wirkung auf das Publikum betreffe »das weibliche zumal« (S. 126).

Und wieder einmal würde man Hanslick nicht gerecht, wollte man sein Bedürfnis nach Gerechtigkeit ignorieren. Der Fall der ›Meistersinger‹ liefert ein markantes Zeugnis für den Akt einer Selbstkorrektur, der nahezu an einen Widerruf grenzt. In den Memoiren ›Aus meinem Leben‹ beschreibt das »Neunte Buch« u.a. den Eindruck der Bayreuther Einweihungs-Festspiele (S. 325ff.). In unserem Zusammenhang rechtfertigt sich die Wiedergabe einer längeren Passage, die anschließt an die begründete Klage über die Fragwürdigkeit einer »eiligen Berichterstattung«, gar einer telegraphischen:

»Mich verstimmt es schon, wenn ich unmittelbar nach einem anstrengenden langen Opernabend eine Notiz für das Morgenblatt niederschreiben soll. Wie leicht tut man da, müde und aufgeregt, jemandem Unrecht!

Ich hatte die Bitternis gehetzten Kritisierens 1868 in München ausgekostet, als dort die ›Meistersinger‹ zum erstenmale gegeben wurden. Vom Telegraphieren war ich zwar damals schon enthoben gegen das Versprechen, am folgenden Tag ein Feuilleton abzusenden. Die Aufführung währte von sechs bis elf Uhr. Todmüde von angestrengtem Hören in heißem Raum, eile ich zur Garderobe. Da kommt mir Rubinstein in die Quere, die Schönste der Wagnerianerinnen, Gräfin Sch., am Arme führend. Sie gibt ihm einen Wink, worauf er mit begreiflicher Verdrossenheit mich vorstellt. ›Nun sagen Sie mir,‹ fragt sie eifrig, ›was halten Sie von den Meistersingern? Wie haben sie Ihnen gefallen? Ist es nicht der Gipfel von Wagners Kunst?‹ Ich machte ein tiefes, tiefes Kompliment und – eilte, ohne ein Wort zu sagen, meinen Überrock auszulösen. Wenn uns von fremder Hand so ungeniert die Pistole auf die Brust gesetzt wird, dann haben wir wohl einiges Recht, dieselbe sachte wegzuschieben. Müde, hungrig, fieberhaft aufgeregt kam ich gegen Mitternacht in mein Hotel. Am andern Morgen begann ich, meine Nervosität niederkämpfend, zu schreiben. Ich bemühte mich, vollkommen gerecht zu urteilen, kann aber nicht leugnen, daß ich gerade von den ›Meistersingern‹ heute viel besser denke als damals. Hätte ich die Oper noch einmal hören und mich wenigstens einen Tag erholen, sammeln können – es wären mir gewiß die Vorzüge des Werkes stärker, die Schatten geringer erschienen. Zwar stört mich auch heute noch das unnatürlich Erzwungene der angeblich komischen Figuren und Szenen, in welchen die vollständige Humorlosigkeit Wagners zutage kommt; desgleichen die unmäßige Länge, welche uns die Empfänglichkeit für den besten, den dritten Akt der Oper raubt. Aber die lyrischen, teils sentimentalen, teils pathetischen Partien der Oper, insbesondere die Rolle Walthers von Stolzing, stehen an Ursprünglichkeit und melodischer Schönheit obenan unter Wagners Schöpfungen. Diese Frische der musikalischen Erfindung erklärt sich wohl zum großen Teil daraus, daß die erste Konzeption der ›Meistersinger‹ unmittelbar in die Zeit nach dem ›Tannhäuser‹ fällt. Die glückliche Wahl des Stoffes, der nicht angeblich ›national‹ wie die uns fremde Walhalla-Gesellschaft, sondern echt volkstümlich und gemütvoll ist, hatte ich, bevor die Musik dazu veröffentlicht war, schon im Jahre 1863 freudig begrüßt. Nach diesem Bekenntnis darf ich wohl ebenso aufrichtig gestehen, daß ich von meinen Kritiken der übrigen Opern Wagners kein Jota zurücknehmen könnte. Je öfter ich den ›Tristan‹ und die ›Nibelungen‹ gehört habe, desto mehr haben sie mich gelangweilt, gequält und abgestoßen. Die ›Meistersinger‹ höre ich gerne wieder; was ich heute von keiner andern Wagneroper sagen kann, etwa den ›Tannhäuser‹ ausgenommen.«

Kunst und Leben – Bildnisse und Büsten – Totenkränze

Diesen Titeln haben wir Aufsätze subsumiert, die, der scheinbaren oder tatsächlichen Aktualität des Rezensionswesens entrückt, eher den Charakter distanzierter und allgemeiner Betrachtungen einnehmen. Zwar geht das großformatige »Bildnis« Verdis (S. 245 ff.) zeitlich den Überlegungen zum ›Requiem‹ (S. 21 ff.) voraus, gleichwohl vertieft, ergänzt und präzisiert es Hanslicks Urteil über den anderen großen Opernschöpfer seiner Zeit. Ein streng kritisierender Abriß des Verdischen Schaffens von den frühesten Anfängen bis einschließlich der ›Aida‹, und spürbar belebt von der Nähe der Zeitgenossenschaft, die – wie immer bei Hanslick – so etwas wie eine Verpflichtung zur Mitverantwortung darzustellen scheint. Er tut sich schwer mit den Partien, aus denen er »künstlerische Rohheit« herauszuhören meint (S. 259), er vermißt Feinheit, Leichtigkeit, Grazie und Humor (S. 257), er beklagt das Absinken aus der Höhe schöner Töne ins »Triviale«, und er nennt das »ästhetischen bösen Willen« (S. 259). Auch meint er eine verheerende Wirkung von Verdis Komponieren auf die Ausbildung der Sängerstimmen feststellen zu müssen (S. 262 f.). Im Gegensatz zur Ästhetik der Späteren, die dem Opernlibretto jedweden Dispens erteilen, was Mißachtung der Logik oder Beachtung von sozialen Tabus betrifft, ereifert Hanslick sich heftig über das Libretto der ›Macht des Schicksals‹ (es gehört »zu den widerlichsten, die wir kennen«, S. 269); und des jüngeren Dumas' ›Kameliendame‹ bleibt für die Musik »immer ein widerwärtiger Vorwurf«, denn: »Die erste Hälfte der Oper verherrlicht die Liederlichkeit, die zweite die Lungenschwindsucht« (S. 259). Was zu widerlegen müßig wäre, aufschlußreich ist allein die zeitgeschichtliche Symptomatik des Urteils. Anderseits fehlt es nicht an Bekundungen des Respekts für das »beliebteste und bekannteste Kleeblatt von Verdis musikalischem Acker« (S. 255), nämlich für den ›Rigoletto‹, den ›Troubadour‹ und die ›Traviata‹. – Ähnlich das Wohlwollen für den ›Maskenball‹ – und doch: »Deutsche und Franzosen werden übereinstimmen, daß Aubers ›Bal masqué‹ an Originalität und Anmut wie an feiner, geistreicher Ausführung dem ›Ballo in maschera‹ hoch überlegen sei« (S. 266). Wollte eine spätere Zeit sich über dieses Urteil als Fehlurteil mokieren, möge sie bedenken, daß die Geschichte der Kunstkritik eine einzige Abfolge von Urteil und Revision darstellt, mithin eine spätere Epoche, unsere Meinung verwerfend, sich möglicherweise wieder zu Hanslick bekennt. Geirrt freilich hat er sich, wenn er damals dem ›Don Carlos‹ unter »regelmäßigen Verhältnissen keine Lebensdauer« meint voraussagen zu sollen (S. 271), so scharfsinnig er die Affinität des »allzeit pathetische(n) Verdi« zu »Schillers edlem Pathos« erkennt (S. 272). Grundsätzlich empfindet er Verdi als »eine bittere Pille für die musikalische Kritik« (S. 261), eine herbe Erfahrung, die ihn endlich feststellen läßt: »Die Meisterschaft Meyerbeers hat er niemals erreicht, wohl aber durch eine fast ironische Fügung dessen erledigten Fauteuil in der französischen Akademie der Wissenschaften eingenommen« (S. 256). Um so freudiger begrüßt er nach allem Zweifel die ›Aida‹ als »ein merkwürdiges, echt künstlerisches, nach Verdis früheren Opern höchst überraschendes Werk« (S. 274), dessen Schwächen belanglos scheinen »im Vergleich zu dem üppigen Blumenduft ihrer Melodien, zu dem dramatischen Wurf ihrer Rhythmen, zu dem heißen Strome der Empfindung, der diese ganze Musik durchzieht« (S. 277). Kurios fast mutet es an, daß Hanslick offenbar seiner Person nicht gedenkt, wenn er von der doch durch sie so wesentlich geprägten Kritik hofft, es möchten die Vorzüge der ›Aida‹ manchen »endlich zu dem Zugeständnis« führen, »daß ein Komponist, welcher jetzt im Alter solches Lob erntet und verdient, doch auch schon früher nicht so ganz nichtsnutzig gewesen sein dürfte, wie die gestrenge Kritik ihn seit fünfundzwanzig Jahren schildert« (S. 278).

Nicht ohne das Gefühl der Rührung schildert der Aufsatz zum Abschluß Verdis des Gutsherrn und Landmannes liebenswerten Alltag, wie ihn sein Verleger Escudier in, wie uns scheinen will, idyllischer Verklärung darstellt: »Des Abends, wenn Verdi mit seiner Frau spazieren geht, vereinigen sich seine Bauern und singen ihn mit Chören aus seinen Opern an...« (S. 281). Glückliches Italien, glückliche Bauern, glücklicher Verdi...

Bleibt nachzutragen, daß eben dieser Text eine schöne Manifestation von Hanslicks humoristischem Talent ist. Mit Lust referiert er die dramatischen Verläufe bzw. Katastrophen, welche Verdi während seiner vielbeschworenen »Galeerenjahre« komponiert. Zwar sind auch die darin formulierten Einwände Ausdruck eines Mißverständnisses, eines deutschen Mißverständnisses, das nicht begreifen will, wie sehr für den Musikdramatiker Verdi die dramatische Situation alles, die Logik der Handlung fast nichts ist. Doch der Erzähler Hanslick kann hier brillieren, und berühmt wurden seine Vermutungen zum wahren Kern des ›Troubadour‹; aber Glanzstück dieser Ausführungen bleibt das Inhaltsreferat ›Stifelio‹ und seiner zwei Fassungen.

Die »Büste« Grillparzers ist geformt von liebevoll verehrender Hand. Der Aufsatz von 1887 setzt fort und ergänzt, was ein Artikel des Jahres 1876 vorbereitet hatte (»Grillparzer und die Musik«, abgedruckt im Anhang zu der Ausgabe von Hanslicks Lebenserinnerungen, 1987, S. 409ff.). Bewegend die Schilderung des abendlich in der Dämmerung »auf seinem alten engbrüstigen Klavier« phantasierenden und singend improvisierenden (»am liebsten Verse aus der Iliade oder von Horaz«) Dichters. Und irritierend wieder als Kapitel aus der Geschichte des Fehlurteils die auch Hanslick befremdende Meinung Grillparzers über den Weber der ›Euryanthe‹, deren Musik »scheußlich« sei und »polizeiwidrig«, und überhaupt: »Weber ist allerdings ein poetischer Kopf, aber kein *Musiker*«. Bekümmert stellt Hanslick fest, daß Weber »nun fortan die *Bête noire* Grillparzers« blieb – weniger bekümmert ihn, »wie unangenehm ihm Richard Wagner gewesen«. Zwar kannte der Dichter »allerdings nur die Ouvertüre zum Tannhäuser«, aber das genügte, ihn zu einigen »besonders boshafte(n) Epigramme(n)« zu inspirieren – von denen man sagen muß, daß sie eher läppisch sind denn boshaft (S. 287ff.).

Auch der rühmende Artikel zum hundertsten Geburtstag Meyerbeers (1891) (S. 290ff.) gibt – nun allerdings verständlichen – Anlaß, Wagner nicht etwa ins Zwielicht zu setzen, sondern in dem Zwielicht zu sehen, in das er sich, sein Verhältnis zu Meyerbeer betreffend, selber und höchst anfechtbar gerückt hat.

Als Wagner stirbt, widmet Hanslick ihm einen Nachruf (S. 301 f.) von strenger Würde. Der nicht widerruft im Banne einer funebren Rhetorik, was die beiden über die Jahrzehnte hin trennte und entzweite und den Kritiker zu scharfem Widerspruch verpflichtete, und der doch die Bedeutung, die Wirkung, »die glänzende Begabung und erstaunliche Kunst« Wagners voller Achtung anerkennt. Seine Person stehe um der Grundsätzlichkeit der durch sein Schaffen provozierten Forderungen willen »unter den bewegenden Mächten der modernen Kunst obenan«, da er »eine neue Gattung, eine neue Kunst geschaffen hat«. Bei welcher Gelegenheit Hanslick auch den Begriff der »Gegnerschaft« zu erörtern Gelegenheit nimmt: »Heute möchten wir nur den so oft mißdeuteten Sinn der ›Gegnerschaft‹ richtigstellen und aussprechen, daß eine sogenannte ›faktiöse Opposition‹, eine von vornherein zum Angriff gerüstete und gereizte Parteinahme nicht gegen Wagner besteht, sondern nur gegen die Wagnerianer«. Die es als kollektive Größe in der Tat anders nicht verdient hatten.

Wenn der Nachruf dennoch irrend schließt, so nicht aus Verschulden Hanslicks. Offenbar konnte oder wollte man im Augenblick von Wagners Tod nicht wissen, daß er einen schmerzhaften Herztod, seit langem schon gequält von atemraubenden Krämpfen, gestorben war. Vielmehr empfindet Hanslick – und mit ihm wird so die Öffentlichkeit empfunden haben – es als tröstlich, daß Wagner einen »beneidenswerten, schönen Tod« gehabt habe, daß er »heiter und ahnungslos aus dem Leben« geschieden sei: »Ja, als ein Glücklicher ist Wagner gestorben«.

Über Glück und Unglück in der privaten Geschichte ist schwer zu rechten – doch mag wohl sein, daß Hanslicks Annahme in einem weiterem als dem mir die Todessünde meinenden Sinne zu Recht besteht.

So ist denn auch nicht als Widerruf des ehrenden Nachrufs zu deuten, sondern als Ausdruck klaren Traditionsbewußtseins und redlichen Gerechtigkeitssinnes, wenn »Das Monument« dafür plädiert (S. 229ff.), vor der geplanten Errichtung eines Wagner-Denkmals ein solches zu Ehren von Mozart zu gründen.

Nicht ohne Bewegung wird man die Blätter lesen, die, diktiert von liebevoller und zarter Hingabe, der letzten Monate des

Freundes Johannes Brahms gedenken (S. 303ff.). Der gewiß nicht »glücklich«, aber doch im schonenden Schutzmantel des Nichtwissens seiner Krebserkrankung erlag, 64 Jahre alt.

Der Nachruf schließlich auf Johann Strauß 1899 (S. 307ff.) erweitert und vertieft, was schon der Artikel über ihn als »Opernkomponisten« dargelegt hat (S. 220ff.) und zuvor die Studie über den ›Zigeunerbaron‹ (1885, S. 157ff.). Der Nachruf wird nun auch der ›Fledermaus‹ gerecht als einem »Meisterwerk«, dessen albernes Libretto Hanslick einst – und sehr zu recht – beklagte, aber aus dem er darüber hinaus weniger »melodische Erfindung« herausgehört hatte als etwa aus dem ›Indigo‹. Vor allem aber wiegt er sich in lustvoller und stetig erneuter Erinnerung an die bezaubernden Klänge der ›Schönen blauen Donau‹, die ihm als das wienerisch-heitere Pendant erscheinen zu Haydns Kaisermelodie. Und deren Zauber wir uns heute hingebungsvoller noch anvertrauen würden, dürften wir nur glauben, daß die Donau noch blau sei.

Das abgegriffene Bild von der »Trösterin Musica« schimmert durchaus neu und farbenkräftig, wenn Hanslick nach der Erschütterung von Königgrätz (1866) die »Waffenruhe am Klavier« (S. 211ff.) erlebt und ein überzeugendes Plädoyer hält zugunsten der häuslichen Kultur des Vierhändigspiels, feinsinnig Brahms' Walzer charakterisierend und Schuberts »Italienische Ouvertüren« – um doch allen Trostes verlustig zu gehen, als schließlich er und sein »Vierhändiger« das »blutrünstige Vorspiel« zu den ›Meistersingern‹ aus den Tasten herausholen, ein »Spektakel«, bei dem »jeder Gedanke an Musik« aufhöre. Man erholt sich danach und davon auf der Bank im Volksgarten bei dem tröstenden Geigenstrich des Johann Strauß...

Hanslicks Betrachtungen zu dem Spiel der vier und zwei Hände am Klavier sind ein eindrucksvolles Zeugnis für die Tradition und Pflege der adligen und bürgerlichen Musik-Kultur. Die es als Erweis angemessener Erziehung erachtete, ein Instrument (oder auch mehrere) zu beherrschen. Glücklich die Zeit, die sich klagend ereifern konnte über die »Seuche« des Klavierspiels (S. 233), glücklich verglichen mit einer Epoche, für die technisch erzeugter Lärm und die Not, ihn zu ertragen, eine widrige Selbstverständlichkeit ist – und in der die kommerzielle Wirkung der populären Musik von der Erzeugung ohrensprengender Lautstärke abhängt.

Es ist wahr, das »Ohr, dieser empfindlichste und wehrloseste der Sinne« (S. 235), wird schmerzlich getroffen von jeder Art Laut, die menschenerzeugt, nicht also naturbedingt ist und die der jeweiligen eigenen Befindlichkeit widerstrebt. Getroffen also auch durch das übende, das starr- und stumpfsinnig repetierende Klimpern der an das Instrument gezwungenen Jugend, der sich dem Klavierspiel bewußtlos hingebenden Erwachsenen – und das bei dünnen Wänden, bei offenen Fenstern. Und doch ist man geneigt, eine Epoche zu beneiden, die sich eines akustischen Überflusses dieser Art erwehren mußte, und man würde nicht leichthin vermuten, daß es Hanslick ist, der deklariert, es werde »der Kultus der Musik, insbesondere des Klavierspiels, heutzutage übertrieben«, und zwar »auf Kosten höherer und dringender Interessen« (S. 238). Heikel indes mutet uns seine Position an, wenn er »ein schlimmes gesellschaftliches Symptom« beklagt: die Tatsache nämlich, daß die Klaviervirtuosität in Deutschland »fast gänzlich in den Händen der Damen« ist (S. 240). Die Besorgnis gilt dem Blick auf die sozialen Verhältnisse, die geringen Chancen der jungen Damen, »auf das bißchen Virtuosität eine Existenz gründen (zu) wollen«. Schwerer aber wiegt die grundsätzliche Überzeugung vom Beruf der Frau. Zwar: »wir haben viele tüchtige Pianistinnen, einige vorzügliche, hie und da erreicht einmal eine die Höhe ausgebildeter männlicher Kunst. Dies bleibt eine Ausnahme, welche die Regel nur bestätigt, die Regel, daß die Frauen durch ihre zartere physische wie geistige Organisation auf ein engeres Kunstgebiet, meistens das der Klein- und Feinmalerei beschränkt bleiben und selbst in ihren glänzendsten Repräsentantinnen ein Letztes, Entscheidendes in der Kunst vermissen lassen«. Bei allem persönlich geprägten Eigenwillen im Bereich der Musikästhetik und -kritik bleibt Hanslick doch, was die geltenden sozialen Anschauungen der Zeit angeht, der Teilhaber seines Standes in all seiner Befangenheit und Begrenzung.

Es muß etwa zu der gleichen Zeit, als Hanslicks Notschrei ertönte, gewesen sein, daß hinten weit im Norden, in Berlin,

Georgenstraße 19, der cand. iur. Hugo Großmann einzieht bei Fontanes Witwe Möhring und ihrer Tochter Mathilde. Und sich beeindrucken lassen darf von der Versicherung, »... das Haus sei ruhig und anständig, ohne Musik, der Wirt, ein sehr liebenswürdiger Herr, nähme keinen ins Haus, der Klavier spiele« ...

Coda

Wir betrachteten und bedachten vornehmlich jene Stücke aus Hanslicks Feder, die uns symptomatisch schienen für den Musikwissenschaftler, exemplarisch für den praktischen Musikkenner und Klavierspieler, repräsentativ für den Schriftsteller – und durch die wiederum Hanslick uns als Muster gilt für Haltung und Stil, Geschmack und Neigung seiner Epoche; für deren Selbstbewußtsein und Selbstgewißheit; für ihre Kultur im öffentlichen und privaten Bereich; für ihre Liberalität und ihre Befangenheit, für ihr Urteil in dessen Beständigkeit und Flüchtigkeit. Auch gelten uns diese Arbeiten als Beitrag zu einer Geschichte der Relativität des Fehlurteils – das als solches zu tadeln sich vor dem Forum einer späteren Instanz als Fehlurteil erweisen kann. Ernst Bloch 1918:

»Man braucht nur an das hämische Geschwätz Hanslicks zu erinnern, etwa über Gluck, gegen den Mozart, oder über Mozart, gegen den Rossini, oder über Rossini, gegen den Meyerbeer ausgespielt wird. Dann wird man begreifen, wie in diesem immer nur technisch gehaltenen Gegeneinander-Ausspielen der Musiker eine Formel der Gemeinheit und flachsten Respektlosigkeit gegeben ist, vor allem dann, wenn der Kritiker an dem Punkt, wo es am entschiedensten modern zugeht, plötzlich den Wagen anhält, den Grundsatz banalen Fortschritts bricht. Die anderen, statt Hanslick, waren nicht viel besser, und wenn man sieht, auf welche Weise die ärmlicheren Wagnerianer alle alten Meister der rezitativischen und ariosen Oper nur als mehr oder minder begabte Vorgänger eines Wagnerstils zu rangieren beliebten, der sogar und gerade die neunte Symphonie überflüssig gemacht haben soll, dann wird man aus seinem Widerwillen erkennen, daß das geschichtlich-handwerkliche, technische Einreihen vor allem Wesentlichen der Musikgeschichte versagt«[9].

Es hat seine Schwierigkeiten mit der Methode, die Bedeutung eines Menschen metaphorisch zu beleuchten mit Hilfe der Übertragung eines vielbesagenden fremden Namens auf ihn. Hanslick referiert in seinen Memoiren nicht ohne den Beiklang eines kindlichen Stolzes, es habe eines Tages der große Verdi ihn einigen Freunden vorgestellt als den »Bismarck della critica musicale«.

Jedoch war es nicht Bismarck, der sich im Gedächtnis der musikalischen Nachwelt mit Hanslicks Gestalt bildhaft verknüpft hat. Sondern es war der unselige Stadtschreiber Sixtus Beckmesser. Die Assoziation ist vom Übel, und sie wird Hanslick (das mag selbst Wagner erkannt haben) auf keine Weise gerecht – es sei denn insofern, als alles kritische Handwerk gehalten ist, präzis und exakt, ja auch wohl pedantisch die Einhaltung der Regeln zu überprüfen, wie sie für redliche Kunst gelten. Um allerdings, wenn denn der Fall eintritt, die eigenen Grenzen zu öffnen und staunend die Sprengung des Regelwerks als Genietat zu erkennen und zu würdigen. Insofern ist Beckmesser durchaus der Patron auch der Philologen, die, wennschon nicht genial, ihre Würde in Genauigkeit und Regeltreue suchen und bewähren müssen.

Dies recht bedacht, tut Hans Weigel zuviel des Guten, wenn er leidenschaftlich seinen Hanslick gegen Wagners Beckmesser meint verteidigen zu müssen. Der doch allenfalls in der Perspektive des Hans Sachs als »boshaft und dumm« erscheint. Der erprobende Blick auf die ›Meistersinger‹ hat im Laufe der Jahre den Blick auf Sachs und Beckmesser (auch auf Stolzing und Evchen) geschärft. Und man entdeckte, daß dieser Beckmesser sehr wohl unseres Mitgefühls und Verständnisses, ja unserer Achtung wert ist. Er ist – in verantwortungsvollem städtischem Amte – der einzige Intellektuelle unter den biederen und selbstgefälligen Meistern. Er verspricht sich durch die Heirat mit Pogners, des reichen Goldschmieds Tochter eine Aufhebung oder doch Relativierung seiner isolierten Position im Kreise der von ihm respektierten Sangeskundigen. Er weiß sich durch den erhofften Schwiegervater nachhaltig ermutigt in seinem Werben. Er ist – und vor allem hier hat er Anspruch auf unser Mitgefühl – das arglose Opfer einer von dem scheinbar so redlichen Sachs raffiniert eingefädelten Intrige: Der Besitz des »gestohlenen« Preislied-Manuskripts wird ihm nahezu aufgezwungen, und der Schusterpoet insinuiert ihm verschlagen eine so prominente wie falsche – nämlich Sachsens – Autorschaft. Das endet schlimm für den traurigen Werber – aber der Triumph der Sachs-Partei mutet schal an. Weshalb nicht wenige Inszenierungen der jüngeren Zeit, so auch die letzte Bayreuther durch Wolfgang Wagner, den geprügelten Verlierer wieder erheben, ihn in die Festwiese zurückholen und dem allgemeinen Jubel einfügen: »Der Stadtschreiber hat auf der Bühne zu bleiben: Er wird noch gebraucht« (Walter Jens)[10].

Hanslick spielt nicht die schlechteste Rolle in dem dramatischen Spiel um alte und neue Kunst – mag er auch der klassische Repräsentant des Überlieferten, des Beharrens in der Tradition sein. Er »spoke solely for his time and class« – so der Musikwissenschaftler Eric Sams[11]. Also in solchem Sinne vergleichbar Beckmesser. Doch leistet nichts Geringes, wem es gelingt, als Sprecher und Repräsentant der Gesellschaftsschicht gelten zu können, die einen geprägt hat, die man mitgeprägt hat; und damit zum Sprecher der eigenen Zeit – wenn auch nicht in ihrer Gänze.

Die Rühmung Hanslicks aus der Feder Heinrich Laubes stand als Motto über diesen Ausführungen. Die ihren Abschluß finden mögen in dem gerecht abwägenden Urteil des Kulturhistorikers Peter Gay: »Hanslicks Vorstellungsvermögen war begrenzt, und sein Platz in der Geschichte unserer Kultur wird wahrscheinlich ein bescheidener bleiben. Aber er verdient es, der Vergessenheit entrissen und vor Schmähungen bewahrt zu werden – auf Grund seines wachen Verstandes, auf Grund seiner Fähigkeit, die Gefahren einer unbeschränkten Herrschaft des Es zu erkennen. Das Heer der modernen Kultur kann nicht nur mit Generälen bestückt werden.«[12]

Anmerkungen

[1] Hans Weigel, Apropos Musik. Kleine Beiträge zu einem großen Thema, Graz/Wien/Köln 1982, S. 328ff.

[2] William M. Johnston, Österreichische Kultur- und Geistesgeschichte. Gesellschaft und Ideen im Donauraum 1848 bis 1938, Wien/Köln/Graz 1974, S. 143.

[3] Rolf Hochhuth, brieflich am 28. März 1989.

[4] Peter Gay, Freud, Juden und andere Deutsche. Herren und Opfer in der modernen Kultur (1978), deutsch Hamburg 1986, S. 270.

[5] Siehe dazu Carl Dahlhaus, Die Idee der absoluten Musik, Kassel/München 1978; ders., Musikästhetik, Köln 1967, S. 79ff.; sowie den Aufsatz in: Die Musikforschung, 20. Jahrgang 1967, S. 145ff.

[6] Rolf Schneider, Die Reise zu Richard Wagner, Darmstadt 1989, S. 71. Diese Collage von persönlichem Bericht, historischer Monographie (nämlich des Dirigenten Hermann Levi) und frei schwebender Fiktion verdankt ihren faktenbezogenen Teil dem Kapitel »Hermann Levi. Eine Studie über Unterwerfung und Selbsthaß« in Peter Gays Essaysammlung (s. Anm. 4).

[7] Anton Bruckner, Gesammelte Briefe, Neue Folge, gesammelt und herausgegeben von Max Auer. Deutsche Musikbücherei, Band 55, Regensburg o.J., S. 139.

[8] Gotthard Wunberg, Die Wiener Moderne, Stuttgart 1981, S. 572.

[9] Ich verdanke dieses Zitat Frieder Reininghaus, Autor einer wichtigen Schubert-Monographie, Musikkritiker und Verfasser der im ganzen kompetentesten Rezension meiner Neuausgabe von Hanslicks Autobiographie (Neue Zeitschrift für Musik, April 1988, S. 65–66).

Nachdem Reininghaus einleuchtend Hanslicks Leben und Wirken (auch mit Hilfe meines Nachwortes) referiert hat, kommt er auf mich zu sprechen – und ich tue mich schwer, sein Urteil zu verstehen. Daß er mich einen »spätberufenen Wagnerianer« nennt, ist so falsch wie belanglos: in der Tat habe ich Wagner erst spät als Mittler des Mittelalters entdeckt; und meine Beschäftigung mit seinem Werk hat zuverlässig verhindert, daß ich »Wagnerianer« wurde. Der ausdrücklichen Korrektur bedürftig aber ist Reininghaus da, wo er schreibt: »Obwohl der Musikkritiker – wie vorn im Buch nachzulesen – von der Vererbungstheorie wenig hielt, kann es sich Wapnewski nicht verkneifen, unter Berufung auf Cosima und Richard Wagner (und nur auf sie) Hanslick im Sinne eines *rassistischen und rassenrechnenden Proporzdenkens als Halbjuden* zu beschreiben«.

Ich habe formuliert (S. 512): Hanslick berufe sich in dieser Sache auf seine bäuerlichen Vorfahren von Vaters Seite. Seine »geliebte Mutter« indes war die »Tochter des Prager Bankiers Salomon Abraham Kisch« und »konvertierte 1823 zum Katholizismus aus Anlaß ihrer Verheiratung«. Weiter: »Natürlich war auch dem Hause Wagner diese Kunde nicht entgangen: ›die Mutter eine Jüdin‹, notiert Cosima im Wahn erwünschter Bestätigung hämisch zum Thema Hanslick im Tagebuch«. Weiter: Wenn diese (natürlich nicht von Cosima erfundenen) Angaben stimmen, dann »wäre also Hanslick im Stil eines rassistischen und rassenrechnenden Proporzdenkens ›Halbjude‹ gewesen«. Womit ich meinte, deutlich genug die so widerwärtige wie sachfeindliche Argumentation des Hauses Wagner bloßgelegt zu haben. Mein Text fährt fort: »Wer nun aber meint, ihn seines kleinmütigen Verschweigens und Lavierens halber tadeln oder höhnen zu dürfen, klage besser den fatalen Zustand einer Gesellschaft an, die einen honorigen und bedeutenden Mann in derartige Ausflüchte, in eine selbst-entfremdende Position zu drängen imstande ist. Wagner aber, so entrückt er sich fühlte, so elitär er sich gab, war in diesem Falle der Exponent der allgemeinen Gemeinheit«.

Reininghaus hat recht: ich versuche, die mir in der Tat aus Gründen der Musikästhetik allein nicht begreifliche Wandlung des jungen Wagner-Bewunderers vom »glühenden Enthusiasmus« zum »bissigsten Gegner« (so Wagner) auch zu verstehen aus der wahrlich begreiflichen Empörung Hanslicks über Wagners widerwärtigen Antisemitismus. Der dem Komponisten auch dazu dienen sollte, jenseits jeglicher sachlichen Auseinandersetzung den unbequemen Kritiker in ein fragwürdiges Licht zu tauchen. Eine solche Erklärung mag man für unzulänglich halten (sie genügt auch mir nicht) – sie als »schwere Entgleisung« zu bezeichnen, will mir als Entgleisung erscheinen.

Reininghaus schließt seine Rezension mit der hübschen Bemerkung, man habe, mir die Herausgabe anvertrauend, den »Bock zum Gärtner gemacht«. Und ich schnitte Hanslick die »Ehre« in »großen Scheiben ab«, etwa indem ich feststelle (Zitat Reininghaus): »Als den ›Bismarck della critica musicale‹ habe Verdi, berichtet Hanslick in naivem Stolz, ihn einigen Freunden vorgestellt. Wapnewskis hämisches Schlußwort: ›Der Vergleich ignoriert das Gesetz der Proportion‹«. Was um alles in der Welt ist »hämisch« an dieser Feststellung, die nichts besagt als: Der eine war ein Veränderer der geschichtlichen Welt – der andere ein bedeutender Musikkritiker.

Mein »Schlußwort« also wäre diese Bemerkung nach Reininghaus – in Wahrheit füge ich dem zitierten Satz einen weiteren an (und dem folgt noch ein zwölfzeiliger Schlußabsatz). Den weglassend man die Aussage verfälscht. Er lautet: »Der Vergleich ignoriert das Gesetz der Proportion. Doch war Hanslick gewiß der bedeutendste und einflußmächtigste Musikkritiker des 19. Jahrhunderts.«

[10] Walter Jens, in: Programmheft der Bayreuther Festspiele 1974, wieder abgedruckt in: W.J., Republikanische Reden, München 1976, S.93ff., Zitat S. 100. – Ein kaum beachteter Versuch, der Figur Beckmessers gerecht zu werden, findet sich schon in einem Aufsatz aus dem Jahre 1910: Richard Rote, Beckmesser. Ein Rettungsversuch, in: Die Musik 1909/1910 (zweites Juniheft), wieder abgedruckt in: Die Meistersinger und Richard Wagner. Die Rezeptionsgeschichte einer Oper, Katalog zur Ausstellung des Germanischen Nationalmuseums in Nürnberg 1981.

[11] Eric Sams, in: The Grove Dictionary of Music and Musicians, ed. by Stanley Sadie, London 1980, Vol.8, p.151.

[12] Peter Gay (Anm. 4), S. 281f. – Die letzte mir zu Gesicht gekommene Studie zu Hanslick findet sich im Programmheft zum ›Tannhäuser‹ der Bayreuther Festspiele 1989, S. 18–34: Helmut Kirchmeyer, Schmidt-Hanslick-Wagner-Hanslick-Chrysander. Beitrag zum Versuch einer Charakterstudie.

Zu dieser Ausgabe

Wer einen Sammelband mit Texten von Eduard Hanslick zusammenstellen will, muß sich beschränken. Schließlich hinterließ der Wiener Großkritiker nicht weniger als 16 Bände mit Schriften, Kritiken und Erinnerungen. Geht man freilich davon aus, daß unsere Ausgabe nur ungekürzte Aufsätze enthalten soll, so fallen automatisch einige Titel aus der Wertung, wie der umfangreiche erste Band der ›Geschichte des Concertwesens in Wien‹ sowie die Memoiren, die ohnehin seit einiger Zeit in einer Neuausgabe wieder greifbar sind (›Aus meinem Leben‹. Mit einem Nachwort herausgegeben von Peter Wapnewski, Bärenreiter-Verlag, Kassel 1987). Da auch die Schrift ›Vom Musikalisch Schönen‹ nach wie vor leicht zur Hand ist, konnte auch auf den Abdruck dieses bedeutenden Traktats verzichtet werden.

Es bleibt dann allerdings immer noch ein übergroßes Angebot, welches die Auswählenden stets aufs Neue vor die Qual der Wahl stellt. Bei einigen Titeln war freilich Zurückhaltung möglich. In dem Band ›Concerte, Componisten und Virtuosen‹ (Berlin 1886) hat Hanslick seine Kritiken chronologisch nach Jahren, nämlich von 1870 bis 1885, geordnet, wobei die Texte zuweilen auch ineinander übergehen, um so einen bewußten Jahresüberblick zu geben. Hier Rezensionen zu entnehmen, hieße sie aus dem gesetzten chronologischen Zusammenhang zu reißen. Ähnliches gilt für den zweiten Band der ›Geschichte des Concertwesens‹, welcher den historischen Überblick, der mit dem Jahr 1848 abgeschlosen ist, mit eigenen Rezensionen bis ins Jahr 1868 fortsetzt. Hier wurde dementsprechend nur mit äußerster Beschränkung ausgewählt.

Bleiben noch neben dem Sammelband ›Suite‹ aus dem Jahre 1884, der manche Doppelung enthält, die neun Bände, in denen sich die Reihe ›Die moderne Oper‹ fortsetzt – eine Reihe, die aber nicht nur Opernkritiken enthält. Auch hier war Beschränkung nötig. Sie führte zu dem Entschluß, lediglich Besprechungen über Hanslicks komponierende Zeitgenossen zu berücksichtigen. Letzteres ließ sich wiederum in einigen wenigen Fällen nicht konsequent durchhalten, etwa wenn »Direktor

Mahler« in ein zeitgenössisches Programm auch ein Stück von Rameau hineinnimmt. Ausgeschlossen wurden auch die zahlreichen Portraits von Sängern und Virtuosen. Diese Texte gehören gewiß nicht zum Schwächsten, was Eduard Hanslick verfaßt hat, doch finden sie sich ähnlich und in geradezu verschwenderischer Fülle in den Erinnerungen.

In das nun überschaubar gewordene Material konnten auch einige Betrachtungen über ›Kunst und Leben‹ hineingenommen werden. Auch wurden flächige Portraits berücksichtigt, und es erschien der Gedanke, den Band mit drei Nachrufen zu beschließen. Den größten Teil machen freilich bestimmungsgemäß die Konzert- und Opernkritiken aus. Die Gliederung wurde den Hanslickschen Originalbänden nachempfunden bis hin zu den altväterlich-sympathischen Benennungen der Rubriken. Genauso wurde auch der Titel unseres Auswahlbandes Hanslickschen Titelformulierungen abgelauscht, wobei bewußt zur Vermeidung bibliographischer Verwirrung eine Fassung gewählt wurde, die sich von den Originalüberschriften kenntlich unterscheidet. Der Gedanke, den einzelnen Rubriken jeweils durch vier Leitmarken des Hanslickschen Kritikerhorizonts, nämlich Johannes Brahms, Johann Strauß, Giuseppe Verdi und Richard Wagner, ein gliederndes Schwergewicht zu geben, ließ sich aus Gründen der ständigen Überschneidung nicht realisieren. Ganz abgesehen davon rückte unversehens Giuseppe Verdi stärker ins Blickfeld, und das Wagnersche Gewicht wurde noch größer, da Wagner als advocatus diaboli durch zahlreiche weitere Rezensionen geistert.

Innerhalb der einzelnen Rubriken wurden die Kritiken chronologisch geordnet. Freilich hat Hanslick nicht konsequent eine Jahreszahl zu den Rezensionen angegeben. In manchen Fällen ließ sich das Datum relativ leicht rekonstruieren. So ist dem Text der Rezension über die ›Meistersinger von Nürnberg‹ zu entnehmen, daß er nach der Wiener Erstaufführung 1870 entstanden ist. Bei der Besprechung der ›Carmen‹ handelte es sich um die Wiener Erstaufführung von 1875, wie sich mit Hilfe von Pipers Enzyklopädie des Musiktheaters leicht und zuverlässig feststellen ließ. Doch wann Peter Tschaikowskys ›Eugen Onegin‹ in Wien gespielt wurde, ist nicht leicht verifizierbar, und wann Sullivans ›Mikado‹ im Londoner Savoy Theater gegeben wurde, auf deren fünfhundertste Vorstellung Hanslick sich bezieht, läßt sich nur ungenau datieren. Im Textteil wurde nur dann ein Jahr bzw. Datum angegeben, wenn Hanslick es selbst mitgeteilt hat.

Es bleiben noch einige Bemerkungen zur Praxis des Editionsverfahrens nachzutragen. Die Überschriften der einzelnen Texte wurden um der Vereinheitlichung willen einander behutsam angepaßt. Außerdem wurden die Rechtschreibung und Zeichensetzung im Sinne einer »ausgleichenden Orthographie« heutigen Gepflogenheiten angeglichen; doch wurde in Fragen der Interpunktion häufig zugunsten von Hanslicks Gebrauch entschieden. Wie im Falle der Neuausgabe von ›Aus meinem Leben‹ wurde auf eine Kommentierung der einzelnen Artikel sowie auf Namen und Sachen verzichtet. Eine ausführliche kommentierte Ausgabe – das wäre Aufgabe einer zukünftigen wissenschaftlichen Edition, die zum Textvergleich dann aber auch die Fülle der Originalzeitungskritiken zu Rate ziehen müßte, und zwar auch jene, die nicht den Eingang fanden in die Sammelbände.

R. E.

Eduard Hanslick: Bibliographie der ersten Ausgaben

Vom Musikalisch Schönen. Ein Beitrag zur Revision der Ästhetik der Tonkunst, Leipzig 1854.
Geschichte des Concertwesens in Wien, Wien 1869.
Geschichte des Concertwesens in Wien, Zweiter Theil: Aus dem Concertsaal. Kritiken und Schilderungen aus den letzten 20 Jahren des Wiener Musiklebens nebst einem Anhang: Musikalische Reisebriefe aus England, Frankreich und der Schweiz, Wien 1870.
Die moderne Oper, Berlin 1875.
Musikalische Stationen. Neue Folge der ›Modernen Oper‹, Berlin 1880.
Aus dem Opernleben der Gegenwart. Der ›Modernen Oper‹ III. Theil, Berlin 1884.
Suite. Aufsätze über Musik und Musiker, Wien und Teschen 1884.
Concerte, Componisten und Virtuosen der letzten fünfzehn Jahre. 1870–1885. Kritiken, Berlin 1886.
Musikalisches Skizzenbuch. Der ›Modernen Oper‹ IV. Theil. Neue Kritiken und Schilderungen, Berlin 1888.
Musikalisches und Litterarisches. Der ›Modernen Oper‹ V. Theil. Kritiken und Schilderungen, Berlin 1889.
Aus dem Tagebuche eines Musikers. Der ›Modernen Oper‹ VI. Theil. Kritiken und Schilderungen, Berlin 1892.
Aus meinem Leben. Zwei Bände, Berlin 1894.
Fünf Jahre Musik. 1891 – 1895. Der ›Modernen Oper‹ VII. Theil. Kritiken, Berlin 1896.
Am Ende des Jahrhunderts. 1895 – 1899. Der ›Modernen Oper‹ VIII. Theil. Musikalische Kritiken und Schilderungen, Berlin 1899.
Aus neuer und neuester Zeit. Der ›Modernen Oper‹ IX. Theil. Musikalische Kritiken und Schilderungen, Berlin 1900.

Nachweise

Die Angaben beziehen sich auf die Bibliographie.

Julius Rietz, Konzertouvertüre; Robert Schumann, Symphonie in B-Dur; Richard Wagner, ›Eine Faust-Ouvertüre‹
aus: Geschichte des Concertwesens in Wien, Band 2, S. 95 ff.

Richard Wagners Konzert, 1862
aus: Geschichte des Concertwesens in Wien, S. 250 ff.

Johannes Brahms, ›Ein deutsches Requiem‹, ›Rhapsodie für Altsolo, Männerchor und Orchester‹, 1875
aus: Concerte, Componisten und Virtuosen der letzten fünfzehn Jahre. 1870 – 1885, S. 134 ff.

Giuseppe Verdi, ›Messa da Requiem‹, 1875
aus: Musikalische Stationen, S. 34 ff.

Philharmonisches Konzert – Mozart, Beethoven, Tschaikowsky, 1881
aus: Concerte, Componisten und Virtuosen der letzten fünfzehn Jahre. 1870 – 1885, S. 296 ff.

Johannes Brahms, Vierte Symphonie in e-Moll, 1886
aus: Aus dem Tagebuche eines Musikers, S. 203 ff.

Liszt-Feier in den Konzertsälen, 1886/87
aus: Musikalisches Skizzenbuch, S. 235 ff.

Brahms' neueste Instrumental-Kompositionen, 1889
aus: Musikalisches und Litterarisches, S. 149 ff.

Neue Quintette von Brahms und Dvořák, 1890
aus: Aus dem Tagebuche eines Musikers, S. 316 ff.

Hector Berlioz, ›Requiem‹, 1890
aus: Aus dem Tagebuche eines Musikers, S. 309 ff.

Anton Bruckner, Dritte Symphonie in d-Moll und anderes, 1890
aus: Aus dem Tagebuche eines Musikers, S. 306 ff.

Friedrich Smetana, ›Die Moldau‹, 1890
aus: Aus dem Tagebuche eines Musikers, S. 300 ff.

Anton Bruckner, Achte Symphonie in c-Moll, 1892
aus: Fünf Jahre Musik. 1891 – 1895, S. 190 ff.

Richard Strauss, ›Also sprach Zarathustra‹
aus: Am Ende des Jahrhunderts. 1895 – 1899, S. 265 ff.

Philharmonisches Konzert, Liszt, Rameau, Goetz, Mahler, Bizet, Tschaikowsky
aus: Aus neuer und neuester Zeit, S. 70 ff.

Richard Wagner, ›Die Meistersinger von Nürnberg‹
aus: Die moderne Oper, S. 292 ff.

Georges Bizet, ›Carmen‹
aus: Musikalische Stationen, S. 143 ff.
Richard Wagners Bühnenfestspiel in Bayreuth, 1876
aus: Musikalische Stationen, S. 213 ff.
Jacques Offenbach, ›Hoffmanns Erzählungen‹, Erste Aufführung in Wien 1881
aus: Aus dem Opernleben der Gegenwart, S. 80 ff.
Giuseppe Verdi, ›Simon Boccanegra‹, Erste Aufführung in Wien 1882
aus: Aus dem Opernleben der Gegenwart, S. 22 ff.
Arrigo Boito, ›Mephistopheles‹, Erste Aufführung in Wien 1882
aus: Aus dem Opernleben der Gegenwart, S. 3 ff.
Johann Strauß, ›Der Zigeunerbaron‹, 1885
aus: Musikalisches Skizzenbuch, S. 333 ff.
Viktor Ernst Neßler, ›Der Trompeter von Säckingen‹, 1886
aus: Musikalisches Skizzenbuch, S. 69 ff.
Arthur Seymour Sullivan, ›Der Mikado‹
aus: Musikalisches Skizzenbuch, S. 288 ff.
Giuseppe Verdi, ›Othello‹, Mailand, 3. April 1887
aus: Musikalisches Skizzenbuch, S. 319 ff.
Pietro Mascagni, ›Cavalleria rusticana‹, 1891
aus: Aus dem Tagebuche eines Musikers, S. 171 ff.
Peter Tschaikowsky, ›Eugen Onegin‹
aus: Am Ende des Jahrhunderts. 1895 – 1899, S. 66 ff.
›Es war einmal‹. Gelegentliches über Zemlinsky und Richard Strauss, 1900
aus: Aus neuer und neuester Zeit, S. 44 ff.
Waffenruhe am Klavier, Wien, im August 1866
aus: Geschichte des Concertwesens in Wien, Band 2, S. 404 ff.
Johann Strauß als Opernkomponist
aus: Die moderne Oper, S. 333 ff.
Das Monument
aus: Aus dem Opernleben der Gegenwart, S. 368 ff.
Gemeine, schädliche und gemeinschädliche Klavierspielerei
aus: Aus neuer und neuester Zeit, S. 105 ff.
Verdi
aus: Die moderne Oper, S. 217 ff.
Grillparzer als Musiker, Neue Beiträge 1888
aus: Musikalisches und Litterarisches, S. 267 ff.
Giacomo Meyerbeer, Zur hundertsten Wiederkehr seines Geburtstages, 5. September 1891
aus: Aus dem Tagebuche eines Musikers, S. 101 ff.

Zum 13. Februar 1883
aus: Aus dem Opernleben der Gegenwart, S. 353 ff.
Johannes Brahms, Die letzten Tage, Wien, 3. April 1897
aus: Am Ende des Jahrhunderts, 1895 – 1899, S. 365 ff.
Johann Strauß († 1899)
aus: Aus neuer und neuester Zeit, S. 305 ff.